同济大学经济与管理学院资助出版

深度变革环境下
工程项目管理研究

牟强 夏晨 徐航宇 著

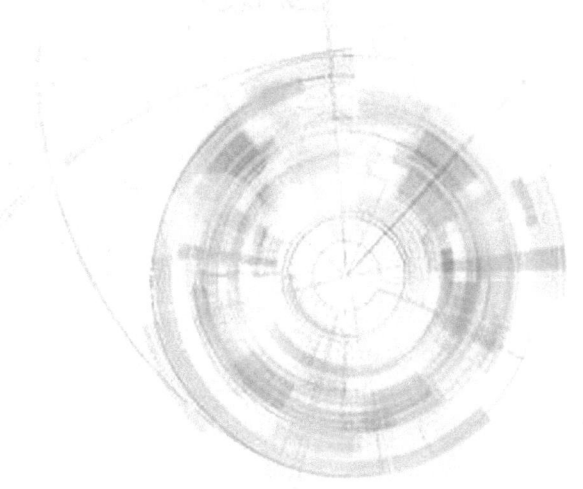

同济大学 出版社
TONGJI UNIVERSITY PRESS
·上海·

图书在版编目（CIP）数据

深度变革环境下工程项目管理研究 / 牟强等著 . —上海：同济大学出版社，2023.6
ISBN 978 - 7 - 5765 - 0577 - 1

Ⅰ.①深… Ⅱ.①牟… Ⅲ.①工程项目管理 — 研究 Ⅳ.①F284

中国版本图书馆 CIP 数据核字（2022）第 251325 号

深度变革环境下工程项目管理研究

牟　强　夏　晨　徐航宇　著

责任编辑　尚来彬　　　　责任校对　徐春莲　　　　封面设计　陈益平

出版发行	同济大学出版社　　www.tongjipress.com.cn	
	（地址：上海市四平路 1239 号　邮编：200092　电话：021 - 65985622）	
经　　销	全国各地新华书店、网络书店	
排版制作	北京华艺世纪缘图文设计公司	
印　　刷	苏州市古得堡数码印刷有限公司	
开　　本	710 mm × 1000 mm　　1/16	
印　　张	24.25	
字　　数	485 000	
版　　次	2023 年 6 月第 1 版	
印　　次	2023 年 6 月第 1 次印刷	
书　　号	ISBN 978 - 7 - 5765 - 0577 - 1	
定　　价	118.00 元	

本书若有印装质量问题，请向本社发行部调换　　版权所有　侵权必究

前言 FOREWORD

当前对政府工程投资控制研究大多集中在实施阶段,如何利用统计分析方法对我国政府工程概算的合理性进行研判,改进把投资控制的研究范围拓展到前期阶段(包括初设审查阶段)的审查方法,促进与审批制度改革,对政府工程投资控制的理论研究范围拓展具有重要指导意义。在不规范的市场环境、不均衡的区域建筑产业发展以及地方保护主义产生的区域市场进入壁垒的背景下,建筑企业寻求跨区域发展的交易成本显著增高,研究建筑企业跨区域市场进入行为现状及空间特征,以应对建筑企业所面临的挑战,可以为行业从业者进行跨区域扩张战略研究提供参考,也为政府进一步推动建筑产业均衡健康发展、打破市场区域准入壁垒提供理论基础。我国的污染场地修复与改造尚属起步阶段,根据国务院要求,原则上污染场地修复工程要在原址进行,不出红线,而且必须采取一系列措施来防止污染土壤在开挖与堆放过程中导致的二次污染。在这样的背景下,如何科学有序地开展污染场地修复项目的管理已成为目前中国环境修复领域最重要的研究课题之一。

本书以"深度变革环境下工程项目管理研究"为主题,收录了同济大学经济与管理学院优秀学术论文三篇。第一篇作者为同济大学经济与管理学院管理科学与工程专业的车强博士,文章通过溯因推理与深度访谈揭示出概算审批制度的"不当激励"作用是概算高估的主要原因,进而站在审批单位角度,提出基于类比统计估算法(RCF)改进概算审查方法,并在此基础上,借鉴发达国家审批制度改革经验,提出我国政府工程概算审批制度改革实施方案;同时站在建设单位角度,提出了大型工程进度与投资联合总控的系列模型方法,为概算目标合理化后建设单位提高实施期投资控制效率提供对策,包括:基于总进度计划构建大型工程总投资配置模型,基于进度总控的大型工程投资总控模型,改进大型项目挣值管理(EVM)理论基础模型等。总之,该文不仅从审批部门角度发现概算高估问题并提出前期对策,还为概算目标合理化后建设单位提高投资控制效率提供实施期对策。

第二篇作者为同济大学经济与管理学院管理科学与工程专业的夏晨,文章以1998—2017年间国家优质工程奖发布名单为线索,收集其中涵盖的项目、企业及区域信息,通过描述性分析客观反映我国目前建筑企业跨区域市场进入行为的发展状态。此外,基于不同区域中建筑企业跨区域市场进入行为分布的差异,结合各区域所呈现出的行业及市场特征,进一步分析了建筑企业跨区域市场进入行为的空间特征。最后,结合组织管理领域中交易成本理论和资源基础理论的相关分析视角,从企业层面分析影响建筑企业跨区域市场进入行为的因素。论文得出三方面的研究结论:①建筑企业进入跨区域市场的行为在行业中还不普遍,大型国有建筑企业更有机会通过大型非公共建设项目进入跨区域市场,进入区域主要分布于我国长三角、珠三角和环渤海经济圈等经济发展程度较高的地区。②建筑市场规模和经济发展水平对建筑企业跨区域发展行为没有明显影响,但区域地方保护主义确实在一定程度上阻碍了建筑企业进入跨区域市场,而当地劳动力可得性及其利用效率则对其有一定的促进作用。③建筑企业内在条件例如企业规模和所有制性质均会影响其进入跨区域市场的决策,而建筑企业所处的外部环境中所在区域的地方保护主义程度越高,进入跨区域市场的动机也会越小。

第三篇作者为同济大学经济与管理学院工程管理硕士徐航宇,文章以企业作为污染场地修复主体,基于前期管理、设计管理、施工管理三个阶段研究苏钢地块污染场地修复项目的全过程管理,为股权收购工业用地及完成土地变性的开发模式提供现实和理论依据,为我国污染场地修复的项目具体操作提供实践经验,有利于实现可持续性发展的战略,最终建立一套适合该类型企业的可推广的发展模式。

综上,本书主要内容涵盖我国政府工程的概算高估问题、建筑企业跨区域市场进入行为的实证研究、苏钢地块污染场地修复项目管理研究等专题,兼具理论研究和实际应用意义,丰富了工程项目管理的研究视角和研究思路,对于推动深度变革环境下工程项目管理实践具有较大的参考价值。

目录 CONTENTS

前言

第一篇 中国政府工程的概算高估问题：研判、成因与对策研究 / 1

第1章 引言 / 3
1.1 研究背景与问题提出 / 3
1.2 研究意义 / 6
1.3 概念界定与文献综述 / 9
1.4 研究内容与框架安排 / 34
1.5 本文创新点 / 36

第2章 数据来源与研究方法 / 38
2.1 研究样本 / 38
2.2 研究方法 / 46
2.3 本章小结 / 54

第3章 政府工程项目组合的概算执行后评估 / 55
3.1 描述统计分析 / 55
3.2 推断统计分析 / 65
3.3 概算执行后评估结果汇总与对比分析 / 90
3.4 本章小结 / 95

第4章 政府工程概算高估的原因分析 / 97

4.1 政府工程概算高估的严重后果 / 97

4.2 概算高估原因的推理分析 / 100

4.3 概算高估原因的深度访谈与验证 / 106

4.4 概算高估原因分析的结论 / 119

4.5 本章小结 / 119

第5章 政府工程概算高估的前期对策分析 / 120

5.1 审批制度"不当激励"作用的发生机理 / 120

5.2 基于RCF改进政府工程投资审查方法 / 121

5.3 政府工程概算审批制度的改革 / 141

5.4 本章小结 / 147

第6章 概算合理化后的实施期对策 / 148

6.1 实施阶段投资控制的薄弱环节及问题 / 148

6.2 大型工程施工图预算的"两阶段合同激励模型" / 152

6.3 基于总进度计划的大型工程总投资配置 / 158

6.4 基于进度总控的大型工程投资总控模型 / 172

6.5 基于改进挣值法的大型工程进度与投资联合总控 / 174

6.6 本章小结 / 207

第7章 研究结论及展望 / 208

7.1 研究结论 / 208

7.2 需要进一步讨论的问题和建议 / 210

参考文献 / 216

附录A 访谈大纲及说明 / 229

附录B 政府工程投资控制全生命周期激励模型 / 232

附录C 航站楼工程的总进度计划（示例）/ 234

附录D 基于总进度计划的航站楼工程的总投资计划（示例）/ 235

附录E 改进大型项目EVM理论的参数指标及意义汇总 / 236

第二篇　建筑企业跨区域市场进入行为现状及其影响因素研究 / 241

第1章　引言 / 243

  1.1　研究背景与意义 / 243

  1.2　相关概念的界定 / 245

    1.2.1　建筑企业特征 / 245

    1.2.2　区域划分 / 246

    1.2.3　跨区域市场概念 / 246

  1.3　研究问题与内容 / 247

  1.4　研究方法与技术路线 / 248

    1.4.1　研究方法 / 248

    1.4.2　技术路线 / 249

第2章　研究综述与理论基础 / 251

  2.1　建筑企业跨区域市场相关研究 / 251

  2.2　建筑企业跨区域市场影响因素研究 / 252

  2.3　相关理论基础 / 255

    2.3.1　交易成本理论 / 255

    2.3.2　资源基础理论 / 257

    2.3.3　对本文的启示 / 259

  2.4　本章小结 / 260

第3章　建筑企业跨区域市场进入行为现状分析 / 262

  3.1　样本选取与数据来源 / 262

  3.2　项目层面跨区域进入现状 / 265

  3.3　企业层面跨区域发展现状 / 267

  3.4　区域层面跨区域发展现状 / 269

第4章　市场进入行为的空间特征：基于区域层面的分析 / 273

  4.1　概念模型与研究假设 / 273

  4.2　研究设计与变量测量 / 275

    4.2.1　研究设计 / 275

4.2.2　变量测量 / 276

4.3　数据分析与假设检验 / 278

第5章　市场进入行为的影响因素：基于企业层面的分析 / 282

5.1　研究概述 / 282

5.2　研究假设 / 283

5.2.1　建筑企业内在条件 / 283

5.2.2　建筑企业外部环境 / 284

5.3　研究设计与变量测量 / 286

5.3.1　研究设计 / 286

5.3.2　变量测量 / 287

5.4　数据分析与假设检验 / 288

第6章　结论与展望 / 294

6.1　研究结论与价值 / 294

6.2　研究不足与展望 / 295

参考文献 / 297

附录　分省年度数据 / 304

第三篇　苏钢地块污染场地修复项目管理研究 / 319

第1章　绪论 / 321

1.1　研究的目的和意义 / 321

1.2　研究的思路与方法 / 322

1.3　研究的内容和框架 / 323

1.4　本章小结 / 325

第2章　国内外相关研究综述及理论基础 / 326

2.1　国内外相关研究综述 / 326

2.2　相关理论基础 / 329

2.3　本章小结 / 333

第3章　苏钢地块污染场地修复项目前期管理 / 334

3.1 前期管理工作重点 / 334

3.2 前期管理存在的问题 / 338

3.3 前期管理存在问题的对策 / 340

3.4 本章小结 / 344

第 4 章 苏钢地块污染场地修复项目设计管理 / 345

4.1 污染场地修复方案比选 / 345

4.2 污染场地修复方案深化设计的难点与对策 / 349

4.3 本章小结 / 353

第 5 章 苏钢地块污染场地修复项目施工管理 / 354

5.1 污染场地修复项目参建单位协同管理 / 354

5.2 污染场地修复项目进度管理 / 357

5.3 污染场地修复项目质量管理 / 361

5.4 污染场地修复项目成本管理 / 364

5.5 污染场地修复项目环境管理 / 367

5.6 本章小结 / 370

第 6 章 结论与展望 / 371

6.1 结论 / 371

6.2 展望 / 372

参考文献 / 373

第一篇

中国政府工程的概算高估问题：研判、成因与对策研究

牟 强

第1章 引　　言

1.1 研究背景与问题提出

当前世界正在经历由中国引领的有史以来最大的投资建设热潮（Flyvbjerg 等，2018）。我国在 2011—2013 年 3 年间的水泥用量超过了美国整个 20 世纪 100 年的用量总和（Swanson，2015）。在 2005—2008 年这 4 年间，尽管欧洲在这段时期也是热火朝天地建设高铁，但我国建设的高铁里程数相当于欧洲过去 20 年的总和（Flyvbjerg，2014）。截至 2017 年底，我国高铁里程营业数达 2.5 万千米，占世界高铁总量的 66.3%[①]。随着"一带一路"倡议的提出，我国正在进入"万亿元级项目"（tera-project）时代，亦即影响十亿或者更多人的万亿美元投资项目。在我国正式实施的《"十三五"规划纲要》[②]中有 165 项重大工程项目，对推进"十三五"规划稳增长、调结构、全面建成小康社会的宏伟战略目标具有支撑作用。据国家统计局统计，我国固定资产投资正逐年增加，如表 1.1 所示。2017 年我国固定资产投资额达 64.12 万亿元，占当年 GDP（82.08 万亿元）的 78.67%（国家统计局，2018）。其中，2017 年我国国有及国有控股的固定资产已达到 23.36 万亿元，占当年全社会固定资产投资的 1/3 以上，说明目前我国政府投资工程[③]仍占主导地位，对项目所在区域社会、经济具有重要影响（Jia 等，2011）。

表 1.1　2011—2017 年我国全社会固定资产投资额（万亿元）

年份	2011	2012	2013	2014	2015	2016	2017
投资额	31.15	37.47	44.63	51.20	56.19	60.65	64.12

通过文献的综合整理，发现大部分西方发达国家的政府公共工程都存在严重的成本超支问题，如表 1.2 所示。比如，Flyvbjerg（2009）统计了 20 个国家

---

① 资料来源：新华社，http://www.xinhuanet.com/2017-10/26/c_1121862063.htm。
② 资料来源：新华社，http://www.guancha.cn/society/2016_03_17_354244.shtml。
③ 政府投资工程，是指我国各级发改委安排（全部或部分）财政预算内投资建设的中央或地方的非经营性固定资产投资项目。这也是本文政府工程的定义。

的 258 个交通类基础设施工程,发现 10 个项目里面有 9 个都是成本超支的,平均成本超支 28%,并且成本超支问题在过去 70 年都没有得到改善。Samset 和 Volden(2016)总结了挪威、丹麦在审批制度改革前,政府公共工程平均成本超支分别为 84% 和 30%。与此不同,牟强等(2018)在统计了我国深圳市审计局(2014—2017 年)公布的 50 个交通工程,发现 96% 数量的工程都是概算结余(10 个项目中只有 0.5 个超支),平均概算结余率甚至达到 16.62%。本文也在初步统计了我国 14 个审计单位公布的 447 个政府工程的概算执行情况(见 3.1 节),发现只有 40 个工程的决算超过概算,成本超支频率为 8.95%,也就是 10 个项目里面约有 9 个都在概算内完成,平均概算结余率甚至达到了 16.34%,成本超支问题并不严重。因此,通过样本初步统计与文献对比分析,笔者发现一个有趣且亟待解释的现象:西方发达国家至少 70% 的政府公共工程存在实际成本超过预算成本的超支问题,而我国 90% 以上的政府工程的实际成本却都在概算成本内完成,造成如此大的差别的原因是什么呢?是否我国政府工程的投资控制比西方国家做得好,还是有其他原因呢?

表 1.2 发达地区与我国的政府工程预(概)算超支情况对比

地区	冰岛	加拿大	挪威	丹麦	美国	英国	中国
平均成本超支幅度	+7%	+5.9%	+84%	+30%	+17%	+40%	-17%
成本超支频率	10 个有 7 个超支	10 个有 8 个超支	—	—	10 个有 9 个超支	—	10 个有 0.5 个超支

在西方发达国家,政府工程的批复预算成本不仅要得到政府部门的批准,通常还要得到议会的批准,投资控制和资金的使用一直都是西方发达国家建设单位最关心的(HM Treasury and Cabinet, 2011;Samset、Volden, 2016)。而在我国,由于政治体制与项目审批制度的不同,政府工程的批复概算通常只由政府审批部门批复,我国建设单位更关注进度控制(贾广社, 2003;贾广社等, 2018a)。也就是说,西方发达国家政府工程比我国更加注重投资控制,于是待解释问题转换为:为什么更注重投资控制的西方发达国家政府工程的成本超支问题严重,而我国政府工程成本超支问题却并不严重?

---

① 按照我国政府工程的基本建设程序(图 1.3),经批准的初步设计对应的概算成本,是建设单位在实施阶段的投资控制目标(国家发展和改革委员会, 2014)。

在项目实践中,我国政府工程的概算成本后评价一般包含在项目后评价(经济部分)中,更多关注项目的决算成本是否超出概算的问题,很少关注概算成本本身的合理性问题。在以往文献研究中,对我国政府工程的概算成本合理性的后评价的研究还不多。我国本土的绝大多数后评价研究都是针对单个(或几个)工程,很少有利用统计分析方法对我国政府工程的概算合理性进行后评价的研究。Flyvbjerg, Holm 和 Buhl(2002)、Nicolaisen(2012)、Tversky 和 Kahneman 等(1973)明确指出小样本研究存在样本数量太小、分配不均衡而难以代表总体的缺点,导致不同小样本研究(对同一地区同一时期的政府工程预算成本的准确性研究)却有着完全相反的结论:比如 Pickrell(1989)认为美国公共工程的预算成本高度不准确,但 Nijkamp 和 Ubbels(1999)却认为预算成本相当准确。同样,对我国知网(CNKI)的相关研究进行系统梳理,发现 2000—2018 年共有 1 340 篇项目后评价的应用论文(李汶倬,2013;樊胜军,2008;黄德春,许长新,2004;等),这些论文都是小样本研究(绝大多数只涉及 1 个工程项目),其中 99.9% 政府工程的决算成本都没有超出概算成本,超概问题并不严重。然而,在同一时期,CNKI 上却有 456 篇关于超概的应用性论文(牛燕,2009;莫熙永,2005;赵新宇,2016;等),所涉及的政府工程 100% 都是超概的,超概问题十分严重。表面上看,这些研究的结论相互矛盾,一些研究认为我国政府工程超概问题十分严重,另一些却指出超概问题并不严重。显然,我国本土研究的这些结论与研究所选取的样本项目密切相关。目前绝大多数研究都是对单个工程的概算成本的后评价,很少研究利用统计分析方法对我国政府工程的概算合理性进行后评价,缺乏利用我国本土审计局公布数据的大样本研究,不能从整体上反映出我国政府工程概算成本的合理性。

因此,本文聚焦"中国政府工程的概算成本合理性"。从我国审计部门公布的各级政府工程审计报告中搜集最可靠的概算成本和决算成本数据,主要回答以下问题:从大样本统计分析角度,我国政府工程的概算相对于决算是高估、合理还是低估?若不合理,其原因是什么,如何应对?

按照"问题—原因—对策"的思路,本文的研究目的就是回答以下四个子问题。

第一,从大样本统计分析角度,在整体上我国政府工程的概算相对于决算是高估、合理还是低估?不同项目类型、投资规模、城市等级、开工时间等的政府工程的概算合理性是否有显著性区别?审批单位级别(中央与地方)、重大建设项目管理办法、政府全面审批制度与更严格调概政策等对政府工程概算合理性是否有显著性影响？

第二，若我国政府工程存在系统性的概算高估问题，背后的主要原因是什么？

第三，站在政府审批部门角度，在前期阶段可采取哪些实施阻力较小的措施来应对概算高估问题？

第四，站在建设单位角度，通过审批部门将概算目标合理化后，投资控制目标的变化会引起建设单位的投资控制行为发生什么样变化？如何加强建设单位实施阶段的投资总体控制？

1.2 研究意义

管理学的规划职能包括两个重要方面：目标的设定和计划的制订。目标的设定为管理者的管理决策和行为提供了总的方向，也为实际完成任务提供了对照标准（斯蒂芬·P. 罗宾斯等，2016）。对应到项目管理中，项目目标的确定是制订项目计划的基础和前提，为项目管理者的项目管理决策和行为提供了总的指导方向，从而为实施阶段实际完成任务提供对照基准（Project Management Institute，2017）。项目目标一般包括进度、质量、成本、安全等多个方面目标，其中预算成本是项目管理传统的三大目标之一。因此，项目预算目标设定的合理性，对于项目计划的制订与实施都有极其重要的影响。

项目目标设定不合理会导致计划和实施的不切实际。按照我国政府工程基本建设程序，经批准的初步设计对应的概算成本（批复概算）是作为项目实施阶段的投资控制目标（国家发展和改革委员会，2014），本文以批复概算的合理性评价作为研究对象。政府工程投资控制目标的合理性对实施阶段的投资控制具有重要影响。可分为两种情况，其一，若批复的投资控制目标偏低，会导致项目单位即使严格控制成本，最终项目的实际成本很可能会超出预算成本，导致成本超支问题（Flyvbjerg，2009；Flyvbjerg 等，2002）；其二，若批复的投资控制目标偏高，则会导致项目资金的闲置浪费，而偏高的这部分项目资金本来在项目前期就能用于建设更多项目，改善公众福利（Odeck 等，2015）。因此，无论政府工程的批复概算（投资控制目标）偏高或偏低都会引发问题，说明批复概算合理性后评估的重要性。

本文通过大样本统计分析（描述统计和推断统计）方法进行后评价，揭示出中国政府工程投资控制较好结果的假象背后，隐藏着系统性的概算高估问题。该隐藏的概算高估问题不仅直接导致政府工程建设成本偏高，也会导致建设单位在实施阶段缺乏动力实施严格的投资控制，进一步导致政府工程投资资金的使用效率低下，最终影响项目投资效益的发挥。当大部分政府工程没能实现应发挥的投资效益时，就会影响区域社会经济发展质量。因此，利用统计分析方法对我国政府工程概算合理性进行研判，以及深入研究概算高估问题的原因和对策具有重要理论和实践意义。

1.2.1 理论意义

1）拓展对我国政府工程投资控制研究的范围和角度

当前对国内政府工程投资控制研究集中在实施阶段，主要是从建设单位的角度，更多关注项目决算是否超过概算（超概问题），很少关注前期概算本身的合理性问题。本文从审批部门的角度，把投资控制的研究范围拓展到前期阶段（包括初设审查阶段）的审查方法改进与审批制度改革，对政府工程投资控制的理论研究范围拓展具有重要指导意义。

2）揭示出审批制度"不当激励"作用的发生机理

通过对审批部门与建设单位之间的委托—代理关系模型分析，揭示出审批制度"不当激励"作用在利益冲突和信息不对称两个方面的发生机理，为解决概算高估问题的前期对策提供理论指导。

3）基类比统计估算法改进投资审查方法

本文验证了类比统计估算法（Reference Class Forecasting，RCF）可以改善我国传统方法概算编制与审查的准确性。并且，基于RCF方法准确性高、简便易行和科学客观性等特点，改进政府工程传统投资审查方法的准确性。通过引入RCF，本文弥补了传统投资审查方法主观性大、准确性低的缺陷，从而减少政府审批部门与建设单位之间的信息不对称程度。

4）建立政府工程概算审批制度的改革框架模型

借鉴经济合作与发展组织提出的四个发达国家在应对审批制度"不当激励"作用的改革经验，从区分批复概算与目标概算的角度，结合RCF审查方法，本文提出了我国政府工程概算审批制度的改革框架模型，从而使政府审批部门与建设单位的目标利益尽量一致。由于不需要改变原审批制度的组织机构和审批程序，本文提出的改革框架与实施方案为概算高估问题前期对策提供了一种实施阻力较小的改革路径。

5）建立工程实施期的施工图预算"两阶段合同激励模型"

将建设单位与施工单位投资控制的合同激励拓展到施工图设计阶段,建立工程实施期的施工图预算"两阶段合同激励模型",激励施工单位在施工阶段积极主动地进行成本控制,从而解决施工单位"低价中标—高价索赔"的问题。

6）建立基于总进度计划的政府工程总投资配置方法

针对目前政府工程中总进度计划与总投资配置脱节问题,以进度编码和投资编码结构的匹配性为基础,建立基于总进度计划构建大型工程总投资配置计划,为建设单位对总进度和总投资的联合监控的基准和依据提供理论基础。

7）系统改进大型项目挣值管理方法的理论基础

从区分计划作业与变更作业的角度,将"挣值"（EV）严格定义为已完成计划内作业的预算费用,系统改进大型项目挣值管理（Earned Value Management, EVM）的理论基础（包含基本参数、偏差分析、绩效预测指标）,使之适应我国大型工程建设过程中总投资与总进度联合控制的信息处理需求。并且,在进度总控实践基础上建立大型工程投资总控模型,以改进后大型项目 EVM 方法作为信息处理工具,实现进度与投资的联合总控。

1.2.2 实践意义

近年来,我国地方政府通过"债务—基础设施建设—地区经济增长"模式不断促进城市经济发展（程琳,2016）,凸显出政府投资工程项目在社会经济发展战略中发挥引导和带动作用。但随着地方政府的债务规模持续上升,地方政府越来越"穷",政府举债投资建设政府工程的风险也在不断增大,显然提高政府工程的投资效益是摆在政府决策部门面前的一条出路。其中,提高项目投资收益和降低项目投资成本是提高投资的成本效益（cost-benefit）"硬币"的两个正反面。对于前者"提高投资收益",国务院和党中央于 2004 年和 2016 年发布《中共中央 国务院关于深化投融资体制改革的意见》[①][以下简称《意见》（2016）],已给出了通过明确政府投资范围、优化投资方向和结构、扩大社会资本合作等较为具体的措施。但对于后者"降低投资成本",却没有得到政府决策部门和建设单位的应有重视。本文对于我国政府工程概算高估问题的研判、成因与对策研究,正是对"降低项目投资成本"的回应,具有重要实践意义。

---

① 资料来源:中华人民共和国中央人民政府,http://www.gov.cn/zhengce/2016-07/18/content_5092501.htm.

1) 发现我国政府工程概算高估问题

利用大样本统计分析（含描述统计和推断统计）方法对公布工程的概算成本相对于决算成本的合理性进行后评估，并将我国与发达国家政府工程的概（预）算成本后评估结果进行对比，揭示出我国政府工程投资控制结果较好的假象背后，隐藏着系统性概算高估问题。该隐藏的概算高估问题不仅直接导致政府工程成本偏高，也会导致建设单位在实施阶段缺乏动力实施严格的投资控制，最终导致政府工程投资资金的使用效率低下。因此，通过科学地后评价与对比分析揭示出我国政府工程客观上存在的系统性概算高估问题，为提高政府工程投资资金使用效率指出问题的重要症结，具有重大的现实意义。

2) 揭示我国政府工程概算高估的原因

利用溯因推理（abduction reasoning）结合 Flyvbjerg 原因分析框架，通过样本数据和概算审批政策分析进行验证，最终发现政治经济原因最能解释概算高估现象。利用深度访谈方法，从实践方面验证概算审批制度的"不当激励"作用是我国政府工程概算高估的主要原因。通过系统分析政府工程概算高估的背后主要原因，为解决概算高估问题的对策提供现实依据。

3) 提出我国政府工程概算高估的对策

在政府工程概算高估问题的对策上，从审批部门和建设单位两个角度，提出了多阶段的应对策略，不仅从审批部门角度在前期解决概算高估本身的问题，还为概算目标合理化后，建设单位在实施期提高投资控制效率提供应对对策。

总的来说，从现实经济意义上看，若本文提出的对策能从根本上解决我国政府工程概算高估问题，那么将节约大量的国有固定资产投资资金。相对于 2017 年全国 23.36 万亿元的国有控股的固定资产投资，按照保守的风险态度（20% 可接受的超概风险），在项目前期阶段就可以节约 4 399.79 亿元（占 2017 年 GDP 的 0.54%）；按照中立的风险态度（50% 可接受的超概风险），在项目前期阶段就可以节约 28 411.16 亿元（占 2016 年 GDP 的 3.46%）。这些节约的概算投资可以用于启动和建设更多的基础设施工程，从而更好地支撑我国稳增长、调结构、全面建成小康社会与建成社会主义现代化强国的宏伟战略目标。

1.3 概念界定与文献综述

本部分主要介绍政府工程的概算合理性的基本概念界定和国内外文献研究综述。在基本概念界定上，主要涉及政府工程、项目组合、前期阶段、概算合理性等。在文献综述上,首先对大样本情形下政府工程实际成本与预算成本的统计对比研究进行综述,按照文献资料的收集和筛选,分为学术类研究和审计类研究,并对比分析两类研究的共同结论,表明成本超支是国外政府工程的一个普遍性结论;其次,对关于从成本超支到成本低估研究的文献进行综述,国外新近研究普遍认为前期成本低估是政府工程成本超支的主要原因,国外文献关于成本低估的问题、原因和对策相关文献,为研究我国政府工程概算高估问题、原因与对策提供了丰富的借鉴;最后,主要是国内文献综述,即对国内政府工程的概算与决算对比研究进行综述,分别从方法理论类研究和应用类研究两个方面进行综述,并与国外文献综述结论对比,得出已有研究的不足之处。

1.3.1 基本概念界定

本文以政府工程的概算合理性作为研究对象,利用统计分析方法从项目组合的角度进行后评价。在概念界定上主要涉及政府工程、项目组合、前期阶段和概算合理性。

1)政府工程

政府工程概念的界定多使用《政府工程怎么管》(丁士昭等,2015)中对政府公共工程的定义,即由政府投资而不以营利为目的的公共工程。图1.1所示为在建设工程下的政府公共工程的分类。同时,《意见》(2016)指出要进一步明确政府投资范围,政府投资资金只投向市场不能有效配置资源的社会公益服务、公共基础设施、农业农村、湿地环境保护和修复、重大科技进步、社会管理、国家安全等公共管理领域,以非经营性项目为主,原则上不支持营利性项目。因此,本文中政府公共工程的定义与政府《意见》(2016)中要进一步明确的投资范围大致是一致的。按照政府财政资金投入方式和比例,政府公共工程可以进一步分为政府直接全部投资工程与部分投资工程。其中,部分投资工程按财政资金的投入方式,又可分为资本金注入方式、投资补助和贴息三种方式,具体见图1.2。

本文中政府工程的定义,与《中央预算内直接投资项目管理办法》[①]《深圳经济特区政府投资项目管理条例》[②]等中央和地方政府关于投资项目管理办法中的政府投资项目概念是一致的,具体是指各级政府发改委安排预算内投资建

---

① 参考资料:中华人民共和国国家发展和改革委员会,https://zfxxgk.ndrc.gov.cn/web/iteminfo.jsp?id=18567。

② 参考资料:深圳市发展和改革委员会,http://fgw.sz.gov.cn/ztzl/zdywfw/szftzxmkxxyjbgsp/zcwj/content/post_10166133.html。

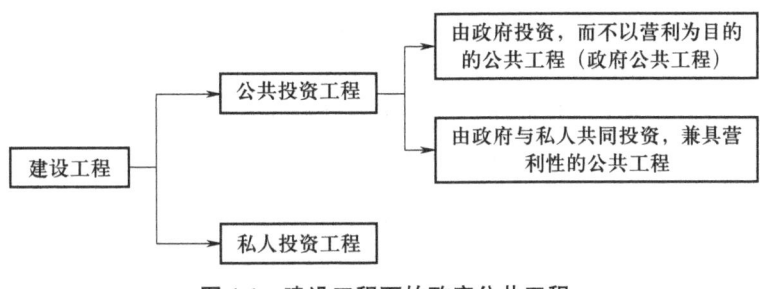

图 1.1　建设工程下的政府公共工程

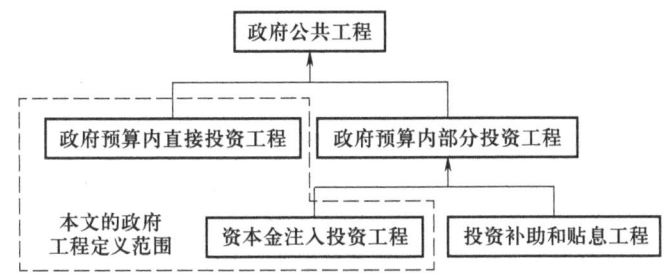

图 1.2　本文中政府工程的定义范围

设的中央或地方(包括各级政府部门及其派出机构、垂直管理单位、所属事业单位)非经营性固定资产投资项目。该类工程一般以直接投资为主,部分投资项目一般以资本金注入方式投资,不包括投资补助和贴息的项目。因此,本文中政府工程的定义,只是政府公共工程范围的一部分,见图1.2。该类工程一般实行项目审批制,包括审批项目建议书、项目可行性研究报告与项目初步设计等。

本文中政府工程概念界定需满足以下三个条件:

(1)该类工程由政府财政预算直接投资,或以资本金注入方式部分投资;

(2)该类工程实行审批制,其中经批准可行性研究是确定建设项目的依据,经批准的初步设计及投资概算应作为建设实施和投资控制的依据;

(3)该类工程实行项目竣工决算审计制,经审定的项目决算作为工程的最终实际费用。

2)项目组合

项目组合是项目管理领域的基本概念,一般采用美国项目管理协会(Project Management Institute,PMI)在《项目管理知识体系(PMBOK)指南》(沈思剑,2016)中的定义:项目组合是指以实现组织战略为目标而集中管理的一组项目、项目集、子项目集、子项目组合和运营项目的组合。项目组合管理是为实现组织战略目标对一个(或多个)项目组合的集中管理。其中,组织战略为项目管理提供指导和方向,反之,项目则是为了支持组织战略而存在的。

我国政府工程的安排,是在国民经济和社会发展的战略规划下,首先编制三年滚动政府投资计划,再依据三年滚动投资计划及宏观调控政策,编制政府投资年度计划,形成政府投资项目库[①]。在一段时间内,一个地区政府会投资建设多个项目,都是在经济与社会发展战略下安排的项目,反过来,这些项目的实施都是为了实现社会经济战略。按照项目组合的定义,可以把我国政府在一段时期内实施的多个项目看作一个项目组合。于是,本文可以从项目组合的角度,利用统计分析方法研究我国政府工程概算的合理性。

3) 前期阶段

按照当前我国基本建设程序(图 1.3),根据政府投资工程管理办法或条例(即《中央预算内直接投资项目管理办法》和《深圳经济特区政府投资项目管理条例》),我国政府工程的前期阶段,即项目决策阶段,是指项目初步设计(含概算)批复之前,包括项目选址阶段、项目建议书阶段、可行性研究阶段、项目总体规划阶段(新建项目)和项目初步设计阶段。

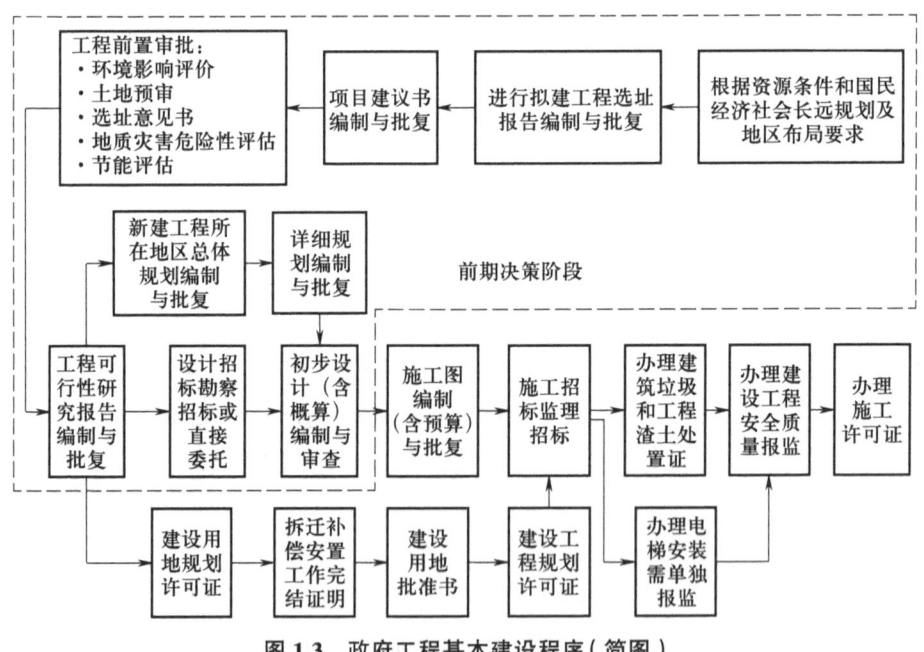

图 1.3　政府工程基本建设程序(简图)

---

① 资料来源:中华人民共和国中央人民政府,http://www.gov.cn/zhengce/2016-07/18/content_5092501.htm。

与国内不同,国外政府工程的建设单位一般都由政府部门直接建设实施(Samset 等,2016)。项目前期阶段也是指项目决策阶段,但国外政府工程没有初步设计的概念,一般是从项目概念构想到确定项目的时点(Samset 等,2016)。由于国外政府工程通常在立项时就会确定项目实施阶段的投资控制目标,以实施阶段投资控制目标的确定为标准,将国内初步设计以前的阶段与国外的前期阶段相等同。

前期阶段的特点是不确定性高、项目可获取的信息量相对较少,随着可利用信息的增加,项目不确定性也逐渐降低(Samset,2010),如图 1.4 所示。

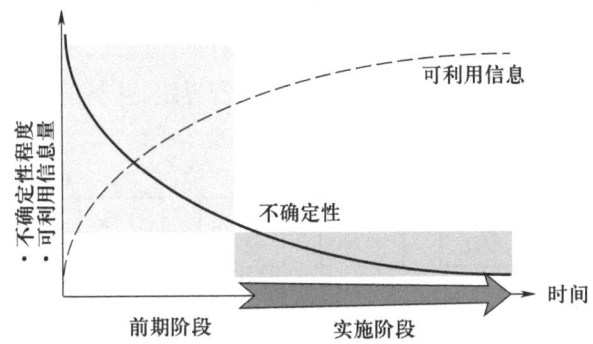

图 1.4　政府工程前期工作的不确定性与可利用信息

4)概算合理性

按照当前我国政府投资项目管理办法或条例(即《中央预算内直接投资项目管理办法》《中央预算内直接投资项目概算管理暂行办法》[①] 和《深圳经济特区政府投资项目管理条例》),投资概算是作为政府工程实施阶段投资控制的依据,即实施阶段的投资控制目标。概算合理性,也就是投资控制目标的科学性和准确性。因此,在界定概算合理性概念之前,有必要先界定范畴更广的投资控制目标的相关概念。

(1)投资控制目标相关概念

随着项目管理学在工程实践中的广泛应用,工程项目投资控制被归纳为两个过程:投资规划过程和投资控制过程(丁士昭,2014)。在项目建设前期,以投资规划过程占主导地位;在项目实施中后期,以投资控制过程为主。工程项目投资控制的效果,很大程度取决于投资规划的科学性与投资目标控制的有效

---

① 参考资料:中华人民共和国国家发展和改革委员会,https://www.ndrc.gov.cn/fggz/gdzctz/tzfg/201504/t20150415_1197603.html。

性。投资控制目标论证是投资规划的重要内容。

依据建设程序,建设工程项目投资费用的确定与工程建设阶段性工作深度相适应。投资控制目标需要按照项目建设过程分阶段设置,每一阶段的投资控制目标是相对的,随着项目建设过程的不断深入,投资控制目标也需要逐渐深化和具体化(原树武,2016),如图1.5所示。这里的投资控制目标是相对的,从投资匡算、投资估算、投资概算、施工图预算到承包合同价格,投资控制目标的形成是一个由粗到细、由浅到深和准确度由低到高的不断深化过程。但在实践中,依据政府投资项目管理办法和条例,明确规定了经批准的可行性研究是确定建设项目的依据,经批准的初步设计及投资概算作为建设实施和投资控制的依据,即明确了投资概算是实施阶段的投资控制目标。因此,下面主要对我国政府工程的投资估算、投资概算和项目决算概念进行界定,并与国外政府工程相关成本概念进行对比。

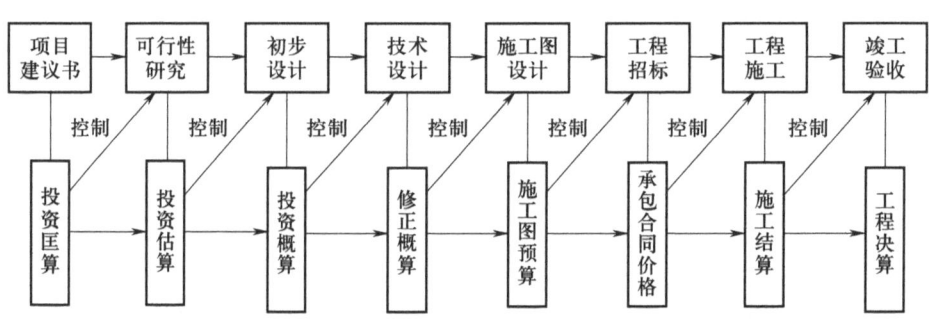

图1.5 分阶段设置的投资控制目标

投资估算,是工程可行性研究文件所对应的项目总费用。按我国政府投资工程管理办法或条例规定,投资概算不得超过可行性研究报告批准的投资估算的百分之十。因此,经批复的投资估算是初步设计限额设计的上限。可行性研究阶段的投资估算准确度要求一般为±10%(中国建设工程造价管理协会,2010)。

投资概算,是工程初步设计文件所对应的项目总费用,经发改委核定的概算作为项目建设实施和控制投资的依据。投资概算包含国家规定的项目建设所需全部费用,包括工程费用、工程建设其他费用、基本预备费、价差预备费等(李一鸣,2016)。初设阶段的投资概算准确度要求一般为±5%(中国建设工程造价管理协会,2010)。

项目决算,是由建设单位编制的反映项目实际造价和投资效果的文件,项目决算的内容应包括从项目策划到竣工投产全过程的实际费用。经审计审定的项目决算作为工程的最终实际费用。

与我国不同,国外政府工程在项目实施期的投资控制目标一般称作项目预算成本[①](Budget Cost)或估算成本(Estimated Cost),项目最终成本一般称作实际成本(Actual Cost)(Flyvbjerg,2009,Flyvbjerg和Holm,2002;Odeck等,2015;Samset和Volden,2013)。虽然各个国家的决策程序不同,但在前期总有一个时间点确定的预算成本作为项目实施阶段的投资控制目标(Flyvbjerg和Holm,2002;Samset和Volden,2016)。对应国内政府工程投资概算和项目决算的概念,在与国外研究对比分析时,本文将国内的投资概算与国外的预算成本相等同,指建设单位在实施阶段的投资控制目标,都用BC(Budget Cost)的英文缩写表示。将国内的项目决算与实际成本等同,都指项目最终的实际成本,都用AC(Actual Cost)的英文缩写表示。

(2)概算合理性

概算合理性,是指投资控制目标的合理性和科学性,也就是预算成本(BC)的准确性。相比于事前评估来说,对概算成本的执行后评价研究还较少。按照国际上通用标准(Fouracre等,1990;Leavitt等,1993;National Audit Office,1992;Nijkamp和Ubbels,1999;Pickett等,1992;Pickrell,1989;World Bank,1994),利用以下方法表示概算成本的准确性(ΔI):

$$\Delta I = \frac{AC-BC}{BC} = \frac{\Delta C}{BC} \times 100\% \tag{1.1}$$

其中,BC表示概算成本(或预算成本),AC表示决算成本(或实际成本),ΔC表示概算成本与决算成本的成本偏差,ΔI是决算成本偏离概算成本的成本偏差率。有研究建议将决算成本放在分母更能反映概算成本的估算偏差(Spyros Makridakis等,1998),但为方便与国际其他研究的结论(如Flyvbjerg等,2003)相对比,本文采用公式(1.1)中的通用标准方式。

概算成本偏差率的计算中有一个前提,需要保证工程的项目单位、建设性质、建设地点、建设规模、技术方案等不发生重大变更,保证概算成本的内容与决算成本的内容基本一致(称作内容一致性原则)。因此,在后文对样本项目的筛选中也考虑了这一点,将发生重大变更的项目(比如概算数据不完整、最终取消或重要工程内容未实施等)排除在外,保证在统计分析中样本项目的决算成

---

① 为区分国外政府工程的预算成本,将国内政府工程在施工阶段预算称为施工图预算,以示区别。

本（AC）与概算成本（BC）的计算条件基本一致。同时，参考国内外研究对成本偏差定义（见1.3.4文献综述小结），本文对概算成本偏差率的计算考虑了通货膨胀因素。

对于单个项目来说，当 $\Delta I=0$ 表示项目决算成本（AC）等于概算成本（BC），理论上是最合理的概算成本。当 $\Delta I>0$ 时，表示项目决算成本（AC）大于概算成本（BC），通常认为是成本超支（cost overrun），但多个研究（Ansar 等，2014；Bacon 和 Besant-Jones，1998；Odeck，2004；Odeck，2014；Odeck 等，2015；Flyvbjerg 和 Holm，2002）认为成本超支也可理解为成本低估（cost underestimation）。在当前我国政府工程实践中，当 $\Delta I>0$ 时通常也被认为是成本超支，这样的判断是在假定概算成本是合理的情形下，说明项目决算成本超过概算成本；但反过来，在假定决算成本是合理的情形下，$\Delta I>0$ 可说明在项目一开始批复的概算成本被低估了。同理，当 $\Delta I<0$ 时，表示项目决算成本（AC）小于概算成本（AC），通常在假定概算成本是合理的情形下，则说明项目决算成本低于概算成本，即概算结余（cost underrun）；但反过来，当假定决算成本是合理的情形下，则 $\Delta I<0$ 则可说明在项目一开始估算的概算成本被高估（cost overestimation）（Odeck，2014）。对于多个项目的概算合理性评估方法具体见2.2节研究方法。

1.3.2　国外文献综述

1）预算成本与实际成本的统计对比研究

国外对政府工程预算成本和实际成本的对比研究起步较早，根据文献所研究的样本项目数量，可将国外此类研究分为两个阶段，1999年以前和1999年以后。

1999年以前的相关研究，大多只是针对单个项目或小样本数量的项目（Bruzelius 等，2002；Fouracre 等，1990；Nijkamp 和 Ubbels，1999；Peter Hall，1980；Pickett 等，1992；Pickrell，1989；Skamris 和 Flyvbjerg，1997；Szyliowicz 和 Goetz，1995），项目数量还不足以进行统计分析。在1999年以前只有一个研究涉及了60个交通类工程，属于大样本数量的研究。虽然该研究取得了一些研究成果，但却没能从统计上说明预算成本的合理性。由于样本数量太小、样本分配不均衡的问题，1999年以前的不同研究对于预算成本的准确性有着截然不同的结论。比如 Pickrell（1989）研究样本的结论认为预算成本高度不准确，实际成本远远超出预算成本；而 Nijkamp 和 Ubbels（1999）研究样本的结论却认为预算成本相当准确。因此,由于小样本数据本身存在偏差不能代表总体数据(Nicolaisen,2012;Tversky 和 Kahneman,1973),需要利用大样本数据进行研究。

为了回答大样本情形下政府工程实际成本与预算成本偏差有多大的问题,从2002年Flyvbjerg等人对258个交通类工程进行统计分析之后,特别是Flyvbjerg在2009年高引用率研究成果发表后,对于交通类工程预算成本的大样本统计分析研究就较为丰富了。下面按照文献资料的收集和筛选方法、文献资料对比分析,系统地进行国外文献综述。

(1)文献资料的收集和筛选

为了更为全面地搜集相关文献资料,从学术研究和审计报告两个方面进行文献数据的系统梳理。

一方面,对学术类研究资料的搜集。利用Google Scholar,Web of science和EBSCO等数据库对关键词"project""cost"和多个后评价关键词("ex-post""post opening evaluation""project appraisal"或"post-implementation-evaluation")在"1999年以后"的条件下进行联合搜索。然后,将所获得的论文的相关文献再进行交叉引用分析,保证所获数据的全面性。

另一方面,对审计类研究报告资料的搜集。对一些国家(比如北美、欧洲、澳大利亚)的政府建设部门和审计部门网站关于预算成本后评估报告的数据收集。

最终,得到92篇相关文献,包含79条学术类研究和13条审计类研究。所得研究资料包含了各种工程类型的项目(比如住宅、交通类、学校医院类、水利类等),也包含了不同规模大小、完成时间、地理位置的工程项目,各研究资料的样本容量和评价方法也不尽相同。在尽可能全面获得文献资料基础上,为满足大样本数据统计分析的要求,按照以下三条标准对所涉及的文献资料进行筛选。

①研究涉及的已完工程数量满足统计分析需要,其中大型工程 $N \geqslant 10$ 个[①],中小型工程 $N \geqslant 50$ 个。

②研究必须给出样本项目的预算成本和实际成本的数据来源。为避免样本

---

① 大型工程采用Flyvbjerg(2014)的标准定义为投资额$\geqslant$10亿美元的工程,由于大型工程数量本身就较少,目前还没有关于大型工程大样本($N \geqslant 50$个)成本统计对比的研究,因此将大型工程样本容量设为10个。

的重复计量,将一些利用二手数据及综述类学术文献排除在外。

③研究必须对样本项目预算成本与实际成本的偏差进行统计分析,并给出成本偏差率的统计分布,或者所给数据足以形成统计分布。

通过以上三条筛选标准,过滤了60条小样本研究,最终满足标准的有32条定量研究。

(2)文献资料对比分析

下面分别从学术类研究和审计类研究两个方面进行综述,再对比分析。

①学术类研究综述

如表1.3所示,共筛选了26条学术研究。在项目地域上,这些研究的样本项目分布于世界五大洲,其中一半以上(约56%)学术研究关注分布在北美和欧洲,约20%研究的样本项目分布在非洲和大洋洲。在亚洲只有4个研究,分

表1.3 关于预算成本准确性的学术类研究结果

作者及论文年份	项目完成时间范围	项目涉及的地域	项目个数及类型	预算成本估算时点	平均预算成本(百万美元)	平均成本偏差率	成本超支的频率
Love 等(2017)	2011—2014年	澳大利亚	16个铁路项目	签订施工合同时点	33.72	23.00%	87.5%
Asiedu 等(2017)	—	加纳	321个教育项目	签订施工合同时点	—	9.64%	72%
Žujo 等(2017)	2001—2012年	波黑联邦	40个供水系统项目	签订施工合同时点	—	3.69%	90%
Abu El-Maaty 等(2017)	—	埃及	10个公共项目	—	—	52.00%	100%
Ansar 等(2016)	1984—2008年	中国	总96个项目:75个公路和21个铁路	项目立项批复时点	684.21	总:30.60%公路:27.5%铁路:41.5%	75%公路:70%铁路:90%

续　表

作者及论文年份	项目完成时间范围	项目涉及的地域	项目个数及类型	预算成本估算时点	平均预算成本（百万美元）	平均成本偏差率	成本超支的频率
Awojobi 和 Jenkins（2016）	1976—2005 年	国际	58 水电站项目	项目立项批复时点	15 749.58	27.0%	79%
Senouci 等（2016）	2000—2013 年	卡塔尔	122 个道路、建筑、和排水项目	签订施工合同时点	—	建筑：70.30% 道路：18.20% 排水：10.80%	—
Flyvbjerg 等（2016）	1993—2011 年	中国香港	25 道路项目	项目立项批复时点	≥100	6%	≥70%
Bayram 和 Al-Jibouri（2016）	2003—2011 年	土耳其	316	签订施工合同时点	0.24	11.33	65%
Odeck 等（2015）	1993—2000 年	挪威	18 个重大公共项目	项目立项批复时点	778.76	13.00%	—
Sovacool 等（2014）	1936—2014 年	国际	401 水电项目	项目立项批复时点	204.49	66%	77%
Eythorsdottir（2012）	2007—2011 年	冰岛	总 76 个项目：65 个公路和 11 桥隧	项目立项批复和合同签订时点	—	公路：6% 桥隧：7%	—
Rui 等（2012）	1992—2008 年	加拿大	411 个管道项目	项目立项批复时点	—	3.06%	54%
Makovšek 等（2012）	1994—2007 年	斯洛文尼亚	41 个高速公路	项目立项批复时点	2.89～214.22	19.00%	100%

续　表

作者及论文年份	项目完成时间范围	项目涉及的地域	项目个数及类型	预算成本估算时点	平均预算成本（百万美元）	平均成本偏差率	成本超支的频率
Love 等（2010）	—	澳大利亚	115 个基础设施项目	签订施工合同时点	22.09	11.7	—
Lee（2008）	1985—2005 年	韩国	总 154 个项目：138 个公路和 16 个铁路	项目立项批复时点	公路：179 铁路：956	铁路：48.00% 公路：11.00%	铁路：96% 公路：87%
Ellis 等（2007）	1998—2006 年	美国佛罗里达州	总 3 130 个道路：1 908 个传统 DBB 合同模式和 1 132 个其他合同模式	签订施工合同时点	3.6	传统 DBB 合同模式：9.36% 其他合同模式：8.04%	—
Berechman 和 Wu（2006）	1993—2003 年	加拿大温哥华	127 个高速公路项目	项目立项批复时点	7~88	5.9%	81.25%
Dantata 等（2006）	1991—2001 年	美国	16 个城市铁路项目	项目立项批复时点	445	30.00%	81%
Nassar 等（2005）	2000 年	美国伊利诺州	219 个公路项目	招投标时点	—	4.00%	38%
Bordat 等（2004）	1996—2002 年	美国印第安纳州	2 668 个公路建设和维护项目	项目立项批复时点	1.4	4.50%	55%
Odeck（2004）	1992—1995 年	挪威	620 个公路项目	项目立项批复时点	≤1	7.88%	52%

续 表

作者及论文年份	项目完成时间范围	项目涉及的地域	项目个数及类型	预算成本估算时点	平均预算成本（百万美元）	平均成本偏差率	成本超支的频率
Williams（2003）	1988—1997年	纽约美国	1 370个高速公路和疏浚项目	招投标时点	1.76	—	—
Flyvbjerg等（2002）	1927—1998年	国际	总258个项目：58个铁路，33个桥隧，167个公路	项目立项批复时点	348	铁路：45.00% 桥隧：34.00% 公路：20.00%	86%
Macdonald（2002）	1980—2001年	英国	50个重大公共项目	项目立项批复时点	—	≥24.00%	—
Berg P 等（1999）	—	挪威	13个公共项目	项目立项批复时点	—	84.00%	—

别关注卡塔尔、韩国、中国香港和内地的项目，但是对我国内地的研究（Ansar 等，2016）是利用世界银行和亚洲发展银行资助项目的数据。由于数据获取的困难（Ansar 等，2016），尚没有利用内地本土数据的相关国际性研究。在项目数量上，80%以上的研究样本容量超过50个项目，其中 Awojobi 和 Jenkins（2016）和 Flyvbjerg 等（2002）是国际性研究，分别包含了全世界五大洲的410个水电项目和258个交通类项目。在项目完成时间上，Flyvbjerg 等（2002）的样本最早完成的项目可追溯到1927年，其余研究样本项目都在1980年以后完成。在项目类型上，这些研究包含了多种类型的公共项目（教育、铁路、公路、水电、排水等），但主要集中在交通类项目及其细分领域。这可能是受到了 Flyvbjerg 系列相关高引用率论文（American Planning Association，2005；Flyvbjerg 和 COWI，2004；Flyvbjerg，2007a，2009；Flyvbjerg 等，2002，2003，2016）的激发，2002年后交通类工程相关研究开始丰富起来。在项目规模上，有8个研究包含地铁、城铁、桥梁、隧道等大型项目，投资额从1亿美元到数

10亿美元,有3个研究专门研究了投资额低于100万美元的小型公路维护项目。

所有学术研究的统计结论都表明,成本超支是普遍现象(Bordat等,2004;Flyvbjerg等,2002;Van Wee,2007),超过90%研究的样本项目成本超支频率都在70%以上,平均成本超支率从11%~84%。8个研究表明大型项目(投资额超过10亿美元)的成本超支是常态,成本超支率在80%~100%之间,Flyvbjerg等(2002)和Lee(2008)认为大型铁路工程的成本超支情况比大型公路工程更为严重。Flyvbjerg等(2002)和Flyvbjerg(2009)都发现其大样本项目统计的成本超支幅度和频率在80年来(1927—2007年)并没有随着时间而减小。Eythorsdottir(2012)在对冰岛76个基础设施项目(65个公路和11个桥隧)统计分析时,同时考虑了审批单位(项目立项批复时点定义)和建设单位(施工合同签订时点定义)两个立场角度下成本超支情况,得出项目立项批复时点的成本超支更为严重。Ellis等(2007)通过对美国佛罗里达州超过3 000个项目的成本超支情况分析,发现使用传统合同方式(Design-bid-buid,DBB)项目比使用其他合同方式[如设计—建造(Design-build,DB),总价(lump-sum)、无条件奖励(no-excuse bounus)等合同方式]成本超支更严重。因此,无论在项目地域、时间、规模、类型、立场角度、合同方式上的研究都表明,成本超支是普遍现象,甚至被认为是政府公共工程成本控制的客观规律(Flyvbjerg,2011)。

在对成本偏差的定义上,超过一半及以上(约60%)学术研究[如Ansar等(2016)、Flyvbjerg等(2003)、Odeck等(2015)]将预算成本定义在项目立项批复(或预算批复)时点上,还有约三分之一的研究(Love等,2017;Senouci等,2016;Love等,2010;等)则定义在施工合同(或招投标)时点上。前者是站在政府审批部门对建设单位①投资控制的角度,后者是站在建设单位对施工单位投资控制的角度。此外,除了Bordat等(2004),几乎所有学术研究都考虑了通货膨胀的影响。

作为唯一对中国基础设施项目成本偏差的统计性研究,Ansar等(2016)利用世界银行和亚洲发展银行资助项目的数据,表明中国铁路和公路成本超支频率达到90%和70%,平均成本超支幅度也达到43.2%和27.5%。但是,牟强等(2018)在统计了深圳市审计局(2014—2017年)公布的50个交通工程,发

---

① 国外政府工程的建设单位一般为政府管理局,是属于政府部门性质,不同于国内建设单位的国有企事业单位性质。

现 96% 数量的工程都是概算[①]结余（10 个项目中只有 0.5 个超支），平均概算结余率甚至达到 16.62%。本文初步统计了我国 14 个审计单位公布的 447 个政府工程的概算执行情况（具体见"3.1 描述统计分析"），发现只有 40 个工程的决算超过概算，成本超支频率为 8.95%，也就是约 91% 的工程都在概算内完成，平均概算结余率甚至达到了 16.34%，成本超支问题并不严重。因此，与西方国家的政府工程存在普遍的严重成本超支问题形成强烈反差，我国的政府工程的投资控制结果看起来也相当不错，这需要进一步解释。

②审计类研究综述

如表 1.4 所示，共有 11 份政府工程的审计报告，其中有 6 份审计报告的项目数量大于 10 个，5 份审计报告的项目数量小于 10 个。在项目数量大于 10 个的 6 份审计报告中，4 份审计报告源于美国，1 份源于英国，1 份源于挪威。审计部门利用其内部渠道获取广泛的数据，对大量在同一制度条件下不同类型的项目进行审查，可以得到比学术类研究更具有实践指导意义的统计结论。在项目数量上，相比学术类研究较少，50% 审计报告项目数量都在 50 个以下；在项目类型上，审计类报告主要集中在交通类（如铁路、公路、桥隧等工程）和石化类；在项目完成时间上，与学术类研究基本一致，全部都在 1980 年以后完成；在项目规模上，所有报告样本项目的平均投资额都大于 100 万美元，但对于大型项目的审计报告却不多，只有 2 个报告样本项目的平均投资额超过 1 亿美元，其余都小于 1 000 万美元。

所有审计类研究的统计结果也都表明成本超支是普遍现象。样本项目成本超支幅度从 6%~205%。审计类研究却不具备对不同项目规模、项目类型之间成本超支情况进行比较的数据基础。在对成本偏差的定义上，绝大部分审计类研究都将预算成本定义在项目批复时点上，而只有 2 份审计类研究将预算成本定义在招标时点上。通常，政府审批部门在前期决策阶段批复给建设单位整个项目全部成本费用（如预算成本）作为投资控制依据，而建设单位与施工单位签订施工承包合同只是全部费用的一部分。因而相比于学术研究来说，审计类研究更多从政府审批部门的角度对项目整体费用的控制。此外，不同于学术类研究，除了 2 份审计报告，大部分审计类研究都没有考虑通货膨胀的影响。

---

① 按照我国政府工程的基本建设程序（图 1.3），经批准的初步设计对应的概算成本，是建设单位在实施阶段的投资控制目标（国家发展和改革委员会，2014）。

表 1.4 关于预算成本准确性的审计类研究结果

审计机构报告及年份		覆盖时间范围	项目所涉地域	样本项目个数及类型	成本偏差的估算时点	平均预算成本（百万美元）	超支项目的百分比	是否考虑通货膨胀
大于10个项目的审计机构报告	英国国家审计局（National Audit Office, 2007）	1998—2006	英国	36个高速公路 20个普通公路	项目立项批复时点	高速公路:68; 普通公路:29.3	6% 18%	是
	北卡罗来纳州审计局（State Auditor of North Carolina, 2008）	2004—2007	美国	390个州级公路和桥梁项目	招投标时点	8.2	7%	是
	华盛顿联合立法审计委员会（State of Washington Joint Legislative Audit & Review Committee, 1998）	1990—1996	美国	779州级高速公路新建和改造项目	招投标时点	1.3	10%	否
	美国国家总审计局（U.S. General Accounting Office, 1999）	1992—1999	美国	14个城市铁路项目	项目立项批复时点	612	18%	否
	美国国家总审计局（, 1997）	1988—1996	美国	30个联邦资助大型公路项目	项目立项批复时点	100	40%	否
	挪威石油管理局（Norwegian Petroleum Directorate, 1999）	1994—1998	挪威	13个石化类项目	项目立项批复时点	—	37%	—

续表

审计机构报告及年份	覆盖时间范围	项目所涉地域	样本项目个数及类型	成本偏差的估算时点	平均预算成本（百万美元）	超支项目的百分比	是否考虑通货膨胀
小于10个项目的报告 威斯康星州立法审计局（Wisconsin Legislative Audit Bureau, 2003）	1993—2003	美国	7个高速公路	项目立项批复时点	68	56%	是
英国国国家审计局（2004）	1980—2004	英国	6个轻轨项目	项目立项批复时点	329	7%	是
魁北克审计局（Auditor General of Quebec, 2004）	1998—2003	加拿大	1个蒙特利尔地铁扩建项目	项目立项批复时点	179	205%	否
加利福尼亚州审计局（California State Auditor, 2004）	1999—2004	美国	1个旧金山湾大桥	签订施工合同时点	—	—	是
密苏里州审计局（Missouri State Auditor, 2008）	1999—2008	美国	1个圣路易斯轻轨延伸项目	签订施工合同时点	550	25%	否

除了大于10个项目数量的审计研究，表1.4还展示了5份小于10个项目数量的审计报告，其统计结论与大于10个项目数量的审计研究相比较，成本超支也是普遍现象，只是成本超支波动的范围更大，印证了小样本研究的统计结论不稳定的缺陷。

2）从成本超支到成本低估的文献研究

以上预算成本与实际成本对比统计研究的结论，都表明成本超支是国外政府工程的一个普遍性问题。成本超支被定义为项目实际成本（AC）超过预算成本（BC），必然包括实际成本和预算成本两个方面的合理性研究。但在2002年Flyvbjerg等人的 *Underestimating Costs in Public Works Projects: Error or Lie* 发表以前，绝大部分研究都默认预算成本是合理的，并认为成本超支是实施阶段对实际成本控制不足造成的。随着对项目实际成本和预算成本的小样本对比统计研究（Pickrell，1989；Wachs，1990）的积累，Flyvbjerg等（2002）第一次通过对258个交通基础设施工程的大样本统计研究，明确指出成本超支的主要原因并不是实施阶段实际成本控制不足，而是前期阶段对预算成本低估造成的，并认为建设单位在前期阶段的策略性误导或者欺骗是成本低估最可能的原因。此后，对于成本低估的相关评价方法、原因和对策分析就逐渐丰富起来了。

在2002年"成本低估"现象研究基础上，利用相同的大样本统计分析方法，Flyvbjerg及其同事发现交通基础设施工程还存在着"收益高估"现象（Flyvbjerg等，2003；Flyvbjerg等，2005；Flyvbjerg，2006；Flyvbjerg，2007b；Flyvbjerg，2008），并认为从心理认知和政治经济两个方面可更好地解释成本低估与收益高估现象。心理认知方面，是指项目决策者在面对项目风险时会有一种忽视风险的乐观倾向，即心理学上的"乐观偏见"（optimism bias）（Flyvbjerg和COWI，2004；Tversky和Kahneman，1973）会导致决策者不自觉地低估成本和高估收益。政治经济方面，是指项目决策者为了实现自身利益目的，故意低估成本和高估收益，通过"策略性误导"（strategic misrepresentation）使得成本—收益比率（Cost-benefit ratio）变大，从而实现项目被议会资助的政治目的。"乐观偏见"（optimism bias）与"策略性误导"（strategic misrepresentation）本质上都是欺骗，只不过前者是不自觉地（非故意地）自我欺骗，后者是故意地欺骗他人（Flyvbjerg，2006）。这些研究的结论还引起了英国财政部的重视，在针对英国大型公共项目审查的《关于"乐观偏见"的补充绿皮书指南》报告中，他们指出项目评估师在项目审查中存在一种经证实的过分乐观倾向（HM Treasury，2003）。在英国财政部和交通部支持下，Flyvbjerg和COWI（2004）共同完成了《在交通规划指导下解决交通项目乐观偏见的程序》咨询报告，从技术、心理、政治和经济四个方面分析"乐观偏见"的原因后，也指出心理认知和政治方面是主要原因。并且，该报告利用类比统计估算法（Reference Class

Forecasting, RCF) 在项目评审中对每类工程分别加上一个乐观偏见"增加值"(up-lift), 从而解决英国交通工程成本低估问题。Van Wee(2007) 也发现大型交通基础设施(特别是铁路项目)的需求和成本预测质量通常都很差,并指出这并不是缺乏足够信息或预测技术的问题,而更多是一些利益相关者的策略性行为造成的,并建议要解决成本低估和收益高估问题,不仅需要在交通项目成本和需求估算方法寻求改进,还应关注或至少限制策略性行为。Flyvbjerg(2009) 总结了大型基础设施项目存在的项目成本低估、收益高估和风险低估的问题和原因,揭示出英国项目审批制度的"不当激励"(perverse incentive)作用是鼓励项目决策者低估成本和高估收益的主要原因,并通过对交通项目所涉及的政府官员、项目经理、决策者进行访谈,从访谈结论进一步证实政治经济原因的解释力:项目决策者策略性地"包装"项目行为,是为了增加项目被资助的可能性,并透过以下公式表达项目决策者采取"低估成本、高估收益"的逻辑:

$$\text{低估成本(或风险)} + \text{高估收益} = \text{项目资助} \qquad (1.2)$$

"成本低估与收益高估"导致了西方国家项目审批制度下政府资助的并不是最优项目,而是纸上看起来最优的次优项目,而政府资助项目的成本低估与收益高估幅度越大,最终导致项目在实践中成本超支和收益不足问题会越严重。

在 2009 年之后,许多研究(Chou, 2009; Altes, 2010; Sturm 等, 2011; Salling 和 Leleur, 2012; Cantarelli 等, 2012; Salling 和 Leleur, 2015)认为成本低估和需求高估是政府基础设施项目的一种普遍现象。Cantarelli 等(2012)通过对荷兰大型交通工程成本超支数据分析,指出项目前期决策时点成本超支往往被低估,实际成本低估问题比我们通常认为的要大得多。Altes(2010)通过荷兰土地开发项目估算数据对比分析,表明荷兰地方政府不仅低估了成本,还低估了收益。此外,Welde(2011)指出挪威收费公路项目还存在运营成本低估 30% 的问题。Salling 和 Leleur(2015)探讨了成本低估与收益高估之间不准确的差距对传统成本收益分析方法(CBA)的影响。Chou(2009)、Salling 和 Leleur(2012)、Juszczyk(2013)、Molenaar(2005)和 Kilkon(2006)都认为项目前期评价方法是成本低估的原因,其中 Chou(2009)介绍了一种应用于美国得克萨斯州高速公路项目的 GLM 参数估计技术,Salling 和 Leleur(2012)结合蒙特卡罗模拟(Monte Carlo Simulation)和类比统计估算法(RCF)改进项目前期可行性评审方法,Juszczyk(2013)研究表明多层感知器是解决前期概念阶段成本估算不准确问题最有效的神经网络方法。Membah 和 Asa（2015）在对隧道项目成本低估原因进行文献综述并确定 40 个成本估算因素后，认为造成成本低估有 5 大原因，包括施工复杂性、地质条件、成本估算技术、市场条件和外部环境要求。Flyvbjerg（2011）将多数文献中项目复杂性、范围变化、技术不确定性、需求不确定性、不利地质条件、运气不佳或错误都归为造成成本超支与收益不足的诚实错误（honest errors）原因，并不是根本原因，理由有两个方面：①如果绩效不佳真是由诚实错误原因造成的，那么绩效偏差的大样本统计应当在零附近趋于一个相对无偏分布。但事实上，Flyvbjerg 统计的 258 个项目成本和收益数据都显示偏差分布具有明显不同于零的平均值。②如果诚实错误原因是造成绩效不佳的主要原因，那么随着时间推移，估算与审查方法、工作人员经验等得到改善，绩效偏差应当有所改善。而事实上，虽然数十年来大量资源已用于改进重大项目管理的数据和方法，但近七十年来成本超支与收益不足的状况并未得到改善。在此基础上，他再次确认了心理认知方面"乐观偏见"和政治经济方面的"策略性误导"才是导致成本低估与收益高估的根本原因，并将组织压力（organizational pressures）也归入政治经济原因中。此外，他还指出"乐观偏见"原因与"策略性误导"原因是互补的，并认为只有将这两方面原因结合起来，才能更好地理解大型项目决策过程中发生的事情。Siemiatycki（2016）通过将 *Underestimating Costs in Public Works Projects：Error or Lie？*（简称 *Error or Lie？*）作为大型项目管理成本超支的经典文献进行全面剖析，认为 *Error or Lie？* 启动了大型项目理论研究和交付实践的新范式：一方面打破了传统项目管理领域成本超支研究的技术层面原因（如估算技术、范围变更等诚实错误）的解释；另一方面直接促成多个国家大型项目管理实践的变革。Siemiatycki（2016）通过文献综述发现 *Error or Lie？* 之后关于成本超支及原因的众多理论和实践的后续研究，都证实了成本被严重低估的结论。在 2009 年后关于成本低估原因的后续研究（除 Flyvbjerg 及其同事之外）中，多数研究如 Siemiatycki（2009）、Park 和 Papadopoulou（2012）、Barinov（2007）、Koch（2012）证实了"乐观偏见"和"政治欺骗"更能解释成本低估现象，但也有一些研究如 Love 等（2014）、Love 等（2012）、Eliasson 和 Fosgerau（2013）、Liu 等（2010）驳斥将"政治欺骗"作为成本低估的主要原因。

但从实践的角度来看，Flyvbjerg 及其同事与多个国家专业协会和公共机构积极合作，根据"乐观偏见"和"政治欺骗"提出减轻成本超支和收益不足的对策（Flyvbjerg,2012），包括采取外部视角的类比统计估算法（RCF）等措施，已经改变了多个国家的大型项目决策和交付方式，比如英国、丹麦、瑞士已经规定大型项目管理单位必须使用Flyvbjerg及其同事关于大型项目决策所开发的方法，而美国、南非、荷兰和瑞典政府正在有选择地使用这项研究来制定项目政策和采购实践，美国规划协会于2005正式采纳类比统计估算法（RCF）作为改善大型项目成本估算应当遵守的估算技术。因此，从研究对策的实践效果来看，显然Flyvbjerg及其同事关于政府公共工程成本低估问题及原因的判断是正确的。

综上所述，以上国外文献关于成本低估的问题、原因和对策相关文献，为研究我国政府工程概算高估问题、原因与对策提供了借鉴。

3）国外文献综述结论与不足之处

通过对以上学术类和审计类研究的对比分析，可以得出国外文献综述的以下结论。

第一，无论是学术类研究还是审计类研究，都表明成本超支是国外政府工程的一个普遍现象。学术类研究指出大型工程的成本超支情况比小型工程更为严重。研究的样本项目分布于世界五大洲，但主要还是在北美和欧洲。由于数据获取的困难，尚没有利用我国本土数据进行概算成本与实际成本的大样本统计对比研究。

第二，大部分研究（其中60%的学术类，67%的审计类研究）对预算成本的定义都选在项目决策时点上，小部分研究选在招投标或施工合同时点上。前者是站在政府审批部门对建设单位[①]投资控制的角度，后者是站在建设单位对施工单位投资控制的角度。本文以政府工程概算合理性为研究对象，是从政府审批部门角度对整个项目全部费用的研究，结合国内将概算作为实施阶段投资控制的依据，采用在项目总概算批复时点对成本偏差进行定义。

第三，大部分（95%）学术类研究和小部分（35%）审计类研究在计算成本偏差时都会考虑通货膨胀因素。有鉴于此，本文对成本偏差率的计算也会考虑通货膨胀因素。

第四，学术类研究和审计类研究对于预算成本和实际成本对比研究关注重点，逐渐从实施期成本超支问题转移到前期成本低估问题，并认为项目单位在前

---

① 国外政府工程的建设单位一般为政府管理局，是属于政府部门性质，不同于国内建设单位的国有企事业单位性质。

期阶段的"乐观偏见"和"政治欺骗"是成本低估的主要原因。国外文献关于成本低估的理论评估方法、原因和对策分析,为评价我国政府工程概算合理性提供了方法和对策借鉴。

基于以上对比分析的结论,结合我国实际情况,可得到国外研究的不足之处。

第一,研究的样本项目分布于世界五大洲,但主要还是在北美洲和欧洲,尚没有利用我国本土数据进行概算执行情况的大样本统计评价研究。

第二,无论学术类还是审计类研究,大多只是描述性统计分析方法。Odeck等(2015)指出由于样本项目本身的特殊性,只利用传统的描述性统计方法可能受到样本数据选择的不确定性影响,使得结论的不确定性变大,为了得到更为坚实的结论,需要利用推断统计方法对样本数据进行分析。

1.3.3 国内文献综述

概算执行后评估是项目后评估的一部分。在2004年《国务院关于投资体制改革的决定》提出"建立我国政府投资项目后评估制度",因此我国政府工程概算执行后评估的研究起步较晚。国内对政府工程概算与决算的对比研究,一般包含在项目后评估(经济部分)、概算审查和决算审计的相关研究中。按照与国外文献综述类似的文献资料收集方法,从中国知网(CNKI)进行文献的系统梳理,得到1 340篇"项目后评估"、305篇"概算审查"和1 260篇"决算审计"的研究文献,其中"后评估"研究中大部分(超过95%)都是应用类研究。下面分别从方法理论类研究和应用类研究两个方面进行文献综述。

1)方法理论类研究

(1)现行概算审查方法的局限

按照《国家发展改革委关于印发中央政府投资项目后评价管理办法和中央政府投资项目后评价报告编制大纲(试行)的通知》,投资概算的确定,包括概算的编制和审批两个过程。如表1.5所示,从四个国家的造价体系依据的比较中可以看出(郝宽胜,2013),我国政府工程的造价依据在工程量计算、工程项目编码、消耗量标准、工程量清单计价与其他三国相差不大,但我国的两种计价模式(清单与定额)都忽视了已建类似工程造价信息。因此,无论是在投资概算的编制还是概算审查过程,都忽视了对已建类似工程概算执行资料的类比作用。比如,现有的概算审查方法,包括查询核实法、联合审查法、重点审查法等,都只是针对概算合法性、时效性和标准适用性的审查(中国建设工程造价管理协会,2010)。这种主要利用项目团队和专家知识(没有利用类似已完成工程概算执行资料)进行概算编制与审查的方法,被Flyvbjerg(2009)称为内部视角(the inside view)方法,由于专家或项目团队自身经验与知识的局限,导致利用此类方法预测的项目目标(包括费用、进度、利润和风险)与项目实际完成情况(包括费用、进度、利润和风险)始终存在较大偏差。即由于较少参考类似已完成工程的概算执行资料数据,现行政府工程概算编制与审查方法不能科学地反映概算本身的合理性(牟强、贾广社,2018)。

表1.5 四个国家的政府工程造价体系依据比较

国家	美国	英国	日本	中国	
造价体系分类	基于已建工程造价资料的计价依据体系			基于定额的工程计价依据体系	
造价体系依据	工程估价体系	工料测量体系	工程积算体系	工程定额计价体系	工程量清单造价体系
工程项目编码	有	有	有	有	有
工程量计算规则	无	有	有	有	有
计价价格	市场价格	市场价格	市场价格	基期价格+市场价格	市场价格
消耗量标准	无	无	有	有	有
工程量清单	采用	采用	采用	不采用	采用
已建工程造价信息	有	有	有	无	无
费用标准	无	无	无	有	有

(2)现行投资后评估与决算审计方法的局限

在概算执行后评估的理论基础研究中,黄德春(2003)在《投资项目后评价理论、方法及应用研究》中最早提出工程造价的后评价:"项目概算执行情况分析是关键环节,包括:①评价概算总投资、测算总投资与竣工决算总投资进行对比的情况;②分析超支的原因。"此后多篇关于项目后评估研究是对项目后评价理论在多方面的丰富与创新(窦鹏飞,2015;刘荣刚,2004;刘峰,2007;张飞涟,

2004；柴中华，2007），比如建立可持续发展综合评价模型（刘峰，2007）、建立模糊综合后评价方法（张飞涟，2004）、环境影响后评价（张飞涟，2004）和运营后评价（柴中华，2007）等，但是在概算执行后评估方法理论上并没有进步，都只关注项目决算是否超出概算（"超概"）问题和超概的原因分析，而没有关注概算本身的合理性问题。这些投资后评估的理论研究反映出现行概算执行后评估方法的理论基础，预设了政府工程概算本身是合理的假设前提，当项目决算超过概算时，便认为项目决算存在问题导致成本超支。

建设工程审计是指审计单位对国家建设项目概算执行情况依法进行审计监督，主要是对工程决算的真实、合法、效益进行审计监督，但对于概算合理性的审计工作却未作明确要求（赵庆华，2010）。因此，现行概算后评估与决算审计方法关注的都是超概问题，不能反映概算的合理性。

综上所述，现行概算审查、概算后评估与决算审计方法都不能反映概算成本的合理性。同时，现有概算审查、项目后评价（经济部分）和决算审计方法，都只是针对单个工程的审查与评价。而在一段时期内，一个地区政府会完成多个工程项目，若把这些项目看作一个项目组合，目前很少研究利用统计分析方法对这些工程项目组合的概算合理性进行后评价，缺乏利用推断统计方法对这些工程项目组合的概算进行后评价。

2）方法应用类研究

与国内理论研究一致，现行《政府投资项目后评价管理办法》与《政府工程投资项目后评价报告编制要求》的前期决策的总结与评价部分，主要是对概算审批程序合法性与标准适用性进行评价，也不能科学地反映概算本身的合理性。在项目后评价的1 273篇应用研究文献中，占99%工程项目的决算都没有超出概算，超概问题并不严重。但在同一时期，却有456篇关于超概的应用性论文，其所涉及工程项目100%都是超概的，并指出超概问题相当严重。表面上看这些研究的结论相互矛盾，一些研究说明超概问题十分普遍，而另一些研究又指出超概问题并不严重。显然，应用研究的结论与研究所选取的样本项目密切相关，而现已发表的论文中绝大多数都是对于单个项目概算执行情况的评价，不能反映一段时期内多个项目概算的整体完成情况，很少从统计的角度反映现行多个工程概算执行情况。

与国外研究形成鲜明对比，国内对概算和决算的对比统计研究还比较少。比如黄华强（2013）将蒙特卡洛模拟与传统专家经验评审方法结合起来，对承包商投标价格进行评审；高全和张韬（2011）结合集值统计方法对专家意见进行综合集成,评审公共财政项目预算合理性;雷平涛(2017)和罗永梅(2011)利用统计方法确定工程结算审计样本的合理数量,对上报施工结算和审定结算差额(审定率)的历史数据进行统计分析,提高审计效率。以上研究利用统计方法只对概算(或合同价)或只对决算(或施工结算)进行单独评价,但没有将概算与决算进行对比统计分析。在目前国内已有研究中,仅有3篇中文文献利用数理统计方法对多个项目的概算(或合同价)执行情况进行了统计分析。王海波等(2017)是国内首次阐述了将数理统计方法用于概算编制中的思想,对3个工程进行了统计,平均费用超支率为16%。显然,3个工程的样本不具有统计意义。郝艳娥和史玉芳(2014)对某施工企业10年内80个已完工程的主体结构部分的超支情况进行了统计分析,平均超支率为1%。她们将可靠性理论引入工程项目管理中,并定义了施工成本可靠性,应用概率统计知识建立了成本超支所应服从的概率分布。但其假定成本超支率服从正态分布,并利用样本数据构建正态分布直接代替总体分布,没有对分布的形态进行统计检验,可能与实际情况存在较大偏差。黄伟(2016)对某长距离调水工程的107个标段的项目费用超支情况进行了统计分析,得出这些项目平均超支达到20%。黄伟(2016)在郝艳娥和史玉芳(2014)基础上,不仅对样本项目进行了描述性统计分析,还对不同合同模式下费用超支进行了分布拟合,并用软件(Easy Fit)找到了最优的费用超支概率密度分布函数。与王海波等(2017)、郝艳娥和史玉芳(2014)一样,黄伟(2016)是将费用超支定义在施工结算与施工合同之间的差值,该定义是站在建设单位对施工单位进行投资控制的角度。同时,虽然黄伟(2016)在郝艳娥等基础上找出了最优的费用超支概率分布,但他们都没有对描述统计的结论进行统计检验,没有进一步得出多个项目的成本合理性的客观评价结论。

因此,站在政府审批部门对建设单位的投资控制角度,以项目决算和投资概算的差值作为费用偏差的标准时,目前缺少对国内政府工程概算执行情况的大样本统计评价研究,不能从整体上反映我国政府工程的概算成本的合理性。

1.3.4 文献综述小结

以政府工程概算合理性为研究对象,对关于概算(或预算成本)和决算(或实际成本)统计对比的国内外文献综述后,本文发现以下几点不足。

第一,在研究的项目样本数量和地域上,国内研究与国外1999年以前研究一样,大多数只是针对单个项目或小样本数量的项目,样本数量不足以进行统计分析。目前国外统计研究的项目样本分布于世界五大洲,但大样本统计主要在北美和欧洲,尚没有利用我国本土审计局公布数据进行大样本统计评价的研究。

第二,在国内外研究的对比分析结论上,国外研究表明成本超支(或预算成本低估)是国外政府工程的一个普遍现象,而国内小样本(或单个项目)统计研究的结论却不一致。国内部分应用研究表明政府工程成本超支严重,而部分后评价应用类研究的结果显示成本超支并不严重,需要进一步利用大样本对国内已完政府工程概算和决算进行统计对比研究。

第三,在研究的成本偏差定义上,国外大部分研究将预算成本定义在项目决策时点,并考虑通货膨胀因素;国内研究则都是将费用超支定义在施工结算与施工合同之间的差值,没有考虑通货膨胀因素。在成本偏差定义上,反映出国内研究都是从建设实施阶段出发,重点在建设单位对施工单位进行投资控制,而缺少从我国政府审批部门对建设单位的投资控制角度,对项目前期概算合理性的统计后评价研究。

第四,研究的方法上,国内外研究大多只采用描述性统计方法,而利用传统的描述性统计方法很可能会受到样本数据选择的不确定性影响,为了得到更为坚实的结论,需要利用推断统计方法对大样本数据进行分析。

总的来说,为弥补以上不足之处,本文将以我国 14 个审计单位公布的政府工程审计报告数据为基础,利用大样本统计方法(描述统计和推断统计)对公布工程概算执行情况进行后评价。在概算合理性评估结果的基础上,再对相关问题的原因与对策进行系统分析。

1.4 研究内容与框架安排

1.4.1 研究内容

第 1 章,引言。包括研究背景与问题提出、研究意义、概念界定与文献综述、研究内容与框架安排以及本文创新点。

第 2 章,样本数据来源与研究方法。第一,在样本数据来源与描述方面,对样本数据的来源、收集与筛选过程进行介绍,并从整体、工程类型、投资规模、城市等级等多个维度,对所收集的 447 个工程的审计报告数据进行描述。第二,在研究方法方面,分别对第 3~6 章对应的研究方法进行介绍,包括大样本统计分析方法（描述统计与推断统计），溯因推理与 Flyvbjerg 原因分析框架方法，深度访谈方法，类比统计估算法（RCF）与制度借鉴对比方法，合同激励、进度与投资联合总控方法。

第 3 章，政府工程项目组合的概算执行后评估。利用描述统计和推断统计方法，对一个大样本数量（447 个）政府工程的概算执行数据进行后评价，并将我国与发达国家政府工程的概（预）算成本后评估结果进行对比，分别从整体、工程类型、投资规模、城市等级和开工时间等多个维度，揭示出我国政府工程存在系统性概算高估问题。

第 4 章，政府工程概算高估的原因分析。从概算高估问题的严重后果分析，说明解决概算高估问题的紧迫性。在此基础上，利用溯因推理（abduction reasoning）结合 Flyvbjerg 原因分析框架，结合样本数据和概算审批政策分析对三种原因分别进行验证，发现政治经济原因最能解释概算高估现象。最后，利用深度访谈法验证概算高估的问题、原因和高估方式。

第 5 章，概算高估的前期对策分析（审批部门角度）。站在审批部门的角度，基于对"不当激励"作用的发生机理分析，分别从"概算审查方法改进"与"概算审批制度改革"两方面给出概算高估问题的前期应对对策。

第 6 章，概算合理化后的实施期对策分析（建设单位角度）。站在建设单位的角度，当政府工程概算合理化后，投资控制目标的变化必定会引起建设单位投资控制行为的变化。针对政府工程实施期投资控制存在的薄弱环节及问题，从合同激励、进度与投资联合总控的角度，在三个子阶段提出加强建设单位的投资控制应对对策。并且，以某国际机场的航站楼工程为例，验证进度与投资联合总控方法的可行性和有效性。

第 7 章，结论与展望。一方面从概算高估问题的发现、原因与对策进行结论总结，另一方面从 6 个需要进一步讨论的问题进行展望。

1.4.2 框架安排

本文通过一个简单的"问题—原因—对策"研究思路来组织全文，在此基础上，结合研究方法和研究结论形成本文的总体研究框架，如图 1.6 所示。

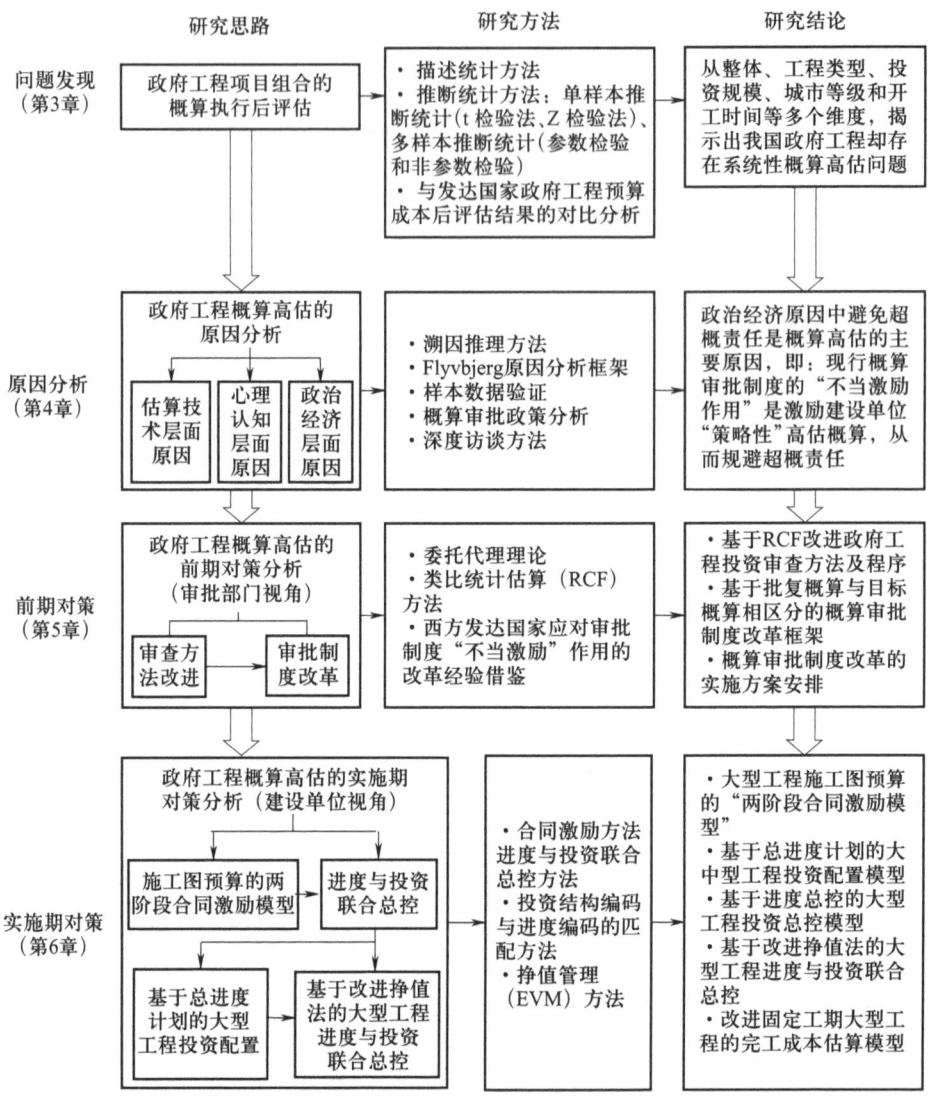

图1.6 研究的总体框架（思路、方法与结论）

1.5 本文创新点

本文对我国政府工程概算高估问题的研判、原因与对策研究，包括以下四个方面创新点。

第一，对我国政府工程的概算执行后评估研究，通过统计证据发现我国政府工程存在系统性的概算高估问题。利用大样本统计分析方法对我国政府工程的概算成本合理性进行后评估,并将我国与发达国家政府工程的概(预)算成本后评估结果进行对比,本文发现,发达国家政府工程普遍存在预算成本低估问题,而我国政府工程却存在系统性概算高估问题。本文所搜集的我国政府工程样本是当前公开数据中能搜集到的最大样本。

第二,对我国政府工程概算高估的原因分析,揭示出概算审批制度的"不当激励"作用是概算高估的主要原因。利用溯因推理(abduction reasoning)结合 Flyvbjerg 原因分析框架,发现政治经济原因最能解释概算高估现象,揭示出概算审批制度的"不当激励"作用是我国政府工程概算高估的主要原因;在我国建设领域的概算审查方法和监督管理机制尚不健全的情况下,现行概算审批制度从法律法规和党纪政纪责任规定概算调整与超概的严重后果,激励建设单位"策略性"地高估概算,从而规避超概责任的发生(或为谋取隐性腐败利益铺垫)。最后,利用深度访谈法从实践方面阐释概算高估的问题、成因和高估方式,验证了溯因推理分析的结论。

第三,对我国政府工程概算高估前期对策分析,站在审批部门的角度,基于对"不当激励"作用的发生机理进行分析,提出从概算审查方法改进和概算审批制度改革解决概算高估问题的前期对策。主要创新点包括以下两点:①基于类比统计估算法(RCF)改进投资审查方法。验证 RCF 方法可以改善我国传统方法概算预测的准确性,并基于 RCF 改进政府工程投资(包括概算)审查方法,弥补传统投资审查方法主观性大、准确性低的缺陷,从而减少审批部门与建设单位之间的信息不对称程度。②建立政府工程概算审批制度的改革框架和实施方案。借鉴 OECD 四个发达国家在应对审批制度"不当激励"作用的改革经验,从区分批复概算与目标概算的角度,结合 RCF 审查方法,提出了我国政府工程概算审批制度的改革框架和"三步走"改革方案安排,从而使政府审批部门与建设单位的目标利益尽量一致。由于不需要改变原审批制度的组织机构和审批程序,本文提出的改革方案为概算高估问题前期对策提供了一种实施阻力较小的改革路径。

第四,对概算合理化后实施期对策的研究,站在建设单位的角度,为概算目标合理化后建设单位提高实施期投资控制效率,提出大型工程进度与投资联合总控的系列模型方法,包括:基于总进度计划构建大型工程总投资配置模型,基于进度总控的大型工程投资总控模型,改进大型项目挣值管理(EVM)理论基础模型等。

第 2 章 数据来源与研究方法

本章首先分析作为概算合理性后评价的基础样本数据,包括对样本数据的来源、收集与筛选过程的介绍,以及对所收集的样本数据的描述分析。然后,针对第 3~6 章子研究问题,分别分析各章所采取的研究方法。

2.1 研究样本

2.1.1 样本数据的来源

本文的第一步是确定一个大容量样本的政府工程,该样本需要足够大从而可以对成本偏差进行大样本统计分析。在实践中,即使在西方发达国家政府数据相对公开透明的情形下,对基础设施政府工程成本数据的搜集也是困难重重(Ansar 等,2014;Flyvbjerg,2005;Flyvbjerg 等,2002)。由于数据公开和透明度远不及西方发达国家,获取中国政府工程相关数据所面临的困难更为复杂(Dahl 等,2017;Quer 等,2007;Stening 和 Zhang,2007),获取数据所需投入精力和花费成本很大,Hurst(2010)甚至认为在中国本土进行相关大样本统计研究是不可能的事情。

本文在实践中搜集我国政府工程成本数据时,也发现三个方面的困难。第一,政府工程成本数据搜集工作量大耗时长。政府工程一般工期很长,要获得总成本数据需要长期大量的档案和数据的整理分析工作,数据搜集工作很耗时间。第二,建设单位和审批部门都没有动力主动公开政府工程成本数据。自 2011 年起我国政府部门预算才基本实现公开化(翟司霞,2012),但同时间的政府工程的概算和决算数据却基本没有实现公开化,导致数据获取渠道少,特别是 2004 年之前全国基本没有相关项目公开数据。对于建设单位和审批部门趋向于不公开政府工程的成本数据,可能有各种主客观原因。第三,政府工程预算成本和实际成本的编制方法存在差异导致数据比较变得困难。不同地区公布的政府工程成本数据,有的只公布建设单位上报的决算数据和审定的决算数据,有的只公布施工合同价和施工结算,没有概算与决算数据,导致数据之间的对比存在困难。以上原因解释了为什么目前国内该研究领域仍然只有单样本或小样本研究。在公开的文献中,目前 Ansar 等(2016)的研究是关于我国基础设施项目的最大统计样本,但其数据源于世界银行和亚洲发展银行资助我国的公路和铁路项目。在统计分析中,数据样本应当适当地代表总体,样本的随机性越高,越能保证不可控因素被平等对待的可能性越高。由于世界银行或亚洲发展银行资助项目一般涉及欠发达地区,自然条件相对恶劣,施工管理水平较低,导致 Ansar 等(2016)的研究样本是具有相当选择性,并不能代表我国基础设施项目的总体。因此,需要进一步从我国实践中搜集更具有代表性的大样本统计数据。

尽管存在以上困难,笔者用了近 8 个月时间对我国审计部门系统公开审计报告进行全面搜集,数据搜集主要范围包括审计署、34 个省级行政区审计厅、74 个大中城市审计局关于政府投资项目的公开审计结果公告,这也是目前最可靠的数据来源。最终搜集了 14 个审计单位公布的近 600 个项目审计报告作为统计样本。这些样本项目审计报告的公开时间都是在 2004 年 11 月以后,本文对成本偏差定义为 $\Delta I = \dfrac{AC-BC}{BC} = \dfrac{\Delta C}{BC} \times 100\%$,初步统计满足成本偏差定义数据基本要求的有 528 个项目。在对样本项目的筛选中,考虑预算成本(BC)的内容与实际成本(AC)的内容一致性原则,将工程的项目单位、建设性质、建设地点、建设规模、技术方案等发生重大变更项目排除在外,剔除其中概算数据不完整、最终取消或重要工程内容未实施、数据质量存在问题的 81 个项目,共 447 个有效数据项目。447 个工程项目的审计单位、数量、总批复概算、总审定决算及报告公布时间跨度,如表 2.1 所示。

表 2.1 不同审计单位的有效项目概况

审计单位	数量(个)	总批复概算(百万元)	总审定决算(百万元)	报告公布时间跨度
审计署	2	258 620	216 318	2013 年 5 月—2013 年 6 月
河南省审计厅	3	7 170.61	6 761.33	2012 年 12 月—2013 年 8 月
深圳审计局	296	69 183.77	62 480.39	2015 年 9 月—2017 年 3 月
上海审计局	44	21 479.11	21 889.5	2013 年 12 月—2017 年 12 月
无锡审计局	35	11 514.7	10 382.16	2007 年 6 月—2017 年 12 月
南通审计局	17	6 110.86	5 028.35	2010 年 11 月—2014 年 8 月

续　表

审计单位	数量（个）	总批复概算（百万元）	总审定决算（百万元）	报告公布时间跨度
宁波审计局	15	9 609.85	8 615.03	2008年9月—2012年4月
盐城审计局	14	602.62	503.8	2015年2月—2017年12月
郑州审计局	6	1 806.63	1 791.78	2015年7月—2017年12月
台州审计局	4	633	624.68	2012年12月—2017年11月
衢州审计局	3	96	87.75	2015年8月—2016年5月
苏州审计局	3	387.68	402.03	2004年11月—2006年7月
镇江审计局	3	408.7	446.59	2007年5月—2008年7月
湖州审计局	2	6 011.92	5 159.890 143	2013年8月—2009年4月
汇总	447	387 683.65	335 382.99	2004年11月—2017年12月

在统计分析中，样本数据应当能适当地代表总体。这要求样本最好是完全随机得到的，随机型选择可以保证抽样中的不可控因素最大可能地被平等对待，并且样本的子样本结构及比重最好与总体是一致的。但是在项目实践研究中，这种理想的实验抽样条件通常难以满足。本文的样本也是这种情形，现已公布数据的样本项目大多来自中东部发达地区，未公布数据的项目大多来自西部地区。发达地区的政府部门的监管水平更高、更透明，建设单位与施工单位的项目管理水平也明显高于西部地区。样本所代表的监管水平更高、更透明的地区都发生了概算高估问题；对于数据尚未公开、政府监管水平更低、更不透明的地区，其建设单位发生道德风险的可能性更大。此外，现在西部地区也正在逐步向中东部地区学习，其政府部门的监管水平、建设单位与施工单位的管理水平也在逐步提高，样本虽然没有包括西部地区的项目数据，但也代表了我国政府工程总体监管水平的发展趋势。总的来说，虽然现有数据不能给出样本项目对总体的代表程度的实证评估，但从以上分析来看，本文样本也可能存在偏差，但偏差是保守的。换句话说，本文研究样本的概算高估程度很可能低于项目总体的概算高估程度。因此，现有样本对总体的代表性不是不足（underrepresentation），而是过度代表（overrepresentation）。这一点在下文解释统计分析结果时应当予以注意。在实践中，利用任何方法收集的样本项目都不

是完美的,本文所搜集的我国政府工程样本是当前公开数据中能搜集到的最大样本。

2.1.2 样本数据的描述

所有447个样本项目的总投资概算约合3 876亿元。项目类型包括交通、水利、医院、学校、住宅等工程。项目地理位置主要分布在中东部地区,包括湖北省、江西省、河南省、江苏省、浙江省、广东省和上海市等,其中上海市和深圳市审计局公布的项目个数最多。这些项目是在2001—2016年期间完成的,单个项目概算投资额介于21.43万～2 072.76亿元之间,最小的项目为上海市白龙港污水处理厂扩建二期工程,而最大的项目为长江三峡工程。就目前所知,本文所搜集的政府工程样本是当前公开数据中能搜集到的最大样本。

下面分别从工程类型、投资规模、城市等级、开工时间对447个项目样本进行整体描述。

在工程类型上,按照《建设工程分类标准》(简称《分类标准》)(中华人民共和国住房和城乡建设部、中华人民共和国国家质量监督检验检疫总局,2012)进行分类。由于利用统计软件(如SPSS或Crystal Ball)对某类工程进行概算统计分析时,要求该类工程的数量至少大于15个,将类型相同但数量小于15个的工程都归为其他类工程。最终,按照《分类标准》附录对应的3级工程分类,结合样本项目具体情况,将447个项目分为9个工程类别,按工程类型对样本项目的整体描述,如表2.2和图2.1所示。

表2.2 按工程类型对447个项目分类

工程类别	子类别(数量)	项目数量(个)	占总体比例
民用建筑类	教育建筑(22),办公建筑(21),卫生建筑(19),交通建筑(14),居住建筑(13),文化建筑(10),体育建筑(9),居民服务建筑(4),科研建筑(4),商业建筑(2),广播电影电视建筑(1),旅馆酒店建筑(1)	120	26.85%
交通运输类	城市道路工程(83),公路工程(14),桥梁工程(8),城市轨道交通工程(4),其他专用道路工程(2),巡查通道(1),隧道工程(1)	113	25.28%

续 表

工程类别	子类别(数量)	项目数量(个)	占总体比例
信息应用系统类	公共服务管理信心系统(11),工作业务应用系统(13),其他信息化应用系统(含信息网络安装等电子系统)(18)	43	9.62%
地质灾害治理类	危险边坡治理工程(12),挡土墙加固工程(6),水土流失治理工程(4),其他地质灾害治理工程(8)	40	8.95%
水利水电类	水库及水利枢纽工程(8),河道整治工程(4),水闸工程(3),其他水利水电工程(9)	28	6.26%
设备购置类	医疗设备(6),车辆设备(5),电教设备(3),其他设备(7)	21	4.70%
污水处理类	污水处理厂工程(14),截污工程(2),污泥处理场工程(1)	17	3.80%
架线及管沟类	供水管网工程(15),架线工程(1)	16	3.58%
其他类工程	环境工程(13),电气工程(11),公园工程(8),工业建筑工程(4),消防工程(3),土地整治工程(3),军供站、苗圃基地、仓库等其他工程(7)	49	10.96%
合计	—	447	100.00%

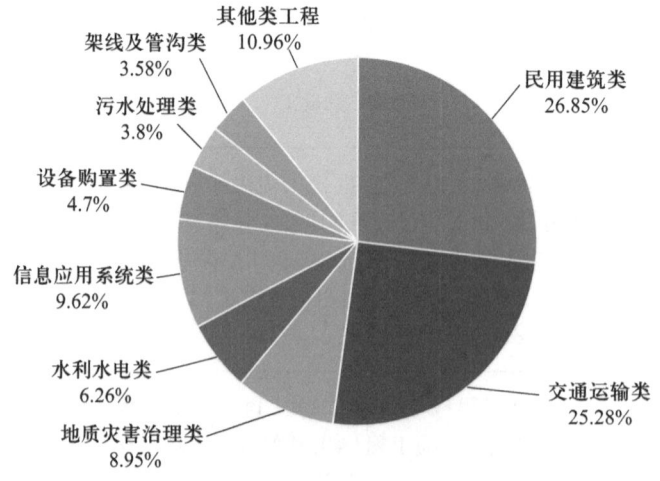

图 2.1 按工程类型划分的样本项目整体描述

在工程规模上,按照中央和地方政府部门审批或核准项目的投资规模进行分类。在中央政府层面,根据《国家发展改革委核报国务院核准或审批的固定资产投资项目目录(试行)的通知》[简称《投资项目目录(试行)》],规定"总投资10亿元以上需要中央政府配置调整项目、50亿元以上矿山及社会事业项目由国家发改委审批或核准"①,《国务院关于发布政府核准的投资项目目录(2013年本)》[简称《投资项目目录(2013年本)》],规定"扩建机场总投资10亿元以上项目由国务院投资主管部门核准"②。结合本文样本项目开工时间(1994—2015年),所有样本都适用于《投资项目目录(试行)》和《投资项目目录(2013年本)》规定,将10亿元作为中央政府与地方政府审批的项目投资规模分界点。在地方政府层面,根据《深圳经济特区政府投资项目管理条例》第十一条"项目总投资在3 000万元以下的政府投资项目,项目单位可以直接申报初步设计和项目总概算,并在项目总概算中增加项目必要性论证和项目可行性研究的内容。"③说明深圳市政府对3 000万元以上项目与3 000万元以下项目实施不同的项目审批程序。相比3 000万元以上项目,3 000万元以下项目审批程序更简化,项目建议书、项目可研、初步设计与项目总概算可合并一次性申报。在《深圳经济特区政府投资项目审计监督条例》第七条第一款中,也规定了政府对3 000万以上项目实施更严格的全面审计(包含跟踪审计)④。同时,根据《中央预算内直接投资项目管理办法(发展改革委令第7号)》第四条规定了"申请安排中央预算内投资3 000万元及以上的项目,由国家发展改革委审批"⑤,因此可将3 000万元作为地方政府投资规模分界点。在3 000万元以上投资规模区间,根据《深圳市重大建设项目管理办法》⑥和《上海市重大工程投资计划管理办法》,将重大建设项目定义为"总投资在1亿元以上,技术经济可

---

① 参考资料:中华人民共和国国家发展和改革委员会,https://www.ndrc.gov.cn/fggz/gdzctz/tzfg/200507/t20050714_1197478.html.
② 参考资料:中华人民共和国中央人民政府,http://www.gov.cn/zhengce/content/2013-12/13/content_1546.htm.
③ 参考资料:深圳市发展和改革委员会,http://fgw.sz.gov.cn/ztzl/zdywfw/szftzxmkxxyjbgsp/zcwj/content/post_10166133.html.
④ 参考资料:国家法律法规数据库,https://flk.npc.gov.cn/detail2.html?MmM5MGU1YmI2YTI5MWY4NjAxNmIxYjBjZWFiMDE2ZWY.
⑤ 参考资料:中央政府门户网站,http://www.gov.cn/zhengce/2014-02/11/content_2603510.htm.
⑥ 参考资料:深圳市发展和改革委员会,http://fgw.sz.gov.cn/ztzl/zdywfw/szsndzdxmjhqr/zcfg/content/post_4568107.html.

行,对区域国民经济与社会发展有重大影响的项目"①,说明重大建设项目相对于1亿元以下一般项目加强了项目管理力度。因此,将1亿元作为投资规模分水岭。总的来说,一共划分4个投资规模区间:3 000万元以下,3 000万~1亿元,1亿~10亿元,10亿元以上。按投资规模对样本项目的整体描述,如图2.2所示。

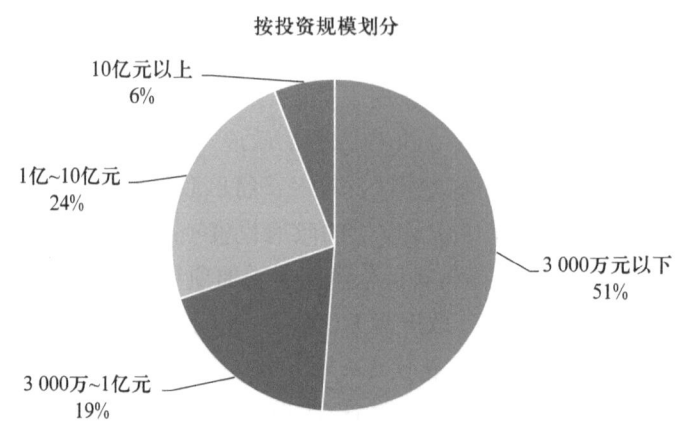

图 2.2　按投资规模划分的样本项目整体描述

在地域上,98%的样本数据源于大中城市审计局,且这些城市大多分布于东部地区省份(江、浙、沪、粤等),于是按照城市规模等级分类。根据我国《国务院关于调整城市规模划分标准的通知》②将样本项目所涉及的城市分为3类:超大城市(上海、深圳),Ⅰ型大城市(无锡、宁波、盐城、郑州、台州、苏州),Ⅱ型大城市(南通、衢州、镇江、湖州)。按城市等级对样本项目的整体描述,如图2.3所示。

在开工时间上,由于13个工程没有开工时间,因此按照工程开工年份对434个样本项目进行整体描述,如图2.4所示。由于政府工程的概算执行偏差,与概算成本的前期审批政策密切相关。从1978年后,随着我国计划经济体制向社会主义市场经济体制的转变,我国建筑业也在不断改革,但是直到2004年《国

---

① 参考资料:上海市发展和改革委员会,https://fgw.sh.gov.cn/fgw_gdzctz/20211101/427ebf8524444a4ea64ba78c51108492.html.

② 参考资料:中华人民共和国中央人民政府,http://www.gov.cn/gongbao/content/2014/content_2779012.htm.

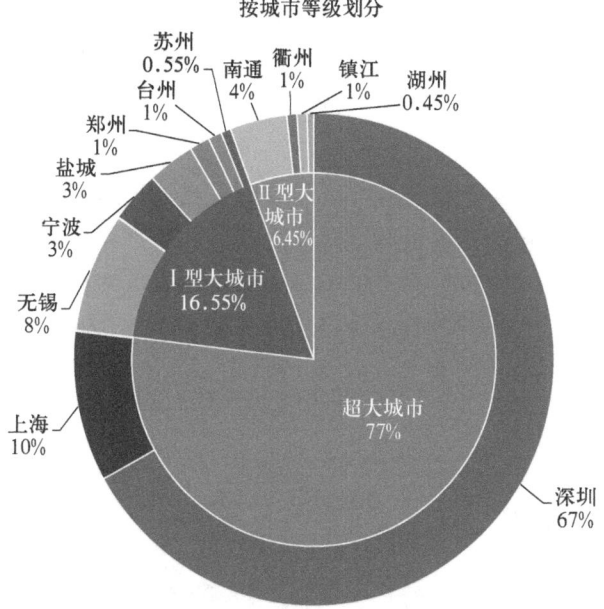

图 2.3 按城市等级对样本项目的整体描述

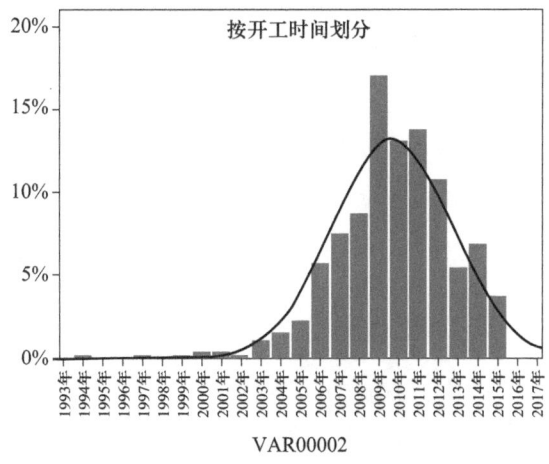

图 2.4 按开工年份对样本项目的整体描述

务院关于投资体制改革的决定》[①]与《投资项目目录(试行)的通知》的颁布才正式明确了社会主义市场经济下政府投资工程审批制度的范围与具体内容,

---

① 参考资料:中华人民共和国中央人民政府,http://www.gov.cn/zhengce/content/2008-03/28/content_1387.htm.

2004年9月是国家全面审批制度建立的标志。自党的十八大（2012年11月）以来，特别是发改委7号令《中央预算内直接投资项目管理办法》实施以来，在原审批制度上严格规定了调概的政策。因此，本文将2004年9月和2012年11月作为政府工程开工时间的分界点：开工时间在2004年9月之前的工程，表示在国家全面审批制度建立之前批复的政府工程；开工时间在2004年9月至2012年11月，表示在全面审批制度建立之后且在更严格调概政策建立之前批复的政府工程；开工时间在2012年11月之后，表示更严格调概政策建立之后批复的工程。按开工时间分界点对样本项目的整体描述，如图2.5所示。

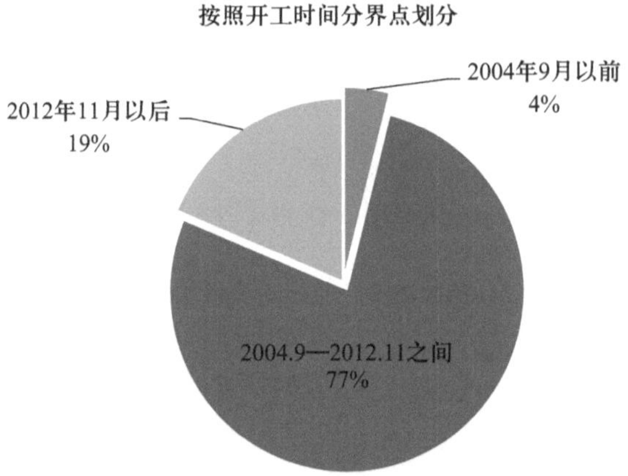

按照开工时间分界点划分

- 2004年9月以前 4%
- 2004.9—2012.11之间 77%
- 2012年11月以后 19%

图2.5 按开工时间分界点对样本项目的整体描述

2.2 研究方法

2.2.1 大样本统计分析方法

在第3章对多个政府工程概算合理性进行后评价时，采用大样本统计分析的研究方法，包括描述统计方法和推断统计方法。这是一种成熟的评价方法，该方法已被数十个研究用于评价国外政府项目的预算成本合理性后评价中（Ansar等，2016，2014b；Asiedu等，2017；Flyvbjerg等，2003；Berechman和Chen，2011；Flyvbjerg，2008；Flyvbjerg等，2002；Love等，2010；Makovšek等，2012；Odeck等，2015；Odeck，2014；Rui等，2012；Senouci等，2016；Sovacool等，2014；Žujo等，2017）。

在建设工程投资组成中，理论上预备费应当包含基本预备费与涨价预备费,其中涨价预备费是为预防在建设期内由于价格变化引起工程造价上升而准备的费用。但在实践中,笔者查看了多个政府工程的初步设计总概算表,发现在实践中所有政府工程(除了三峡工程)总投资概算的预备费只包括了基本预备费[一般按"(工程费用+工程建设其他费用-征地费用)×基本预备费费率"],没有考虑涨价预备费,即是说实践中没有考虑通货膨胀因素。

参考国内外研究对成本偏差的定义(见"1.3.4"节),本文在进行统计分析之前,以2016年价格为基准,将样本项目(除了17个开工、竣工时间不全的项目和三峡工程)的概算成本和决算成本分别按照开工时间和竣工时间对应的通货膨胀率进行转换。根据《中国统计年鉴2017》(国家统计局,2017),1990—2016年的通货膨胀率如表2.3所示。17个开工、竣工时间不全的项目和三峡工程则不考虑通货膨胀率,按照批复概算和审定决算进行计算。

表2.3 我国1990—2016年通货膨胀率

年份	1990年	1995年	1996年	1997年	1998年	1999年	2000年	2001年
通货膨胀率[①]	103.10%	117.10%	108.30%	102.80%	99.20%	98.60%	100.40%	100.70%
年份	2002年	2003年	2004年	2005年	2006年	2007年	2008年	2009年
通货膨胀率	99.20%	101.20%	103.90%	101.80%	101.50%	104.80%	105.90%	99.30%
年份	2010年	2011年	2012年	2013年	2014年	2015年	2016年	—
通货膨胀率	103.30%	105.40%	102.60%	102.60%	102.00%	101.40%	102.00%	—

1)描述统计方法

首先对样本项目进行描述性统计分析,描述统计分析最常用的指标包括成本偏差率的幅度指标和频率指标。根据样本数据的概率分布类型采取不同的描述性指标进行统计分析:若样本数据服从正态分布,一般用成本偏差率平均值和标准差($\bar{x} \pm SD$)表示;若样本数据不服从正态分布,则采用中位数和四分位数表示。

成本偏差率的幅度指标一般包括平均成本偏差率($\overline{\Delta I}$)、标准方差(SD)、中位数(Median)、最大值(Max)和最小值(Min)等。其中,按照"1.3.1节"概念界定将第i个项目概算成本偏差定义为公式(2.1)。

---

① 上一年按照100%进行统计。

$$\Delta I_i = \frac{AC_i - BC_i}{BC_i} \quad (2.1)$$

平均成本偏差率表示为公式（2.2）

$$\overline{\Delta I} = \sum_{i=1}^{n} \Delta I_i \quad (2.2)$$

若成本偏差率（ΔI_i）是由随机不确定性所导致的，由于样本项目中的正偏差率与负偏差率将会相互抵消，那平均成本偏差率$\overline{\Delta I}$将会趋于零。但若$\overline{\Delta I} > 0$，这说明该样本项目组合的平均概算低于平均决算成本，则概算被低估；若$\overline{\Delta I} < 0$，这说明该样本项目组合的平均概算高于平均决算成本，则概算被高估。SD 为样本项目成本偏差率的标准差，SD 越小表示样本项目整体上概算越准确。

成本偏差率的频率指标包括概算高估频率（$F_H\%$），概算低估频率（$F_L\%$）和概算准确频率（$F_A\%$），见公式（2.3）～公式（2.5）。

$$概算高估频率(F_H\%) = \frac{概算高估项目个数}{样本项目总个数} \quad (2.3)$$

$$概算低估频率(F_L\%) = \frac{概算低估项目个数}{样本项目总个数} \quad (2.4)$$

$$概算准确频率(F_A\%) = \frac{概算准确项目个数}{样本项目总个数} \quad (2.5)$$

对于一个地区来说，若将该地区的多个工程看作一个项目组合，那么该项目组合中成本高估和成本低估的频率和幅度应当大致相同，并且高估的成本总额与低估的成本总额也大致平衡（Flyvbjerg 和 COWI，2004；Curran 等，2008；Samset 和 Volden，2013；Flyvbjerg，2015）。简单地说，若将这些工程集合组成的项目作为一个整体来看，那么该项目组合的总概算成本，与该项目组合的总决算成本（或总实际成本）应当是大致相等的，同时该项目组合内成本高估与成本低估总体上应是平衡可抵消的，合理的粗略描述统计如图 2.6 所示（牟强、贾广社，2018）。否则，该样本项目组合概算在整体上就不准确（偏高或偏低）。

2）推断统计方法

在描述统计方法的基础上，本文利用的推断统计方法，将所收集的 447 个样本项目作为从全国政府工程总体中抽取出来的一部分观测数据，再利用样本数据对未知总体进行推断，如图 2.7 所示。

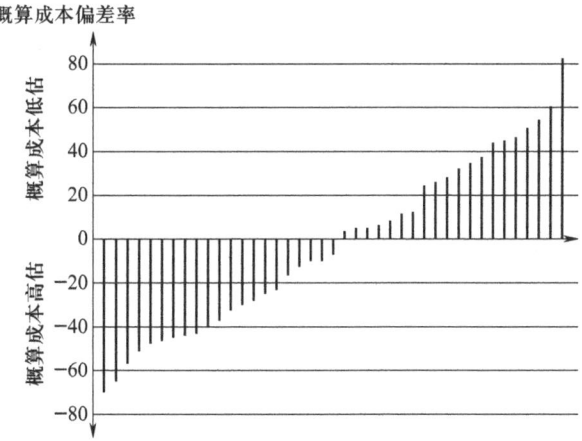

图 2.6　多个项目概算成本偏差率的描述性统计（合理）

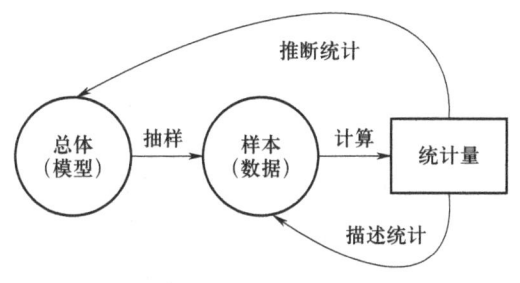

图 2.7　推断统计原理

在推断统计分析中，首先要确定样本数据服从的分布类型。Nicolaisen 和 Driscoll（2014）认为由于成本偏差率的定义中有明确下限而没有上限，说明成本偏差率更可能适合于一个重右尾分布（heavy right-railed distribution）而不是正态分布，Salling 和 Leleur（2006）甚至建议用 Erlang 分布代替正态分布。但从多数大样本研究结论来看（Eliasson 和 Fosgerau，2013；Flyvbjerg，2009），利用其他转换方式（如对数转换等）相对于正态分布的结论差别不大（可通过大数定理证明）。因此，本文利用 Kolmogorov-Smirnov（K-S）检验和 Shapiro-Wilk（S-W）检验对样本数据的正态性进行检验。

值得一提的是，当样本容量足够大时（如 $n \geqslant 30$），根据中心极限定理，无论总体是什么分布，样本均值 $\overline{X}$ 都近似服从正态分布（东华大学概率统计教研组，2017）。即根据大数定理，样本标准差（SD）与总体标准差（δ）近似相等，当 δ 未知，就用样本标准差（SD）代替。由于关于平均值的假设检验对于正态性偏差是最稳健的，因此在大样本情形总体均值的假设检验中，我们总可以近似使用

Z 检验法。

（1）单样本推断统计

在单独检验一个样本的平均偏差率是否显著高于或低于零时，本文采用单样本推断统计方法，主要采用 p 值判别法和置信区间判别法。p 值是在原假设为真的前提下，样本观测值与原假设偏离程度的度量，为当前偏离值出现概率的大小。如果 p 值小于等于显著性水平 α（常用 α 取 0.01 或 0.05），就拒绝原假设；否则 p 值大于 α，接受原假设。

当样本数据容量足够大（如 $n \geqslant 30$）属于大样本时，根据中心极限定理，总体近似服从正态分布，主要利用 Z 检验法进行推断。当样本数据容量（如 $n<30$）属于小样本时，需要首先利用非参数检验[Kolmogorov-Smirnov（K-S）和 Shapiro-Wilk（S-W）]检验样本数据的正态性。当样本数据服从正态分布，但方差未知时，主要利用 t 检验进行推断。

（2）多样本推断统计

两个样本数据比较时，采用参数检验（双样本平均值对比 t 检验）和非参数检验（Mann-Whiteney 秩和检验）进行比较。其中，双样本平均值对比 t 检验则在两种情形下（方差齐性和方差不齐）分别比较两个样本所服从的两个总体的均值有无显著性差异，Mann-Whiteney U 检验用于检验两个样本是否来自同样的总体分布。多样本数据比较时，采用非参数检验[Kruskal-Wallis（K-W）检验和中位数独立样本检验]对比分析。其中，K-W 检验比较多个样本所服从的总体形态有无显著性差异。中位数独立样本检验比较多个样本所服从的总体的中位数有无显著性差异。

在进行多样本推断统计的步骤如下：①利用 Kruskal-Wallis（K-W）检验和中位数独立样本检验对 n 样本进行多样本推断统计。若 p 值大于 0.05，说明所有 n 样本的总体分布没有显著性差异。若 p 值小于 0.05，说明在所有 n 个样本的总体分布中，至少有两个样本的总体具有显著性差异。②当多样本推断统计 p 值小于 0.05，利用双样本均值对比检验进行两两样本之间比较，找出总体具有显著性差异的所有两两样本，得出推断结论。

统计分析应用 SPPSS19.0 和 Crystal Ball 软件完成。

2.2.2　溯因推理与深度访谈方法

在第 4 章对我国政府工程概算高估的原因分析时，研究方法上首先采用溯因推理（abduction reasoning）结合 Flyvbjerg 原因分析框架方法探求概算高估的逻辑上最可能的原因,然后利用深度案例访谈进行验证。

1）溯因推理与 Flyvbjerg 原因分析框架方法

在第 4 章对我国政府工程概算高估的原因分析时,研究方法上首先采用溯因推理结合 Flyvbjerg 原因分析框架方法,从推理分析上探求概算高估的原因。

溯因推理最早是由 Pierce 提出的一种逻辑推理方法,与传统的演绎推理（deductive reasoning）、归纳推理（inductive reasoning）并称为三大逻辑推理（缪四平,2011）。不同于演绎推理,溯因推理是由所观察的事实集合出发,反过来寻求最佳解释的推理过程,常被广泛运用于社会科学、历史科学、人类学、法律与人工智能等学科领域（Flach 等,2016；Josephson 和 Josephson,1994）。

溯因推理一般采用严密的三段论逻辑形式进行描述（Peirce 等,1931；荣小雪、赵江波,2012）,如图 2.8 所示。

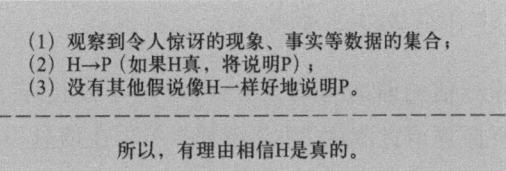

图 2.8　溯因推理的三段论逻辑形式

第 3 章发现的我国政府工程的概算高估问题,不同于发达国家政府工程成本低估的一般现象,符合溯因推理第一步"观察到的一个令人惊讶的现象、事实等数据的集合"的要求。因此,第 4 章在探索概算高估原因时可以利用溯因推理方法,结合 Flyvbjerg 原因分析框架,从估算技术、心理认知和政治经济三个方面提出概算高估原因解释的三种假说。然后,通过样本数据验证和概算审批政策分析,对概算高估原因解释的假说进行推理验证。

2）深度访谈方法

在推理分析的基础上,本文研究的一个关键问题是建设单位是否策略性进行概算高估,这实际上是一个关于"欺骗"或"说谎"的研究。通常,"谎言"被定义为故意编造一个说法来蒙骗他人（Bok,1999；Cliffe 等,2000）。在这个意义上,为了确定建设单位是否说谎,需要知道建设单位的真实意图（Flyvbjerg,2007）。在学术研究中,一般通过访谈手段来揭示意图,但出于法律、经济、道德或其他等多种顾虑,如果建设单位真的有意高估了概算,那也不大可能正式告诉研究人员其欺骗或说谎的实际情况。当政府工程前期决策中存在策略性的概算高估时,要让出于政治或组织压力环境中的当事人谈及真实的决策情况,非常困难。

关于政府工程决策中欺骗或撒谎的实证研究也非常困难,目前所知,只有两个研究深入访谈了项目前期相关人员。Wachs(1990)是第一个研究的学者,访谈了15名相关人物。但 Wachs 采用的对话方法既不是结构化访谈方法,也不是标准的问卷调查方法,只是探索性的、非结构化的访谈方法,反映了当时研究方法的局限性。Flyvbjerg 和 COWI(2004)是第二个研究的学者,访谈了13名相关人物,这些被访谈者包括参与前期决策中政府部门、建设单位和顾问咨询单位的相关人员。该研究是英国交通部资助的研究,与一般研究相比,被访谈者更乐于提供信息,其研究方法是在 Brinkman(2003)深度访谈问卷基础上设计的,显得更为标准化和结构化。因此,本文是在 Flyvbjerg 和 COWI(2004)与 Brinkman(2003)深度访谈方法基础上设计的访谈大纲问题和访谈内容处理方法。

2.2.3 类比统计估算法与制度借鉴对比方法

在第5章概算高估的前期对策分析中,研究方法上,首先利用委托—代理关系理论模型分析概算审批制度"不当激励"作用在信息不对称和利益冲突两个方面的发生机理,提出"概算审查方法改进"和"概算审批制度改革"两个方面的对策思路。然后,在两个方面分别采用类比统计估算法(Reference class forecast, RC)与制度借鉴对比法的研究方法。

在概算审查方法改进上:在验证类比统计估算法(RCF)方法比传统方法准确性更高、简便易行基础上,基于 RCF 改进我国政府工程投资(包括概算)审查方法,从而减少审批部门与建设单位之间的信息不对称程度。

在概算审批制度改革上:我国政府工程的"概算高估"问题,与西方发达国家政府工程的"成本低估"问题,实质上都是项目审批制度的"不当激励"作用导致的问题。因此,西方发达国家关于"不当激励"问题的应对措施,也都可以为解决我国概算高估问题提供借鉴。制度借鉴对比方法,是通过与其他国家项目审批制度的对比,找出解决我国政府工程概算高估问题的前期对策。本文选择世界经合组织(OECD)的四个发达国家(包括挪威、丹麦、英国、加拿大),这四个国家政府工程都曾经历严重的成本低估,并且都从改革前期审批制度成功解决了制度"不当激励"作用导致的成本低估问题。四个国家改革后政府工程审批制度有诸多相似之处和不同之处,比如北欧的丹麦和挪威在项目前期都邀请第三方咨询评估机构出具独立评估报告,而英国、加拿大政府部门有自己的评估机构,且评估包括了项目全生命周期(含运营阶段)。这些改革措施需要深入对比分析,结合我国情况进行借鉴。本文将我国与OECD这四个国家改革后的项目审批制度进行对比,包括审批制度改革时间、项目审批部门、建设单位性质、审批项目类别、投资控制目标等方面,找出审批制度的不同之处。然后结合我国概算审批制度的特点,选择实施阻力较小的改革路径方法。

2.2.4 合同激励、进度与投资联合总控方法

在第6章政府工程概算合理化后的实施期对策分析中,在分析现行政府工程实施期各阶段投资控制的薄弱环节基础上,研究方法上采用合同激励、投资与进度联合总控的方法,在三个子阶段提出加强建设单位的投资控制应对对策。

第一,在施工图设计、招投标及合同签订阶段,将建设单位与施工单位投资控制的合同激励拓展到施工图设计阶段,建立工程实施期施工图预算的"两阶段合同激励模型"。第一阶段,通过设置施工图设计阶段的合同激励条款和改进施工图审查方式,激励施工单位将专业能力和施工经验引入施工图深化设计中,促进施工图设计与工程实施的协调性。第二阶段,通过设置施工阶段合同激励条款,规定施工单位承担的成本超支分配百分比($S_O\%$)、施工图深化设计获得奖励的分配百分比($S_D\%$)、成本结余获得奖励的分配百分比($S_U\%$)关系为$S_O\%>S_D\%>S_U\%$,从而实现:一方面激励施工单位对其投标报价负责,防止"低价中标—高价索赔"问题的出现;另一方面激励施工单位通过施工图深化设计降低合同报价作为增加收益的主要手段,避免传统"目标加奖励"合同激励方式的高目标成本缺陷。因此,按照"两阶段合同激励模型"的安排,从逻辑上可以激励施工单位将施工专业能力与施工经验引入施工图深化设计中去获取奖励,避免低于合理成本价"低价中标—高价索赔"问题,鼓励施工单位遵守承诺,从而降低建设单位投资控制难度。

第二,在施工准备阶段,从进度编码与投资编码的匹配性出发,在子分部工程层面,建立基于总进度计划的大型工程总投资配置模型,从而实现总进度计划与总投资计划的协调,为建设单位最高决策层提供总进度和总投资联合监控的基准和依据。

第三,在施工阶段,首先,从区分计划作业与变更作业的角度,将"挣值"(EV)严格定义为已完成计划内作业的预算费用,系统改进大型项目挣值管理(EVM)的理论基础(包含基本参数、偏差分析、绩效预测指标),使之适应我国大型工程建设过程中总投资与总进度联合控制的信息处理需求。然后,在进度

总控实践基础上建立大型工程投资总控模型,以改进后大型项目挣值管理方法作为信息处理工具,实现进度与投资的联合总控。最后,在模型建立基础上,利用 H 国际机场扩建工程的航站楼单体工程作为实际案例,验证进度与投资联合总控模型方法的可行性和有效性。

本文案例工程的总进度与总投资的计划编制与控制分析应用 Primavera 6.0 软件完成。

2.3 本章小结

本章主要对所收集的样本数据与研究方法进行分析。第一,在样本数据来源与描述的方面,是对样本数据的来源、收集与筛选过程进行介绍,并从整体、工程类型、投资规模、城市等级等多个维度,对所收集的 447 个工程的审计报告数据进行描述。第二,在研究方法方面,分别对第 3~6 章的子研究问题对应的研究方法进行分析,包括大样本统计分析方法(第 3 章),溯因推理与深度访谈方法(第 4 章),类比统计估算法与制度借鉴对比方法(第 5 章),合同激励、进度与投资联合总控方法(第 6 章)。

第 3 章 政府工程项目组合的概算执行后评估

本章将以 447 个政府工程的项目审计报告作为样本数据,从项目组合的角度利用大样本统计分析方法(包括描述统计与推断统计),分别从整体、工程类型、投资规模、城市等级、开工时间等多个维度对我国政府工程的概算合理性进行后评价。在此基础上,将我国与发达国家政府工程的概(预)算成本后评估结果进行横向对比分析。

3.1 描述统计分析

3.1.1 按整体样本的概算执行偏差情况

对 447 个政府工程的项目审计报告的数据进行整理(以 2016 年价格为基准),按照概算成本偏差率(正的为概算成本低估,负的为概算成本高估)从小到大的顺序,将第 1～第 447 个工程的概算成本偏差率进行一次排列,可以得到 447 个工程概算执行的整体情况,如图 3.1 所示。将 447 个工程视作一个项目组合,可以看出该项目组合的总概算成本远大于总决算成本,并且概算成本高估的幅度和频率也远高于成本低估的幅度和频率。

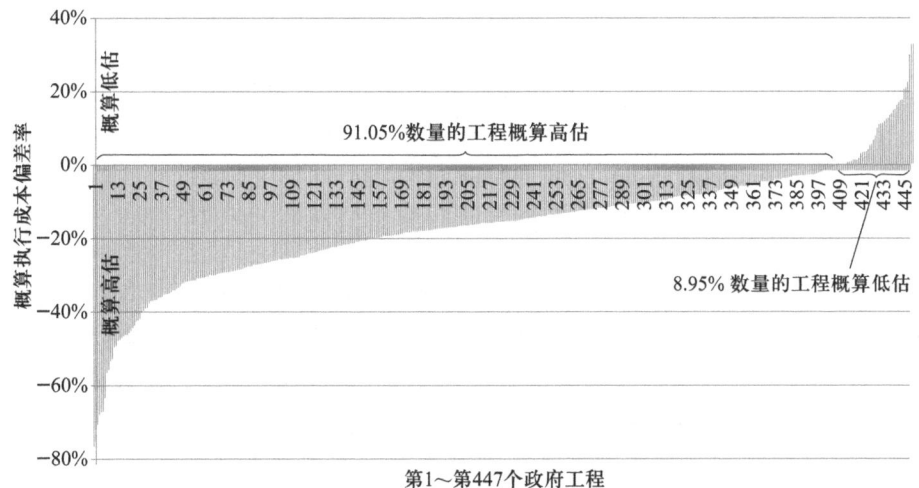

图 3.1　447 个政府工程的概算执行偏差的整体情况

如图3.2所示，为447个工程成本偏差率的频率分布柱状图，更形象地描述了概算成本的整体执行偏差情况。如果该项目组合的成本偏差率越合理，那柱状图应当越向中心点（0%）集中分布，成本高估和成本低估的频率和幅度应当在中心点（0%）两侧对称分布。但图3.2统计情况却严重偏向中心点（0%）左侧，进一步将样本项目组合整体概算执行情况总结为两点。

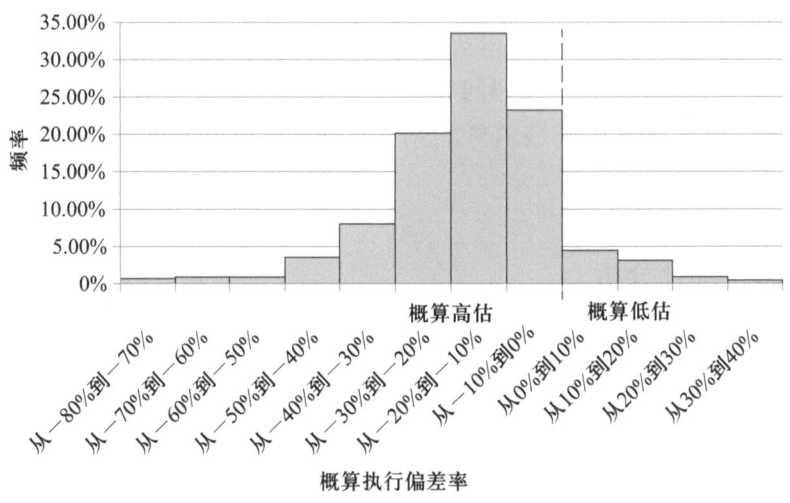

图3.2 447个政府工程的成本偏差分布整体情况

第一，10个工程中有9个概算成本高估。对于搜集的样本项目组合来说，概算成本比实际成本高的可能性为91.05%，而概算成本比实际成本低的可能性小于等于8.95%。

第二，样本项目组合的概算成本比实际成本平均高16.34%，样本标准差为15.23%，即成本偏差率的标准差与平均值几乎一样大，说明了样本项目最初批复概算的不准确性相当高。

3.1.2 按工程类型划分的概算执行偏差情况

本节主要讨论样本中不同类型工程概算成本偏差统计情况。9类工程概算成本偏差率的平均值和标准差，如表3.1所示，从中可以看出两个问题。

第一，不同类型工程成本偏差率的平均值和标准偏差具有明显差别。9类工程的成本偏差率平均值都小于−10%，其中交通运输类工程的成本偏差率平均值的幅度最大（达−20.32%），约为民用建筑类工程成本偏差率平均值（−10.84%）的两倍。9类工程的成本偏差率标准差都大于7%，其中架线及管

表 3.1 按工程类型划分的概算执行偏差情况

工程类型	项目个数	成本偏差率平均值	成本偏差率标准差	概算高估频率
民用建筑类	120	−10.84%	15.16%	10个有8个高估（80.00%）
交通运输类	113	−20.32%	15.78%	10个有9个高估（93.81%）
信息应用系统类	43	−19.49%	11.33%	10个有10个高估（100.00%）
地质灾害治理类	40	−19.12%	12.96%	10个有10个高估（100.00%）
水利水电类	28	−16.41%	11.86%	10个有9个高估（92.86%）
设备购置类	21	−11.07%	7.97%	10个有10个高估（100.00%）
污水处理类	17	−14.25%	15.83%	10个有10个高估（100.00%）
架线及管沟类	16	−17.07%	20.21%	10个有8个高估（81.25%）
其他类工程	49	−18.35%	17.12%	10个有9个高估（91.84%）

沟类工程的成本偏差率标准差最大（达 20.21%），为最小的设备购置类工程成本偏差率标准差（7.97%）的两倍多。

第二，不同类型工程成本偏差率的频率分布具有明显差别。图 3.3 为 9 类工程各自的概算成本偏差率的分布情况。从中可以看出，9 类工程的概算高估频率都大于 80%，有的甚至达到 100%。对于信息应用系统类、地质灾害治理类、水利水电类、设备购置类、污水处理类共 5 类工程成本偏差的频率分布柱状图全部分布在中心点（0%）左侧，说明 10 个项目有 10 个概算成本高估，概算成本比实际成本高的可能性为 100%。对于民用建筑类工程和架线及管沟类工程的概算成本高估频率分别为 80.00% 和 81.25%，说明 10 个项目中只有 8 个概算成本高估。

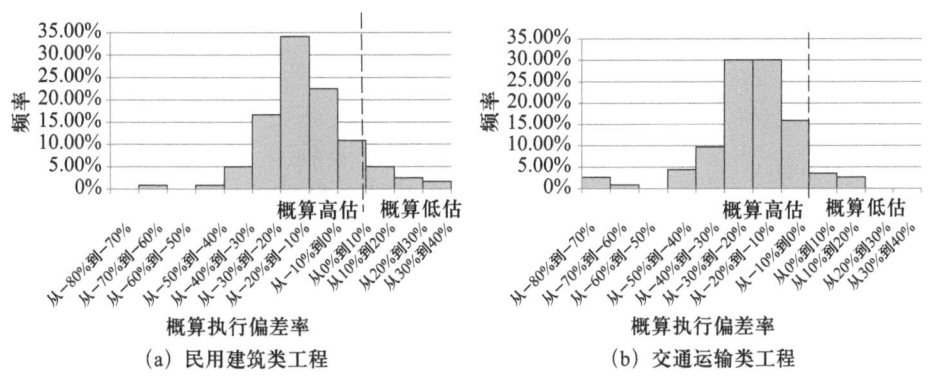

(a) 民用建筑类工程　　　　(b) 交通运输类工程

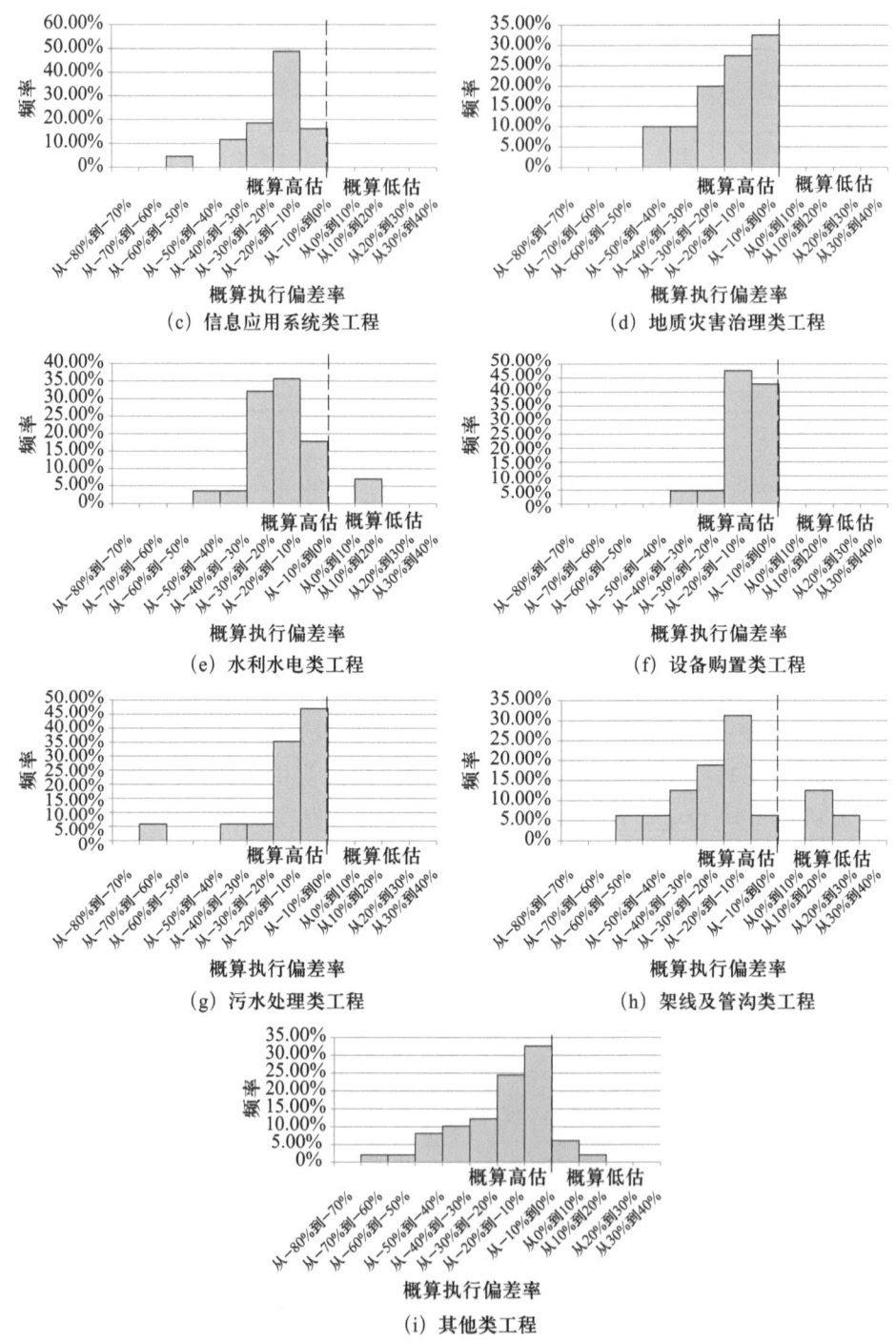

图 3.3 按工程类型划分概算成本偏差率的分布情况

因此,无论从成本偏差率的平均值、标准差,还是概算高估频率分布来看,9类工程都存在概算高估问题,但不同类型工程的概算执行偏差情况具有明显差别,可能是由于不同类型工程的技术难度、地理环境和行业政策等不同造成的,需要对不同类型工程区别对待、对比分析。

3.1.3 按投资规模划分的概算执行偏差情况

本节主要讨论样本中不同投资规模工程概算成本偏差统计情况。如表3.2和图3.4所示,4个投资规模区间的成本偏差率平均值都小于-10%,概算高估频率都大于80%,与整体样本项目描述统计结果是一致的。但不同投资规模区间的概算成本偏差率的幅度和频率具有较大差别。

表3.2 按投资规模划分的概算执行偏差情况

投资规模	项目个数	成本偏差率平均值	成本偏差率标准差	概算高估个数	概算高估频率
3 000万元以下	219	-17.11%	13.02%	206	10个有9.5个高估(94.06%)
3 000万~1亿元	79	-16.23%	17.47%	73	10个有9个高估(92.41%)
1亿~10亿元	113	-16.13%	18.00%	99	10个有8.5个高估(87.61%)
10亿元以上	36	-12.63%	12.92%	29	10个有8个高估(80.56%)

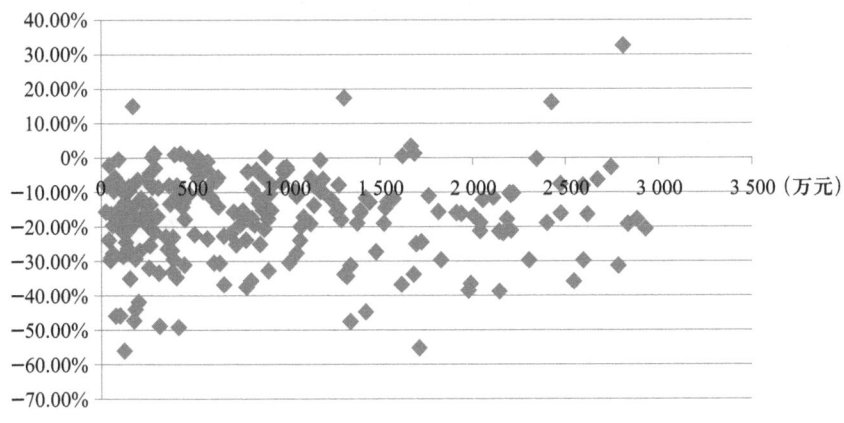

(a) 3 000万元以下规模区间概算执行情况

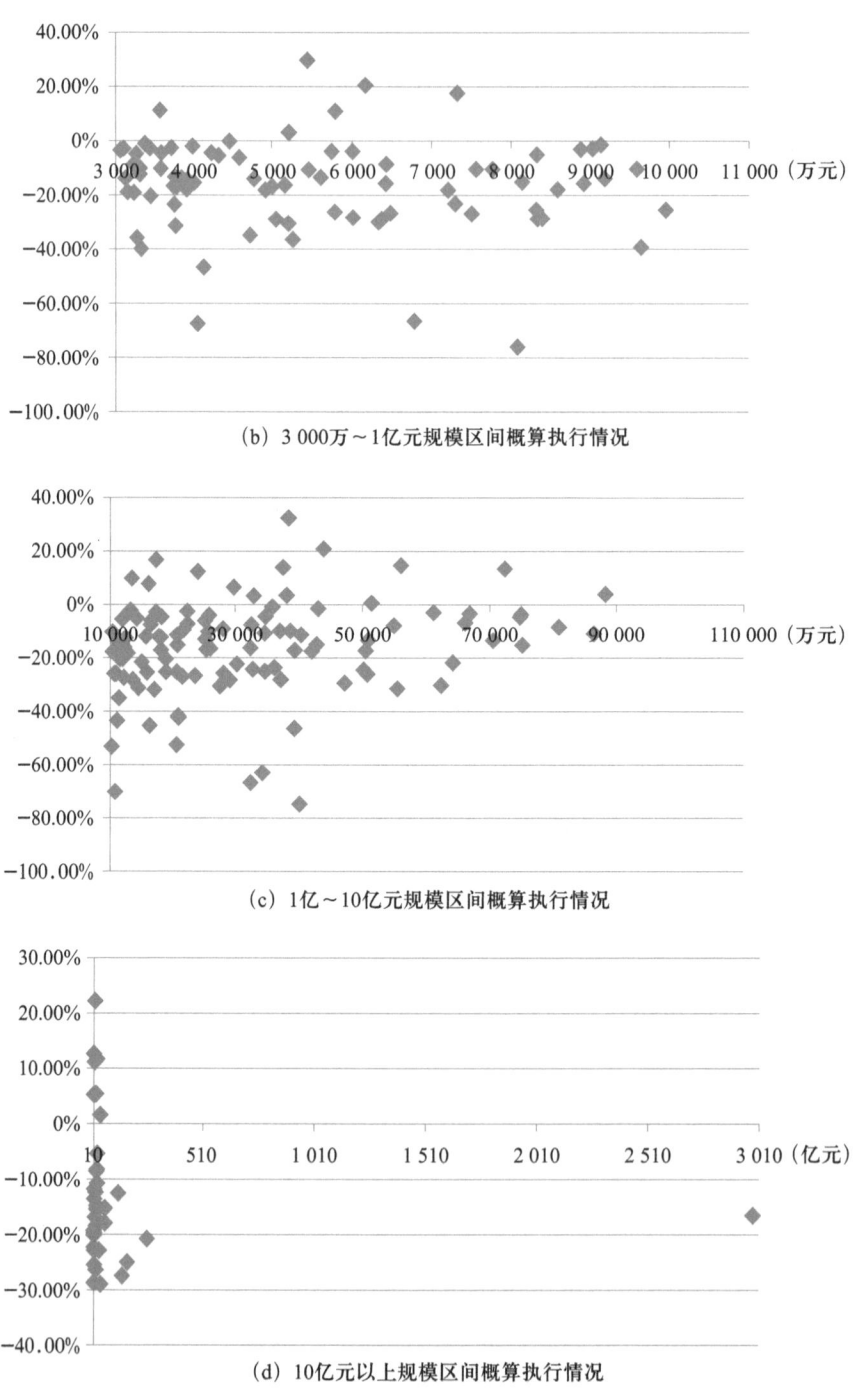

(b) 3 000万~1亿元规模区间概算执行情况

(c) 1亿~10亿元规模区间概算执行情况

(d) 10亿元以上规模区间概算执行情况

图 3.4　按投资规模划分的概算成本偏差率的分布情况

第一，不同投资规模工程成本偏差率的平均值和标准差具有较大差别。在成本偏差率平均值上，3 000 万元以下规模区间的成本偏差率平均值幅度最大（达 −17.11%），约为最小的 10 亿元规模区间成本偏差率平均值（−12.63%）的 1.5 倍。在标准差上，4 个投资规模区间的成本偏差率标准差都大于 10%，1 亿～10 亿元规模区间的成本偏差率标准差最大（达 18.00%），约为最小的 10 亿规模区间成本偏差率标准差（12.92%）的 1.5 倍。从成本偏差率的平均值和标准差综合来看，3 000 万元以下规模区间与 3 000 万～1 亿元规模区间的概算高估幅度相差不大，但标准差更小。3 000 万～1 亿元规模区间与 1 亿～10 亿元规模区间的概算高估幅度和标准差都相差不大。10 亿元以上规模区间的概算高估幅度最小，标准差也最小。

第二，不同投资规模工程概算高估频率具有较大差别。如图 3.4 所示，为 4 个规模区间工程各自的概算成本偏差率的分布情况。从中可以看出，对于 3 000 万元以下和 3 000 万～1 亿元规模区间的概算高估频率都大于 90%，说明 10 个项目至少有 9 个概算成本高估。而 1 亿～10 亿元和 10 亿元以上规模区间的概算高估频率分别为 87.61%、80.56%，说明 10 个项目至少有 8 个概算成本高估。

因此，无论从成本偏差率的平均值、标准差，还是概算高估频率分布来看，4 个投资规模区间的政府工程都存在概算高估问题，但不同规模工程的概算执行偏差情况具有明显差别，需要对不同规模区间工程区别对待。

对于 3 000 万元作为政府投资规模分界点，相比于 3 000 万元以下规模区间，3 000 万～1 亿元规模区间政府工程的项目前期审批程序和后期审计方式都更为严格，描述统计结果表明，更严格的前期审批程序和后期审计方式可能并不能降低概算高估的幅度，却可能改善概算成本的准确性。1 亿元是作为重大工程与一般工程的投资规模分界点，描述统计结果表明通过"重大建设项目管理办法"等加强重大项目前期和实施阶段协调管理的政策，可能对政府工程概算高估的幅度和频率都没有影响。10 亿元是作为中央政府与地方政府审批的项目投资规模分界点，描述统计结果表明，不同级别审批单位所批复的政府工程的项目管理办法可能对政府工程概算高估的幅度和频率都有重要影响。对于每个规模区间内部[如图 3.4(c)所示 1 亿～10 亿元规模区间]，都没有显示投资规模增大对概算成本偏差率产生影响。一般来说，工程投资规模越大，工程技术复杂程度越高，描述统计结果表明，工程技术复杂度可能对政府工程概算高估的幅度和频率都没有影响。

3.1.4 按城市等级划分的概算执行偏差情况

本节主要讨论样本中不同城市规模等级的政府工程概算成本偏差统计情况。如表 3.3 所示，3 个城市等级政府工程的成本偏差率平均值都小于 −15%，概算高估频率都超过 75%。但是，不同城市等级政府工程概算成本偏差率的幅度和概算高估频率有明显差别。

表 3.3 按城市等级划分的概算执行偏差情况

城市规模等级	项目个数	成本偏差率平均值	成本偏差率标准差	概算高估个数	概算高估频率
超大城市	340	−17.70%	11.13%	318	10 个有 9 个高估（93.53%）
Ⅰ型大城市	77	−25.67%	20.03%	60	10 个有 7.5 个高估（77.92%）
Ⅱ型大城市	25	−19.64%	11.04%	25	10 个有 10 个高估（100.00%）

第一，不同城市等级政府工程成本偏差率的平均值和标准差具有明显差别。在成本偏差率平均值上，Ⅰ型大城市政府工程成本偏差率平均值幅度最大（达 −25.67%），约为最小的超大城市成本偏差率平均值（−17.70%）的 1.5 倍。在标准差上，3 个城市等级的成本偏差率标准差都大于 10%，仍然是Ⅰ型大城市政府工程成本偏差率标准差最大（达 20.03%），约为最小的Ⅱ型大城市成本偏差率平均值（11.04%）的 2 倍。从成本偏差率的平均值和标准差综合来看，Ⅰ型大城市的概算高估幅度最大，标准差也最大。超大城市与Ⅱ型大城市的概算高估幅度和标准差都相差不大。

第二，不同城市等级政府工程概算高估频率具有明显差别。从表 3.3 最后一列可以看出，超大城市和Ⅱ型大城市政府工程的概算高估频率分别为 93.53% 和 100.00%，说明 10 个工程中至少有 9 个概算成本高估，与整体样本统计结果一致。然而，Ⅰ型大城市政府工程的概算高估频率只有 77.92%，说明 10 个工程中有 7.5 个概算成本高估。

因此，无论从成本偏差率的平均值、标准差，还是概算高估频率来看，3 个城市等级的政府工程都存在严重的概算高估问题，但不同城市等级的概算执行偏差情况具有明显差别。以上描述统计结果表明，相比于超大城市和Ⅱ型大城市，Ⅰ型大城市政府工程的概算高估幅度和标准差最大，但概算高估频率却最小。这可能是由于不同规模等级城市的地形地貌、建设单位项目管理能力、前期审批政策、后期审计方式和项目公开透明度等不同造成的,需要对不同城市等级政府工程区别对待、具体分析。

3.1.5 按开工时间划分的概算执行偏差情况

前面 3 节描述了不同工程类型、投资规模、城市等级样本项目的概算成本偏差情况,这部分主要讨论样本项目概算成本偏差随时间的变化情况。对于具有开工时间的 434 个样本项目,按照开工年份统计的概算成本偏差率进行散点图统计分析,如图 3.5 所示。从中可以看出,95% 以上数量工程都在 2004 年以后开工,并且在 20 多年(1994—2015 年)期间,从整体上看样本项目的概算成本偏差率并没有得到改善。

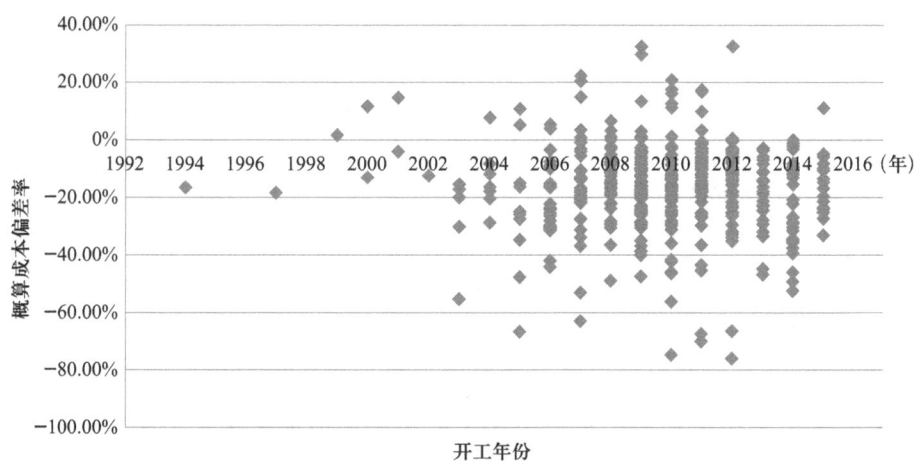

图 3.5 按开工时间划分的概算成本偏差率的分布情况

更具体的情况如表 3.4,按开工时间分界点划分,3 个时间区间政府工程的成本偏差率平均值都小于 −10%,概算高估频率都超过 75%。在成本偏差率平均值与概算高估频率上,2012 年 11 月以后比 2004 年 9 月—2012 年 11 月期间开工的政府工程的概算高估程度和频率都更高,2004 年 9 月—2012 年 11 月期间比 2004 年 9 月以前开工政府工程的概算高估程度和频率都更高;而在成本偏差率标准差上,2004 年 9 月以前、2004 年 9 月—2012 年 11 月期间与 2012 年 11 月以后 3 个时间区间政府工程的标准差依次降低。

因此,无论从成本偏差率的平均值、标准差,还是概算高估频率来看,不同开工时间的政府工程都存在严重的概算高估问题。描述统计结果说明,国家全面审批制度和严格调概政策的建立可能对政府工程概算高估的程度和频率都有重要影响。

表 3.4 按开工时间分界点划分的概算执行偏差情况

开工时间	项目个数	成本偏差率平均值	成本偏差率标准差	概算高估个数	概算高估频率
2004年9月以前	17	−11.99%	16.43%	13	10个有7.5个高估(76.47%)
2004年9月—2012年11月	336	−16.17%	15.61%	281	10个有8个高估(83.63%)
2012年11月以后	81	−19.21%	13.04%	79	10个有9个高估(97.53%)

3.1.6 描述统计分析结果

从以上对447个政府工程概算执行情况的描述统计分析,可以得到如下结论。

第一,整体样本上,10个政府工程中有9个概算成本高估,概算成本比实际成本平均高16.34%。概算成本偏差率标准差达15.23%,说明了样本项目最初批复概算的不准确性相当高。

第二,不同工程类型政府工程都存在系统性概算高估问题,但不同类型工程的概算执行偏差情况具有明显差别。其中,信息应用系统类、地质灾害治理类、水利水电类、设备购置类、污水处理类共5类工程概算高估频率达100%,说明10个该类型项目就有10个概算成本高估。交通运输类工程的成本偏差率平均值最小(达−20.32%),说明该类工程样本概算高估幅度最大。架线及管沟类工程的成本偏差率标准差最大(达20.21%),说明该类工程样本项目批复概算的不准性最高。

第三,不同投资规模政府工程都存在系统性概算高估问题,但不同投资规模工程的概算高估情况具有明显差别。3 000万元以下规模区间政府工程的概算成本高估幅度最大(成本偏差率平均值为−17.11%),1亿～10亿元规模区间政府工程批复概算的不准性最高(标准差为18.00%),10亿元以上规模区间的概算高估幅度(−12.63%)、标准差(12.92%)和高估频率(80.56%)都是最小的。3 000万元作为政府投资规模分界点,描述统计结果表明更为严格的前期审批程序和后期审计方式可能并不能降低概算高估的幅度,却可能改善概算成本的准确性。1亿元是作为重大工程与一般工程的投资规模分界点,描述统计结果表明通过"重大建设项目管理办法"等加强重大项目前期和实施阶段协调管理的政策,可能对政府工程概算高估的幅度和频率都没有影响。10亿元是作为中央政府与地方政府审批的项目投资规模分界点,描述统计结果表明不同级别审批单位所批复的政府工程的项目管理办法可能对政府工程概算高估的幅度和频率都有重要影响。

第四,不同城市等级政府工程都存在系统性概算高估问题,但不同城市等级工程的概算高估情况具有明显差别。相比于超大城市和Ⅱ型大城市,Ⅰ型大城市政府工程的概算高估幅度(-25.67%)和标准差(20.03%)最大,但概算高估频率(77.92%)却最小。

第五,不同开工时间的政府工程都存在系统性概算高估问题,在20多年(1994—2015年)期间,样本项目的概算成本准确性并没有得到改善。但以2004年9月和2012年11月作为开工时间分界点的描述统计结果,说明国家全面审批制度和更严格调概政策的实施可能对政府工程概算高估的频率和程度都有重要影响。

3.2 推断统计分析

由于样本项目本身的特殊性,只利用传统描述统计方法可能受到样本数据选择的不确定性影响,描述统计分析结论的不确定性大(Odeck,2014)。为了得到更为可靠、坚实的结论,下面利用推断统计方法对样本数据进行分析与检验。

3.2.1 单样本推断统计分析

1)447个项目整体单样本

对于447个样本项目作为整体的单样本进行推断统计,属于大样本情形总体均值的假设检验,根据中心极限定理,可以使用正态分布的单样本Z检验法(东华大学概率统计教研组,2017)。由于总体方差未知,依据大数定理,利用样本标准差(s)代替总体标准差(σ)进行检验(东华大学概率统计教研组,2017),主要检验总体概算成本偏差率的均值(u)是大于零、小于零还是等于零。如果Z检验的p值小于等于显著性水平α(α取0.001),就拒绝原假设H_0;否则p值大于α,接受原假设H_0。

对于447个项目的大样本情形总体均值的假设检验,下面以总体均值大于等于零($u \geq 0$)作为原假设为例,这是一个大样本非正态总体均值的左侧检验问题。

原假设$H_0: u \geq 0$,表示总体的概算与决算成本偏差的平均值大于等于零,即平均概算低估或准确；

备择假设 $H_a: u<0$，表示总体的概算与决算成本偏差的平均值小于零，即平均概算高估；

由表 3.5 可知，样本均值 $\overline{x} = \overline{\Delta I} = 16.34\%$，样本标准差 $s = 15.21\%$。

由于总体标准差 σ 未知，近似用样本标准差 S 代替，采用 Z 检验法的统计检验量：

$$TS = \frac{\overline{X} - u_0}{S/\sqrt{n}} \quad (3.1)$$

其观测值为 $TS = \dfrac{\overline{X} - u_0}{S/\sqrt{n}} = \dfrac{-16.34\% - 0}{15.21\%/\sqrt{447}} = -22.71$。

利用临界值判别法：由于统计量 TS 观测值小于 $-Z_{0.001} = -3.09$，在拒绝域内。这样，在 0.001 显著性水平下，拒绝原假设 H_0。如表 3.5 所示，利用 p 值判别法：447 个整体样本的 p 值为：$p = P\{Z \leqslant TS\} = 1 - \Phi(22.71) \approx 0$。这个数值远小于显著性水平 0.001，拒绝原假设。利用置信区间判别法：447 个整体样本的置信区间为（-18.71%，-13.98%），不包含 $u_0 = 0\%$，拒绝原假设。因此，利用临界值判别法、p 值判别法和置信区间判别法都可以得到同样的结论，在 0.001 显著性水平下推断出总体的平均概算被高估了。即是说，依据 447 个整体样本数据推断出 99.9% 的可能性我国政府工程概算是高估的。

2）按工程类型划分的单样本

从描述统计分析结果可知，不同类型政府工程都存在系统性概算高估问题，但不同类型政府工程的概算高估情况具有明显区别。这部分主要对 9 类政府工程的概算成本偏差率进行单样本推断统计分析。

在 9 种工程类型中，有 5 类工程（民用建筑类、交通运输类、信息应用系统类、地质灾害治理类、其他类工程）的项目数量大于 30 个，可视作大样本。因此，对于这 5 类大样本工程类型，可以按照与整体样本同样的思路，采用大样本情形总体均值的假设检验方法（如 Z 检验法），检验结果如表 3.6～表 3.10 所示。

从表 3.6 可以看出，对于民用建筑类工程第 1 个原假设 H_0（民用建筑类工程平均概算被低估或准确），其统计检验量 TS 为 -7.83，小于 $-Z_{0.001}$。这样，在 0.001 显著性水平下，拒绝原假设 H_0。即是说，依据民用建筑类工程样本数据推断出 99.9% 的可能性民用建筑类工程概算是高估的。同理，从表 3.7～表 3.10，在 0.001 显著性水平下，可以得到交通运输类、信息应用系统类、地质灾害治理类和其他类工程的概算被高估了。

第一篇 中国政府工程的概算高估问题：研判、成因与对策研究

表 3.5 447 个项目整体单样本 Z 检验结果

变量	平均值	样本标准差	统计检验量	99.9% 置信区间
整体样本偏差指标	$\bar{x}=-16.34\%$	$s=15.21\%$	$TS=-22.71$	$(-18.71\%,$ $-13.98\%)$
原假设 H_0	(1) $H_0: u \geq 0$	(2) $H_0: u=0$	(3) $H_0: u \leq 0$	
备择假设 H_a	(1) $H_a: u<0$	(2) $H_a: u \neq 0$	(3) $H_a: u>0$	
临界值判别法	$TS \leq -Z_{0.001}=-3.09$	$\|TS\| \geq Z_{0.0005}=3.29$	$TS \leq Z_{0.001}=3.09$	
p 值判别法	$P_r\{Z \leq TS\}$ $=1-\Phi(22.71)<0.001$	$P_r\{\|Z\| \geq \|TS\|\}$ $=2[1-\Phi(22.71)]<0.001$	$P_r\{Z \geq TS\}$ $=\Phi(22.71) \approx 1>0.001$	
推断结论	拒绝 $H_0: u \geq 0$	拒绝 $H_0: u=0$	接受 $H_0: u \leq 0$	

表 3.6 民用建筑类工程单样本 Z 检验结果（$n=120$）

变量	平均值	样本标准差	统计检验量	99.9% 置信区间
样本偏差指标	$\bar{x}=-10.84\%$	$s=15.16\%$	$TS=-7.83$	$(-18.71\%,$ $-13.98\%)$
原假设 H_0	(1) $H_0: u \geq 0$	(2) $H_0: u=0$	(3) $H_0: u \leq 0$	
备择假设 H_a	(1) $H_a: u<0$	(2) $H_a: u \neq 0$	(3) $H_a: u>0$	
临界值判别法	$TS \leq -Z_{0.001}=-3.09$	$\|TS\| \geq Z_{0.0005}=3.29$	$TS \leq Z_{0.001}=3.09$	
p 值判别法	$P_r\{Z \leq TS\}$ $=1-\Phi(7.83)<0.001$	$P_r\{\|Z\| \geq \|TS\|\}$ $=2[1-\Phi(7.83)]<0.001$	$P_r\{Z \geq TS\}$ $=\Phi(7.83) \approx 1>0.001$	
推断结论	拒绝 $H_0: u \geq 0$	拒绝 $H_0: u=0$	接受 $H_0: u \leq 0$	

表 3.7　交通运输类工程单样本 Z 检验结果（n=113）

变量	平均值	样本标准差	统计检验量	99.9% 置信区间
样本偏差指标	$\bar{x}=-20.32\%$	$s=15.78\%$	$TS=-13.69$	$(-25.20\%,\ -15.44\%)$
原假设 H_0	(1) $H_0: u\geq 0$	(2) $H_0: u=0$	(3) $H_0: u\leq 0$	
备择假设 H_a	(1) $H_a: u<0$	(2) $H_a: u\neq 0$	(3) $H_a: u>0$	
临界值判别法	$TS\leq -Z_{0.001}=-3.09$	$|TS|\geq Z_{0.0005}=3.29$	$TS\leq Z_{0.001}=3.09$	
p 值判别法	$P_r\{Z\leq TS\}$ $=1-\Phi(13.69)<0.001$	$P_r\{|Z|\geq|TS|\}$ $=2[1-\Phi(13.69)]<0.001$	$P_r\{Z\geq TS\}$ $=\Phi(13.69)\approx 1>0.001$	
推断结论	拒绝 $H_0: u\geq 0$	拒绝 $H_0: u=0$	接受 $H_0: u\leq 0$	

表 3.8　信息应用系统类工程单样本 Z 检验结果（n=43）

变量	平均值	样本标准差	统计检验量	99.9% 置信区间
样本偏差指标	$\bar{x}=-19.49\%$	$s=11.33\%$	$TS=-11.28$	$(-25.18\%,\ -13.80\%)$
原假设 H_0	(1) $H_0: u\geq 0$	(2) $H_0: u=0$	(3) $H_0: u\leq 0$	
备择假设 H_a	(1) $H_a: u<0$	(2) $H_a: u\neq 0$	(3) $H_a: u>0$	
临界值判别法	$TS\leq -Z_{0.001}=-3.09$	$|TS|\geq Z_{0.0005}=3.29$	$TS\leq Z_{0.001}=3.09$	
p 值判别法	$P_r\{Z\leq TS\}$ $=1-\Phi(11.28)<0.001$	$P_r\{|Z|\geq|TS|\}$ $=2[1-\Phi(11.28)]<0.001$	$P_r\{Z\geq TS\}$ $=\Phi(11.28)\approx 1>0.001$	
推断结论	拒绝 $H_0: u\geq 0$	拒绝 $H_0: u=0$	接受 $H_0: u\leq 0$	

表 3.9 地质灾害治理类工程单样本 Z 检验结果（$n=40$）

变量	平均值	样本标准差	统计检验量	99.9% 置信区间
样本偏差指标	$\bar{x}=-19.12\%$	$s=12.96\%$	$TS=-9.33$	(−25.86%, −12.38%)
原假设 H_0	(1) $H_0: u \geq 0$	(2) $H_0: u=0$	(3) $H_0: u \leq 0$	
备择假设 H_a	(1) $H_a: u<0$	(2) $H_a: u \neq 0$	(3) $H_a: u>0$	
临界值判别法	$TS \leq -Z_{0.001}=-3.09$	$|TS| \geq Z_{0.0005}=3.29$	$TS \leq Z_{0.001}=3.09$	
p 值判别法	$P_r\{Z \leq TS\}$ $=1-\Phi(9.33)<0.001$	$P_r\{|Z| \geq |TS|\}$ $=2[1-\Phi(9.33)]<0.001$	$P_r\{Z \geq TS\}$ $=1-\Phi(9.33) \approx 1>0.001$	
推断结论	拒绝 $H_0: u \geq 0$	拒绝 $H_0: u=0$	接受 $H_0: u \leq 0$	

表 3.10 其他类工程单样本 Z 检验结果（$n=49$）

变量	平均值	样本标准差	统计检验量	99.9% 置信区间
样本偏差指标	$\bar{x}=-18.35\%$	$s=17.12\%$	$TS=-7.50$	(−26.40%, −10.30%)
原假设 H_0	(1) $H_0: u \geq 0$	(2) $H_0: u=0$	(3) $H_0: u \leq 0$	
备择假设 H_a	(1) $H_a: u<0$	(2) $H_a: u \neq 0$	(3) $H_a: u>0$	
临界值判别法	$TS \leq -Z_{0.001}=-3.09$	$|TS| \geq Z_{0.0005}=3.29$	$TS \leq Z_{0.001}=3.09$	
p 值判别法	$P_r\{Z \leq TS\}$ $=1-\Phi(7.50)<0.001$	$P_r\{|Z| \geq |TS|\}$ $=2[1-\Phi(7.50)]<0.001$	$P_r\{Z \geq TS\}$ $=1-\Phi(7.50) \approx 1>0.001$	
推断结论	拒绝 $H_0: u \geq 0$	拒绝 $H_0: u=0$	接受 $H_0: u \leq 0$	

对于余下的 4 种小样本工程类型（水利水电类、设备购置类、污水处理类、架线及管沟类），首先利用非参数检验[Kolmogorov-Smirnov（K-S）和 Shapiro-Wilk（S-W）]检验每一类小样本工程的概算成本偏差数据是否在平均值左右形成正态分布，给定原假设 H_0 为"小样本工程概算偏差数据来自正态分布"，如果 p 值小于等于显著性水平 α（α 取 0.05），就拒绝原假设 H_0，说明小样本数据不服从正态分布。非参数正态性检验结果如表 3.11 所示。

表 3.11　小样本工程类型的正态性检验

	Kolmogorov-Smirnov（K-S）检验[①]			Shapiro-Wilk（S-W）检验		
	检验统计量	自由度	p 值	检验统计量	自由度	p 值
水利水电类	0.096	28	0.200*	0.951	28	0.215
设备购置类	0.130	21	0.200*	0.935	21	0.176
污水处理类	0.257	17	0.004	0.717	17	0.000
架线及管沟类	0.189	16	0.132	0.960	16	0.661

表 3.11 的非参数检验结果中，K-S 检验和 S-W 检验都表明水利水电类、设备购置类、架线及管沟类工程服从正态分布，而污水处理类工程在 5% 显著性水平下被认为不服从正态分布。通过污水处理类工程概算偏差数据的分布拟合可知，污水处理类工程相当于服从一个偏斜的正态分布，其平均值左偏约 -11.57%、偏斜度为 -1.14、峰度为 5.40。由于 t 检验法对总体偏离正态性的样本也相当稳健（陈可胜，2010），且总体标准差 σ 未知，因此下面利用方差未知时正态总体均值的检验方法，即 t 检验法对余下 4 类小样本工程的概算执行数据进行假设检验。

利用单样本 t 检验法，主要检验 4 类工程的平均成本偏差率是大于零、小于零还是等于零，同样可以用 p 值就判别法和置信区间判别法对检验结果进行判定，t 检验结果如表 3.12～表 3.15 所示。

---

① Lilliefors 显著水平修正。

表 3.12　水利水电类工程单样本 t 检验结果（$n=28$）

变量	平均值	样本标准差	统计检验量	99.9% 置信区间
样本偏差指标	$\bar{x}=-16.41\%$	$s=11.86\%$	$TS=-7.32$	$(-24.68\%,\ -8.14\%)$
原假设 H_0	(1) $H_0: u\geq 0$	(2) $H_0: u=0$	(3) $H_0: u\leq 0$	
备择假设 H_a	(1) $H_a: u<0$	(2) $H_a: u\neq 0$	(3) $H_a: u>0$	
临界值判别法	$TS\leq -t_{0.001}(27)=-3.42$	$\|TS\|\geq t_{0.0005}(27)=3.69$	$TS\leq t_{0.001}(27)=3.42$	
p 值判别法	$P_r\{T_{n-1}\leq TS\}$ $=P_r\{T_{27}\geq 7.32\}$ $=3.55\times 10^{-8}<0.001$	$P_r\{\|T_{n-1}\|\geq \|TS\|\}$ $=2P_r\{T_{27}\geq 7.32\}$ $=7.10\times 10^{-8}<0.001$	$P_r\{T_{27}\geq -7.32\}$ $\approx 1>0.001$	
推断结论	拒绝 $H_0: u\geq 0$	拒绝 $H_0: u=0$	接受 $H_0: u\leq 0$	

表 3.13　设备购置类工程单样本 t 检验结果（$n=21$）

变量	平均值	样本标准差	统计检验量	99.9% 置信区间
样本偏差指标	$\bar{x}=-11.07\%$	$s=7.97\%$	$TS=-6.37$	$(-17.77\%,\ -4.37\%)$
原假设 H_0	(1) $H_0: u\geq 0$	(2) $H_0: u=0$	(3) $H_0: u\leq 0$	
备择假设 H_a	(1) $H_a: u<0$	(2) $H_a: u\neq 0$	(3) $H_a: u>0$	
临界值判别法	$TS\leq -t_{0.001}(20)=-3.55$	$\|TS\|\geq t_{0.0005}(20)=3.85$	$TS\leq t_{0.001}(20)=3.55$	
p 值判别法	$P_r\{T_{n-1}\leq TS\}$ $=P_r\{T_{27}\geq 6.37\}$ $=1.64\times 10^{-6}<0.001$	$P_r\{\|TS\|\geq \|T_{n-1}\|\}$ $=2P_r\{T_{27}\geq 6.37\}$ $=3.28\times 10^{-6}<0.001$	$P_r\{T_{27}\geq -6.37\}$ $\approx 1>0.001$	
推断结论	拒绝 $H_0: u\geq 0$	拒绝 $H_0: u=0$	接受 $H_0: u\leq 0$	

表 3.14　污水处理类工程单样本 t 检验结果（$n=17$）

变量	平均值	样本标准差	统计检验量	99.5% 置信区间
样本偏差指标	$\bar{x}=-14.25\%$	$s=15.83\%$	$TS=-3.71$	（-26.74%，-1.76%）
原假设 H_0	(1) $H_0: u \geq 0$	(2) $H_0: u=0$	(3) $H_0: u \leq 0$	
备择假设 H_a	(1) $H_a: u<0$	(2) $H_a: u \neq 0$	(3) $H_a: u>0$	
临界值判别法	$TS \leq -t_{0.005}(16)=-2.92$	$\|TS\| \geq t_{0.0025}(16)=3.25$	$TS \leq t_{0.001}(16)=2.92$	
p 值判别法	$P_r\{T_{n-1} \leq TS\}$ $=P_r\{T_{27} \geq 3.71\}$ $=9.48 \times 10^{-4}<0.005$	$P_r\{\|T_{n-1}\| \geq \|TS\|\}$ $=2P_r\{T_{27} \geq 3.71\}$ $=1.90 \times 10^{-3}<0.005$	$P_r\{T_{n-1} \geq TS\}$ $=P_r\{T_{27} \geq -3.71\}$ $=9.99 \times 10^{-1}>0.005$	
推断结论	拒绝 $H_0: u \geq 0$	拒绝 $H_0: u=0$	接受 $H_0: u \leq 0$	

表 3.15　架线及管沟类工程单样本 t 检验结果（$n=16$）

变量	平均值	样本标准差	统计检验量	99.5% 置信区间
样本偏差指标	$\bar{x}=-17.07\%$	$s=20.21\%$	$TS=-3.38$	（-17.77%，-4.37%）
原假设 H_0	(1) $H_0: u \geq 0$	(2) $H_0: u=0$	(3) $H_0: u \leq 0$	
备择假设 H_a	(1) $H_a: u<0$	(2) $H_a: u \neq 0$	(3) $H_a: u>0$	
临界值判别法	$TS \leq -t_{0.005}(15)=-2.95$	$\|TS\| \geq t_{0.0025}(15)=3.29$	$TS \leq t_{0.001}(15)=2.95$	
p 值判别法	$P_r\{T_{n-1} \leq TS\}$ $=P_r\{T_{27} \geq 3.38\}$ $=2.10 \times 10^{-3}<0.005$	$P_r\{\|T_{n-1}\| \geq \|TS\|\}$ $=2P_r\{T_{27} \geq 3.38\}$ $=4.14 \times 10^{-3}<0.005$	$P_r\{T_{n-1} \geq TS\}$ $=P_r\{T_{27} \geq -3.38\}$ $=9.98 \times 10^{-1}>0.005$	
推断结论	拒绝 $H_0: u \geq 0$	拒绝 $H_0: u=0$	接受 $H_0: u \leq 0$	

从表 3.12 可以看出,对于水利水电类工程第 1 个原假设 H_0(水利水电类工程平均概算低估或准确),其统计检验量 TS 为 -7.32,小于 $-t_{0.001}(27)$,p 值为 3.55×10^{-8} 远小于 0.001。这样,在 0.001 显著性水平下,拒绝原假设 H_0。即是说,依据水利水电类工程样本数据推断出 99.9% 的可能性水利水电类工程概算被高估了。按照同样的方法,从表 3.13～表 3.15 可以得出:在 0.001 显著性水平下,推断出设备购置类工程概算被高估了。在 0.005 显著性水平下,推断出污水处理类工程和架线及管沟类工程概算都被高估了。

综上所述,在 9 种工程类型中,通过大样本情形总体均值假设检验、非参数检验和单样本 t 检验,得出:在 0.001 显著性水平下,推断出民用建筑类、交通运输类、信息应用系统类、地质灾害治理类、水利水电类、设备购置类和其他类工程共 7 类工程概算被高估了。在 0.005 显著性水平下,推断出污水处理类工程和架线及管沟类工程概算都被高估了。

3)按投资规模划分的单样本

从描述统计分析结果可知,不同投资规模政府工程都存在系统性概算高估问题,但不同规模政府工程的概算高估情况具有明显区别。这部分主要对 4 个投资规模区间政府工程的概算成本偏差率进行单样本推断统计分析。

4 个投资规模区间工程(3 000 万以下、3 000 万～1 亿元、1 亿～10 亿元、10 亿元以上)的项目数量都大于 30 个,可视作大样本。因此,对于这 4 个大样本规模区间工程,可以按照与整体样本同样的思路,采用大样本情形总体均值的假设检验方法(Z 检验法),检验结果如表 3.16～表 3.19 所示。

从表 3.16～表 3.19,可以在 0.001 显著性水平下,推断出 4 个投资规模区间工程(3 000 万元以下、3 000 万～1 亿元、1 亿～10 亿元、10 亿元以上)的概算都被高估了。

4)按城市等级划分的单样本

从描述统计分析结果可知,不同城市等级政府工程都存在系统性概算高估问题,但不同城市等级工程的概算高估情况具有明显区别。这部分主要对 3 个城市等级政府工程的概算成本偏差率进行单样本推断统计分析。

在 3 个城市等级政府工程中,有两个城市等级(超大城市、Ⅰ型大城市)的项目数量大于 30 个,可视作大样本。对于这两个大样本城市等级工程,可以按照与整体样本同样的思路,采用大样本情形总体均值的假设检验方法(Z 检验法),检验结果如表 3.20～表 3.21 所示。

表3.16 3 000万元以下规模区间工程单样本Z检验结果（$n=219$）

变量	平均值	样本标准差	统计检验量	99.9%置信区间
样本偏差指标	$\bar{x}=-17.11\%$	$s=13.02\%$	$TS=-19.45$	（-20.01%, -14.21%）
原假设 H_0	（1）$H_0: u \geq 0$	（2）$H_0: u=0$	（3）$H_0: u \leq 0$	
备择假设 H_a	（1）$H_a: u<0$	（2）$H_a: u \neq 0$	（3）$H_a: u>0$	
临界值判别法	$TS \leq -Z_{0.001}=-3.09$	$\lvert TS \rvert \geq Z_{0.0005}=3.29$	$TS \leq -Z_{0.001}=3.09$	
p值判别法	$P_r\{Z \leq TS\}$ $=1-\Phi(19.45)$ $=1.53 \times 10^{-84}<0.001$	$P_r\{\lvert Z \rvert \geq \lvert TS \rvert\}$ $=2[1-\Phi(19.45)]$ $=3.07 \times 10^{-84}<0.001$	$P_r\{Z \leq TS\}$ $=\Phi(19.45)$ $\approx 1 > 0.001$	
推断结论	拒绝 $H_0: u \geq 0$	拒绝 $H_0: u=0$	接受 $H_0: u \leq 0$	

表3.17 3 000万～1亿元规模区间工程单样本Z检验结果（$n=79$）

变量	平均值	样本标准差	统计检验量	99.9%置信区间
样本偏差指标	$\bar{x}=-16.23\%$	$s=17.47\%$	$TS=-8.26$	（-22.70%, -9.76%）
原假设 H_0	（1）$H_0: u \geq 0$	（2）$H_0: u=0$	（3）$H_0: u \leq 0$	
备择假设 H_a	（1）$H_a: u<0$	（2）$H_a: u \neq 0$	（3）$H_a: u>0$	
临界值判别法	$TS \leq -Z_{0.001}=-3.09$	$\lvert TS \rvert \geq Z_{0.0005}=3.29$	$TS \leq -Z_{0.001}=3.09$	
p值判别法	$P_r\{Z \leq TS\}$ $=1-\Phi(8.26)$ $=7.45 \times 10^{-17}<0.001$	$P_r\{\lvert Z \rvert \geq \lvert TS \rvert\}$ $=2[1-\Phi(8.26)]$ $=1.49 \times 10^{-16}<0.001$	$P_r\{Z \leq TS\}$ $=\Phi(8.26)$ $\approx 1 > 0.001$	
推断结论	拒绝 $H_0: u \geq 0$	拒绝 $H_0: u=0$	接受 $H_0: u \leq 0$	

表 3.18　1 亿~10 亿元规模区间工程单样本 Z 检验结果（$n=113$）

变量	平均值	样本标准差	统计检验量	99.9% 置信区间
样本偏差指标	$\bar{x}=-16.13\%$	$s=18.00\%$	$TS=-9.53$	（-21.70%，-10.56%）
原假设 H_0	(1) $H_0: u\geqslant 0$	(2) $H_0: u=0$	(3) $H_0: u\leqslant 0$	
备择假设 H_a	(1) $H_a: u<0$	(2) $H_a: u\neq 0$	(3) $H_a: u>0$	
临界值判别法	$TS\leqslant -Z_{0.001}=-3.09$	$|TS|\geqslant Z_{0.0005}=3.29$	$TS\leqslant Z_{0.001}=3.09$	
p 值判别法	$P_r\{Z\leqslant TS\}$ $=1-\Phi(9.53)$ $=8.19\times 10^{-22}<0.001$	$P_r\{|Z|\geqslant |TS|\}$ $=2[1-\Phi(9.53)]$ $=1.64\times 10^{-21}<0.001$	$P_r\{Z\geqslant TS\}$ $=\Phi(9.53)$ $\approx 1>0.001$	
推断结论	拒绝 $H_0: u\geqslant 0$	拒绝 $H_0: u=0$	接受 $H_0: u\leqslant 0$	

表 3.19　10 亿元以上规模区间工程单样本 Z 检验结果（$n=36$）

变量	平均值	样本标准差	统计检验量	99.9% 置信区间
样本偏差指标	$\bar{x}=-12.63\%$	$s=12.92\%$	$TS=-5.87$	（-19.72%，-5.54%）
原假设 H_0	(1) $H_0: u\geqslant 0$	(2) $H_0: u=0$	(3) $H_0: u\leqslant 0$	
备择假设 H_a	(1) $H_a: u<0$	(2) $H_a: u\neq 0$	(3) $H_a: u>0$	
临界值判别法	$TS\leqslant -Z_{0.001}=-3.09$	$|TS|\geqslant Z_{0.0005}=3.29$	$TS\leqslant Z_{0.001}=3.09$	
p 值判别法	$P_r\{Z\leqslant TS\}$ $=1-\Phi(5.87)$ $=2.24\times 10^{-9}<0.001$	$P_r\{|Z|\geqslant |TS|\}$ $=2[1-\Phi(5.87)]$ $=4.48\times 10^{-9}<0.001$	$P_r\{Z\geqslant TS\}$ $=\Phi(5.87)$ $\approx 1>0.001$	
推断结论	拒绝 $H_0: u\geqslant 0$	拒绝 $H_0: u=0$	接受 $H_0: u\leqslant 0$	

表 3.20 超大城市政府工程单样本 Z 检验结果（$n=340$）

变量	平均值	样本标准差	统计检验量	99.9% 置信区间
样本偏差指标	$\bar{x}=-17.70\%$	$s=11.13\%$	$TS=-29.32$	$(-19.72\%, -5.54\%)$
原假设 H_0	（1）$H_0: u \geq 0$	（2）$H_0: u=0$	（3）$H_0: u \leq 0$	
备择假设 H_a	（1）$H_a: u<0$	（2）$H_a: u \neq 0$	（3）$H_a: u>0$	
临界值判别法	$TS \leq -Z_{0.001}=-3.09$	$\|TS\| \geq Z_{0.0005}=3.29$	$TS \leq Z_{0.001}=3.09$	
p 值判别法	$P_r\{Z \leq TS\}$ $=1-\Phi(29.32)$ $=2.59 \times 10^{-189}<0.001$	$P_r\{\|Z\| \geq \|TS\|\}$ $=2[1-\Phi(29.32)]$ $=5.19 \times 10^{-189}<0.001$	$P_r\{Z \geq TS\}$ $=\Phi(29.32)$ $\approx 1>0.001$	
推断结论	拒绝 $H_0: u \geq 0$	拒绝 $H_0: u=0$	接受 $H_0: u \leq 0$	

表 3.21 Ⅰ型大城市政府工程单样本 Z 检验结果（$n=77$）

变量	平均值	样本标准差	统计检验量	99.9% 置信区间
样本偏差指标	$\bar{x}=-25.67\%$	$s=20.03\%$	$TS=-11.25$	$(-19.72\%, -5.54\%)$
原假设 H_0	（1）$H_0: u \geq 0$	（2）$H_0: u=0$	（3）$H_0: u \leq 0$	
备择假设 H_a	（1）$H_a: u<0$	（2）$H_a: u \neq 0$	（3）$H_a: u>0$	
临界值判别法	$TS \leq -Z_{0.001}=-3.09$	$\|TS\| \geq Z_{0.0005}=3.29$	$TS \leq Z_{0.001}=3.09$	
p 值判别法	$P_r\{Z \leq TS\}$ $=1-\Phi(11.25)$ $=1.21 \times 10^{-29}<0.001$	$P_r\{\|Z\| \geq \|TS\|\}$ $=2[1-\Phi(11.25)]$ $=2.43 \times 10^{-29}<0.001$	$P_r\{Z \geq TS\}$ $=\Phi(11.25)$ $\approx 1>0.001$	
推断结论	拒绝 $H_0: u \geq 0$	拒绝 $H_0: u=0$	接受 $H_0: u \leq 0$	

根据表 3.20～表 3.21,可以推断在 0.001 显著性水平下,超大城市、Ⅰ型大城市政府工程的概算都被高估了。

对于小样本的Ⅱ型大城市政府工程,利用非参数检验[Kolmogorov-Smirnov(K-S)和 Shapiro-Wilk(S-W)]检验该类工程的概算成本偏差数据是否在平均值左右形成正态分布,给定原假设 H_0 为"小样本工程概算偏差数据来自正态分布",如果 p 值小于等于显著性水平 α(α 取 0.05),就拒绝原假设 H_0,说明小样本数据不服从正态分布。非参数正态性检验结果如表 3.22 所示,K-S 检验和 S-W 检验都表明Ⅱ型大城市工程服从正态分布。因此,下面利用方差未知时正态总体均值的检验方法(t 检验法)对小样本Ⅱ型大城市政府工程的概算执行数据进行假设检验。从表 3.23 可以得出,在 0.001 显著性水平下,推断出Ⅱ型大城市政府工程的概算都被高估了。

表 3.22 Ⅱ型大城市政府工程的正态性检验

	Kolmogorov-Smirnov(K-S)检验			Shapiro-Wilk(S-W)检验		
	检验统计量	自由度	p 值	检验统计量	自由度	p 值
Ⅱ型大城市	0.139	25	0.200*	0.955	25	0.322

综上所述,在 3 个城市等级中,通过大样本情形总体均值假设检验、非参数检验和单样本 t 检验,推断出所有城市等级(超大城市、Ⅰ型大城市和Ⅱ型大城市)政府工程的概算都被高估了。

5)按开工时间划分的单样本

从描述统计分析结果可知,不同开工时间的政府工程都存在系统性概算高估问题,但不同开工时间工程的概算高估情况具有明显区别。这部分主要对 3 个开工时间区间(2004 年 9 月以前、2004 年 9 月—2012 年 11 月期间、2012 年 11 月以后)政府工程的概算成本偏差率进行单样本推断统计分析。

在 3 个开工时间区间政府工程中,有两个时间区间(2004 年 9 月—2012 年 11 月期间、2012 年 11 月以后)的政府工程项目数量大于 30 个,可视作大样本。对于这两个大样本时间区间工程,可采用大样本情形总体均值的假设检验方法(Z 检验法),检验结果如表 3.24 和表 3.25 所示。从表 3.24a～表 3.24b,可以推断出在 0.001 显著性水平下,2004 年 9 月—2012 年 11 月期间及 2012 年 11 月以后开工政府工程的概算都被高估了。

表 3.23　Ⅱ型大城市政府工程单样本 t 检验结果（n=25）

变量	平均值	样本标准差	统计检验量	99.9%置信区间
样本偏差指标	$\bar{x}=-19.64\%$	$s=11.04\%$	$TS=-8.89$	$(-27.91\%,\ -11.37\%)$
原假设 H_0	$(1)\ H_0: u\geq 0$	$(2)\ H_0: u=0$	$(3)\ H_0: u\leq 0$	
备择假设 H_a	$(1)\ H_a: u<0$	$(2)\ H_a: u\neq 0$	$(3)\ H_a: u>0$	
临界值判别法	$TS\leq -t_{0.001}(27)=-3.47$	$\|TS\|\geq t_{0.0005}(27)=3.75$	$TS\leq t_{0.001}(27)=3.47$	
p 值判别法	$P_r\{T_{n-1}\leq TS\}$ $=P_r\{T_{27}\geq 8.89\}$ $=2.30\times 10^{-9}<0.001$	$P_r\{\|T_{n-1}\|\geq \|TS\|\}$ $=2P_r\{T_{27}\geq 8.89\}$ $=4.60\times 10^{-9}<0.001$	$P_r\{T_{n-1}\leq TS\}$ $=P_r\{T_{27}\geq -8.89\}$ $\approx 1>0.001$	
推断结论	拒绝 $H_0: u\geq 0$	拒绝 $H_0: u=0$	接受 $H_0: u\leq 0$	

表 3.24a　2004 年 9 月—2012 年 11 月期间开工政府工程的单样本 Z 检验结果（n=336）

变量	平均值	样本标准差	统计检验量	99.9%置信区间
样本偏差指标	$\bar{x}=-16.17\%$	$s=14.55\%$	$TS=-18.99$	$(-18.97\%,\ -13.37\%)$
原假设 H_0	$(1)\ H_0: u\geq 0$	$(2)\ H_0: u=0$	$(3)\ H_0: u\leq 0$	
备择假设 H_a	$(1)\ H_a: u<0$	$(2)\ H_a: u\neq 0$	$(3)\ H_a: u>0$	
临界值判别法	$TS\leq -Z_{0.001}=-3.09$	$\|TS\|\geq Z_{0.0005}=3.29$	$TS\leq Z_{0.001}=3.09$	
p 值判别法	$P_r\{Z\leq TS\}$ $=1-\Phi(18.99)$ $=1.07\times 10^{-80}<0.001$	$P_r\{\|Z\|\geq \|TS\|\}$ $=2[1-\Phi(18.99)]$ $=2.15\times 10^{-80}<0.001$	$P_r\{Z\geq TS\}$ $=\Phi(18.99)$ $\approx 1>0.001$	
推断结论	拒绝 $H_0: u\geq 0$	拒绝 $H_0: u=0$	接受 $H_0: u\leq 0$	

表 3.24b 2012 年 11 月以后开工政府工程的单样本 Z 检验结果（$n=81$）

变量	平均值	样本标准差	统计检验量	99.9% 置信区间
样本偏差指标	$\bar{x}=-19.21\%$	$s=13.04\%$	$TS=-13.26$	$(-23.98\%, -14.44\%)$
原假设 H_0	(1) $H_0: u\geq 0$	(2) $H_0: u=0$	(3) $H_0: u\leq 0$	
备择假设 H_a	(1) $H_a: u<0$	(2) $H_a: u\neq 0$	(3) $H_a: u>0$	
临界值判别法	$TS\leq -Z_{0.001}=-3.09$	$\lvert TS\rvert \geq Z_{0.0005}=3.29$	$TS\leq Z_{0.001}=3.09$	
p 值判别法	$P_r\{Z\leq TS\}$ $=1-\Phi(13.26)$ $=2.02\times 10^{-40}<0.001$	$P_r\{\lvert Z\rvert \geq \lvert TS\rvert\}$ $=2[1-\Phi(13.26)]$ $=4.03\times 10^{-40}<0.001$	$P_r\{Z\geq TS\}$ $=\Phi(13.26)$ $\approx 1>0.001$	
推断结论	拒绝 $H_0: u\geq 0$	拒绝 $H_0: u=0$	接受 $H_0: u\leq 0$	

对于小样本的 2004 年 9 月以前开工的政府工程,利用非参数检验[Kolmogorov-Smirnov(K-S)和 Shapiro-Wilk(S-W)]检验该类工程的概算成本偏差数据是否在平均值左右形成正态分布,给定原假设 H_0 为"小样本工程概算偏差数据来自正态分布",如果 p 值小于等于显著性水平 α(α 取 0.05),就拒绝原假设 H_0,说明小样本数据不服从正态分布。非参数正态性检验结果如表 3.25 所示,K-S 检验和 S-W 检验都表明 2004 年 9 月以前开工的工程服从正态分布。因此,下面利用方差未知时正态总体均值的检验方法(t 检验法)对小样本 2004 年 9 月以前开工政府工程的概算执行数据进行假设检验。从表 3.26 可以推断,出在 0.001 显著性水平下,2004 年 9 月以前开工政府工程的概算都被高估了。

表 3.25　2004 年 9 月以前开工政府工程的正态性检验

	Kolmogorov-Smirnov(K-S)检验			Shapiro-Wilk(S-W)检验		
	检验统计量	自由度	p 值	检验统计量	自由度	p 值
2004 年 9 月以前开工	0.194	17	0.088	0.916	17	0.124

综上所述,以上对 447 个政府工程的单样本推断统计结论,不仅验证了我国政府工程在整体上存在概算高估问题,还验证了不同工程类型、投资规模、城市等级、开工时间的政府工程都存在系统性的概算高估问题。

3.2.2　多样本推断统计分析

描述统计分析表明不同类型、投资规模、城市等级、开工时间政府工程的概算高估程度具有明显差别,通过单样本推断统计从多个维度得出了"我国政府工程存在概算高估问题"的结论,单样本推断统计可能会受到各样本间数据的交叠影响(Odeck 等,2015)。因此,需要进一步利用多样本推断统计方法,回答"不同工程类型、投资规模、城市等级和开工时间的政府工程之间的概算高估程度是否存在显著性差别"的问题。

为了检验多个样本之间是否存在显著性差别,可以采取以下两种方法:①对两个样本数据比较时,采用双样本平均值对比 t 检验(the two sample mean—comparison test)进行比较。②对多样本数据比较时,采用 Kruskal-Wallis(K-W)检验和中位数独立样本检验(the Median independent sample test)对比分析。这两种检验方法在目的上的区别为:双样本均值对比检验的原假设 H_0,表示两个样本所服从的两个总体的均值无显著性差异;K-W 检验的原假设 H_0,

表 3.26 2004 年 9 月以前开工政府工程单样本 t 检验结果（$n=17$）

变量	平均值	样本标准差	统计检验量	99.9% 置信区间
整体样本偏差指标	$\bar{x}=-18.41\%$	$s=12.73\%$	$TS=-5.96$	（-28.57%，-8.25%）
原假设 H_0	（1）$H_0:u\geqslant 0$	（2）$H_0:u=0$	（3）$H_0:u\leqslant 0$	
备择假设 H_a	（1）$H_a:u<0$	（2）$H_a:u\neq 0$	（3）$H_a:u>0$	
临界值判别法	$TS\leqslant -t_{0.001}(16)=-3.69$	$\|TS\|\geqslant t_{0.0005}(16)=4.01$	$TS\leqslant t_{0.001}(16)=3.69$	
p 值判别法	$P_r\{T_{n-1}\leqslant TS\}$ $=P_r\{T_{27}\geqslant 5.96\}$ $=9.94\times 10^{-6}<0.001$	$P_r\{\|T_{n-1}\|\geqslant \|TS\|\}$ $=2P_r\{T_{27}\geqslant 5.96\}$ $=1.99\times 10^{-5}<0.001$	$P_r\{T_{n-1}\geqslant TS\}$ $=P_r\{T_{27}\geqslant -5.96\}$ $\approx 1>0.001$	
推断结论	拒绝 $H_0:u\geqslant 0$	拒绝 $H_0:u=0$	接受 $H_0:u\leqslant 0$	

表示多个样本所服从的总体分布无显著性差异;中位数独立样本检验的原假设 H_0,表示多个样本所服从的总体的中位数无显著性差异。

进行多样本推断统计的步骤如下:①利用 Kruskal-Wallis(K-W)检验和中位数独立样本检验对 n 个样本进行多样本推断统计。若 p 值大于 0.05,说明所有 n 个样本的总体分布没有显著性差异。若 p 值小于 0.05,说明在所有 n 个样本的总体分布中,至少有两个样本的总体具有显著性差异。②当多样本推断统计 p 值小于 0.05,利用双样本均值对比检验在样本之间进行两两比较,找出总体具有显著性差异的所有样本,得出推断结论。

1)按工程类型划分的多样本

表 3.27 所示为按不同工程类型划分的多样本统计检验结果,Kruskal-Wallis(K-W)检验和中位数独立样本检验方法的结论都是拒绝原假设,说明在所有 9 种工程类型样本的总体分布中,至少有两种类型样本的总体分布和中位数具有显著性差异。

表 3.27 不同类型工程的多样本 K-W 和中位数独立样本检验

检验类型	原假设 H_0	自由度	统计检验量	p 值	结论
Kruskal-Wallis(K-W)检验	多个样本所服从的总体分布之间无显著性差异	8	卡方 $C^2=34.353$	0.000	拒绝原假设 H_0
中位数独立样本检验	多个样本所服从的总体的中位数之间无显著性差异	8	卡方 $C^2=28.049$	0.000	拒绝原假设 H_0

接着,对除了其他类工程的其余 8 种工程类型,利用双样本平均值对比 t 检验在样本之间进行两两比较,28 个双样本组合的统计检验结果如表 3.28 所示。在 28 对双样本中,有 22 对双样本的总体均值不具有显著性差异,意味着在 0.05 显著性水平下,占 78.57% 工程类型样本的总体均值是相同的。此外,有 6 对双样本的总体均值具有显著性差异,即占 21.43% 工程类型样本的总体均值是不同的。根据双样本平均值对比 t 检验的均值差值关系,可以明确推断出不同工程类型总体均值之间的关系:交通运输类工程比民用建筑类工程的概算高估程度严重,信息应用系统类工程比民用建筑类工程的概算高估程度严重,地质灾害治理类工程比民用建筑类工程的概算高估程度严重,交通运输类工程比设备购置类工程的概算高估程度严重,信息应用系统类工程比设备购置类工程

的概算高估程度严重,地质灾害治理类工程比设备购置类工程的概算高估程度严重。其余 22 对工程类型样本的总体之间的概算高估程度是一致的。

表 3.28 不同类型工程的双样本均值对比 t 检验

工程类型双样本	方差齐性 levene 检验		方差齐性		方差不齐		均值差值	统计检验结论
	统计检验量 F	p 值	统计检验量 TS	p 值	统计检验量 TS	p 值		
民用建筑类与交通运输类	0.156	0.693	4.677	0.000	4.672	0.000	9.48%	拒绝原假设 H_0
民用建筑类与信息应用系统类	2.720	0.101	3.414	0.001	3.909	0.000	8.66%	拒绝原假设 H_0
民用建筑类与地质灾害治理类	0.021	0.886	3.097	0.002	3.350	0.001	8.28%	拒绝原假设 H_0
民用建筑类与水利水电类	1.108	0.294	1.818	0.071	2.116	0.039	5.57%	接受原假设 H_0
民用建筑类与设备购置类	3.967	0.048	0.069	0.945	0.105	0.917	0.23%	接受原假设 H_0
民用建筑类与污水处理类	0.106	0.745	0.864	0.389	0.836	0.413	3.41%	接受原假设 H_0
民用建筑类与架线及管沟类	1.630	0.204	1.481	0.141	1.189	0.250	6.23%	接受原假设 H_0
交通运输类与信息应用系统类	3.635	0.058	(0.314)	0.754	(0.363)	0.718	−0.83%	接受原假设 H_0
交通运输类与地质灾害治理类	0.193	0.661	(0.431)	0.667	(0.474)	0.637	−1.20%	接受原假设 H_0
交通运输类与水利水电类	1.628	0.204	(1.226)	0.222	(1.454)	0.152	−3.91%	接受原假设 H_0
交通运输类与设备购置类	4.683	0.032	(2.619)	0.010	(4.046)	0.000	−9.25%	拒绝原假设 H_0
交通运输类与污水处理类	0.260	0.611	(1.478)	0.142	(1.474)	0.155	−6.07%	接受原假设 H_0

续 表

工程类型双样本	方差齐性 levene 检验		方差齐性		方差不齐		均值差值	统计检验结论
	统计检验量 F	p 值	统计检验量 TS	p 值	统计检验量 TS	p 值		
交通运输类与架线及管沟类	1.113	0.294	(0.744)	0.458	(0.617)	0.545	−3.25%	接受原假设 H_0
信息应用系统类与地质灾害治理类	2.508	0.117	(0.140)	0.889	(0.139)	0.890	−0.37%	接受原假设 H_0
信息应用系统类与水利水电类	0.123	0.727	(1.099)	0.275	(1.089)	0.281	2.80%	接受原假设 H_0
信息应用系统类与设备购置类	0.867	0.355	(3.051)	0.003	(3.436)	0.001	−8.42%	拒绝原假设 H_0
信息应用系统类与污水处理类	0.569	0.454	(1.437)	0.156	(1.245)	0.226	−5.24%	接受原假设 H_0
信息应用系统类与架线及管沟类	5.382	0.024	(0.582)	0.563	(0.454)	0.655	−2.42%	接受原假设 H_0
地质灾害治理类与水利水电类	1.131	0.291	(0.878)	0.383	(0.892)	0.376	−2.71%	接受原假设 H_0
地质灾害治理类与设备购置类	6.337	0.015	(2.595)	0.012	(2.996)	0.004	−8.05%	拒绝原假设 H_0
地质灾害治理类与污水处理类	0.063	0.803	(1.214)	0.230	(1.119)	0.274	−4.87%	接受原假设 H_0
地质灾害治理类与架线及管沟类	2.030	0.160	(0.453)	0.652	(0.376)	0.711	−2.05%	接受原假设 H_0
水利水电类与设备购置类	1.550	0.219	(1.782)	0.081	(1.883)	0.066	−5.34%	接受原假设 H_0
水利水电类与污水处理类	0.199	0.658	(0.521)	0.605	(0.486)	0.631	−2.16%	接受原假设 H_0

续表

工程类型双样本	方差齐性 levene 检验		方差齐性		方差不齐		均值差值	统计检验结论
	统计检验量 F	p 值	统计检验量 TS	p 值	统计检验量 TS	p 值		
水利水电类与架线及管沟类	3.394	0.073	0.136	0.892	0.119	0.906	0.66%	接受原假设 H_0
设备购置类与污水处理类	1.722	0.198	0.805	0.426	0.755	0.458	3.18%	接受原假设 H_0
设备购置类与架线及管沟类	6.982	0.012	1.243	0.222	1.122	0.276	6.00%	接受原假设 H_0
污水处理类与架线及管沟类	1.073	0.308	0.447	0.658	0.444	0.660	2.82%	接受原假设 H_0

2）按投资规模划分的多样本

表 3.29 所示为按不同投资规模划分的多样本统计检验结果，Kruskal-Wallis（K-W）检验和中位数独立样本检验方法的结论都是接受原假设，说明在 4 个规模区间样本的总体分布和中位数没有显著性差异，都来自相同的总体分布。

表 3.29 不同规模区间工程的多样本 K-W 和中位数独立样本检验

检验类型	原假设 H_0	自由度	统计检验量	p 值	结论
Kruskal-Wallis（K-W）检验	多个样本所服从的总体分布之间无显著性差异	3	卡方 $C^2=1.721$	0.632	接受原假设 H_0
中位数独立样本检验	多个样本所服从的总体的中位数之间无显著性差异	3	卡方 $C^2=1.492$	0.684	接受原假设 H_0

接着，利用双样本平均值对比 t 检验，对 4 个规模区间组成的 6 对规模区间双样本的统计结果进行检验，如表 3.30 所示。根据推断结论，在 0.05 显著性水平下，6 对规模区间双样本的总体均值都是相同的，也就是说 4 个规模区间总体之间的概算高估程度是一致的。具体来说，3 000 万元以下规模区间与 3 000 万～

1亿元规模区间的概算高估是一致的,3 000万～1亿元规模区间与1亿～10亿元规模区间的概算高估是一致的,验证了描述统计分析的两个结果:①3 000万元作为政府投资规模分界点,推断统计结果表明更严格的前期审批程序和后期审计方式并不能降低政府工程的概算高估的幅度。②1亿元是作为重大工程与一般工程的投资规模分界点,推断统计结果表明通过"重大建设项目管理办法"等加强重大工程协调管理的政策对政府工程概算高估程度没有影响。此外,3 000万元以下、3 000万～1亿元规模区间、1亿～10亿元规模区间与10亿元以上规模区间的概算高估是一致的,推翻了描述统计分析的1个结果:10亿元是作为中央政府与地方政府审批项目的投资规模分界点,推断统计结果表明中央与地方所批复的政府工程概算高估程度是一致的。

表 3.30　不同规模区间工程的双样本均值对比 t 检验

规模区间双样本	方差齐性 levene 检验		方差齐性		方差不齐		均值差值	统计检验结论
	统计检验量 F	p 值	统计检验量 TS	p 值	统计检验量 TS	p 值		
3 000万元以下规模区间与3 000万～1亿元规模区间	3.973	0.047	−0.465	0.642	−0.406	0.686	−0.87%	接受原假设 H_0
3 000万元以下规模区间与1亿～10亿元规模区间	8.038	0.005	−0.566	0.572	−0.512	0.609	−0.98%	接受原假设 H_0
3 000万元以下规模区间与10亿元以上规模区间	0.003	0.956	−1.915	0.057	−1.925	0.06	−4.48%	接受原假设 H_0
3 000万～1亿元规模区间与1亿～10亿元规模区间	0.171	0.68	−0.039	0.969	−0.04	0.968	−0.10%	接受原假设 H_0

续　表

规模区间双样本	方差齐性 levene 检验		方差齐性		方差不齐		均值差值	统计检验结论
	统计检验量 F	p 值	统计检验量 TS	p 值	统计检验量 TS	p 值		
3 000 万～1 亿元规模区间与 10 亿元以上规模区间	1.335	0.25	-1.107	0.271	-1.236	0.22	-3.60%	接受原假设 H_0
1 亿～10 亿元规模区间与 10 亿元以上规模区间	2.325	0.129	-1.081	0.282	-1.278	0.205	-3.50%	接受原假设 H_0

3) 按城市等级划分的多样本

表 3.31 所示为按不同城市等级划分的多样本统计检验结果，Kruskal-Wallis（K-W）检验和中位数独立样本检验方法的结论都是接受原假设，说明在 3 个城市等级样本的总体分布和中位数没有显著性差异，都来自相同的总体分布。

表 3.31　不同城市等级工程的多样本 K-W 和中位数独立样本检验

检验类型	原假设 H_0	自由度	统计检验量	p 值	结论
Kruskal-Wallis（K-W）检验	多个样本所服从的总体分布之间无显著性差异	2	卡方 C^2=2.172	0.337	接受原假设 H_0
中位数独立样本检验	多个样本所服从的总体的中位数之间无显著性差异	2	卡方 C^2=1.325	0.516	接受原假设 H_0

利用双样本平均值对比 t 检验，对 3 个城市等级组成的 3 对城市等级双样本的统计结果进行检验，如表 3.32 所示。根据推断结论，在 0.05 显著性水平下，3 对城市等级双样本的总体均值都是相同的，也就是说 3 个城市等级总体之间的概算高估程度是一致的。

表 3.32　不同城市等级工程的双样本均值对比 t 检验

城市等级双样本	方差齐性 levene 检验		方差齐性		方差不齐		均值差值	统计检验结论
	统计检验量 F	p 值	统计检验量 TS	p 值	统计检验量 TS	p 值		
超大城市与 I 型大城市	45	0	0.88	0.379	0.617	0.539	1.72%	接受原假设 H_0
超大城市与 II 型大城市	0.016	0.899	1.404	0.161	1.612	0.118	3.74%	接受原假设 H_0
I 型大城市与 II 型大城市	8.167	0.005	8.167	0.683	0.005	0.565	2.01%	接受原假设 H_0

4）按开工时间划分的多样本

表 3.33 所示为按开工时间分界点（2004 年 9 月和 2012 年 11 月）划分的多样本统计检验结果，Kruskal-Wallis（K-W）检验和中位数独立样本检验方法的结论都是接受原假设，说明在 3 个时间区间开工样本的总体分布和中位数没有显著性差异，都来自相同的总体分布。

表 3.33　不同开工时间工程的多样本 K-W 和中位数独立样本检验

检验类型	原假设 H_0	自由度	统计检验量	p 值	结论
Kruskal-Wallis（K-W）检验	多个样本所服从的总体分布之间无显著性差异	2	卡方 $C^2=4.491$	0.106	接受原假设 H_0
中位数独立样本检验	多个样本所服从的总体的中位数之间无显著性差异	2	卡方 $C^2=0.850$	0.654	接受原假设 H_0

接着，利用双样本平均值对比 t 检验，对 3 个时间区间组成的 3 对双样本的统计结果进行检验，如表 3.34 所示。根据推断结论，在 0.05 显著性水平下，只有第 2 对时间区间双样本（2004 年 9 月以前与 2012 年 11 月以后）的总体均值具有显著性差异，即依据双样本平均值对比 t 检验的均值差值关系，可以明确推断出如下关系：2012 年 11 月以后比 2004 年 9 月以前开工政府工程的概算高估程度严重；

在 0.05 显著性水平下,第 1 对(2004 年 9 月以前与 2004 年 9 月—2012 年 11 月)和第 3 对(2004 年 9 月—2012 年 11 月与 2012 年 11 月以后)时间区间双样本工程的总体均值都是相同的,也就是说 2004 年 9 月以前开工与 2004 年 9 月—2012 年 11 月期间开工样本的总体之间的概算高估程度是一致的,2004 年 9 月—2012 年 11 月期间开工与 2012 年 11 月以后开工样本的总体之间的概算高估程度也是一致的。更具体地说,将 2004 年 9 月作为国家全面审批制度建立的分界点,推断统计结果表明,单独国家全面审批制度的建立对政府工程概算高估程度没有显著影响。总的来说,共同实施国家全面审批制度与更严格调概政策对概算高估程度有显著促进作用,而单独全面审批制度的建立实施对政府工程概算高估程度没有显著影响。

表 3.34 不同开工时间工程的双样本均值对比 t 检验

开工时间双样本	方差齐性 levene 检验		方差齐性		方差不齐		均值差值	统计检验结论
	统计检验量 F	p 值	统计检验量 TS	p 值	统计检验量 TS	p 值		
2004 年 9 月以前与 2004 年 9 月—2012 年 11 月	0.001	0.974	1.077	0.282	1.028	0.318	4.19%	接受原假设 H_0
2004 年 9 月以前与 2012 年 11 月以后	0.054	0.816	1.984	0.050	1.706	0.103	7.23%	拒绝原假设 H_0
2004 年 9 月—2012 年 11 月与 2012 年 11 月以后	0.110	0.741	1.623	0.105	1.810	0.072	3.04%	接受原假设 H_0

3.2.3 推断统计分析结果

本部分对 447 个政府工程概算执行情况进行推断统计分析(单样本推断统计与多样本推断统计),在验证描述统计分析结论基础上,得到如下结论。

第一,我国政府工程不仅在整体上存在概算高估问题,不同工程类型、投资规模、城市等级、开工时间的政府工程都存在系统性的概算高估问题。

第二,不同类型政府工程都存在系统性概算高估问题,多样本推断统计结果表明,交通运输类工程、信息应用系统类工程、地质灾害治理类工程比民用建筑类工程和设备购置类工程的概算高估程度严重,其余工程类型之间的概算高估程度是一致的。

第三,不同投资规模政府工程都存在系统性概算高估问题,多样本推断统计结果表明,各个投资规模政府工程的概算高估程度是一致的。此外,3 000 万元作为政府投资规模分界点,推断统计结果表明更严格的前期审批程序和后期审计方式并不能降低政府工程的概算高估的幅度。1 亿元是作为重大工程与一般工程的投资规模分界点,推断统计结果表明"重大建设项目管理办法"等加强重大工程协调管理的政策对政府工程概算高估程度没有影响。10 亿元是作为中央政府与地方政府审批的项目投资规模分界点,推断统计结果表明中央与地方所批复的政府工程概算高估程度是一致的。

第四,不同城市等级政府工程都存在系统性概算高估问题,通过多样本推断统计结果表明,3 个城市等级政府工程的概算高估程度是一致的。

第五,不同开工时间政府工程都存在系统性概算高估问题,并且我国政府工程在 20 多年(1994—2015 年)期间的概算高估幅度和准确性都没有得到改善。将 2004 年 9 月和 2012 年 11 月作为国家全面审批制度和更严格调概政策的建立分界点,多样本推断统计结果表明:共同实施国家全面审批制度与更严格调概政策对概算高估程度有显著促进作用,而单独全面审批制度的建立实施对政府工程概算高估程度没有显著影响。

3.3 概算执行后评估结果汇总与对比分析

3.3.1 概算执行后评估结果汇总

将描述统计分析与推断统计分析的结果进行汇总,得到如下 3 条结论。

第一,我国政府工程不仅在整体上存在概算高估问题,不同工程类型、投资规模、城市等级、开工时间的政府工程都存在系统性的概算高估问题。

第二,不同投资规模、城市等级和开工时间的政府工程的概算高估程度没有显著性差别,而部分不同类型工程的概算高估程度存在显著性差异。

第三,"重大建设项目管理办法"等加强重大工程协调管理的政策和审批单位的级别(中央与地方)对政府工程概算高估程度也没有显著影响,更严格的调概政策对政府工程的概算高估程度有显著影响。

3.3.2 与发达国家（或地区）的预算成本后评估结果对比分析

Flyvbjerg 等（2002）在 *Underestimating Costs in Public Works Projects: Error or Lie？* 中第一次以 258 个交通基础设施工程作为大样本数据进行后评价，发现西方发达国家交通类工程存在普遍性预算成本低估问题。此后，又有数十个研究者利用大样本统计分析方法对不同地区、不同类型的政府工程预算成本合理性进行后评价，一致认为预算成本低估是西方发达国家政府工程的普遍现象，Flyvbjerg（2011）和 Hollmann（2012）甚至认为成本低估是政府公共工程的客观规律。这也为本文将我国与经济发达地区的概（预）算成本后评估结果对比提供了数据基础。

在 1.3.2 节关于预算成本与实际成本的统计对比学术研究的基础上，本节将利用统计分析方法（含描述统计与推断统计）对发达国家政府工程预算成本合理性的研究进行汇总，最终共有 13 条研究，如表 3.35 所示。这些研究的样本项目中四分之三以上（约 77%）学术研究样本分布在北美和欧洲。在研究方法上，2012 年以前的研究[除了 Flyvbjerg 等（2002）]都只利用描述统计方法进行预算成本合理性后评价，而 2012 年之后的研究都同时使用描述统计与推断统计方法进行后评价。下文分别从描述统计与推断统计两个方面进行结果对比分析。

表 3.35　我国与发达国家的（概）预算成本后评估结果对比

作者（年份）	地区	项目类型	样本数量（个）	覆盖时间范围	平均成本低估幅度	成本低估频率	$Pr(T \leqslant 0)$ 统计显著性（p 值）
Flyvbjerg 等（2002）	国际	交通类	258	1927—1998	27.6%	86%	<0.001
	国际	铁路类	58	—	44.7%	—	<0.001
	国际	桥隧类	33	—	33.8%	—	<0.001
	国际	公路类	167	—	20.4%	—	<0.001
	欧洲	交通类	181	—	25.7%	—	—
	北美	交通类	61	—	23.6%	—	—
	其他洲	交通类	16	—	64.6%	—	—

续　表

作者（年份）	地区	项目类型	样本数量（个）	覆盖时间范围	平均成本低估幅度	成本低估频率	$Pr(T \leqslant 0)$ 统计显著性（p 值）
Makovšek 等（2012b）	斯洛文尼亚	高速公路类	41	1995—2007	19%	100%	<0.001
Ansar 等（2014）	国际	水电站类	245	1934—2007	27%	96%	<0.01
Odeck（2014）	挪威	公路类	1742	1993—2007	16.74%	—	<0.05
Sovacool 等（2014）	国际	电力类	401	1936—2014	66.3%	77%	—
Odeck（2015）	挪威	公路类	18	1993—2000	13.0%	78.78%	0.0115<0.05
Awojobi 和 Jenkins（2015）	国际	水电站类	58	1976—2005	27.0%	79%	—
Lee（2008）	韩国	公路类	138	1985—2005	11.00%	87%	—
Lee（2008）	韩国	铁路类	16	1985—2005	48.00%	96%	—
Berechman 和 Wu（2006）	加拿大温哥华	公路类	127	1993—2003	5.9%	81.25%	—
Dantata 等（2006）	美国	城市铁路类	16	1991—2001	30.00%	81%	—
Macdonald（2002）	英国	公共建筑类	50	1980—2001	≥24.00%	—	—
本文	中国	政府工程	447	2004—2017	−16.34%	8.95%	≈1≥0.05
本文	中国	民用建筑类	120	—	−10.84%	20.00%	≈1≥0.05

续 表

作者 （年份）	地区	项目 类型	样本 数量 （个）	覆盖时间 范围	平均成本 低估幅度	成本 低估 频率	$Pr(T\leqslant 0)$ 统计显著性 （p 值）
本文	中国	交通运输类	113	—	−20.32%	6.19%	$\approx 1 \geqslant 0.05$
	中国	信息应用系统类	43	—	−19.49%	0.00%	$\approx 1 \geqslant 0.05$
	中国	地质灾害治理类	40	—	−19.12%	0.00%	$\approx 1 \geqslant 0.05$
	中国	水利水电类	28	—	−16.41%	7.14%	$\approx 1 \geqslant 0.05$
	中国	设备购置类	21	—	−11.07%	0.00%	$\approx 1 \geqslant 0.05$
	中国	污水处理类	17	—	−14.25%	0.00%	$=0.999$ $\geqslant 0.05$
	中国	架线及管沟类	16	—	−17.07%	18.75%	$=0.998$ $\geqslant 0.05$

1）描述统计分析结果对比

如表3.35，所有研究都利用了描述统计分析方法进行后评价。其中，所有发达国家（或地区）政府工程的预算成本低估频率都在75%以上，平均成本低估幅度则为5.9%～66.4%。与此相对，本文统计的我国政府工程整体样本的成本低估频率为8.95%（由于没有预算成本与实际成本相等的样本项目，即预算成本高估频率为91.05%），平均成本低估幅度为 −16.34%（即平均成本高估幅度为16.34%）。因此，从发达国家与我国在整体上的描述统计分析结果对比表明：发达国家政府公共工程存在普遍性的预算成本低估问题，而我国政府工程却存在普遍性的概算成本高估问题。

在项目类型上，近一半研究集中在交通类项目，这可能是受到了 Flyvbjerg 及其同事的系列相关高引用率论文（Flyvbjerg 和 COWI，2004；Flyvbjerg，

2007a,2009；Flyvbjerg 等，2002，2003，2016）的影响，2002 年后交通类工程相关研究开始丰富起来。在发达地区中，加拿大交通工程的成本低估平均值（M=5.9%）明显低于世界其他地区（M=20%～65%），其中 Flyvbjerg 等（2002）和 Lee（2008）认为大型铁路工程的成本低估程度比大型公路工程更为严重。发达国家交通类工程存在普遍性的预算成本低估问题，而中国交通类工程却存在普遍性的概算成本高估问题。

2）推断统计分析结果对比

由于受样本项目特殊性影响，描述统计分析结果不确定性大。表 3.35 中，2012 年之后的研究利用了推断统计方法进行预算成本合理性后评价。下面主要对比不同研究的单样本推断统计结果，单样本推断统计的通用原假设为：总体均值 $u \leqslant 0$，即平均预（概）算成本被高估或合理。其中，若 p 值小于显著性水平 α（通常取 0.05、0.01 或 0.001）表示拒绝原假设；如果 p 值小于显著性水平 α 表示接受原假设。

从表 3.35 的最后一列可以看出，所有对发达国家研究的推断统计结果的 p 值都小于 0.05，即依据样本数据推断出至少 95% 可能性发达国家政府工程的总体的平均预算成本被低估了。其中，Flyvbjerg 等（2002）推断统计的 p 值小于 0.001，即依据其对应的国际性交通类项目样本数据，推断出发达国家（北美和欧洲）至少 99.9% 交通类工程总体的平均预算成本被低估了；Ansar 等（2014）推断统计的 p 值小于 0.01，即依据其对应的世界银行水电站项目样本数据，推断出发达国家中至少 99% 的水电站工程的总体的平均预算成本被低估了。与此相对，本文关于我国政府工程的推断统计结果的 p 值都远大于 0.05，表示依据我国政府工程审计报告样本数据接受原假设，得出结果：我国政府工程总体的平均概算成本被高估或合理。这样的推断统计结果说明我国政府工程总体的平均概算成本没有被低估。

在此基础上，需要进一步对不同的原假设进行推断统计分析。如表 3.36，表示原假设为总体均值 $u \geqslant 0$[平均预（概）算成本被低估或合理]下的推断统计分析。其中，根据 447 个政府工程整体样本的推断统计结果的 p 值小于 0.001，推断出至少有 99.9% 的可能性我国政府工程总体的平均概算被高估。在工程类型上，污水处理工程和架线管沟工程的 p 值都小于 0.005，推断出至少 99.5% 这两类工程的总体的平均概算被高估。而民用建筑类、交通运输类、信息应用系统类、地质灾害治理类、水利水电类、设备购置类等工程的 p 值都小于 0.001，推断出至少 99.9% 这 6 类工程的总体的平均概算被高估。

表 3.36 我国政府工程概算合理性的推断统计结果（按项目类型）

样本分类		样本数量（个）	平均成本高估幅度	成本高估频率	$Pr(T\geq 0)$统计显著性（p值）
政府工程（整体）		447	−16.34%	8.95%	<0.001
项目类型	民用建筑类	120	−10.84%	20.00%	<0.001
	交通运输类	113	−20.32%	6.19%	<0.001
	信息应用系统类	43	−19.49%	0.00%	<0.001
	地质灾害治理类	40	−19.12%	0.00%	<0.001
	水利水电类	28	−16.41%	7.14%	<0.001
	设备购置类	21	−11.07%	0.00%	<0.001
	污水处理类	17	−14.25%	0.00%	<0.005
	架线及管沟类	16	−17.07%	18.75%	<0.005

总的来说，无论在整体上还是工程类型上，将我国与发达国家的描述统计结果与推断统计结果进行对比都表明：发达国家政府公共工程存在普遍性的预算成本低估问题，而我国政府工程却存在普遍性的概算成本高估问题。

3.4 本章小结

本章利用大样本统计分析方法，对我国政府工程的概算合理性进行后评估，并将我国与发达国家政府工程的概（预）算成本后评估结果进行横向对比，发现一个有趣且意外的结论：西方国家政府工程普遍存在预算成本低估问题，而我国政府工程却存在系统性概算高估问题。此外，利用推断统计分析还表明以下 3 个结论。

第一，我国政府工程不仅在整体上存在概算高估问题，不同工程类型、投资规模、城市等级、开工时间的政府工程都存在系统性的概算高估问题。

第二，不同投资规模、城市等级和开工时间的政府工程的概算高估程度没有显著性差别，而部分不同类型工程的概算高估程度存在显著性差异。

第三，"重大建设项目管理办法"等加强重大工程协调管理的政策和审批单位的级别（中央与地方）对政府工程概算高估程度也没有显著影响，国家全面审批制度与更严格调概政策共同实施对概算高估程度有显著促进作用。

本文主要从整体上分析我国政府工程概算高估的问题、影响、原因与对策,对于具体工程类型政府工程的概算高估幅度和频率不同的具体原因,则需要更为详尽的数据和更充分的调研访谈,有待进一步研究。

第4章 政府工程概算高估的原因分析

本章首先分析概算高估问题带来的严重后果,说明解决概算高估问题的紧迫性。在此基础上,按溯因推理分析和深度访谈验证两个步骤来探讨我国政府工程概算高估背后的主要原因,为解决概算高估问题的前期对策提供现实依据。

4.1 政府工程概算高估的严重后果

下文分别从资金闲置浪费、建设单位投资控制动力不足和腐败等其他后果分析概算高估问题的严重后果。

4.1.1 概算高估导致资金闲置浪费

政府工程概算高估的直接后果就是导致大量国有固定资产投资资金的闲置浪费,这部分闲置浪费的投资资金本可用于建设更多基础设施工程,从而更好地支撑社会经济发展。如表4.1所示,为政府工程样本项目概算高估的直接财务资金影响。将所有447个样本看作一个项目组合,相对于该项目组合总概算4 777.05亿元(以2016年价格为基准)来说,总的概算高估成本达到618.23亿元,分摊到每年概算高估达28.10亿元。在规模上,对于重大工程(投资额大于1亿元)来说,虽然项目数量较少,但其概算高估成本(607.63亿元)占到概算高估成本总额的98%。对于中小型工程,虽然单个工程概算高估数额不大,但中小型工程数量众多,每年平均概算高估总额也达到0.48亿元。因此,无论项目规模大小,其政府工程概算高估的总额都比较高。根据国家统计局2017年的统计年鉴(国家统计局,2018),以我国国有控股[①]的行政和企事业单位投资项目为例,2017年总的固定资产投资额为23.36万亿元,按照平均概算成本偏差

---

① 国有控股,是指在企业的全部实收资本中,国有经济成分的出资人拥有的实收资本(股本)所占企业全部实收资本(股本)的比例大于50%的国有绝对控股或相对控股(国家统计局,2018)。行政和事业单位的投资项目都属于国有控股。因此国有控股企事业单位投资的固定资产项目,符合本文对政府工程的定义。

表 4.1　447 个政府工程概算高估的直接财务资金影响

样本	总概算成本（亿元）	项目个数	时间跨度（年）	概算高估总额（亿元）	平均概算高估/年（亿元）	平均概算高估/项目（百万元）
整体样本	4 777.05	447	1994—2016	618.23	28.10	138.31
重大工程样本	4 712.85	149	2001—2016	607.63	40.51	407.81
中小型工程样本	64.20	298	1994—2016	10.60	0.48	3.56

率(−16.34%),2017年国有控股的固定资产投资项目概算高估总额达3.82万亿元,占2017年国内生产总值(GDP)82.08万亿元的4.65%,已经较大程度影响了区域经济社会的发展质量。换句话说,政府工程概算高估的直接后果,就是将本应建设更多项目的资金只建设了较少的项目,一定程度上降低了社会经济发展的质量。

4.1.2　概算高估导致建设单位投资控制动力不足

概算高估会使建设单位投资控制目标偏高,建设单位没有动力在实施阶段进行严格的投资控制。在《中央预算内直接投资项目管理办法(发展改革委令第7号)》中,明确规定由建设单位承担项目建设实施的相关权利义务,并严格执行项目的投资概算、建设工期和质量标准等要求,在项目竣工验收后将项目交付使用单位[①]。在《中央预算内直接投资项目概算管理暂行办法》中,从法律法规和党纪政纪责任方面规定了概算调整与超概的严肃性与严重后果[②],即建设单位在投资控制方面的主要任务就是保证项目最终决算不超过批复概算。政府工程的决算是否超概算,是由前期阶段作为投资控制目标的概算和实施阶段作为实际成本的决算共同决定的。当作为投资控制目标的批复概算被高估时,显然建设单位就没有动力在实施阶段进行严格的投资控制,从而导致政府工程的建设成本上升,政府投资资金的使用效率下降。

---

① 资料来源:中央政府门户网站,http://www.gov.cn/zhuanti/2014-02/11/content_2610670.htm.
② 资料来源:中华人民共和国国家发展和改革委员会,https://www.ndrc.gov.cn/fggz/gdzctz/tzfg/201504/W020191104862183587520.pdf.

4.1.3 概算高估导致腐败等其他后果

概算高估导致建设单位没有动力在实施阶段进行严格的投资控制,一方面给建设单位提供了充足的资金用以预防项目实施阶段可能发生的风险;但另一方面,高估的这部分概算也可能给建设单位的腐败活动提供暗箱操作的资金空间。在我国建设工程领域监督管理机制尚不健全的情况下,建设单位有可能在满足审计要求的前提下进行隐蔽的腐败活动。

根据中央治理工程建设领域突出问题工作领导小组(简称中央工程治理领导小组)于 2012 年公布的报告显示,"从 2009—2012 年三年来,以政府投资和使用国有资金的工程建设项目为重点,全国范围全面排查工程建设项目 42.46 万个,发现问题 26.13 万个。其中,抽查 123 个重点项目,发现问题 466 个。"[①] 也就是说,全面排查项目中平均每两个项目就存在 1 个腐败问题;在重点抽查项目中,平均每 1 个项目就有 4 个腐败问题。在中央工程治理领导小组 2012 年公布的 20 起典型案件中,数额最小的 58 万元,最大的 2 200 多万元,平均每个案件涉及金额达 550 多万元[②]。根据党的十八大以后中央纪委第一轮巡视结果来看,14 个巡视点中有 9 个查出工程腐败问题,占比达 60% 以上。因此,以上腐败案件说明工程领域属于腐败易发、多发领域,所涉违法案件的金额,比其他领域贪污受贿案件金额要大得多[③]。

在工程领域腐败问题如此严重的背景下,对比本文样本中同时期(2009—2012 年)完工的 251 个政府工程审计报告统计结果,其中只有 14 个(占比 5.58%)工程发生决算超过概算的问题,平均概算成本偏差率达到 -17.57%(即概算结余率为 17.57%)。工程腐败案件涉及的金额最终必然要体现在工程决算成本中,但在发生如此严重的工程腐败问题的情况下,工程最终决算也极少发生超出概算的现象。因此,将工程领域严重的腐败现象与同时期审计报告工程极少超概的结果相比,可以印证我国政府工程概算被严重且普遍性地高估了。反过来,概算高估也为政府工程的隐蔽性腐败活动提供了暗箱操作的资金空间。

---

① 资料来源:中央治理工程建设领域突出问题领导小组会议,http://www.gov.cn/gzdt/2010-03/12/content_1554159.htm.

② 资料来源:中央工程治理领导小组办公室. 中央工程治理办公室公布 20 起工程建设领域招标投标环节典型案件[N]. 中国纪检监察报,2012-04-27(005).

③ 资料来源:中央纪委监察部. 十八届中央第一轮巡视反馈及整改情况,http://www.ccdi.gov.cn/special/zyxszt/index.html.

综上所述,政府工程概算高估的直接后果,主要包括两个方面:一方面会直接导致资金的闲置浪费,另一方面会导致建设单位投资控制目标偏高。建设单位的投资控制目标偏高,会导致建设单位缺乏在实施阶段执行严格投资控制的动力,最终往往会导致腐败现象的发生。在这种情形下,政府工程的投资资金使用效率低下,进一步导致政府工程建设成本偏高。政府工程建设成本偏高,会导致建设工程转为固定资产后运营期间的折旧费用偏高,即运营成本上升。在项目收益一定的情况下,进一步导致项目最终的成本—收益率(cost-bennefit ratio)下降,影响项目最终效益的发挥。当大部分政府工程没能实现应发挥的投资效益时,就会影响区域社会经济发展质量。如图 4.1 所示,为政府工程概算高估的后果分析。

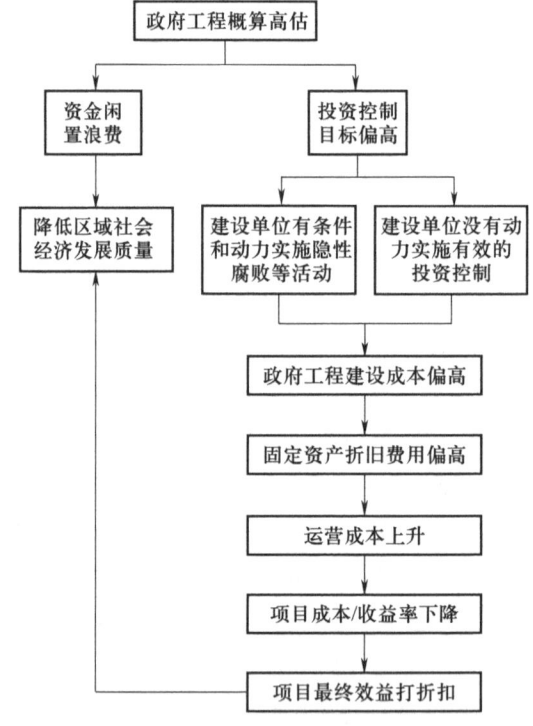

图 4.1　政府工程概算高估的后果分析

4.2　概算高估原因的推理分析

4.2.1　溯因推理方法

溯因推理(abduction reasoning)是由所观察的事实集合出发,反过来寻求最佳解释的推理过程。溯因推理一般采用严密的三段论逻辑形式进行描述（Peirce 等，1931；荣小雪、赵江波，2012），如图 4.2 所示。

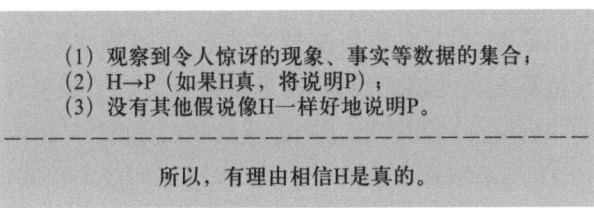

图 4.2 溯因推理的三段论逻辑形式

从 3.3.2 节可知，本文发现的我国政府工程的概算高估问题，不同于发达国家政府工程成本低估的一般现象，符合溯因推理第一步"观察到的一个令人惊讶的现象、事实等数据的集合"的要求。因此，下面在探求概算高估原因时可以利用溯因推理方法，结合 Flyvbjerg 原因分析框架提出 3 种可能的解释，再通过样本数据验证和概算审批政策分析进行原因验证。

4.2.2 Flyvbjerg 原因分析框架及三种解释

本文对政府工程概算的合理性评估，是以项目决算（或实际成本）和概算（或目标成本）的统计关系作为评估依据。考虑项目决算与概算的统计关系，目前研究最多的是关于项目成本超支的问题。由"1.3.2"节的国外文献综述可知，越来越多的研究认为成本超支问题是由前期阶段的成本低估造成的，并将成本超支问题等价于预算成本低估问题（Ansar 等，2014b；Bacon 和 Besant-Jones，1998；Flyvbjerg，2009；Flyvbjerg 等，2002）。尽管多数国外文献认为政府工程成本低估现象是普遍存在的，但对于前期阶段成本低估的原因解释却不尽相同，比如 Memon 等（2011）列出 78 个影响因素。如何将这些影响因素进行系统分类分析，Flyvbjerg 提供了一个从估算技术、心理认知和政治经济 3 个方面分析成本低估现象的有效框架（Flyvbjerg，2007；Flyvbjerg，2009；Flyvbjerg 等，2002），此后多个关于成本低估的研究采纳并证实 Flyvbjerg 原因分析框架的有效性（Andersen 等，2016；Siemiatycki，2009）。

虽然我国与发达国家政府工程的政策环境、项目管理主体、市场成熟度等存在诸多不同，概算成本高估原因与预算成本低估原因也可能不尽相同，但可以预见项目前期的相关影响因素众多而繁杂，而 Flyvbjerg 的原因分析框架提供了对众多因素进行分类的有效工具。于是，本文在借鉴 Flyvbjerg 分析框架基础上,从估算技术、心理认知和政治经济 3 个方面提出概算高估的可能原因解释,然后通过样本数据验证和概算审批政策分析进行原因验证。

1)估算技术层面原因解释

估算技术层面原因,包括估算方法技术缺陷、不可靠或不充分的数据、客观的计算错误以及估算人员的缺乏经验等,通常被认为是造成项目预算成本不准确的主要原因(Ascher,1978;Flyvbjerg 等,2002,2005;Vanston 和 Vanston,2005;Wachs,1990)。根据这个解释,通过开发更好的成本预测模型、更可靠的数据收集与分析技术和更有经验的估算人员,可以减小甚至消除估算技术层面错误。

2)心理认知层面原因解释

心理认知层面原因,是指项目决策者在面对项目风险时会有一种忽视风险的乐观倾向,通常是指"乐观偏见"(optimism bias)现象。"乐观偏见"是一个心理学现象,由 Tversky 和 Kahneman(1973)与 Lovallo 和 Kahneman(2003)共同提出,最初实验表明人们不能正确地估算完成一个任务所需的时间和资源,通常是基于人们自身想象乐观地估计,结果无意中忽视了可能的潜在风险。乐观偏见可以在人类大脑的认知偏差中发生,即大脑编译信息的过程发生偏差导致认知上的乐观偏见。并且,已有大量的实证研究证实乐观偏见的存在(Buehler 等,1997,1994;Newby-Clark 等,2002)。但这些研究都只证实乐观偏见对于单个案例具体情境的解释,在单个案例中若估算人员都是没有经验的,那么乐观偏见将会是预算成本不准确的重要原因(Flyvbjerg,2007)。因此,根据这个解释,对于大样本研究来说,通过经验积累、同行评审等手段,乐观偏见导致的预算成本偏差将随着一个较长时间(比如 10 年)推移而得到改善。

3)政治经济层面原因解释

政治经济层面原因,是指项目决策者故意策略性地"包装"项目的行为,从而更好地实现在特定制度下的自身利益目的。政治经济层面原因是由 Flyvbjerg 及其同事在一系列高引用率的论文中提出的,用以解释国外政府工程的成本低估、收益高估现象。在发达国家政府工程项目审批制度背景下,Flyvbjerg(2005)和 Flyvbjerg 等(2002)认为项目决策者故意低估项目成本和高估项目收益,是为了掩饰项目失败的可能风险,从而增加项目被资助的可能性。这种策略性误导行为(strategic misrepresentation)可以被追溯到在政治或组织压力下谋取稀缺资源和职位竞争中(Flyvbjerg,2007)。根据这一解释,如果存在政治或组织压力,就会出现欺骗行为和谎言。在对比了谎言定义的基础上（Bok，1999；Cliffe 等，2000），Flyvbjerg（2007）认为发达国家政府工程的策略性成本低估是一种欺骗行为。在发达国家政府工程审批制度下，这种欺骗行为有利可图，可以使项目决策者将自身诉求伪装于项目成本估算中，并顺利通过政府项目审查。在 Flyvbjerg（2005）和 Flyvbjerg 等（2002）后，又有 4 篇文献认为策略性欺骗行为是国外政府工程成本低估的主要原因（Bordat 等，2004；Lee，2008；Merewitz，1972；Odeck，2004）。根据这个解释，在我国政府审批制度背景下，本文认为概算高估的政治经济层面原因，很可能是由项目决策者为了自身利益而策略性地高估概算，以避免超概责任的发生。

4.2.3 概算高估原因的推理验证及结论

上面三种原因假说对本文发现的我国政府工程概算高估现象的解释力如何呢？下面通过样本数据验证和概算审批政策分析，对估算技术、心理认知和政治经济三种原因解释的可能性进行判断。

1）估算技术层面原因验证

估算技术层面解释通常被决策者或者估算人员认为是造成概算成本不准确的主要原因（Ascher，1978；Morris 和 Hough，1991；Vanston 和 Vanston，2005；Wachs，1990）。但是，这些研究的样本数量都太小，而不能利用统计方法检验估算技术原因的正确性。本文通过 447 个样本项目（我国政府工程的大样本）数据分析与估算技术层面解释却不匹配，否定了估算技术层面解释是主要原因。理由主要有两点。

第一，如果估算技术不完善、数据不完整和缺乏经验是概算成本不准确的主要原因，那么随着时间的推移，估算与审查方法、数据搜集技术（如 BIM 技术的出现）、工作人员的经验得到改善，那么项目概算与决算的偏差将会得到改善（Flyvbjerg，2009；Love 等，2016）。然而，从本文"3.1.5"节开工时间划分的样本数据来看，近 20 年（1994—2015 年）期间政府工程概算成本偏差的幅度和频率都没有得到改善。虽然在这 20 多年内项目概算的估算方法、数据搜集技术、工作人员的经验都得到改善，但项目概算成本偏差却没有得到改善。

第二，如果概算成本偏差确实只由估算技术缺陷、客观计算错误等原因造成，那么可以推测大样本项目组合的概算成本偏差率的平均值应当在零点（0%）附近。然而无论是从整体、类型还是规模等各维度的样本数据分布来看，其概算成本偏差率平均值都与 0% 显著不同。

因此，估算技术层面原因不足以解释本文发现的概算高估问题。

2）心理认知层面原因验证

"乐观偏见"的心理认知层面原因主要用于解释低估风险的现象,比如Flyvbjerg(2008)将"乐观偏见"应用于项目管理领域,说明项目决策者会不自觉地高估项目所带来的利益,而低估项目所花费的成本和风险。然而,本文所发现的我国政府工程的概算成本高估属于高估项目风险的现象。

因此,心理认知层面原因不能解释本文所发现我国政府工程的概算高估问题。

3）政治经济层面原因验证

在我国政府审批制度背景下,政治经济层面原因,主要指项目决策者为了自身利益而策略性地高估概算成本。下面主要从我国政府工程的概算审批政策分析,判断政治经济层面原因解释概算高估问题的可能性。

按照我国建设工程的基本建设程序,投资概算是作为项目实施阶段的投资控制依据,且在《中央预算内直接投资项目概算管理暂行办法》中规定了概算调整的严肃性与超概算严重后果:

第二条 ……国家发展改革委核定概算且安排部分投资的,原则上超支不补,如超概算,由项目主管部门自行核定调整并处理。

第三条 ……除项目建设期价格大幅上涨、政策调整、地质条件发生重大变化和自然灾害等不可抗力因素外,经核定的概算不得突破。

……

第十七条 申请调整概算的项目,如有未经国家发展改革委批准擅自增加建设内容、扩大建设规模、提高建设标准、改变设计方案等原因造成超概算的,除按照第十五条提交调整概算的申报材料外,必须同时界定违规超概算的责任主体,并提出自行筹措违规超概算投资的意见,以及对相关责任单位及责任人的处理意见。国家发展改革委委托评审,待相关责任单位和责任人处理意见落实后核定调整概算,违规超概算投资原则上不安排中央预算内投资解决。

……

第二十二条 因项目单位擅自增加建设内容、扩大建设规模、提高建设标准、改变设计方案,管理不善、故意漏项、报小建大等造成超概算的,主管部门应当依照职责权限对项目单位主要负责人和直接负责的主管人员以及其他责任人员进行诫勉谈话、通报批评或者给予党纪政纪处分;两年内暂停申报该单位其他项目。国家发展改革委将其不良信用记录纳入国家统一的信用信息共享交换平台;情节严重的,给予通报批评,并视情况公开曝光。①

正是以上对政府工程超概严重后果的规定,可能促使项目建设单位在一开始就会尽可能地高估概算,从而避免超概的发生(当然也可能为谋取隐性腐败利益做铺垫)。现行政府工程概算的编制和审批制度,很可能激励建设单位尽可能地高估概算。并且,建设单位的这种策略性高估是非常有"技术含量"的高估,是在满足政府审查机构审查要求条件下的高估。实质上,我国建设单位的这种策略性成本高估行为,可能与Flyvbjerg(2009)和Wachs(1989)所发现英国和美国的项目管理方为取得项目批复而策略性地包装项目的行为如出一辙:"高明的估算师不会尽可能准确地估算项目预算,因为准确的成本估算根本不能实现自身目的,而有效的方式是将自身诉求科学而合理地伪装于成本估算中,这样才能顺利地通过政府项目审查测试(passing the test)。"在我国,当建设单位将高估的项目概算上报给审批部门后,审批部门的审查可以抑制概算高估吗?答案是否定的,原因如下。

第一,概算编制与审查依据和实际情况偏差较大。初步设计概算编制和审查的依据一般包括:可行性研究文件,设计图涉及各专业主管部门颁发的施工、技术、质量的规程、规范、标准等规定,相关行业的概预算定额,工程造价部门发布的主材价格信息,其他费用的取费规定,等等。审批部门以初步设计图纸确定工程量,但施工工艺、材料用量、设备品牌和数量等都无法具体确定,因此此时审查出来的工程量与实际工程量往往偏差较大。

第二,概算审查难以审查初步设计依据以外的概算内容。由于工程本身的不确定性,工程概算中存在不少概算审查依据之外的概算内容。比如本文对某机场航站楼土建部分的初步设计概算内容统计发现,虽然有定额和市场信息价等依据,但工程概算书中仍有约32%的定额项是置换过的,同时概算工料机表中约有66%的内容项没有对应的市场价格②,建设单位自主定价部分的概算费用,对土建工程总投资的影响可达32%。概算审查主要根据审查依据进行决策,对于概算审查依据以外的内容,则根据专家的经验进行判断。然而这种主要利用项目团队和专家知识进行概算审查的方法,由于受到项目团队或专家自身的知识、经验的局限,导致利用该类方法预测的项目概算目标与项目实际决算成

---

① 资料来源:中华人民共和国中央人民政府,http://www.gov.cn/gongbao/content/2015/content_2878231.htm。

② 市场价格一般参照工程造价部门定期发布的主材价格信息。

本存在较大偏差。

因此,我国现行政府工程概算的编制和审批制度,一方面会激励建设单位尽可能地高估概算,另一方面政府审批部门又不能抑制高估的概算。因此,政治经济层面原因最能以解释样本数据发现的概算高估问题。

从以上估算技术、心理认知和政治经济三个层面概算高估原因的推理验证结果来看,政治经济层面原因最能解释我国政府工程的概算高估现象。在我国建设领域的概算审查方法和监督管理机制尚不健全的情况下,现行概算审批制度规定概算调整与超概的严重后果,会激励建设单位"策略性"地高估概算,从而规避超概责任的发生。

从总的推理分析结论来说,我国现行概算审批制度会激励建设单位尽可能高估概算。

4.3 概算高估原因的深度访谈与验证

结合本文样本数据,政治经济层面原因最能解释我国政府工程的概算高估现象。下面利用深度访谈方法(Flyvbjerg,2007;Brinkman,2003)对概算高估原因的推理分析结果进行验证。

关于概算高估的一个关键问题是建设单位是否为了自身利益策略性地高估概算,从而避免超概责任(或为谋取隐性腐败利益铺垫)。这实际上提出了政府工程概算审批中关于"欺骗"的研究难题,"欺骗"问题在问卷访谈中很难回答。为了确定建设单位是否真的"说谎"了,需要知道建设单位的真实意图。出于法律、经济、道德和其他原因,如果建设单位故意高估概算以规避超概责任(或为谋取隐性腐败利益铺垫),他们可能不会正式告诉研究人员真实情况。尽管存在这些困难,为更好地理解政府工程概算高估问题的原因,本文仍然对10个相关从业人员进行了问卷访谈。

4.3.1 深度访谈大纲

本文访谈对象为与政府公共工程的概算编制、上报和审批的企事业单位相关人员共10人,包括建设单位3人(项目经理2人,计划财务部业务经理1人),设计单位5人(常务副院长1人,设计管理人员3人,概算编制人员1人),造价咨询单位2人(部门经理1人,造价职员1人)。10个人的专业、年龄、学历、工作年限等背景统计信息,如表4.2所示。访谈对象参与的工程项目包括民航机场工程、公路工程、学校工程、市政公用工程、教堂工程、医院工程、政府办公大楼等类型工程,属于典型的政府公共工程范围。

表 4.2 深度访谈对象的背景信息

背景信息属性	类型及人数			
性别	男(6)		女(4)	
年龄	30~40岁(8)	40~50岁(2)	50~60岁(0)	60~70岁(0)
学位	学士(5)	硕士(5)	博士(0)	—
专业	工程管理(4)	给排水(1)	工程造价(2)	建筑设计(3)
从业年限	6~10年(6)	10~15年(2)	15~20年(1)	20~30年(1)
职位	总经理(1)	项目经理(5)	部门经理(2)	职员(2)
单位性质	国有企业(7)	私营企业(3)	事业单位(0)	—
参与项目个数	1~10个(4)	10~20个(3)	20~50个(3)	50~100个(2)

对每个访谈对象的访谈时间在30~90分钟,访谈地点一般不安排在工作地点(即使是工作地点也保证是私人区域),以保证谈话的自由。访谈形式是开放自由的形式,并利用一个统一的访谈大纲对访谈事由、访谈内容进行整体安排。作者首先找了3个访谈对象进行试点访谈,试点访谈对于完善访谈大纲的措辞和问题有很大帮助,从而形成最终的访谈大纲,如附录A所示。随着访谈过程的不断深入,又形成了一些具体的补充问题,也列在附录A的后面。访谈大纲可保证访谈者在每个访谈中获得同样全面的信息,从而进行对比分析。开放式访谈的形式让访谈者可以自由提问,探究研究问题的本质。

4.3.2 访谈内容整理

本章采取Howe(1994)和Brinkman(2003)建议的分类描述法(taxonomy),对访谈对象的谈话内容进行整理分析,从而理解为什么我国政府工程存在概算高估问题,探究概算高估问题的本质原因。下面按照访谈大纲中访谈问题和补充问题的顺序进行访谈结果整理。

1)工程概述问题

第一,目前您所参与的典型工程项目有哪些?您在工程概算的编制、上报、审批过程中的职责是什么?

10个访谈对象参与的典型政府工程包括民航机场工程（新建和扩建）、建筑工程（教、科、文、卫等房屋建筑）、公路工程、市政工程、港口工程、通信与广电工程、电子芯片厂房等。

10个访谈对象分别来自建设单位、设计单位和造价咨询单位。其中，建设单位是工程实施的责任单位，职责是负责组织编制和上报工程概算；设计单位负责编制初步设计及概算，协助建设单位上报工程概算；造价咨询单位负责编制初步设计及概算，既可以为设计单位编制概算，也可以为建设单位编制概算，并协助建设单位上报概算。

第二，您参与了多少个政府工程，这些工程的平均概算投资额为多少元？投资超过1亿元的有多少个（或占比是多少）？

根据各自的工程实践经历，10个访谈对象直接参与的政府工程一共252个。平均概算投资额约为8 000万元，投资超过1亿元的工程占比约为27%。

第三，以上您参与的工程中，有多少个工程已经完成决算审计工作，决算超过概算的有多少个（或占比是多少）？这些工程的平均概算结余，大约占概算的百分之多少？

根据各自的工程实践经历，10个访谈对象直接参与的已完成决算审计的政府工程中，只有1名访谈对象提到有1个改扩建工程存在超概现象，其余9名参与的公共工程中都没有超概的。这与本文第三章样本数据的描述统计结论是一致的。

在平均概算结余上，4名访谈对象认为平均概算结余率为5%～10%左右，3名访谈对象认为平均概算结余率为10%～20%左右，还有3名访谈对象在设计院只参与编制概算，没有跟踪项目到决算审计阶段，所以不清楚所参与项目的概算结余情况。

2）概算高估问题

第一，您参与的工程中是否存在概算高估现象？

所有10个被访谈人员都肯定地认为政府工程存在概算高估现象。其中，某国有企业项目经理对政府工程概算高估原因的回答十分典型。

"政府财政投资的工程概算高估是必然的，是一个普遍现象。建设领域的体制机制是主要原因。国家规定了政府型工程不能超概的红线，这个体制机制会影响这个概算，从建设单位（业主）的角度把概算设置高一点是必然的。另外一个因素，概算一般由设计院编制，设计费的收费基本上按概算取费，（设计单位）把概算做得越高，它的设计费取得越高。但这个影响不大，主要原因还是整个

（建设领域）体制机制。"

第二，您认为政府工程概算高估的原因是什么？

10名被访谈人员都同意政治经济原因中的避免超概责任是主要原因，但不同访谈对象的表述有所差别，典型回答现摘录如下。

访谈对象B："为了避免超概责任，一开始就会尽量把概算多估一点，因为政府对超概的审查很烦琐，审计也越来越严格。批复概算越高，我们（建设单位）实施阶段越好管；概算批复低了，投资控制越难，一旦发生变更比较麻烦。"

访谈对象C："因为一旦超概就给一个我们（代建单位）很严厉的惩罚，追究责任，那大家都会一开始就把概算报得高一些，那后期就不会有超概现象，我们就不会受到处罚。"

访谈对象D："这是由我们国家政府工程的建设体制所决定的，体制要求决算一定要低于概算，大家一定会高估（概算）。据我了解，许多城市的政府工程的决算造价审计，比如广东省，政府审计部门聘请专业的造价审计单位，它的取费是按照它审减的费用进行抽成。在这种严厉的审计激励制度下，建设单位概算高估是必然存在的。这是体制机制问题。"

访谈对象E："当前，概算高估普遍存在，是个普遍现象。政府工程必须高估，不然后面出现问题（建设单位）领导也没办法。如果按照定额实打实地去扣（编制），那后面工程实际造价很可能超概，最后收不了场的。因为政府工程要调概或超概，对于建设单位领导来说都是风险。党的十八大以后，几乎没有建设单位的领导敢说去调概了，（建设单位）领导觉得有政治风险。我们工程中的政治体制格局，造成了触及超概或调概事情的时候，建设方领导是慎之又慎，非常保守。因此，我认为实际上不是技术手段的原因，体制的原因占的权重大，是主要原因。"

访谈对象F："概算高估是普遍现象。体制原因是主要原因，我相信每位受访者都会认为是体制原因。这个是肯定的。"

访谈对象G："肯定存在概算高估现象。概算高估的主要原因，还是因为我们国家把概算作为一条红线的这种体制，一旦出现超概就会出现追责，严重的也会移交纪委。作为咨询单位，我们要保护好自己。比如说，一旦出现超概现象启动追责机制，业主单位被追责，自然也会追我们（造价咨询单位）的责任。政府工程追加立项（调概）困难，手续烦琐，所以我们宁愿在编制概算时把这个费用编高一点。最后决算审计下来才不会出现超概现象，业主领导也不会承担责任，我们公司和个人也不会承担责任。"

访谈对象 H:"高估现象肯定是有的。我觉得避免超概责任是主要原因,因为业主最怕项目的概算不够项目实施。过程中增加投资(调概)非常非常麻烦,反正是不允许出现这种情况发生,所以我们就一般都会把概算做高。"

访谈对象 I:"正因为政府规定了概算不能超估算 10% 和决算不能超概算的规定,所以前期就要把概算尽量包牢固一点(预测高一点)。也就是说,政府从体制机制上规定绝对不能跨越超概的红线,所以作为建设单位在前期就把它搞得高一点。"

访谈对象 J:"我认为体制机制是根本原因,为什么造价人员安于现状,他们明明知道自己按照概算定额编制的概算有问题,他们也数十年地编下去,因为他们只要程序合规、满足业主要求就行。"

有 8 名访谈对象都认为初步设计图纸的不确定性大,为应对后期较大的项目变更而进行概算高估,典型回答现摘录如下。

访谈对象 G:"作为比较有经验的编制人员,我们能够看出初设图纸的一些错漏缺问题,我们也会预判一些地方可能发生的变更,可能导致的工程量的变化,因此工程量上我们会放大一些。"

访谈对象 H:"高估包括两部分:一是工程量,在初步设计阶段,图纸不准确,算工程量的时候会有很多东西算不到,因此在估计的时候就会把工程量放大了进行估算。二是在单价方面,也会考虑适当地放大一些。比如某些机电设备,尽可能在可研估算范围内用好一点的品牌。所以,编制概算的时候就会在工程量和单价方面都偏高一点。"

有 5 名访谈对象认为,要提前应对政府审查部门对初步设计概算审批中可能审减的费用变化对概算高估有一定影响,典型回答现摘录如下。

访谈对象 B:"在编制初设概算时,初步设计专项审查中有很多问题考虑不到,这些审查很可能提出意见,如果有大的变化(比如消防审查提出要求),如果前面概算不高估的话,后面很可能就出问题,导致超概。因此,最担心的是政府审查时概算被砍(审减)得太多。"

访谈对象 A:"说白了,我报上去(上报给政府审批部门)的概算越大越放心,它(审批部门)砍(审减费用)是它的问题。如果我报小了,到时候包不住(发生超概),那心里就不踏实了。"

访谈对象 E:"我们编制初设概算要经过政府审批部门,就像通过一个考试一样。在初设阶段其实不具备细节讨论的条件,但初设审查专家反而抠各种技术性细节,所提的意见非常细。审查专家肯定是要往下砍(审减)的,所以我们做概算的时候就会考虑他们要砍(审减),在编制概算时就会拼命高估。"

访谈对象F:"概算高估是普遍现象。设计院编制的概算是根据建设单位给出的可研估算作为上限,编制的概算要比估算还要高出来一点,因为概算审查时专家肯定要砍(审减)的。"

访谈对象I:"在编制初步设计概算时,一个是怕专家会砍(审减),因此会充分考虑审查单位的审查要求,我实际上会提前重点考虑专家可能审到的东西。专家砍(审减)你,肯定是你概算编制文件中有明显错误,但谁也不能保证自己编制的概算没有问题,专家不砍(审减)你,那只能往高了估。"

有4名访谈对象认为,使用单位的需求变更对概算高估有一定影响。

访谈对象C:"作为代建单位,我们通常要提前考虑工程移交给使用单位时,使用单位可能会有的需求变更,所以一开始,概算必须要高估一些。"

访谈对象F:"站在设计单位角度,需要为代建单位考虑使用单位可能的需求变更(包括装修档次等)。"

访谈对象G:"编制概算时必须保证所有的材料、设备都要是中高档的品牌,我不能按照低档品牌为业主考虑这些材料、设备。如果以后业主装饰档次想要高一点,概算就很可能包不住。因此,概算高估一些也是考虑了未来业主的需求变更。"

访谈对象D:"初步设计图纸的设计缺陷是客观原因,但业主单位的使用需求变更有时是主观原因。使用功能需求发生变更,对概算高估影响很大。"

有5名访谈对象认为,概算编制依据中市场信息价跟不上市场变化、涨价预备费不足对概算高估有一定的影响。

访谈对象E:"比如一些大宗材料(铜、铁、不锈钢等)价格变化很快,然而这些材料在工程中所占比重又是比较大的,对工程总造价会有很大影响,但定额或者市场信息价等是跟不上市场变化的。同时,预备费的使用不方便,流程烦琐。于是,使得概算编制人员只能高估。"

访谈对象F:"预备费通常不足以覆盖实施过程中的变化。此外,预备费不太好用,没有一个强有力的现场情况来讲清楚,无论情况说明、工作联系单证明,很难弄出来。所以反过来导致我还是高估一点好。"

访谈对象G:"涨价预备费往往是不够的。实际情况中虽然每个工程都会有预留金,但这些预留金仅仅够承包单位想尽办法来做一些变更,就把这个钱花掉了。当涉及政策性的人工费调整、材料价格调差这些费用时就会导致超合同价。如果不在编制概算这个环节把它预留得更多一些,很可能就会导超概。"

访谈对象G："预备费一般按一类费用和二类费用的5%来考虑,预备费5%的系数是规定好的。所以为了得到更多的预备费,我们只有在概算总价上把它高估。预备费的使用有很多程序。"

访谈对象H："政府投资项目的涨价预备费不是很好用,基本上这个钱没有名目用的,如果把这个钱落实到工程中的二类费用中,后面预备费使用很困难。所以业主单位要求我们(设计单位)尽可能高估。"

有3名访谈对象认为,设计单位或咨询单位的取费标准对概算高估有一定影响,典型回答如下:

访谈对象A："另外一个因素,概算一般由设计院编制,设计费的收费基本上按概算取费,(设计单位)把概算做得越高,它的设计费取得越高。但这个影响不大。"

访谈对象G："还有一些素质比较差的咨询单位,会为了多收一些咨询费,去进行概算高估,这种原因在行业里也是有的。"

有两名访谈对象认为,大型政府工程项目采用招标图招标施工对概算高估有一定影响。典型回答如下。

访谈对象A："政府型项目,尤其大型项目前期工期时间紧张,招标很可能不采用施工图招标,采用招标图招标的工程在实施阶段变更的可能性更大,因此把概算高估一些,更能应对实施阶段的变更。"

有两名访谈对象认为,工程外部环境的变化对概算高估有一定影响。

访谈对象D："考虑一个工程项目短则3—5年建设期,要面对工程内部外部的各种变化因素(比如上海中心建设过程中遇到的金融危机等)。在这个大背景下,国家规定要求项目决算价一定要低于概算,所以不管是概算编制人员,还是建设单位,都会有意无意在概算编制中留一定的安全系数,作为风险规避的方式。"

访谈对象H："一个项目从开始到建成要持续好几年时间,不可控制的变化比较多,比如钢筋等材料今年的价格涨幅达20%多,因此我们在做概算的时候就要预料到后面会出现的一些问题。"

有1名访谈对象认为,政府工程工期紧对概算高估有一定影响。

访谈对象C："政府工程工期要求特别严格,比如要求学校要9月1日移交,那无论天灾人祸,作为代建单位9月份都要移交出去。因此,为了保证后期赶工措施费用,一定是需要高估概算的。"

有1名访谈对象认为,我国部分地区建设单位的项目管理水平低造成更多的项目变更,对概算高估有一定影响。

访谈对象G:"有些建设单位的项目管理水平有问题,比如西部某省会城市周边的很多建设单位不具备工程管理的专业水平,但是又不接受代建和专业的项目管理方式,他们觉得代建制使得他们的权利受到侵犯,失去了一些自主的权力,就自己成立一个所谓的基建办。就是使用单位临时抽调的人(比如一些医生、老师等)组成的基建办,建设过程中,很可能是一帮连建设工程基本程序都不懂的人出来管项目,你觉得他们管项目能够管好吗?管得不好就得由国家来买单,就会发生更多的一些变更。所以我认为概算高估是设计深度和项目管理水平的共同原因造成的。"

从以上概算高估原因的各种表述中可以看出,在初步设计阶段由于图纸不确定性大,各类可能的变更因素似乎是促使建设单位、设计单位和造价咨询单位高估概算的客观原因。因此,访谈人员在第2~第10个访谈对象中特地补充了3个问题。

第一个问题:如果是经验丰富的估算人员,能否准确预测概算呢?

有8名访谈对象都认为根据经验准确预测概算并不困难,准确预测概算其实很容易,典型的回答如下。

访谈对象B:"有经验的估算人员,根据自己的经验所预测的概算还是很准确的。"

访谈对象C:"对于一个有经验的估算人员,特别是做了很多类似项目的估算人员,要估得准确是很容易的。"

访谈对象E:"哪怕图纸不准,其实没图纸有没图纸的方法,有经验积累数据,尤其对于集中在某个领域的咨询单位来说,统计数据是足够的,预测出的概算还是可以很准的。"

但也有1名访谈对象认为我国缺乏经验丰富的全过程造价咨询人员和咨询单位,导致概算预测其实不准确。

访谈对象D:"(设计单位)估算人员缺乏经验,不是缺乏编制概算的经验,而是缺乏全过程的工程造价经验的积累。由于我国固有的造价分工方式决定了大量做概算编制的人员,他们没有从事决算审计的经验,只能看到自己编制的概算,但看不到所编的概算在执行过程中会有什么问题。从我国造价咨询行业来说,国内的造价机构不重视数据库的建设,缺乏有意识地搜集同类型项目的全过程造价信息,很多知识都没有显化,更多的是概算编制人员个人隐性知识,这些有经验的工程估算师的知识都只是个人知识,而不是企业知识。"

综合来看,设计单位中经验丰富的概算编制人员缺乏全过程造价咨询经验,而对于造价咨询单位中经验丰富的概算编制人员则具备全过程造价咨询经验。因此,对于经验丰富的造价编制人员,本文认为根据经验结合统计方法来准确预测概算并不困难。

第二个问题:如果是经验丰富的概算编制人员,把所有正常变更费用都考虑进去预测一个合理概算,在这个基础上,您认为目前政府工程批复概算平均高估了百分之多少?

该问题的9名访谈对象都表示会在考虑变更因素的合理概算基础上,再高估5%~20%。典型回答如下。

访谈对象C:"把所有正常变更、赶工等因素都考虑进去,还是会高估5%左右。"

访谈对象B:"把所有正常变更和涨价等因素都考虑进去,比如根据经验我认为高估5%已经够了,我肯定也会高估10%,后面大不了想方设法在项目其他地方把这5%花掉,后面花钱总是方便的。也就是说,作为建设单位会采取一种非常保守的风险态度来预测概算。"

访谈对象E:"如果考虑各种变更因素,我认为概算高估至少10%,差不多10%~20%之间。"

访谈对象F:"如果把所有涨价、变更因素都考虑进去,最起码还会高估10%。"

访谈对象G:"作为经验丰富的编制人员的话,把这些所有正常变更费用都考虑进去,包括政策性调整(如施工期间人工费调整、材料价格调整、变更调整等),将这些合理变化因素全部考虑进去。在这个基础上,我个人觉得政府批复概算可能会有5%~10%高估。"

第三个问题:除了避免超概责任和风险规避等原因,还有没有其他原因?

就以上概算高估的所有原因来说,所有10名访谈对象都认为估算技术原因和变更因素都不是主要原因,而认为政治经济原因中避免超概是主要原因,其中还有4名访谈对象谈到了更深层次的原因。在访谈中,其中1人说得非常隐晦,他认为与工程不相关的外部压力也是概算高估的重要原因。还有一人只承认存在隐性腐败是概算高估的重要因素,但不愿谈及细节。访谈中提到隐性腐败是可能原因的典型回答如下。

访谈对象B:"有时候还要处理一下工程实施中遇到的其他问题,特别是与工程无关的外部压力的问题,因为在工程中总有乱七八糟的东西需要打点,你懂的。"

访谈对象 H:"我个人认为会有隐性腐败的问题。在目前体制下,高估概算是很有必要的。"

由于认识到隐性腐败可能是重要原因,访谈者在第3~第10个访谈中特别增加该补充问题。由于涉及敏感问题,因此从访谈环境上对访谈做了补充要求:"访谈还有个要求:最好身边没有工作同事,有同事可能会影响您的回答。"于是访谈对象 E,非常开放地谈论关于隐性腐败在概算高估中的作用。

访谈对象 E:"还有一个因素,就是工程背后的利益输送,(隐性)腐败相当厉害。一个项目要取得腐败收益,不是一个人的事,从最高层到执行层,需要方方面面利益均沾,这块是个很大的数目,我认为最高可达工程造价30%。为了让30%能从工程里面挤出来,我概算怎么不高估,我必须高估!"

访谈对象 E:"比如在某些工程中,初步设计阶段或施工图设计阶段,还没有到招投标阶段,一些设备供应商就会先跟设计院说好,特别是一些特殊设备的供应商,在设计时通过各种方法先把这个坑占掉。设备供应商提前把设计院搞定,对后面的招投标是绝对有利的。"

第6、第7、第8名访谈对象深入谈论了概算高估中涉及与审查单位的"相互关系"对概算高估的影响。

访谈对象 G:"政府审查部门下面也是有专业的审查机构来负责具体的审查,我们在编制概算的时候,也会给审查机构预留一些比较明显的错误,让他们也好交差。"

访谈对象 G:"我们一方面会帮业主单位尽量多地争取一些(概算)空间,另一方面也会在编制概算中预留一些地方,让审查单位及其下属咨询机构有'工作成绩'的体现。这个在行业里面是常态。"

访谈对象 G:"首先,在编制概算的时候,我们要跟审查单位讲,我们是如何考虑概算编制,会不会出现什么问题,现阶段我们要把这些费用帮业主考虑进去,所以也请他们也站在业主的角度来综合考虑这些问题。业主单位与审查单位之间通常也是平级(政治体制上)的单位,只不过所处工作职责不同,业主单位也会做一些沟通协调工作。一般情况下,审查单位审查后的金额,大部分业主单位也是比较满意的。由于大家长期在工程上接触,各方也会达成一定的默契,只是审查单位不会允许明显的纰漏错误,其他大家都睁只眼闭只眼。"

访谈对象 F:"在概算编制中还会提前预留一些'错误',预留'错误'的结果就是高估，同时让审查单位也好交差。说白了，大家和和气气，坐在一起，就这么解决掉（通过审查），多好！"

访谈对象 H："概算审查中，审查单位会对确实比较夸大的错误审减，比如材料规格过高，明显比市场价高很多。在保证概算不超可研估算的情况下，审查单位一般不会审减很多，概算审减一般也在业主满意的范围内。如果报上去的概算超可研估算比较多，他们（审查单位）就肯定会将概算审减到可研估算范围内。所以，只要我们编制的概算在可研估算范围内，审查单位一般来说是不会审减的。"

在确保身份信息保密的条件下，第 7 名访谈对象更为深入地说明了概算高估问题中隐性腐败的原因。

访谈对象 G："我可以毫不避讳地告诉你，隐性腐败也是一个重要原因。在行业里头，这是普遍现象，隐性腐败约占总概算的 5%～10%。有些（建设单位）领导有腐败的想法，他肯定就要一个个环节地去安排。我们可以把二者（避免超概责任和隐性腐败）结合起来看：一方面，我把概算做大了，作为领导来说也是在保护自己，避免超概；另一方面，他也可以从中获得腐败的利益。这是一个一箭双雕的事情，何乐而不为呢？一个又能挣钱，又能规避后续领导风险的事情，谁不愿意去干呢？"

访谈对象 G："因为设计单位无权在图纸上体现品牌，那么这些供货商就会想尽各种办法找到设计单位，要求他们在参数上做一些手脚，进行一些限制性的设计，从而排除掉其他一些对手，甚至在现在的设计行业中，还有专门出卖项目信息来获取费用的中介，都已经形成一条产业链了，很正常。"

第三，概算是如何高估的？

在政府工程概算高估的具体方式上，不同访谈对象给出的高估方式与高估内容有较大区别，总的来说，主要是对概算编制依据较为模糊或对依据之外的概算内容进行高估，包括机电设备、特种设备、临时设施等部分。

访谈对象 A："现在概算编制中主要是套指标，由于初步涉及概算指标较粗，因此概算指标（无论是定额还是信息价）就是往高了套。设计院编了一版概算初稿后，我们（建设单位）会讨论一下，并以我们的意见为主导，哪些东西往上调、哪些往下调。咨询单位都是听从甲方意见的，作为建设单位，我们一定是希望概算高估的。"

访谈对象 B："包括定额等指标我会取上限，预备费也取上限，后面用不掉的话，会想其他方式把它用掉，主要原因还是避免超概责任。另外，特别是一些特殊设备(比如机场工程的登机桥等)的采购费用肯定都是高估的,有些主材的单价也会高估,因为要考虑涨价因素,而通常的预备费不一定够用,预备费的使用流程也很麻烦。"

访谈对象C:"配套(水电煤等)机电设备、一些临时设施(如开道口)等部分会高估。因为水电煤等配套的施工单位都是政府指定的配套单位,收费比市场价更高,概算高估会放在这一块。"

访谈对象D:"主要发生在初步设计图纸中可能发生二次深化设计的部分,一定是要去高估工程量的。"

访谈对象E:"作为设计院,在做概算的时候不可能很细,主要是根据自身的经验进行估算。看看往年竣工类似工程决算和单价,再对照一下工程的规模等级、复杂性,考虑人工等价格的波动,还要考虑防止一些领导提出的特殊要求,会在以往项目经验上高估一些。

"概算编制依据中的某些指标与市场明显脱节。比如人工就是很大的问题,定额中规定的人工单价明显偏低。因为又必须采用定额进行编制,只能在其他部分想办法、动脑筋,比如放到材料、机电设备等里面。"

访谈对象F:"初步设计的图纸深度不可能太具体,概算编制人员没有办法根据初设图纸来编概算,那只能按照单价、定额等依据往高了估算。"

访谈对象G:"定额套用,对于可高可低的定额,我会采取高线。材料价格上,我会进行上浮,特别是信息价上面没有的价格,装饰类材料、机电安装设备等,按最高档的级别来考虑。

"业主会直接要求我们(造价咨询单位)高估概算,我们编制单位也必须站在业主的角度考虑问题。我们一般会采取高估10%~20%。"

访谈对象H:"我们编制概算的时候,有信息价的优先采用信息价,信息价上面没有的东西就采用市场价。市场价是如何来的呢?主要是通过询价,询价的话,各个品牌就有高中低之分,比如选一个好点的品牌,概算自然就偏高。如果在实施过程中我们又使用一般中等的品牌,而且是批量采购的批发价,那肯定在实施过程中就更便宜了。所以就会有单价方面的高估。

"我觉得应该是机电设备方面更容易高估,因为机电设备方面采用市场价更多一些。比如电子芯片厂房中的特殊材料和设备,这些特殊设备可能全国就那么两家,在这些机电设备及安装上很容易高估。并且,机电设备及安装的费用在较复杂的工程中所占概算费用的比例较土建还要多。因此,机电设备及安装专业反而更容易高估。"

访谈对象 I:"概算定额等依据的某些指标明显低于市场价,因此就要在其他地方高估一些。并且,对于偏高的概算指标一般不改。"

第四,从您公司(或政府)的角度,未来是否有必要改善政府工程概算编制或审查的准确性？有什么好的建议？

在该问题的回答上,绝大部分的访谈对象都认为站在不同角度会有不同答案,典型回答如下。

访谈对象 A:"站在政府审批部门的角度,为了让财政投资资金发挥更大效益,若倾向于事前控制项目成本的话,有必要改进目前概算编制和审查的准确性。站在建设单位角度,是政府来考核我们,我觉得没必要。"

根据 Brinkman(2003)的研究结论类推,概算编制人员的职业满意度和项目决策影响力可能对最终的概算编制准确性有较大影响。因此,本章在补充问题中增加了两个问题。

第一个问题:您喜欢(或不喜欢)现在的工作吗?（职业满意度1~5分）

第二个问题:如果有工作的话,您的工作对项目决策有什么影响?（决策影响力1~5分）

但是,根据10个访谈对象的访谈内容整理,尚看不出职业满意度和项目决策影响力对概算高估的影响。可能是访谈样本太小的原因,有待进一步研究。

4.3.3 深度访谈结论

通过对10个访谈对象的访谈内容的整理,分别从建设单位、设计单位和造价咨询单位的角度,验证了4.2节概算高估原因的推理分析结论,并在概算高估的问题、原因和高估方式上有以下5个结论。

第一,我国政府工程存在普遍性的概算高估问题。

第二,政治经济原因中避免超概责任是概算高估的主要原因。

第三,在现有概算管理体制下,隐性腐败也是导致概算高估的原因之一。并且,根据访谈,隐性腐败金额可能占总概算的5%~10%。关于概算高估中的隐性腐败的重要程度及具体方式,因问题的敏感性以及访谈条件的不足,还有待进一步研究。

第四,在现有概算管理体制下,初步设计图纸不确定性高、实施阶段项目变更多、使用单位的需求变更、概算编制依据中市场信息价跟不上市场变化、涨价预备费不足、设计单位(或造价咨询单位)的取费标准、大型工程采用招标图施工、工期紧张等因素是导致概算高估的客观原因,这些是次要原因。

第五,政府工程概算高估的方式,主要是对概算编制依据较为模糊或对依据之外的概算内容进行高估,集中在信息价上没有价格依据的机电设备、装饰类材料、特殊工业设备及安装等方面。

4.4 概算高估原因分析的结论

通过溯因推理方法和深度访谈方法分析和验证概算高估的原因,本章概算高估原因分析的结论为:政治经济原因中避免超概责任是概算高估的主要原因,即在我国建设领域的概算审查方法和监督管理机制尚不健全的情况下,现行概算审批制度规定概算调整与超概的严重后果,会激励建设单位"策略性"地高估概算,从而规避超概责任的发生(或为谋取隐性腐败利益铺垫)。

4.5 本章小结

本章首先从三个方面分析概算高估问题带来的严重后果,即资金闲置浪费、建设单位投资控制动力不足和腐败等,说明解决概算高估问题的紧迫性。然后,利用溯因推理结合Flyvbjerg原因分析框架方法,从估算技术、心理认知、政治经济三个方面提出我国政府工程概算高估原因的三种解释。通过样本数据验证和概算审批政策分析对三种解释分别进行验证,发现政治经济原因最能解释我国概算高估现象。最后,利用深度访谈方法验证概算高估的问题、原因和高估方式,验证了溯因推理分析的结论。

第 5 章　政府工程概算高估的前期对策分析

我国现行概算审批制度会激励建设单位尽可能高估概算,按照 Flyvbjerg (2009) 和 Wachs(1989) 的说法,我国现行政府工程的概算审查制度对建设单位造成了"不当激励"(perverse incentive)的作用,会促使建设单位"理性"地选择高估概算,从而以实现自身利益为目的。因此,概算审批制度的"不当激励"作用也是我国政府工程概算高估的一个原因。本章将在分析审批制度"不当激励"作用的发生机理的基础上,站在审批部门的角度,从概算审查方法改进和概算审批制度改革两个方面,提出实施阻力较小的前期对策应对我国政府工程的概算高估问题。

5.1　审批制度"不当激励"作用的发生机理

审批制度的"不当激励"作用,是指在特定制度作用下项目最终实际结果相比于计划的期望结果是失败的(Samset 和 Volden,2016)。对应到本文概算高估的"不当激励"作用,是指在我国概算编制与审批制度下,项目最终决算与最初概算显著不一致。"不当激励"的理论基础可以追溯到委托代理理论(principal-agent theory)(Jensen 和 Meckling,1976;Makris,2003),虽然对于项目的一般激励问题的研究文献已十分广泛,但对政府投资项目的相关研究还较少。该领域的一项关键研究是 Ostrom 于 2002 年发表的论文,表明由瑞士资助印度和赞比亚的援助项目存在严重的不当激励作用,导致公共资金的严重浪费和腐败等问题(Ostrom 等,2002)。之后,Flyvbjerg 等(2003)认为大型交通工程成本低估、收益高估问题的根本原因在于政府部门与建设单位的利益不一致,建设单位在政府公共项目上更多考虑的是自身利益,在前期采取低估风险、低估成本和高估收益的策略,从而实现获得项目资助的目的。在挪威拥有开采石油资源的巨额财政盈余背景下,Whist 和 Christensen(2011)发现绝大部分挪威政府投资基础设施的实际成本效益都比计划成本效益低。在 Whist 和 Christensen 样本基础上,Samset 等(2014)认为是挪威政府项目审批制度,促使建设单位在前期低估成本和高估收益,从而实现项目被资助的目的。同时,Samset 等(2016)对比了世界经合组织(OECD)多个国家从改革项目审批制度采取的措施,较好地解决了政府工程成本低估和收益高估问题,也反过来说明了项目审批制度的"不当激励"作用是发达国家政府工程成本低估的重要原因。

借鉴委托代理模型,如图5.1所示,"不当激励"作用的发生机理主要表现在两个方面:①政府(委托方)与建设单位(代理方)之间存在相当大的信息不对称。②政府(委托方)与建设单位(代理方)的目标利益不一致,存在利益冲突。因此,下面在解决概算高估的"不当激励"问题时,也从"不当激励"作用的发生机理两个方面进行对策分析。

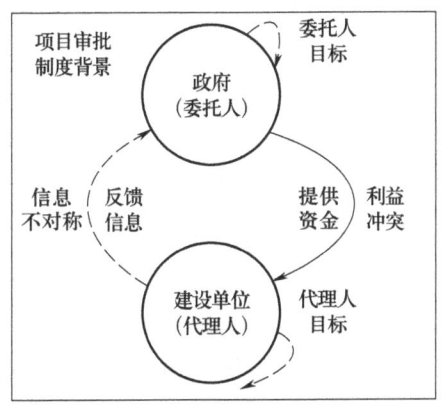

图 5.1 "不当激励"作用的发生机理

对应"不当激励"作用的发生机理的两个方面,本章在解决概算高估的"不当激励"问题时,从项目前期的两个方面入手:①通过改进投资审查方法,减少政府审批部门与建设单位之间的信息不对称程度;②通过改革概算审批制度,使政府审批部门与建设单位的目标利益尽量一致。

5.2 基于 RCF 改进政府工程投资审查方法

针对传统方法预测和审查批复的概算不准确问题,本节以投资概算的审查作为研究对象。利用类比统计估算法(RCF)相对传统方法准确性高、简便易行和科学客观的特点(牟强、贾广社,2018),在 RCF 基础上改进投资审查方法,从而降低政府审批部门与建设单位之间的信息不对称程度。

按照我国基本建设程序,审批部门批复的投资概算是作为建设单位实施阶段投资控制的依据。在前期对政府工程概算目标进行审查,审查批复结果的准确性对于实施阶段的投资控制具有重要影响(Odeck 等,2015):①若批复的概算目标偏低,会导致建设单位在实施阶段即使严格控制投资,最终工程决算也很可能会超出概算目标。②若批复的概算目标偏高,会导致资金的闲置浪费,还会导致建设单位在实施阶段没有动力进行严格的投资控制,投资控制效率低下。因此,无论在前期阶段对概算目标的审查结果偏高还是偏低都会引起问题,说明准确审查概算目标的重要性。

我国政府工程在前期阶段对投资目标的准确性要求,一般为预可研阶段的投资匡算($\pm 20\%$),可研阶段的投资估算($\pm 10\%$),初设阶段的投资概算($\pm 5\%$)(中国建设工程造价管理协会,2010)。在实践中,我国政府工程一般采用传统方法(概算定额法、概算指标法等)编制与审查概算,但传统方法存在指标时效性低、预测结果不稳定、造价资料积累不足等缺点(包若凡,2006)。包若凡(2006)在对 22 个商业地产工程的批复估算与最终决算对比分析时,发现大部分工程(90% 样本容量)投资估算的准确性远低于国家规定的允许偏差范围。同时,本文初步统计了我国的 113 个交通工程的概算偏差情况(具体见"3.1"节),发现最终偏差较大,不能满足投资概算的 $\pm 5\%$ 准确性要求。这种主要利用项目团队和专家知识(没有利用类似已完成工程概算执行情况资料)进行自下而上概算编制的传统方法,被 Flyvbjerg(2009)称为内部视角(the inside view)方法,由于项目团队或专家自身的知识、经验局限,导致利用该类方法预测和批复的项目目标(包括进度、费用、风险和利润)与项目实际完工状态(进度、费用、风险和利润)始终存在较大偏差,即由于参考类似已完工程概算执行情况资料较少,现行政府工程的概算编制与审查方法,不能科学地反映概算本身的合理性。

相对于传统估算方法,近年来国内外研究建立的成本估算方法称为非传统方法,Bayram 和 Al-Jibouri(2016b)将非传统方法总结为 4 类:神经网络类方法,如多层感知器(MLP)神经网络、径向基(RBF)神经网络;模糊逻辑类方法,如自适应模糊神经推理系统(ANFIS);回归分析类方法,如线性和非线性回归等;类比统计估算法(RCF)。基于此,Bayram 和 Al-Jibouri(2016b)在 104 个公共建筑工程上,对比了典型的 5 种成本估算模型的估算结果,发现详细设计阶段(相当于施工图设计阶段)径向基(RBF)神经网络方法的估算准确性较高,但作为一种神经网络方法,RBF 的估算过程具有不透明性等缺点,复杂的算法导致在实践中难以推广。而在前期决策阶段,类比统计估算法(RCF)和简单线性回归(SLRA)的准确性相对较高。但是回归分析类方法,特别是特定的多元回归模型只能针对特定时期的特定类型工程概算进行预测(Bayram

和 Al-Jibouri，2016a；包若凡，2006）。当在不同类型工程上使用回归分析类方法时，需要对不同类型工程选择不同的回归变量（马辉和王雪青，2010），不同类型工程的回归变量选择没有统一标准。此外，各类变量及参数数据的获取在现实中也受到限制。因此，回归分析类方法（RA）不适用于同时对多类工程概算进行估算对比的情形。与此相对，类比统计估算法（RCF）不仅在前期阶段估算结果的准确性更高，RCF 相对于其他方法所要求的变量更少，在实践中更为简便易行（Bayram 和 Saad，2012）。

自从 Flyvbjerg 和 COWI（2004）在项目管理领域证实 RCF 方法比传统的估算方法更为准确后，该方法接着被美国规划协会（American Planning Association，APA）采用，并逐渐被荷兰、丹麦、瑞士、澳大利亚等政府机构采用（Flyvbjerg，2009）。同时，Eythorsdottir（2012）、Flyvbjerg 等（2016）、Bayram 和 Al-Jibouri（2016a）将 RCF 分别应用到冰岛、中国香港和土耳其公共工程的投资成本估算，都取得了良好的预测结果，RCF 方法的应用已经较为成熟了。本文是首次将 RCF 方法应用到我国的政府工程概算审查中，下面首先介绍 RCF 方法及实施步骤；其次，以我国 113 个交通工程概算执行结果作为基础数据，利用该方法进行概算审查，并与传统方法和其他国家（地区）的估算结果进行对比分析；再次，按照同样方法分析全部 9 类政府工程的 RCF 模型及其经济意义；最后，基于 RCF 改进投资审查方法及程序。

5.2.1 RCF 介绍及实施步骤

由于参考类似已完工程概算执行情况资料较少，现行政府工程的概算编制与审查方法，属于传统的内部视角方法（inside view），不能科学地反映概算本身的合理性（Flyvbjerg，2009）。为获得一个更为准确的成本估算，Flyvbjerg 和 COWI（2004）以及 Flyvbjerg（2009）推荐了一种新兴的类比统计估算法（RCF），RCF 主要采用了一种外部视角（outside view）进行概算估算，与内部视角相反，是一种基于类似已完工程概算执行造价信息的方法。

外部视角方法比内部视角方法可以产生更现实的估算结果（Flyvbjerg，2009；Gilovich 等，2002）。由于基于类似已完工程概算执行的造价数据信息，外部视角方法可以绕开策略性的成本估算。同时，利用外部视角方法进行审查时，审查部门也不需要深入自身并不擅长的技术细节问题。外部视角方法主要是基于历史类似工程造价信息，无法估算到具体工程可能遇到的极端风险事件所造成的损失。但是大多数政府工程所使用的都是较为成熟的施工工艺，因此利用外部视角方法都较为准确(Flyvbjerg,2009)。

RCF属于外部视角方法,是一种基于类似已完工程概算执行造价信息的方法。RCF方法不仅在前期阶段估算结果的准确性更高,而且相对于其他方法所要求的变量更少,在实践中更为简便易行(Bayram和Saad,2012)。RCF是将拟建工程放置在类似已完工程造价数据的统计概率分布中进行概算审查,一般遵循以下三个步骤(Flyvbjerg和COWI,2004;Flyvbjerg,2009)。

第一,识别出一组类似已完工程。该组类似已完工程数量必须具有统计意义,同时也必须与拟建工程具有足够的可比性,比如都是属于同地区的公路或机场类工程。

第二,确定该组类似已完工程概算执行偏差的统计概率分布。这要求该组类似已完工程的造价数据具有真实可靠性。

第三,将拟建工程放置到该组类似工程概算执行偏差的概率分布中,从而确定拟建项目不同超概风险下概算审查结果。

5.2.2 基于RCF的我国交通类工程概算审查结果及偏差

通过对我国各级审计部门(2004年11月—2017年12月)公布的交通类工程数据进行整理,剔除其中概算数据不完整、最终取消或重要工程内容未实施的项目,共113个有效数据项目。所有113个样本项目的总投资概算约合1 430亿元。单个项目投资额介于35万～201亿元,最小的项目为深圳市路面修复工程,而最大的项目为深圳市轨道交通5号线工程。这些项目是在2002—2016年期间完成的。113个交通类工程的项目子类别组成,如表5.1和图5.2所示。

表5.1　113个交通类工程的项目子类别数量概况

项目子类别	项目总数量	占总体比例
城市道路工程	83	73.45%
公路工程	14	12.39%
桥梁工程	8	7.09%
城市轨道交通工程	4	3.54%
其他专用道路工程	2	1.77%
巡查通道	1	0.88%
隧道工程	1	0.88%

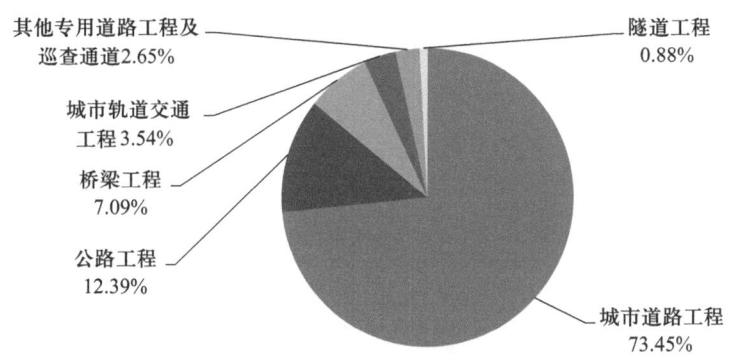

图 5.2　按子类型划分的交通工程样本

为了方便在项目之间比较,将第 i 个工程的概算执行偏差率定义为公式(5.1)。

$$\Delta I_i = \frac{(AC_i - BC_i)}{BC_i} \times 100\% \qquad (5.1)$$

其中,ΔI_i 表示第 i 个工程的概算执行偏差率,AC_i 表示第 i 个工程的最终决算,BC_i 表示第 i 个工程的概算。$\Delta I_i > 0$ 表示决算超过概算,$\Delta I_i = 0$ 表示决算等于概算,$\Delta I_i < 0$ 表示决算小于概算。

通过对 113 个交通工程审计报告的数据进行整理,初步统计发现只有 8 个工程的决算超过概算,即近 93% 的项目决算都在概算内完成。按照概算执行偏差(正的为概算超支,负的为概算结余)从小到大的顺序,将第 1～第 113 个工程的概算执行偏差进行依次排列,可以得到 113 个工程概算执行的整体情况,如图 5.3 所示。

为了验证 RCF 模型的审查结果的可靠性,利用 excel 中的 rand 函数随机将样本数据交通类工程的样本数据分为两个部分:将 75% 的样本数据用于构建模型,而余下 25% 的样本数据作为控制组用于验证 RCF 模型可靠性。因此,交通类工程的建模组数量和控制组数量分别为 85 个和 28 个。

1)交通类工程概算的 RCF 审查模型

根据 RCF 的实施步骤,下面建立交通类工程 RCF 审查模型。

(1)从 113 个交通类工程中随机抽取 85 个(占 75%)数量工程作为构建模型的类似已完工程项目组。

(2)根据 85 个类似已完工程组的样本数据,利用 Crystal Ball 可拟合出概算执行偏差率的统计概率分布,如图 5.4 所示。进一步可得出交通类工程概算

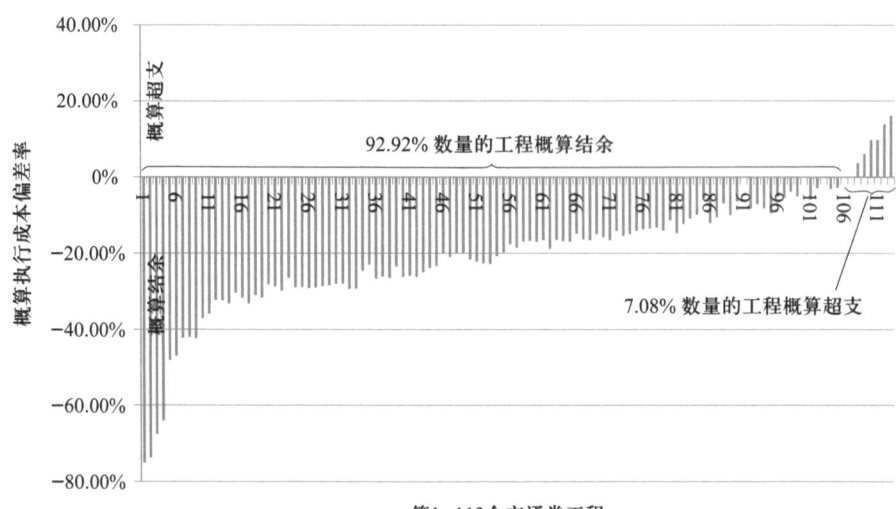

图 5.3　我国 113 个交通工程的概算执行的整体情况

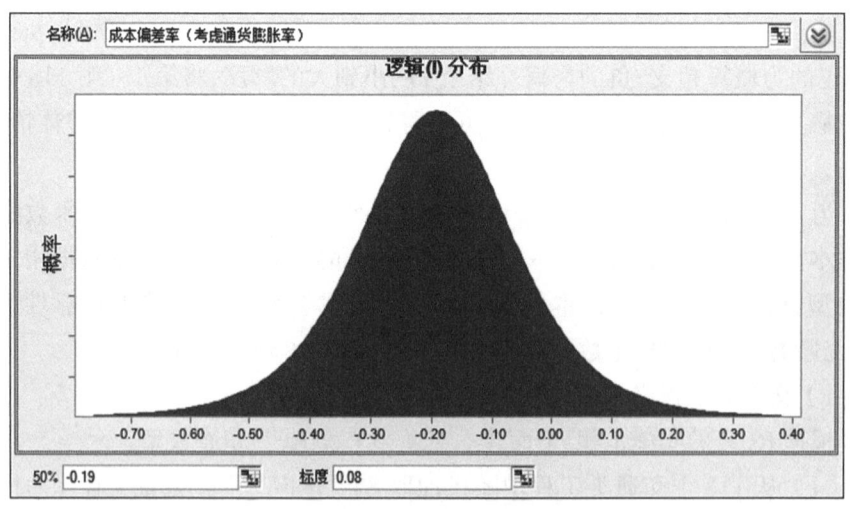

图 5.4　交通类工程概算执行偏差率的统计概率分布（N=85）

执行的统计指标，85个工程中最大概算执行偏差率 I_{max} 为 16.14%（即概算超支 16.14%），最小概算执行偏差率 I_{min} 为 -75.17%（即概算结余 75.17%），成本偏差率平均值和标准差分别为 -19.16% 和 15.07%。

（3）在此基础上，计算出在不同超概风险（1%～50%）下所需增加或减少的概算百分比，利用 EXCEL 绘制出曲线，得到交通类工程的 RCF 审查模型，如图 5.5 和表 5.2 所示。

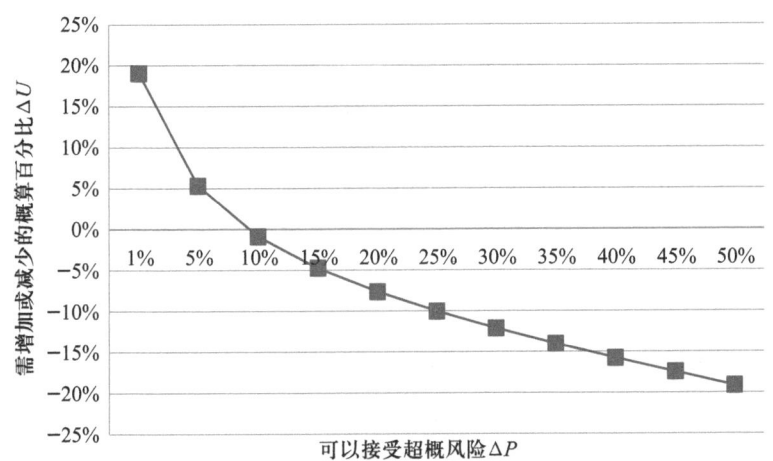

图 5.5　交通类工程的 RCF 预测模型（N=85）

表 5.2　交通类工程在不同可接受超概风险下所需增加或减少的概算百分比

可以接受超概风险 ΔP	需增加或减少的概算百分比 ΔU
1%	19.02%
5%	5.31%
10%	-0.90%
15%	-4.75%
20%	-7.64%
25%	-10.03%
30%	-12.12%
35%	-14.02%

续 表

可以接受超概风险 ΔP	需增加或减少的概算百分比 ΔU
40%	−15.79%
45%	−17.49%
50%	−19.16%

从图 5.5 中可以看出，如果可接受超概风险（ΔP）为 50%（即决算在概算内完成的概率也为 50%），那么需要在原有批复概算上减少概算百分比（ΔU）为 19.16%，才能保证最终批复概算的现实合理性，否则原有批复概算就偏高了。而如果可接受超概风险（ΔP）为 1%（即决算在概算内完成的概率为 99%），那么就需要在原有批复概算上增加概算百分比（ΔU）为 19.02%，才可保证最终批复概算的科学合理性。

有趣的是，从图 5.5 的 RCF 审查模型中，可总结出可接受超概风险（ΔP）与需要增加或减少的概算百分比（ΔU）是呈负相关的。当按照传统方法原批复概算实施，即需要增加或减少的概算百分比（ΔU）为 0% 时，反过来可以算出可接受超概风险（ΔP）约为 10%。相对于一般保守风险态度为 20% 超概风险来说（Curran 等，2008；Samset 和 Volden，2013），传统审查方法太过保守。因此，从可接受超概风险上，也可以看出按照传统方法的原批复概算被高估了。

2）基于 RCF 的工程概算审查结果

在建立了交通类工程的 RCF 预测模型基础上，接着利用这些 RCF 模型预测控制组项目的概算值。以控制组的第 1 个项目原批复概算为基础，利用交通类工程 RCF 模型预测出不同超概风险下（1%～50%）的概算，如在 1% 超概风险下的概算预测值为 44 741 万元，在 50% 超概风险下的概算预测值为 30 389 万元。按照同样的方法，可以预测出交通类工程 28 个控制组项目的不同超概风险下（1%～50%）的概算，汇总如表 5.3 所示。

表 5.3 基于 RCF 的交通类工程概算审查结果（百万元）①

项目序号	原批复概算	竣工决算	RCF1%	RCF 5%	RCF 10%	RCF 20%	RCF 30%	RCF 40%	RCF 50%
A1	375.91	428.12	415.84	369.30	348.21	325.35	310.17	297.69	291.94
A2	66.36	77.07	73.40	65.19	61.47	57.43	54.75	52.55	51.53
A3	10 811.17	9 588.21	11 959.31	10 620.89	10 014.38	9 357.06	8 920.29	8 561.36	8 395.95
A4	1 768.77	1 508.85	956.62	1 737.64	1 638.41	1 530.87	1 459.41	1 400.69	1 373.63
A5	1.98	1.74	2.19	1.95	1.84	1.72	1.64	1.57	1.54
A6	1 128.16	1 005.27	247.97	1 108.31	1 045.02	976.43	930.85	893.39	876.13
A7	9.78	8.82	10.82	9.61	9.06	8.46	8.07	7.75	7.60
A8	310.31	292.60	343.27	304.85	287.44	268.57	256.04	245.73	240.99
A9	2 361.08	2 077.81	2 611.82	2 319.52	2 187.06	2 043.51	1 948.12	1 869.74	1 833.61
A10	8.27	7.39	9.14	8.12	7.66	7.15	6.82	6.55	6.42
A11	94.27	87.75	104.28	92.61	87.32	81.59	77.78	74.65	73.21
A12	371.00	334.00	410.40	364.47	343.66	321.10	306.11	293.79	288.12
A13	10.66	9.97	11.79	10.47	9.87	9.22	8.79	8.44	8.28
A14	255.42	254.88	282.55	250.92	236.60	221.07	210.75	202.27	198.36

① RCF(i)% 表示可接受超概风险为 i% 的 RCF 预测模型

续 表

项目序号	原批复概算	竣工决算	RCF1%	RCF 5%	RCF 10%	RCF 20%	RCF 30%	RCF 40%	RCF 50%
A15	2 064.67	1 894.15	2 283.94	2 028.33	1 912.50	1 786.97	1 703.56	1 635.01	1 603.42
A16	722.82	671.41	799.59	710.10	669.55	625.60	596.40	572.40	561.35
A17	2 490.90	2 286.96	2 755.43	2 447.06	2 307.32	2 155.87	2 055.24	1 972.54	1 934.43
A18	3.71	3.36	4.11	3.65	3.44	3.21	3.06	2.94	2.88
A19	203.64	193.25	225.27	200.06	188.64	176.25	168.03	161.27	158.15
A20	119.34	112.80	132.01	117.24	110.54	103.29	98.47	94.51	92.68
A21	127.29	122.44	140.81	125.05	117.91	110.17	105.03	100.80	98.86
A22	237.48	225.45	262.70	233.30	219.97	205.54	195.94	188.06	184.42
A23	9.03	8.50	9.98	8.87	8.36	7.81	7.45	7.15	7.01
A24	31.98	31.05	35.38	31.42	29.62	27.68	26.39	25.32	24.84
A25	157.75	157.33	174.50	154.97	146.12	136.53	130.16	124.92	122.51
A26	24.95	24.18	27.60	24.52	23.12	21.60	20.59	19.76	19.38
A27	8.95	8.70	9.90	8.80	8.29	7.75	7.39	7.09	6.95
A28	81.87	81.85	80.43	75.83	70.86	67.55	64.83	63.58	63.58

5.2.3 交通类工程的偏差对比分析及结论

在计算出各类工程控制组项目的 RCF 模型审查结果后,最后一步就是通过与项目决算对比,来验证该模型审查结果的可靠性。为了对比不同 RCF 模型审查结果的准确性,采用以下 4 个标准的误差指标进行衡量(Bayram 和 Al-Jibouri, 2016c; Narbaev 和 De Marco, 2014):平均绝对误差(MAE),均方根误差(RMSE),平均绝对百分误差(MAPE),百分比标准差(SD)。其中 MAE 和 RMSE 是绝对误差值(单位是万元),MAPE(%) 和 SD(%) 都是百分比误差指标,见公式(5.2)、公式(5.3)、公式(5.4)和公式(5.5)。这 4 个指标越接近 0,则模型的审查结果准确性越高。

$$\text{MAE} = \frac{1}{n}\sum_{i=1}^{n}|AC_i - BC_i| \quad (5.2)$$

$$\text{RMSE} = \sqrt{\frac{\sum_{i=1}^{n}(AC_i - BC_i)^2}{n}} \quad (5.3)$$

$$\text{MAPE}(\%) = \frac{1}{n}\left(\sum_{i=1}^{n}\left|\frac{AC_i - BC_i}{AC_i}\right| \times 100\%\right) = \frac{1}{n}\sum_{i=1}^{n}|PE_i| \quad (5.4)$$

$$\text{SD}(\%) = \sqrt{\frac{\sum_{i=1}^{n}(PE_i - MPE)^2}{n}} \quad (5.5)$$

其中,BC_i 和 AC_i 分别表示项目 i 的模型审查值和最终决算值,n 表示该类工程的控制组项目总个数,PE_i 表示项目 i 百分比误差,MPE 表示 n 个项目的平均百分比误差。下面首先对比传统方法与 RCF 模型审查结果,然后横向与其他国家(地区)交通类工程 RCF 估算结果进行对比。

1)与传统审查法结果的对比分析

在不同可接受超概风险下,利用交通类工程控制组项目的实际批复概算和最终决算数据,计算出对应 RCF 模型和传统方法的误差指标,如表 5.4。

可以看出,最小的 MAE 和 RMSE 指标是分别由 RCF30% 模型和 RCF35% 模型预测的,而最小的 MAPE 和 SD 指标则是分别由 RCF25% 模型和 RCF15% 预测的。最大 MAPE 和 SD 指标都是由 RCF5% 模型预测的,表明 RCF5% 模型的预测结果误差最大。同时,图 5.6 表明,除了 RCF1% 和 RCF5% 模型,其余的 RCF 模型的 MAE、RMSE 指标都比传统方法更低。图 5.7 表明,

表 5.4 不同 RCF 模型与传统方法的审查结果误差指标

审查模型	误差指标			
	MAE（万元）	RMSE（万元）	MAPE	SD
传统方法	MAE（万元）	RMSE（万元）	MAPE	SD
RCF1%	8 855.14	24 904.95	7.94%	4.67%
RCF5%	24 571.72	67 083.93	25.77%	9.13%
RCF10%	13 198.78	36 653.58	12.76%	5.17%
RCF15%	8 152.81	22 919.82	7.39%	4.40%
RCF20%	5 144.28	14 477.77	5.05%	4.51%
RCF25%	3 089.84	8 302.974	4.82%	4.84%
RCF30%	2 127.80	3 874.627	5.59%	5.52%
RCF35%	2 252.07	3 762.59	7.08%	5.94%
RCF40%	3 630.52	7 132.19	8.91%	5.99%
RCF45%	5 053.17	10 825.46	10.73%	5.95%
RCF50%	6 501.58	14 493.49	12.53%	5.83%

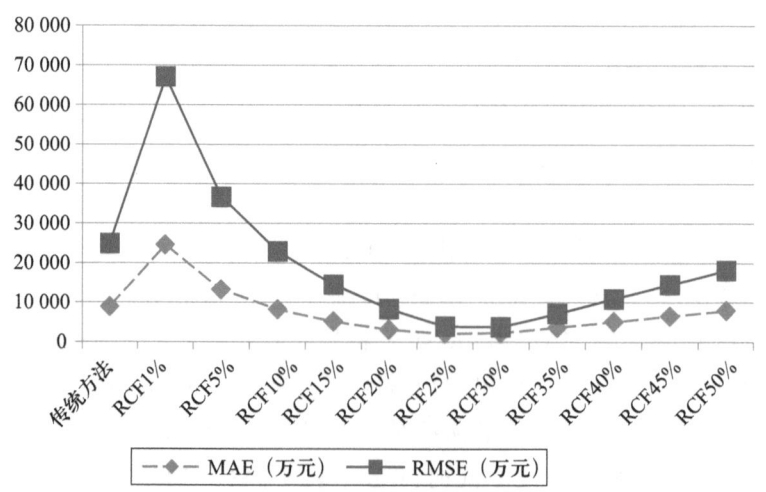

图 5.6 不同 RCF 模型与传统方法的 MAE 和 RMSE 指标

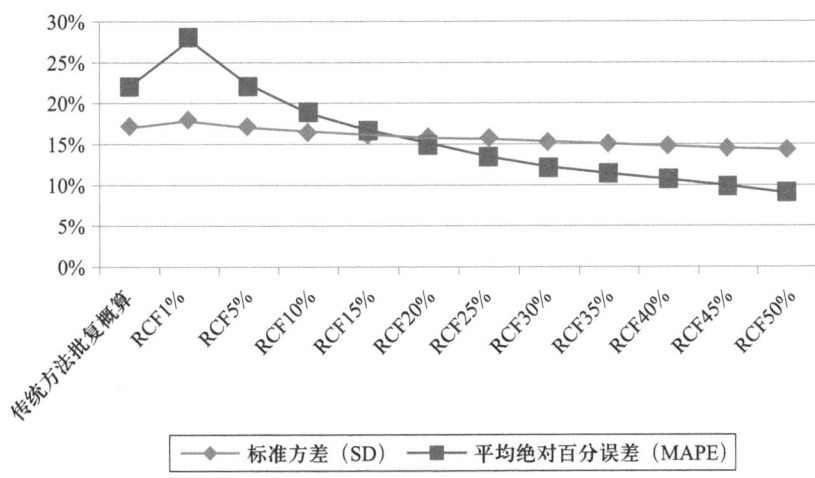

图 5.7 不同 RCF 模型与传统方法的 MAPE 与 SD 指标

RCF10%、RCF15%、RCF20%、RCF25% 和 RCF30% 的 MAPE 指标都比传统方法低,而只有 RCF10%、RCF15%、RCF20% 的 SD 指标比传统方法低。此外,传统方法的 4 个误差指标与 RCF10% 十分接近,即是说传统方法的预测结果相当于超概风险(ΔP)约为 10% 的 RCF 模型的预测结果。总的来说,当可接受的超概可能性(ΔP)大于 10% 时,在绝对偏差指标上,RCF 模型的预测结果都比传统模型更准确。

2)与发达地区 RCF 估算结果的对比分析

通过文献的综合整理,发现世界其他发达国家(地区)的交通工程都存在严重的成本超支问题,如表 5.5 所示。比如,Flyvbjerg(2009)统计了 20 个国家的 258 个交通类基础设施工程,发现 10 个项目里面有 9 个都是成本超支的,平均成本超支 28%,并且成本超支问题在过去 70 年都没有得到改善。Samset 和 Volden(2016)总结了挪威、丹麦在审批制度改革前,政府工程平均成本超支分别为 84% 和 30%。而与此不同,从上文 113 个我国交通工程的批复概算和决算对比统计发现,93% 数量的工程都是概算结余(10 个项目中不足 1 个超支),平均概算结余率达到 19.16%。

在公开发表的文献中,RCF 已经被成功应用到英国(Flyvbjerg, 2007a;Flyvbjerg 和 COWI, 2004)、冰岛(Eythorsdottir, 2012)和土耳其(Bayram 和 Saad, 2012)公共工程的投资成本估算,并且都取得了良好的预测结果。下面将本文"5.1.2"节中基于 RCF 的工程概算审查结果,分别与上述研究在 4 个国家(地区)应用 RCF 的结果进行对比分析,如表 5.6 所示。

表 5.5　我国与发达国家的交通类工程概（预）算超支情况对比

国家	国际（Flyvbjerg, 2009）	冰岛（Eythorsdottir, 2012）	加拿大（Samset 和 Volden, 2016）	挪威（Samset 和 Volden, 2016）
平均成本超支幅度	+20%	+7%	+5.9%	+84%
成本超支频率	10个有9个超支	10个有7个超支	10个有8个超支	—
国家	丹麦（Samset 和 Volden, 2016）	美国（Pickrell, 1989）	英国（NAO, 2007）	中国
平均成本超支幅度	+30%	+17%	+40%	−19.16%
成本超支频率	—	10个有9个超支	—	10个有1个超支

表 5.6　中国与发达国家（地区）交通工程的 RCF 应用结果对比

国家	不同风险状态下 RCF 审查模型需要增加或减少的概算百分比（ΔU）	
	中立风险态度下 RCF50% 审查模型	保守风险态度下 RCF20% 审查模型
英国（Flyvbjerg, 2007a; Flyvbjerg 和 COWI, 2004）	+15% to +40%	+32% to +57%
冰岛（Eythorsdottir, 2012）	0% to +5%	+20% to +29%
土耳其（Bayram 和 Saad, 2012）	+4%	+14%
中国（内地）	−19.16%	−7.64%

若将建立 RCF 模型的所有工程看作一个项目组合，那么如果批复概算是合理的，在风险中立（超概风险为 50%）的情况下，那么应当有 50% 数量的工程在概算内完成，有 50% 数量的工程超概，并且超概的费用总额与概算节约的费用总额也大致平衡（Flyvbjerg 和 COWI, 2004；Samset 和 Volden,

2013)。简单地说,将这些工程组成的项目组合当作一个整体来看,那么该项目组合的总概算成本,与该项目组合的总决算成本应当是相当的,同时该项目组合内超概的项目与概算结余的项目总体上应是平衡可抵消的,即理论上需要增加或减少的概算百分比(ΔU)应当等于0%。当 $\Delta U > 0\%$ 时,表示需要在原批复概算上增加对应的概算百分比,即风险中立情形下原批复概算偏低;而当 $\Delta U < 0\%$ 时,表示需要在原批复概算上减少对应的概算百分比,即风险中立情形下原批复概算偏高。同理,在风险保守(RCF20%)情形下,有同样的判断。

因此,从表5.6中对比情况可以得出以下两点结论。

第一,发达地区交通类工程在RCF50%和RCF20%情形下的 ΔU 都大于零,表示无论是风险中立还是保守的情形项目整体批复预算偏低,这与对应研究的结论是一致的(Flyvbjerg 等,2016;Flyvbjerg,2007a;Flyvbjerg 和 COWI,2004;Eythorsdottir,2012;Bayram 和 Saad,2012)。

第二,我国的交通类工程在RCF50%和RCF20%情形下的 ΔU 都小于零,表示无论是风险中立还是保守的情形项目批复概算被高估,在风险中立情形下批复概算被高估19.16%,在风险保守情形下批复概算被高估7.64%。

3) 对比分析结论

针对传统方法估算的概算不准确问题,本节以我国各级审计部门(2004—2017年)公布的113个交通工程审计报告作为基础数据,利用RCF模型对概算和决算数据进行整理分析。其中,85个项目作为样本数据用于构建RCF模型,28个项目作为控制组数据用于验证RCF模型可靠性。

所建立的RCF审查模型表明,我国交通类工程在不同的超概可能性(1%~50%)下所需要增加或减少的概算百分比范围在 −19.16%至19.02%。通过将RCF模型的审查结果与传统方法对比,发现平均绝对误差(MAE)和均方根误差(RMSE)等绝对偏差指标,都表明RCF方法比传统方法更为准确。将我国内地与其他国家和地区(英国、土耳其、冰岛、中国香港)交通类工程的RCF估算结果对比,发现我国内地交通工程的最终批复概算存在系统性高估的现象:若可接受的超概可能性为50%,则需要在原批复概算基础上减少19.16%概算,才能保证批复概算的合理性。若可接受的超概可能性为20%,则需要在原批复概算基础上减少7.64%概算,才能保证批复概算的合理性。

总的来说,本节研究结果表明:基于不同可接受风险水平的类比统计估算法(RCF)可以改善传统概算审查方法的准确性。因此,基于RCF可以改进政府工程投资审查效果,从而降低政府审批部门与建设单位之间的信息不对称程度。同时,从与其他国家交通类工程的 RCF 估算结果对比,也反映出我国交通类工程存在系统性概算高估的现象,验证了第 3 章发现的政府工程概算高估问题。

5.2.4 不同类型政府工程的 RCF 审查模型及经济意义

上文是以交通类工程为例,验证了 RCF 方法可以改善我国传统方法概算预测准确性。按照 RCF 方法实施步骤,下面以本文统计的 9 种类型政府工程(共 447 个)作为类似已完工程项目组,分别建立不同类型政府工程的 RCF 审查模型。在此基础上,以 2017 年我国的国有控股固定资产投资为例,估算通过 RCF 审查方法解决概算高估问题可能节约的固定资产概算投资额。

1)不同类型政府工程的 RCF 审查模型

根据 RCF 的实施步骤,下面建立 9 类政府工程 RCF 审查模型。

第一,将本文搜集的 9 类政府工程的样本项目,作为构建模型的类似已完工程项目组,9 类政府工程的基础情况如表 5.7 所示。

表 5.7　9 类政府工程的基础情况

项目类型	项目个数	各类样本的总概算(亿元)	占整体样本总概算的比例
民用建筑类	120	267.45	6.81%
交通运输类	113	935.28	23.83%
信息应用系统类	43	14.19	0.36%
地质灾害治理类	40	3.28	0.08%
水利水电类	28	2 532.82	64.53%
设备购置类	21	6.31	0.16%
污水处理类	17	58.78	1.50%
架线及管沟类	16	66.42	1.69%
其他类工程	49	40.72	1.04%

根据各类工程的样本数据,利用 Crystal Ball 可拟合出 9 类工程概算执行偏差率的统计概率分布,如图 5.8 所示。

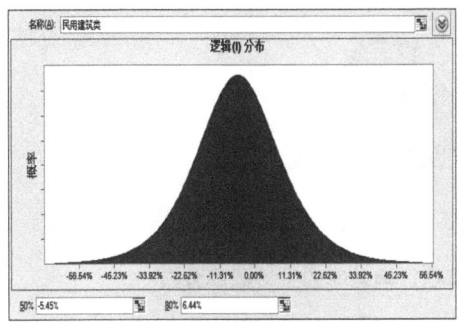

(a) 民用建筑类工程 (N=120)

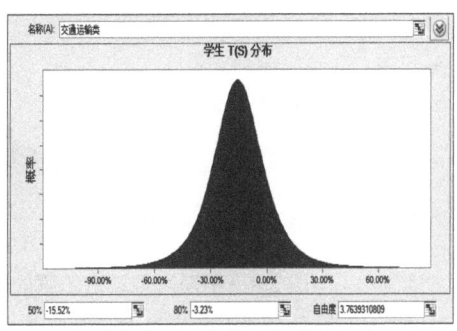

(b) 交通运输类工程 (N=113)

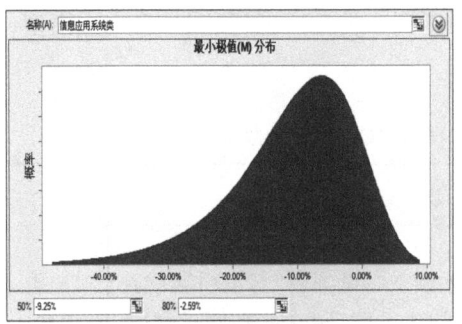

(c) 信息应用系统类工程 (N=43)

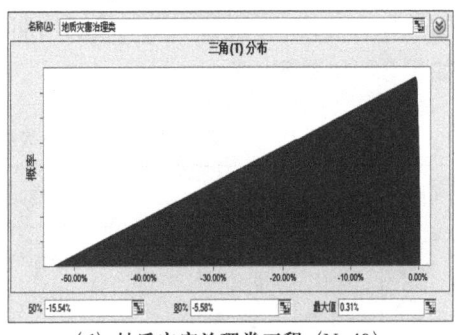

(d) 地质灾害治理类工程 (N=40)

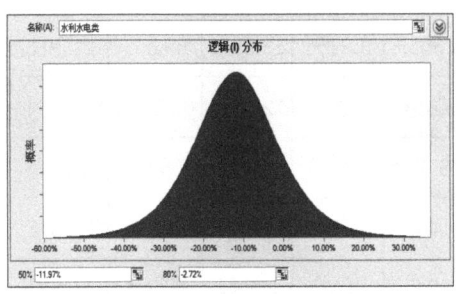

(e) 水利水电类工程 (N=28)

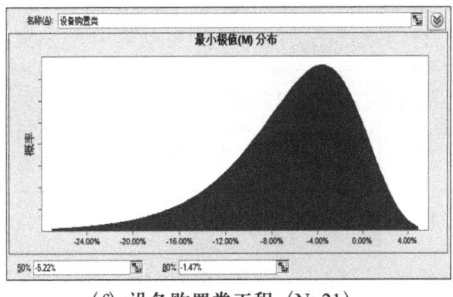

(f) 设备购置类工程 (N=21)

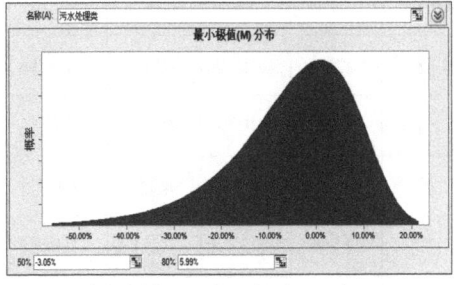

(g) 污水处理类工程 (N=16)

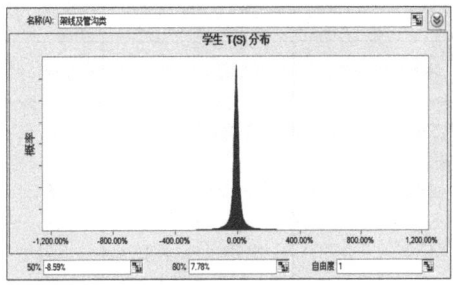

(h) 架线及管沟类工程 (N=16)

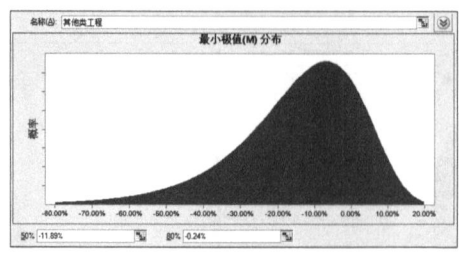

(i) 其他类工程 (N=49)

图 5.8　不同类型政府工程的概算执行偏差率的统计概率分布

第二，在此基础上，计算出在不同超概风险（1%~50%）下所需增加或减少的概算百分比，利用 EXCEL 绘制出曲线，得到 9 类政府工程的 RCF 审查模型，如表 5.8 和图 5.9 所示。

表 5.8　不同类型政府工程的 RCF 审查模型

可以接受超概风险 ΔP	需增加或减少的概算百分比 ΔU								
	民用建筑类	交通运输类	信息应用系统类	地质灾害治理类	水利水电类	设备购置类	污水处理类	架线及管沟类	其他类工程
1%	33.96%	34.80%	5.72%	−0.24%	18.69%	3.21%	17.28%	369.85%	14.30%
5%	19.80%	12.64%	2.32%	−1.32%	7.68%	1.30%	12.66%	66.50%	8.35%
10%	13.40%	4.61%	0.24%	−2.70%	2.69%	0.13%	9.83%	28.02%	4.71%
15%	9.43%	0.05%	−1.29%	−4.12%	−0.40%	−0.74%	7.76%	14.76%	2.03%
20%	6.44%	−3.23%	−2.59%	−5.58%	−2.72%	−1.47%	5.99%	7.78%	−0.24%
25%	3.97%	−5.85%	−3.77%	−7.09%	−4.64%	−2.13%	4.39%	3.31%	−2.31%
30%	1.82%	−8.11%	−4.88%	−8.66%	−6.32%	−2.76%	4.39%	0.06%	−4.26%
35%	−0.14%	−10.12%	−5.97%	−10.27%	−7.84%	−3.37%	1.40%	−2.53%	−6.15%
40%	−1.97%	−11.99%	−7.04%	−11.96%	−9.27%	−3.98%	−0.06%	−4.72%	−8.03%
45%	−3.73%	−13.78%	−8.13%	−13.71%	−10.63%	−4.59%	−1.53%	−6.70%	−9.94%
50%	−5.45%	−15.52%	−9.25%	−15.54%	−11.97%	−5.22%	−3.05%	−8.59%	−11.89%

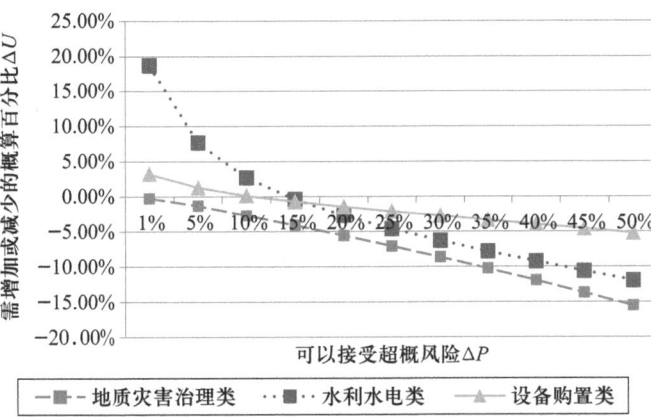

(a)民用建筑类、交通运输类、信息应用系统类工程的RCF审查模型

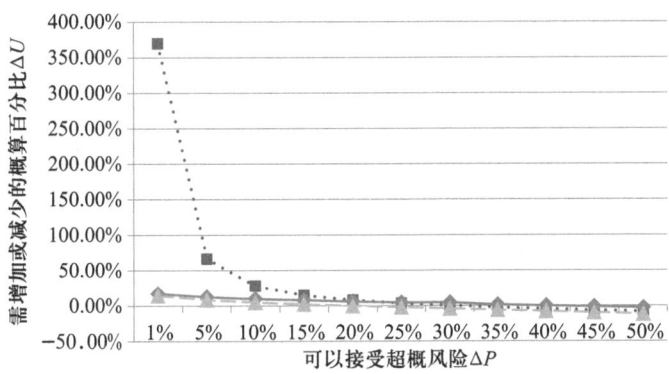

(b)地质灾害治理类、水利水电类、设备购置类工程的RCF审查模型

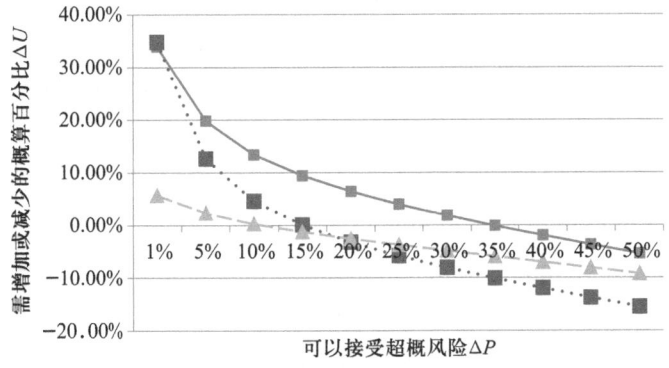

(c)污水处理类、架线及管沟类、其他类工程的RCF审查模型

图 5.9 不同类型政府工程的 RCF 审查模型

2）实施 RCF 审查模型经济意义

在得到不同类型政府工程的 RCF 审查模型基础上，下面以 2017 年我国的国有控股固定资产投资为例，估算通过 RCF 审查方法在不同超概风险下（20% 和 50%）可能节约的固定资产概算投资额。

根据《中国统计年鉴》，2017 年我国的国有控股固定资产投资总额为 23.36 万亿元（国家统计局，2017）。在保守的可接受超概风险（20%）下，首先根据不同工程类型政府工程 RCF 模型，可得到在 20% 超概风险下不同工程类型需要增加或减少的概算百分比（表 5.8）。然后，根据不同类型工程所占总固定资产投资额的比例，可得到各类工程在保守超概风险下可能节约的固定资产投资额。最后，将 9 类工程各自节约的固定资产投资额加总，得到在保守超概风险下可以节约的概算投资额为 4 399.79 亿元。

按照同样的方法，在中立的可接受超概风险（50%）下，首先根据不同工程类型政府工程 RCF 模型，可得到在 50% 超概风险下不同工程类型需要增加或减少的概算百分比（表 5.8）。然后，根据不同类型工程所占总固定资产投资额的比例，可得到各类工程在 50% 超概风险下可能节约的固定资产投资额。最后，将 9 类工程各自节约的固定资产投资额加总，得到在保守超概风险下可以节约的概算投资额为 28 411.16 亿元。

总的来说，从现实经济意义上看，若上文提出的前期对策能从根本上解决我国政府工程概算高估问题，那么将节约大量的国有固定资产投资资金。将本文所搜集的 9 类政府工程样本作为对应类型的类似已完工程项目组，相对于全国 2017 年 23.36 万亿元的国有控股的固定资产投资。若可接受超概风险介于保守和中立之间（20%～50%）时，在项目前期就可以节约概算投资额介于 4 399.79～28 411.16 亿元，节约的概算投资占 2017 年 GDP 的比例介于 0.54%～3.46%。

5.2.5 基于 RCF 改进政府工程的投资审查方法及程序

利用 RCF 方法相对传统方法准确性高、简便易行和科学客观的特点，本节基于 RCF 改进政府工程投资（包括概算）的审查方法及程序，如图 5.10 所示。其中，RC_{1A} 和 RC_{1B} 分别为工可阶段建设单位上报的投资估算和批复的估算，RC_{2A} 和 RC_{2B} 为初设阶段建设单位上报的投资概算和批复的概算，AC_{3A} 和 AC_{3B} 为项目实施后的工程结算和竣工决算。

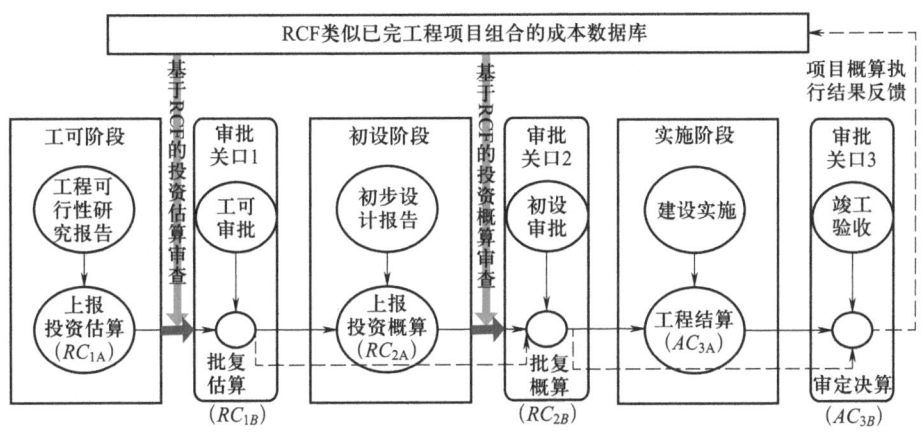

图 5.10 基于 RCF 改进政府工程投资（含概算）审查程序

图 5.10 所示投资审查程序中，利用 RCF 建立政府工程投资审查方法，基于可接受的超概风险（如 20% 或 50%），审批部门在审批关口 1（工可审批）和审批关口 2（初设审批），对建设单位上报的工程投资进行审查。

审批关口 1：当建设单位上报工程投资估算（RC_{1A}）后，审批部门通过类似已完工程项目组合成本（估算）数据库，利用 RCF 方法进行投资估算审查，核减高估部分估算，得到纠偏后的批复估算（RC_{1B}）。

审批关口 2：当建设单位上报的工程投资概算（RC_{2A}）后，审批部门通过类似已完工程项目组合成本（概算）数据库，利用 RCF 方法进行投资概算审查，核减高估部分概算，得到纠偏后的批复概算（RC_{2B}）。

审批关口 3：当建设单位按照基于 RCF 方法审核后的概算完成工程后，可将该工程的竣工决算（AC_{3B}）反馈到 RCF 类似已完工程项目组合的成本数据库中。当更多同类工程项目完成时，随着 RCF 类似已完工程项目组合的成本数据库的丰富，可以进一步改善基于 RCF 方法的投资审查效果。当通过反馈不断改善审查结果，直到审查结果趋于稳定后，就可以认为我国政府工程概算高估问题得到较好的解决。

5.3 政府工程概算审批制度的改革

根据第 4 章对政府工程概算高估的原因分析，我国政府工程的现行概算编制和审批制度，存在激励建设单位尽可能地高估概算的客观条件。按 Flyvbjerg（2009）和 Wachs（1989）的说法，现行概算审查制度对建设单位造成了"不当激励(perverse incentive)"的作用,促使建设单位"理性"地选择高估概算。因此,要从根本上解决概算高估的问题,需要改革概算审批制度,改变现行概算审批制度的"不当激励"作用,使政府审批部门与建设单位的目标利益尽量一致。

世界其他国家的政府工程管理中也存在"不当激励"问题,Samset 和 Volden(2016)比较了世界经合组织(OECD)的 6 个发达国家的项目审批制度,并讨论了其中 4 个国家应对审批制度"不当激励"作用所采取的有效改革措施。总的来说,这 4 个发达国家的原项目审批制度,促使建设单位(一般为政府公共工程管理局)在前期低估成本、高估收益,从而实现项目被议会(或财政部)优先批复和资助的目的。虽然这些国家的政府工程最终表现为成本低估和收益高估问题,而我国政府工程表现为概算高估问题,但实质上都是项目审批制度的"不当激励"导致的问题,只是我国概算高估问题更为隐蔽。因此,其他国家应对"不当激励"作用的有效措施手段,也都可以为我国解决概算高估问题提供借鉴。

下面将我国与 OECD 的 4 个发达国家政府工程审批制度进行对比,找出可以借鉴的改革方向。在此基础上,提出我国政府工程审批制度改革框架与实施方案。

5.3.1 我国与发达国家的概(预)算审批制度对比和借鉴

将我国政府工程的项目审批制度与 Samset 和 Volden(2016)总结的 4 个发达国家改革后的项目审批制度相对比,如表 5.9 所示。

表 5.9 中国与 OECD 4 个发达国家的工程概算(或预算)审批制度对比

类型	中国	挪威	丹麦	英国	加拿大(魁北克省)
制度改革时间	2009 年	2000 年	2003 年	2000 年	2008 年
项目审批部门	发改委	财政部	交通部	重大项目管理局(MPA)	公共设施管理局(SQI)
概(预)算决策部门	发改委(或发改委委托项目主管部门)	议会	议会	财政部	财政部
建设单位性质	国有企事业单位	政府工程管理局	政府工程管理局	政府工程管理局	政府工程管理局
审批项目类别	所有类别	所有类别	交通工程	所有类别	基础设施工程

续 表

类型	中国	挪威	丹麦	英国	加拿大（魁北克省）
审批项目规模	政府预算内投资3 000万元以上，以及需要跨地区、跨部门、跨领域统筹的项目（国家发展和改革委员会，2014）（RMB）	750百万挪威克朗（NOK）	250百万丹麦克朗（DKK）	满足重大工程条件	50百万加元（CAD）
公私合营情况	鼓励，较少	无	无	鼓励，较多	鼓励，较多
批复概（预）算①	审定概算②	P85③	审定预算＋20％成本超支率④	审定预算＋补充预算	审定预算＋补充预算⑤
目标概（预）算	审定概算	P50	审定预算＋10％成本超支率	审定预算＋补充预算	审定预算
审批关口	35个⑥	2个	2个	5个	5个

---

① 批复概（预）算，一般是指审批部门批复给项目主管部门的项目总成本费用。目标概（预）算是指项目主管部门批复给建设单位的项目成本费用。当建设单位负责工程成本超过的目标概算时，需要得到主管部门的同意，才能使用额外的批复概算。

② 审定概算，是指按照原审批制度的最终批复概算。

③ P85是指参照挪威类似已完工程，该项目有85％可能完成的预算。P50是指参照类似已完工程，该项目有50％可能完成的预算（Samset and Volden, 2013）。

④ 参照丹麦类似已完项目，丹麦政府公共工程的平均成本超支率约为30％（Danish Ministry of Transport and Building, 2015）。这里20％成本超支率和10％成本超支率，是将平均成本超支率30％在项目主管部门和建设单位之间按照2∶1进行分配，并且项目主管部门掌握的20％成本超支率可以在该部门所管理的多个项目之间转移支付。

⑤ 补充预算是指参照加拿大（魁北克省）的类似已完工程的平均超支成本率，该项目应当补充的预算成本。如果建设单位负责工程成本超过的目标预算时，需要得到主管部门的同意，才能使用额外的批复预算。

⑥ 按照基本建设程序，我国政府工程项目从策划、评估、决策、设计、施工到竣工验收、投入生产或交付使用的整个建设过程中，各项工作都需要政府部门审批。即使是最一般的建设工程，也至少需要35个审批程序（郭劢，2013）。

因此,从表 5.9 中可以看出,我国与 4 个发达国家的概(预)算审批制度的不同之处有以下 4 点。

第一,概(预)算决策部门不同。我国政府工程的概(预)算是由发改委(或发改委委托项目主管部门)进行决策,而 4 个发达国家的概(预)算是由议会或者财政部决策。

第二,建设单位性质不同。我国政府工程的建设单位一般属于国有企事业单位性质,而 4 个发达国家的建设单位属于政府部门性质。

第三,审批关口不同。我国政府工程的前期审批关口多达 35 个(郭劼,2013),4 个发达国家的审批关口在 2~5 个之间。

第四,批复概(预)算与目标概(预)算的区别。我国政府工程的批复概算与建设单位的目标概算是相同的,而有 3 个发达国家的批复预算都比目标预算要高。

5.3.2 概算审批制度的改革框架与实施方案

1)改革原则与改革框架

在上面概(预)算审批制度 4 点不同之处中,前面 3 点都涉及政府工程的组织和审批程序,第 4 点涉及批复概算分配。在概算审批制度改革原则上,本文参照挪威财政部"(尽管处境困难)一切照常"(business as usual)的原则(Samset 和 Volden,2016),即尽量不改变原审批制度的组织机构和审批程序。

在改革原则指导下,本节主要根据第 4 点不同之处,即参照发达国家对批复概算与目标概算的区别,提出我国概算审批的改革框架模型,如图 5.11 所示。其中,RC_{1A} 为建设单位上报投资估算,RC_{1B} 为发改部门批复估算,RC_{2A} 为建设单位上报投资概算,RC_{2B} 为批复概算(项目主管部门负责),TC_{2B} 为目标概算(建设单位负责),RC_{2B} 与 TC_{2B} 之间的差值为项目风险预备金(CR)。

本文概算审批制度改革框架背后的理论思路,是将批复概算(RC_{2B})与目标概算(TC_{2B})进行区别对待,其中批复概算由项目主管部门负责,而目标概算由建设单位负责。一旦建设单位的决算成本超过目标概算时,需要得到主管部门的同意,才能使用目标概算之外的批复概算。批复概算与目标概算之间的差值相当于是由项目主管部门掌握的风险预备金(CR),如图 5.11 所示。这样区别对待批复概算与目标概算的制度安排,可以激励建设单位以目标概算作为投资控制目标,从而激励建设单位在实施阶段采用更有效的手段进行投资控制,提高投资资金使用效率。这样的概算审批制度安排,避免了传统审批制度下建设单位高估概算后没有动力在实施阶段进行投资控制的制度漏洞。由于不需要改变传统审批制度的组织机构和审批程序,本文提出的概算审批制度改革框架提供了一种实施阻力较小的改革路径。

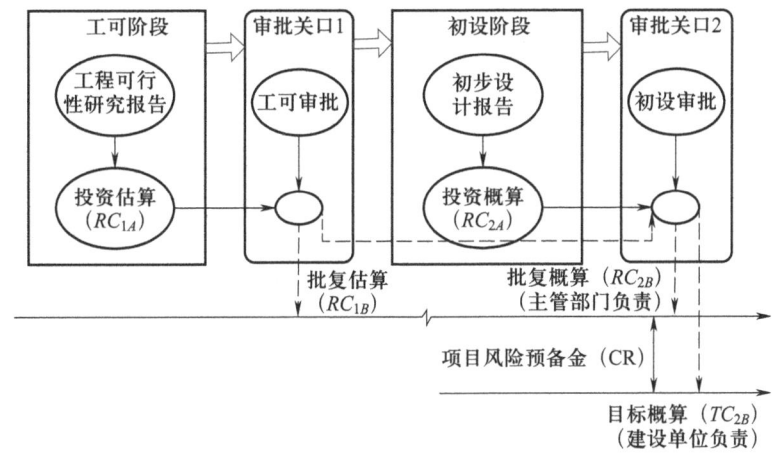

图 5.11　我国政府工程概算审批制度改革框架

2)"三步走"改革实施方案

在"区分批复概算与目标概算"的改革框架指导下,基于项目主管部门和建设单位对超概的不同风险态度,可以得到不同的概算审批制度改革实施方案。这里假设项目主管部门的可接受超概风险为 $i\%$,建设单位的可接受超概风险为 $j\%$,其中 $i\% < j\%$,表示主管部门的风险态度更为保守。根据 RCF 投资审查方法,已知超概风险($i\%,j\%$),可得到对应的批复概算(RC_{2B})和目标概算(TC_{2B})。

已有研究表明(Curran 等,2008;Samset 和 Volden,2013),对于一般政府工程项目,较理想的实施方案是:项目主管部门可接受超概风险较保守宜取 20%,建设单位可接受超概风险宜取 50%。但是,这种较理想的改革实施方案需要有一定的数据积累和风险分配经验作为支撑,直接用于改革实施难度大。因此,为实现改革方案的理想效果,在考虑改革方案的实施难易程度、数据积累与风险分配经验、风险预备金的设置对象(单个项目还是项目组合),借鉴加拿大(魁北克省)、挪威和丹麦的审批制度改革方案,提出一个"三步走"改革实施方案安排,如图 5.12 所示。其中,RC_{2B}^* 为按照传统审批制度的原批复概算,$TC_{2B}^{P_{50}}$ 表示将可接受超概风险为 50% 下的概算审查结果[$RC_{2B}^**(1+\Delta U_{50})$]作为目标概算,$RC_{2B}^{P_{20}}$ 表示将可接受超概风险为 20% 下的概算审查结果[$RC_{2B}^**(1+\Delta U_{20})$]作为批复概算。$\Delta U_i$ 表示在超概风险为 $i\%$ 下需要增加或减少的概算百分比,如 ΔU_{50} 表示在超概风险为 50% 下需要增加或减少的概算百分比,ΔU_{20} 表示在超概风险为 20% 下需要增加或减少的概算百分比。

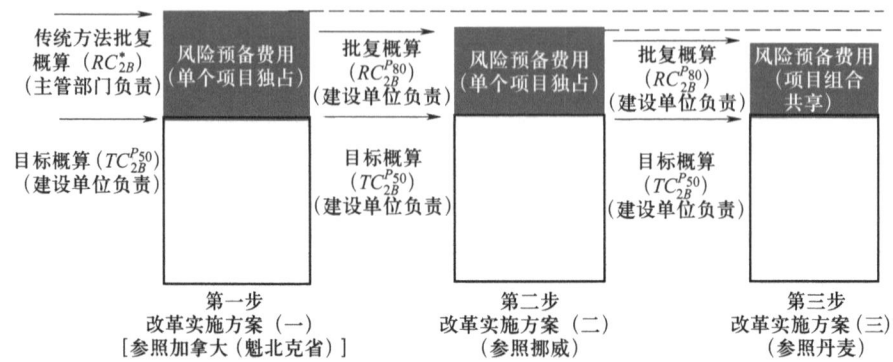

图 5.12　我国政府工程概算审批制度的"三步走"改革实施方案

第一步,改革实施方案(一)。方案(一)是参照加拿大(魁北克省)的改革方案,该方案最为简单,直接将传统方法原批复概算(RC_{2B}^*)作为批复概算(项目主管部门负责),将可接受超概风险为 50% 下的概算审查结果 $[TC_{2B}^{P_{50}} = RC_{2B}^* * (1 + \Delta U_{50})]$ 作为目标概算(建设单位负责)。将两者的差值($-RC_{2B}^* * \Delta U_{50}$)作为单个项目的风险预备金(主管部门负责)。当建设单位的决算成本超过目标概算时,需要得到主管部门的同意,才能使用风险预备金。第一步所采取的方案(一)最为简单,只需要在建设单位按原审批程序审查概算后,再利用 RCF 审查模型设置一个建设单位的合理目标概算。

第二步,改革实施方案(二)。方案(二)是参照挪威的改革方案,在方案(一)实施并积累了一定数据和风险分配经验后,将可接受超概风险 20% 下的概算审查结果 $[TC_{2B}^{P_{80}} = RC_{2B}^* * (1 + \Delta U_{20})]$ 作为实际批复概算,将可接受超概风险为 50% 下的概算审查结果 $[TC_{2B}^{P_{50}} = RC_{2B}^* * (1 + \Delta U_{50})]$ 作为目标概算。将批复概算与目标概算之间的差值 $[RC_{2B}^* * (\Delta U_{20} - \Delta U_{50})]$ 作为单个项目的风险预备金(主管部门负责)。当建设单位的决算成本超过目标概算时,需要得到主管部门的同意,才能使用风险预备金。与方案(一)相比,方案(二)不仅将目标概算合理化,还将批复概算也合理化了,从而使得单个项目所需的风险预备金更少更合理。

第三步,改革实施方案(三)。方案(三)是参照丹麦的改革方案,与"第二步"一样,在方案(二)实施并积累了更多数据和风险分配经验后,将可接受超概风险 20% 下的概算审查结果 $[TC_{2B}^{P_{80}} = RC_{2B}^* * (1 + \Delta U_{20})]$ 作为实际批复概算,将可接受超概风险为 50% 下的概算审查结果 $[TC_{2B}^{P_{50}} = RC_{2B}^{*} * (1 + \Delta U_{50})]$ 作为目标概算。只是批复概算与目标概算之间的差值不再作为单个项目的风险预备金,而是从项目组合的角度设置一个共同的项目组合风险预备金。将项目主管部门管理的同类政府工程视为一个项目组合,根据投资项目组合的风险分散功能(Markowitz,1952),项目组合内不同项目之间具有风险抵消作用,项目组合所需的风险预备金相对于组合内所有项目风险预备金之和要小。因此,从项目组合的角度设置一个共同的项目组合风险预备金,既可以起到改革框架中的激励作用,又能够减少整个项目组合所需的总风险预备金,从而提高资金利用率。

5.4 本章小结

本章首先利用委托—代理关系理论模型分析概算审批制度"不当激励"作用的发生机理,提出"概算审查方法改进"和"概算审批制度改革"两个方面的前期对策。

第一,在概算审查方法改进上,验证了类比统计估算法(RCF 方法)可以改善我国传统方法概算预测的准确性,并基于 RCF 改进政府工程投资(包括概算)审查方法,减少审批部门与建设单位之间的信息不对称程度。

第二,在概算审批制度改革上,借鉴 OECD 四个发达国家应对审批制度"不当激励"作用的改革经验,从区分批复概算与目标概算的角度,结合 RCF 审查方法,提出我国政府工程概算审批制度的改革框架与实施方案。这样的概算审批制度改革安排,促使建设单位与审批部门的目标利益保持一致,避免了传统审批制度下建设单位投资控制动力不足的制度漏洞。由于不需要改变原审批制度的组织机构和审批程序,本文提出的改革方案为概算高估问题提供了一种实施阻力较小的改革路径。

从现实经济意义上看,若本文提出的对策能从根本上解决我国政府工程概算高估问题,将节约大量的国有固定资产投资资金。相对于全国 2017 年 23.36 万亿元的国有控股的固定资产投资,按照保守的风险态度(20% 可接受的超概风险),在项目前期阶段就可以节约 4 399.79 亿元(占 2017 年 GDP 的 0.54%);按照中立的风险态度(50% 可接受的超概风险),在项目前期阶段就可以节约 28 411.16 亿元(占 2016 年 GDP 的 3.46%)。这些节约的概算投资可以用于启动和建设更多的基础设施工程,从而更好地支撑我国稳增长、调结构、全面建成小康社会与建成社会主义现代化强国的宏伟战略目标。

第6章 概算合理化后的实施期对策

第3章发现我国政府工程存在系统性的概算高估问题,会使得建设单位投资控制目标偏高,建设单位没有动力在实施阶段进行严格的投资控制。站在建设单位的角度,当按照第5章的概算高估前期对策,通过审批部门将政府工程高估的概算降低到合理化水平概算目标后,建设单位投资控制目标的变化,必定会引起实施阶段投资控制行为的变化。因此,本章将首先对大型政府工程在实施阶段投资控制方法存在的薄弱环节进行总结,并提出建设单位在每个子阶段需要考虑的问题。在此基础上,针对实施阶段投资控制的薄弱环节,从合同激励、进度与投资联合总控的角度,在三个子阶段提出提高建设单位投资控制效率的实施期对策。

6.1 实施阶段投资控制的薄弱环节及问题

按照"1.3.1"节对前期阶段的定义相衔接,本章的实施阶段是指初步设计批复以后,包括招投标及合同签订、施工图设计、工程施工、竣工验收阶段以及运营准备阶段等子阶段,如表6.1所示。

表6.1 政府工程阶段划分

项目前期决策阶段			项目实施阶段					保修运营阶段	
预可行性研究(项目建议书)	工程可行性研究	初步设计	施工图设计	招投标及合同签订	施工前准备	施工	竣工验收	运营准备	保修阶段	保修期结束
	(预可批复)	(工可批复)	(初设批复)						(开始运营)	

目前在项目实施阶段的投资控制方法中,各个子阶段都有不同的投资控制技术方法,存在一些薄弱环节及问题。

6.1.1 施工图设计阶段的投资控制薄弱环节及问题

由于工程项目投资控制的重点在于设计阶段,包括初步设计和施工图设计,是一个不断深化的过程(丁士昭和杨胜军,2015)。在政府现行工程管理体制下,决策部门以初步设计图纸确立概算,部分施工工艺、材料用量、设备品牌等尚无法确定。只有到了施工图设计阶段,才能最终确定项目的施工工艺、材料设备等技术细节性内容。在初设的目标概算条件限制下,做好施工图设计阶段的投资控制工作,对于实现目标概算有着决定性的意义。施工图设计的投资控制方法主要包括限额设计和价值工程,在技术经济分析基础上确定施工技术方案,控制施工图设计工作的进行(丁士昭,2014)。特别是价值工程,作为一种节约成本、提高功能的管理技术,尤其在政府工程前期设计阶段可以帮助项目最大限度地节约投资、提高价值。虽然价值工程的理论与实践已较为成熟,但价值工程重点在工程最终产品的设计功能与成本价值最大化,对施工图设计的可实施性考虑不足。现有法律框架下,我国绝大多数工程所采用的都是设计、施工相分离的项目交付模式,对施工图设计的易施工性关注不够,施工图设计与工程实施不协调,导致工程实施过程中项目变更较多,不利于实施阶段降低造价与投资控制。

在施工图设计阶段涉及大量的技术决策,对项目投资的影响很大,应充分尊重技术专家(特别是施工单位有丰富施工经验的技术专家)的专业能力。因此,在施工图设计阶段,站在建设单位角度,需要考虑如下问题:在现行政府工程管理框架下,如何将施工单位的专业能力引入施工图的深化设计中,在促进设计与施工更加协调的同时,又达到减少施工单位在施工过程中的策略性变更的目标?

6.1.2 招投标及合同签订阶段的投资控制薄弱环节及问题

工程项目招标及合同签订的结果,直接决定承发包合同价格的高低,对于工程项目的投资控制具有重要影响。目前政府工程已经基本全面实现公开招投标方式,采用工程量清单计价,保证了公开公平和有效竞争环境,有利于建设单位取得有竞争性的报价。建设单位通过对招标采购方案的设计,使得投标风险透明和最小化,可采购到质优价廉的产品和服务。

当前各地政府工程中使用的经评审合理低价法,普遍存在着"低价中标、高价结算"的不正常现象,目前流行的一句话生动地描绘了该现象:"低价中标占领市场,高价索赔赢得利润"(何阳斌和邓佳丽,2017)。建筑施工企业大部分都是在最大限度让利后中标的,这就造成了结算时想尽一切办法多要一点,结算常常会遇到此类纠纷。"低价中标、高价结算"暴露出建设工程的一些表面问题(严晓芳,2010):①中标人以显著低于其他投标报价中标。其报价通常接近投标人成本价,有的甚至低于成本价。②施工图设计图纸不科学、不完整,为二次设计或深化设计埋下隐患,造成工程在工程实施过程中,设计变更和工程量变更较大。③招标人与中标人在合同中未对设计、工程量变更作严格细致的明确规定,增加了设计变更、工程量增加的随意性。透过以上表面问题,更深层次则反映出,要达到低价中标、高价结算的目的,中标施工单位要具备较高专业素质,具有较强成本控制能力,熟知工程设计与造价管理,还要了解招标单位、监理单位的内部管理,并具备较强的公关能力,准确找到实现自身目的的突破口,为实现低价中标、高价结算作好铺垫。

为避免"低价中标"带来的重价格轻质量恶性竞争问题,相关部门对部分招投标相关法律法规进行了修订,比如 2017 年财政部修订的《政府采购货物和服务招标投标管理办法》,发改委修订的《招标投标法》及《招标投标法实施条例》。但是,以上法规修改只解决了低价中标带来的恶性竞争问题,并没有真正解决"高价结算"问题,因为高价结算的原因不只是低价中标引起的(伍传高,2016)。"高价结算"实质上反映出,当前政府工程建设单位与施工单位的合同方式,客观上存在鼓励施工单位钻营不合理索偿来获得不当利益,以增加施工结算收入。建设单位和施工单位对于工程变更的信息和能力不对称,经验丰富的施工单位对工程实施中发生变更的可能性有充分的预计,施工单位也更善于操作工程变更和合同索赔,甚至一开始就会制定变更索赔计划。

目前审计报告结果所发现的问题集中两个方面:①建设单位超付个别单项结算费用问题。该问题反过来也说明了现行政府工程概算高估问题的客观存在,当概算高估在前期降低到合理化水平概算目标后,建设单位超付个别单项结算费用自然会得到解决。②设计变更与现场签证增加工程量问题。该问题主要是施工单位现场变更索赔导致的费用增加,审计中发现不少施工单位企图通过变更虚增高估结算费用,审计主要工作就是审计施工结算中的变更费用合理性。

从上面施工单位"高价结算"和审计报告发现问题来看,目前政府工程建设单位与施工单位的合同方式,客观上存在鼓励施工单位钻营不合理索偿来获得高价结算,建设单位投资控制的难度高。可以预见,当政府工程概算合理化后,在当前的合同激励方式下,建设单位与施工单位的这种关于变更及索赔的博弈必将更为激烈。因此,在招投标及合同签订阶段,站在建设单位的角度,需要考虑如下问题:如何改变施工合同激励方式,抑制施工单位钻营不合理变更索赔获取高价结算的动机,从而降低建设单位投资控制难度?

6.1.3 施工准备及施工阶段的投资控制薄弱环节及问题

工程中一般按照施工单位实际完成的工程量,来确定施工阶段发生的工程费用。因此,控制施工阶段的投资,应以施工图预算和工程承发包合同价格为目标,对工程计量、工程变更进行控制,辅以工程索赔管理等方法。从审计单位的审计报告结果可以看出,施工阶段的现场变更签证是主要问题之一。因此,加强施工阶段的投资控制,关键还在于加强工程承包合同外变更控制的方法,加强动态投资控制。

在国外政府工程项目管理中,投资控制和资金的使用一直都是业主最关心的。而在国内,大中型政府工程实施阶段的建设中,进度仍然是最主要的矛盾,有时甚至作为一项政治任务。通过引入项目总控,贾广社等在大型工程(特别是机场类工程)中实践的进度总控及其改进方法(贾广社和牟强,2017,2018a,2018b),无论在前期、实施阶段和运营准备阶段总进度控制都已取得很好效果。对于政府投资的大型工程[①]来说,目前施工准备阶段存在总投资计划与总进度计划脱节的问题,施工阶段存在总投资控制与总进度控制不协调的问题。因此,在施工阶段,站在建设单位的角度,需要考虑如下问题:当我们把概算合理化后,如何在进度总控的基础上加强投资总控?

通过对当前我国政府工程在实施阶段的投资控制方法的评述,针对薄弱环节及问题,下面主要从 3 个方面加强建设单位的投资控制。

第一,在施工图设计、招投标及合同签订阶段,将建设单位与施工单位投资控制的合同激励拓展到施工图设计阶段,建立工程实施期施工图预算的"两阶段合同激励模型",减少施工单位在施工阶段的策略性变更,改变施工单位与建设单位在工程变更上的利益冲突关系,从而解决施工单位"低价中标—高价索赔"的问题。

---

① 对于一般中小型工程来说,由于其投资规模小、技术简单、利益相关者较少,在施工阶段采取一般的投资控制方法(工程变更控制和工程索赔管理等)已经能满足要求,因此本章讨论施工阶段的投资控制方法,主要以大型工程为讨论对象。

第二，在施工准备阶段，基于总进度计划构建大型工程总投资配置计划，为建设单位最高决策层提供总进度和总投资联合监控的基准和依据。

第三，在施工阶段，在进度总控实践基础上建立大型工程投资总控模型，以改进后大型项目 EVM 方法作为信息处理工具，实现进度与投资的联合总控。

6.2 大型工程施工图预算的"两阶段合同激励模型"

6.2.1 传统单阶段合同激励方式的局限

在实践中，建设单位与施工单位常用的合同计价方式有三种，包括总价合同、单价合同与成本补偿合同（全国一级建造师职业资格考试用书编写委员会，2014）。深圳政府工程的审计报告反映出不少施工单位企图通过变更虚增高估结算费用，导致现场变更与现场签证工程量增加的问题。从审计报告中政府工程采用的合同计价方式来看，除了固定总价合同，在其余传统合同计价方式下，施工单位在结算时总会想尽一切办法尽量多地高价索赔，从而赢得更多利润。虽然固定总价合同可以大大减少承包商的策略性变更索赔的机会，但固定总价合同一般只适用于施工图设计已完成、施工任务和范围比较明确、工期较短的中小型工程，不利于施工图设计过程中吸收施工单位意见，也不适用于环境影响大、工期长、项目变更多、范围不完全清楚的大型工程（张海燕和章丽丽，2005）。若在大型工程中使用固定总价合同方式，工程变更和不可预见的困难常常会引起合同双方的纠纷，最终导致其他费用的上升（全国一级建造师职业资格考试用书编写委员会，2014）。因此，当前我国大型工程所使用的合同计价方式，客观上存在激励施工单位在施工过程中钻营不合理索赔获取高价结算的条件，导致建设单位投资控制难度大。

现有建设单位与施工单位之间投资控制的合同激励方式，多采用成本加酬金激励合同及其改进方式，一般包括以下 4 种：百分比酬金、固定酬金、激励酬金和目标成本加奖励合同方式。如表 6.2 所示，百分比酬金与固定酬金合同方式对施工单位没有节约成本的激励作用，而激励酬金与目标成本加奖励合同方式对承包商有一定的成本节约激励作用。但前面 3 种合同激励方式（包括百分比酬金、固定酬金、激励酬金）一般适用于抢险救灾等工期特别紧或研究开发性工程，目标加奖励合同则适用于一般工程（刘洋，2014）。因此，在一般非紧急情况或非开发研究性大型工程中，使用最多的是目标加成本奖励合同。

表 6.2 传统合同激励方式对比分析[①]

	百分比酬金	固定酬金	激励酬金	目标成本加奖励
公式	$C=C_A\times(1+p)$	$C=C_A+F$	$C=C_A+F\pm\Delta F$	$C=C_A+(C_O-C_A)\times(1+p_O)$
适用范围	抢险救灾等工期特别紧或研究开发性的工程项目			一般工程项目
施工单位节约成本动力	无	无	较高	较高
建设单位投资控制难度	最高	高	较高	中

目标成本加奖励合同,即建设单位与施工单位之间约定好投资控制的目标成本(C_O),当目标成本高于实际成本时($C_A<C_O$)时,双方按照合同约定的分配百分比(或分成比例)分享成本节约额;当目标成本低于实际成本时($C_A>C_O$)时,同理按照合同约定的分配百分比承担成本超值额(俞素平,2007)。刘俊颖等(2009)指出虽然目标成本加奖励合同弥补了传统成本加酬金激励合同的部分缺陷,但建设单位仍然承担了较大的成本风险。若目标成本和分成比例定得太高,建设单位承担了较大成本风险。特别是在我国大型工程施工图设计与工程实施不协调、项目变更较多的情况下,会导致施工单位机会成本(钻营变更索赔所获收益)较大,即使建设单位采用较高目标成本和分成比例,也很可能难以满足施工单位的期望。若分成比例太低,施工单位从建设单位获得奖励(或酬金)小于其机会成本时,易引起施工单位利用信息不对称引发道德风险行为,对施工单位起不到应有的激励作用。此外,澳大利亚(墨尔本市)财政部也指出目标成本加奖励合同的缺陷(Wood 和 Duffield,2009),在确定目标成本(C_O)过程中,价格竞争不适用于双方协作过程,导致拥有更多成本信息和专业能力的施工单位自然要求更高的目标成本,不利于建设单位进行投资控制。Berends(2006)、Nichols(2007)、Davis 等(2008)、Tamburro 和 Wood(2014)等的相关研究也都证实了这一点。Chan 等(2010)对工程实践中采用目标成本加奖励合同的风险与难点进行实证研究中,指出"业主(建设单位)最

[①] C 为施工合同总成本,C_A 为施工结算实际成本,p 为百分比酬金合同方式约定的固定酬金百分比,F 为固定酬金合同方式约定的固定酬金,ΔF 为激励酬金合同方式约定的浮动酬金,C_O 与 p_O 为目标成本加奖励合同方式约定的目标成本与酬金分配百分比。

担心的是招到没有经验能力或恶意索赔的承包商",该合同激励方式适用于建设单位与施工单位整体项目管理能力和行业诚信履职水平较高的地区。在我国建设单位与施工单位的项目管理能力参差不齐、建设行业诚信制度不健全背景下,显然目标成本加奖励合同尚不适用于我国政府工程。

综上所述,传统合同激励方式本质上都属于单阶段(施工阶段)合同激励方式,主要是激励施工单位在施工阶段采取措施控制成本、节约投资。由于当前我国大型工程施工图设计与工程施工不协调、实施工程中变更较多的特点,传统合同激励方式只是侧重施工阶段的投资控制合同激励,建设单位与施工单位在工程变更上存在较大利益冲突关系,客观上存在激励施工单位钻营不合理变更索赔获取高价结算,因而对施工单位起不到鼓励节约成本的效果,传统合同激励方式的激励效果往往失效。

6.2.2 施工图预算的"两阶段合同激励模型"

针对施工单位钻营不合理变更索赔获取高价结算的问题,本文将建设单位与施工单位投资控制的合同激励拓展到施工图设计阶段,建立工程实施期的施工图预算"两阶段合同激励模型"。第一阶段为:在施工图设计阶段,通过设置合同激励条款和改进施工图审查方式,激励施工单位将专业能力和施工经验引入施工图深化设计中,促进施工图设计与工程实施的协调性,提高易施工性,减少施工单位在施工阶段的策略性变更。第二阶段为:通过设置施工阶段合同激励条款,改变施工单位与建设单位在工程变更上的利益冲突关系,抑制施工单位企图从不合理变更中获取高价结算的动机,以此降低建设单位控制投资的难度,如图6.1所示。本节先从建设主管部门的施工图审查改革出发,再从施工图设计、招标及合同签订阶段和施工阶段分别阐述该激励模型的内容。

首先,对施工图设计审查进行改革,将施工图审查分为施工图初步审查和施工图深化设计全面审查两个步骤。①施工图初步审查:首先,建设单位负责完成施工图设计,该施工图设计深度一般满足招标要求和标准强制要求。其次,由建设单位上报建设主管部门进行施工图设计初步审查,审查主要满足招标要求和标准强制要求,主管部门施工图设计初步审查后确定施工图批复预算(TC_{3A})。最后,由于利用第5章基于RCF审查方法已经将目标概算合理化了,并且目标概算(TC_{2B})是在初步设计阶段确定作为建设单位投资控制的依据,具体见图5.11。因此,在目标概算(TC_{2B})指导下确定的施工图批复预算(TC_{3A})是施

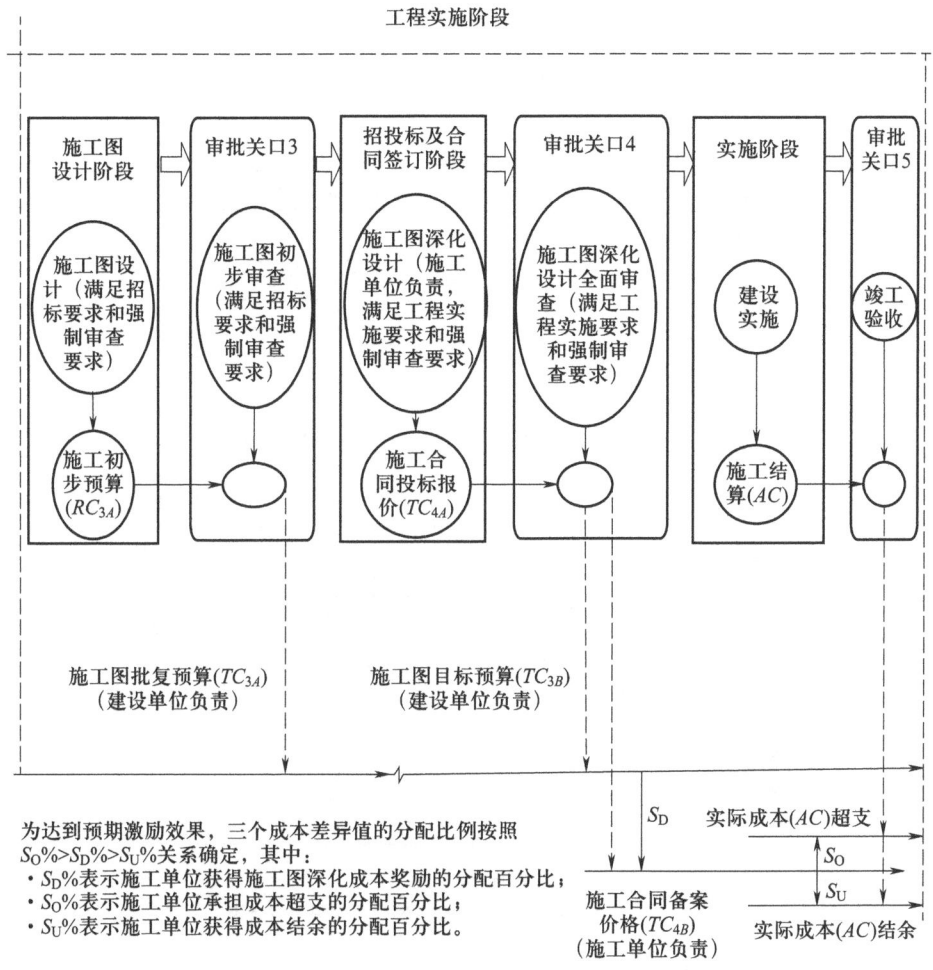

图 6.1 大型工程施工图预算的"两阶段合同激励模型"

工图设计阶段确定的建设单位投资控制的依据。②施工图深化设计全面审查:首先,由建设单位将施工单位引入施工图深化设计中,与设计单位共同完成施工图深化设计,目的是促进施工图设计与工程实施的协调性,提高易施工性,减少后期变更。其次,由建设单位上报建设主管部门进行施工图深化设计全面审查,审查不仅满足标准强制要求,还要满足工程实施要求。

以施工图审查改革为基础,如图 6.2 所示,按照两部分阐述"两阶段合同激励模型"的内容。

第一阶段,在招投标及合同签订阶段:首先,建设单位根据施工图批复预算(TC_{3A}),确定施工图目标预算(TC_{3B})。施工图目标预算(TC_{3B})是建设单

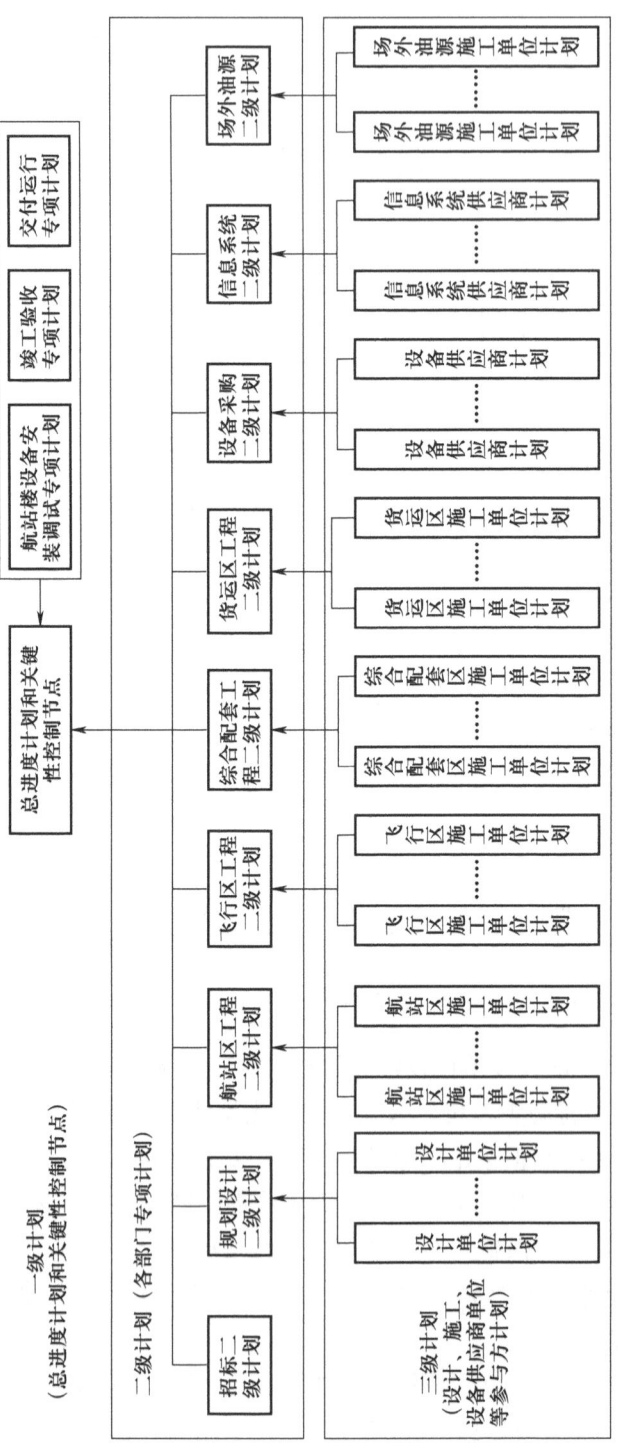

图 6.2 总进度计划在进度计划系统中的地位与作用

位在招投标时对投标施工单位要求的投标报价上限,为保证激励效果,[①]这里取 $TC_{3A}=TC_{3B}$。其次,与传统招投标过程不同,该阶段将施工单位的专业能力和施工经验引入施工图深化设计中,施工单位根据施工图初步审查后的图纸进行深化设计,并鼓励施工单位根据其深化施工图设计报出一个比施工图目标预算(TC_{3B})更低的投标报价(TC_{4A}),建设单位根据投标报价(TC_{4A})和施工图深化设计质量作为确定中标单位的依据。此外,招投标的时间将被延长,给予投标施工单位充分的时间进行施工图深化设计、现场踏勘、成本预算等。在施工图深化设计及招投标中,施工单位与建设单位约定施工合同投标报价(TC_{4A})与施工图目标预算(TC_{3B})之间成本差值的分配百分比($S_D\%$,如 60%),作为施工单位深化施工图设计工作的奖励(W_D),那么有:

$$W_D=(TC_{3B}-TC_{4A})\times S_D\% \tag{6.1}$$

该成本奖励(W_D)份额必须足够大,目的是促使施工单位在施工图深化设计中寻求更经济有效的解决方案,因为在施工图深化设计阶段影响成本的可能性比施工阶段更大。接着,中标施工单位与建设单位签订施工合同,在签订合同期间,双方可以协商采纳其他未中标施工单位施工图深化设计工作的部分建议,其他未中标施工单位施工图深化设计工作建议若被采纳,由建设单位给予对应的咨询服务费用。最后,将中标施工单位与建设单位所签订施工合同价格到建设主管部门备案,形成施工合同备案价格(TC_{4B})。为简化分析,这里假定投标报价(TC_{4A})与备案价格(TC_{4B})相等。将 $TC_{4A}=TC_{4B}$ 代入公式,于是有:

$$\begin{aligned}W_D&=(TC_{3B}-TC_{4A})\times S_D\%\\&=(TC_{3B}-TC_{4B})\times S_D\%\end{aligned} \tag{6.2}$$

第二阶段,在施工阶段:工程施工结算或竣工验收后,建设单位将施工单位的实际施工成本(AC)与合同备案价格(TC_{4B})进行比较,一般有两种情况。

情况 1:当实际成本(AC)超过合同备案价格(TC_{4B}),即 $AC-TC_{4B}>0$,按照约定分配百分比($S_O\%$,比如 70%)确定施工单位承担成本超支额(W_O),那么有:

$$W_O=(AC-TC_{4B})\times S_O\% \tag{6.3}$$

这里故意将成本超支的分配百分比($S_O\%$)设置大于施工图深化阶段获得

---

① 在刚开始利用"两阶段合同激励模型"时,在模型实际应用效果数据积累尚不充分情况下,为保证施工图深化及招标中约定的奖励足够高,建议直接将批复预算(TC_{3A})作为目标预算(TC_{3B}),从而吸引具有足够能力和施工经验的施工单位参与深化设计与招投标。

奖励的分配百分比（$S_O\%$）更大，从而鼓励施工单位对其投标报价负责，防止"低价中标—高价索赔"问题。

情况 2：当实际成本（AC）低于合同价格（TC_{4B}）时，即 $AC-TC_{4B}<0$，按照约定分配百分比（$S_U\%$，比如 50%）确定施工单位分享的成本结余（W_U），那么有：

$$W_U=(TC_{4B}-AC)\times S_U\% \tag{6.4}$$

这里的成本结余的分配百分比（$S_U\%$）故意比施工图深化阶段获得奖励的分配百分比（$S_D\%$）更小，从而激励施工单位通过深化设计降低施工合同报价作为增加收益的主要手段。

总的来说，为达到预期激励效果，逻辑上要求以上三个成本差异值的分配比例按照 $S_O\%>S_D\%>S_U\%$ 确定，实现两个激励效果：（1）施工单位承担的成本超支的分配百分比（$S_O\%$）比施工图深化设计获得奖励的分配百分比（$S_D\%$）更大，由于施工单位投标报价（TC_{4A}）越低，虽然施工单位会获得施工图深化设计奖励越高，但反过来施工单位会为成本超支，实际成本（AC）大于施工合同备案价格（TC_{4B}）承担更高的成本风险，从而鼓励施工单位对其投标报价负责，防止"低价中标高价索赔"问题。（2）施工图深化设计获得奖励的分配百分比（$S_D\%$）比成本结余的分配百分比（$S_U\%$）更大，由于施工单位投标报价（TC_{4A}）越高，虽然施工单位可以获得的成本结余奖励也越高，但施工单位将失去获得更高的施工图深化设计奖励，避免"目标加奖励合同模式"的高目标成本缺陷，从而鼓励施工单位通过深化设计降低施工合同报价作为增加收益的主要手段。因此，按照"两阶段合同激励模型"的安排，逻辑上可以激励施工单位将专业能力和施工经验引入施工图深化设计中获取奖励，避免低于合理成本价"低价中标高价索赔"问题发生，鼓励施工单位遵守承诺。

此外，将"5.2.1"提出的政府工程前期审批制度改革框架模型（图 5.11），与本章提出的大型工程实施期施工图预算"两阶段合同激励模型"（图 6.2）结合起来，可以形成政府工程投资控制全生命周期激励模型，见附录 B 所示。

6.3 基于总进度计划的大型工程总投资配置

当前大型工程的总投资配置安排与总进度计划脱节，无法为工程实施过程中各阶段的投资评估与支付管理提供适时动态的数据支持，对工程管理者在工程总投资的动态监控带来了障碍（丁士昭和杨胜军，2015）。在实践中，当前政府工程的投资计划安排做法,一般是按建设工期对总投资进行年度比例划分。比如,某机场扩建工程计划4年内完成,建设期内工程投资比例为:第1年15%,第2年30%,第3年30%,第4年25%。该投资计划方法简单但太粗略,没能将工程进度计划与投资计划相匹配,无法为建设单位提供工程总投资的基准数据支持。现有能在进度计划基础上建立投资计划的工具包括挣值管理(EVM)及其改进方法(高嵩,2012;吴春诚,2007)、建筑信息模型(BIM)(王青薇和张建平,2011;张建平等,2011)等。但大多数主要是从施工单位角度的研究(高嵩,2012;吴春诚,2007;张建平等,2011),只实现了施工进度与施工成本的联合计划与控制。这种施工进度—成本计划都是详细施工图完成才能制定,而大型工程总进度计划一般是在可研或初步设计以后就要完成,尚没有基于总进度计划的投资配置方法。小部分从建设单位角度的研究(王青薇,2011;王青薇和张建平,2011),但其所举工程案例中的进度计划只涉及施工过程各项工作(没有包含设计、招标、调试等其他工作),进度计划属于总进度计划的部分二级或三级计划,投资也只涉及建安工程等实体费用,不能为工程决策者提供总投资在总进度计划上的分布,对总投资的动态监控带来了障碍。

总进度计划是项目最高决策者对工程各阶段过程(包括含可行性研究在内的前期阶段、设计、招投标阶段、建设安装、调试阶段、竣工验收阶段)工作进度计划的总体安排,是工程实施和与外部协调的行动指南,也是各部门和各单位编制下一级进度计划的基础和依据,同时还是工程月度计划编制的依据(贾广社,2003)。大型工程一般有三级进度计划体系,总进度计划在进度计划系统中的地位与作用,如图6.2所示。

因此,按照总进度计划对总投资进行配置,可以得到工程总投资在总进度计划上的分布,为工程实施中各阶段的投资评价、支付管理提供适时的动态数据支持,为工程最高决策者对总进度和总投资的动态联合监控提供基础和依据。下面从进度编码与投资编码的匹配性出发,在子分部工程[①]层面,建立基于总进度计划的大型工程总投资配置模型。然后,以某机场工程航站楼单体项目为例,进行案例应用。

---

① 一般情况下,一个单位工程最多可分为地基与基础、主体结构、建筑装饰装修、建筑屋面、建筑给水排水及采暖、建筑电气、智能建筑、通风与空调、电梯及节能十大分部工程。大型工程的分部工程范围仍然较大,因此本文中所讨论大型工程总进度计划的部分土建工程与建筑设备工程分解到子分部工程。

6.3.1　进度编码与投资编码的匹配性问题分析

我国建设工程的总进度计划是以项目结构编码为基础进行分解编制的，项目结构编码是以部位工程为特点，根据项目实施需要进行统一分解编制。投资计划是以投资编码为基础进行分解编制的，投资编码一般是由地区政府或行业协会制定，以工种工程为特点，用于该地区建设工程统一计费的基础。在项目分解过程中，往往想在进度编码与投资编码之间建立联系（贾广社，2003）。王广斌（1998）在 20 世纪 90 年代指出我国建设工程的投资编码与进度编码不能在一个项目分解层面上建立统一联系，其原因是当时政府工程投资采用的是"量价合一"的概预算定额，概预算定额指标综合程度大较为粗放，进度编码与投资编码不能统一在较小的项目分解单位上。而现在，我国政府工程普遍使用的"量价分离"的定额文件，并且部分概算定额（如机电工程）已经编制到了分项工程层面，为进度编码和投资编码的统一创造了条件。

进度分解结构，是将部位分解与过程分解相结合的编码结构体系，如图 6.3 所示。在进度总控中，总进度计划是工程全过程工作进度计划的总体安排，总进度计划不能太细，一般土建工程及建筑安装工程分解到子分部工程层面，建筑设备系统工程则分解到分项工程层面。

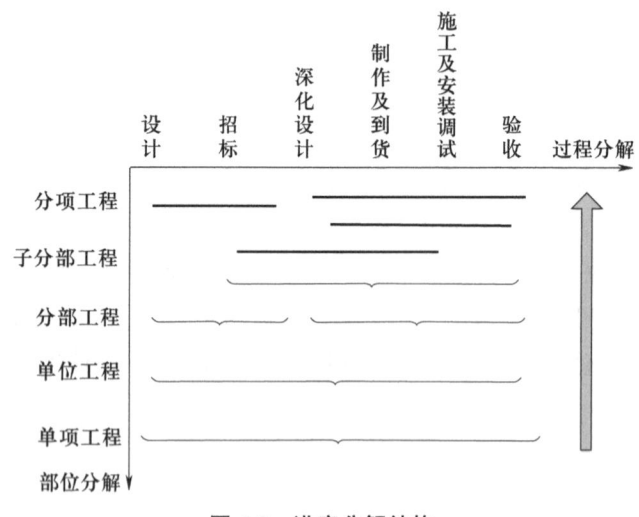

图 6.3　进度分解结构

投资分解结构，是将工种分解和部位分解相结合的编码结构体系，如图 6.4 所示。如图 6.5 所示，我国建设工程静态总投资是由三个部分组成：工程费用、工程建设其他费用和预备费(中国建设工程造价管理协会,2010)。其中,工程费用对应工程实体内容的实物消耗费用(含人、材、机等),一般可以分解到子分部工程层面,工程建设其他费用(包含前期土地征用及拆迁补偿费、各类咨询服务费、勘察设计费等)则根据费用类型不同有不同的分解方式。

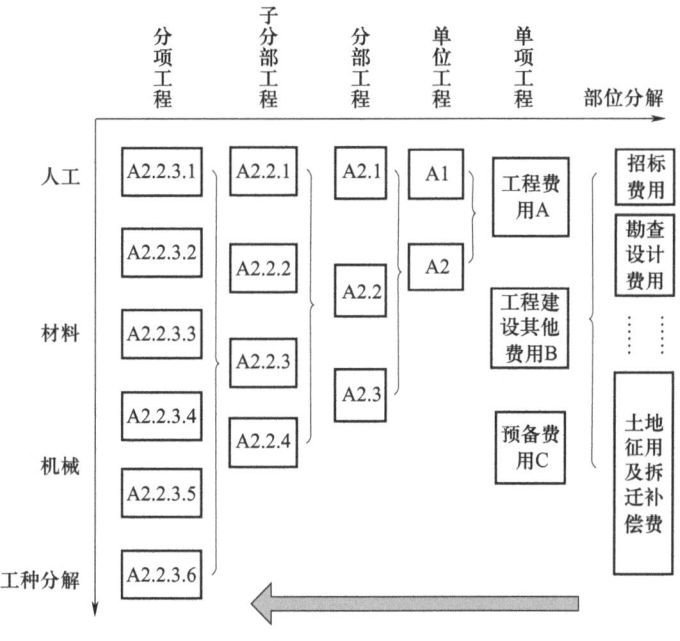

图6.4 投资分解结构及编码

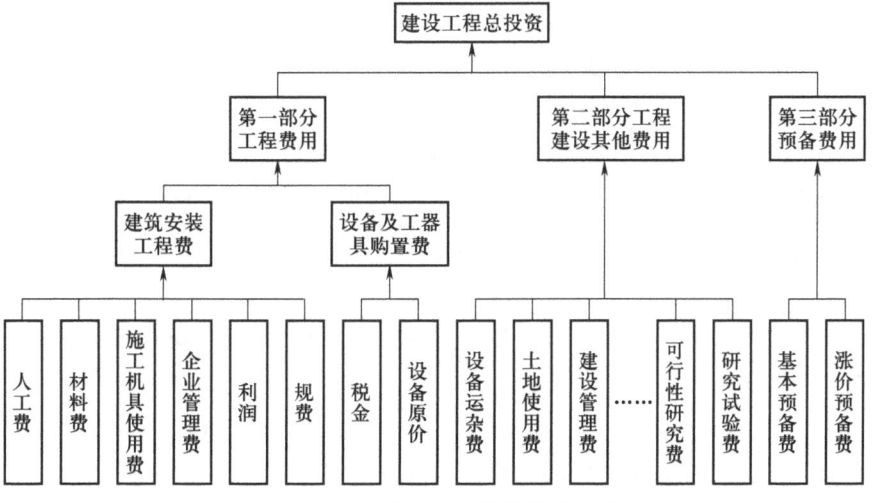

图6.5 我国建设工程静态投资组成

对比进度分解结构与投资分解结构,虽然我们还不能将总进度计划与总投资计划完全统一在分项工程层面,但我们可以将土建及建筑安装工程和设备系统工程的进度计划与工程费用在子分部工程层面相统一。依据现行概算定额计算出来的工程概算,可以给出总进度计划在子分部工程层面的工程费用,但还不能给出每个子分部工程的工程建设其他费用和预备费。因此,要建立基于总进度计划的总投资配置计划,需要将政府工程概算中的工程建设其他费用和预备费分配到分部分项工程层面的进度计划。

6.3.2　工程建设中的其他费用以及预备费分配模型

工程概算书中的工程建设其他费用类型,大部分是以工程费用总额(含建安工程费和设备及工器具购置费)为基数,根据工程复杂程度或规模的不同而取不同费率,如建设单位管理费、可行性研究费等。少部分费用类型是以建安工程费为技术进行计算,比如民航工程中的不停航施工费。在工程概算的工程建设其他费中,绝大多数费用类型都是针对整个工程内容范围收取的,但仍有部分费用是针对特定工程内容范围单独列出的,比如,对应通信工程的管线跟踪测量费、安全生产费,对应燃气工程的压力管道检测费等。因此,按照费用类型所对应的工程内容范围,将工程建设其他费用分为两类,并按照对应的工程内容范围对该类型费用进行分配。

对应整个工程内容范围的费用类型,包括土地使用费、建设单位管理费等。将该类型费用,按照整个工程范围的实体内容,在子分部工程层面进行分配。

对应部分工程内容范围的费用类型,比如通信工程的管线跟踪测量费、安全生产费,按照其所对应的通信工程范围的实体内容进行分配。

在工程概算书中,预备费组成部分基本预备费以及涨价预备费。基本预备费的计算基数是工程费用总额与工程建设其他费用之和,涨价预备费是以建安工程费与设备及工器具购置费之和(即工程费用总额)作为计算基数。因此,对基本预备费的分配首先要在工程费用和建设工程其他费用上进行分配,再将工程建设其他费用按照对应的工程内容范围进行分配。涨价预备费则可以直接分配在整个工程范围的实体内容上进行分配。

比如,某机场工程 A 的工程费用总额为 Y_A,其项目分解结构如图 6.6 所示。其中,工程 A 分解成 m 个分部工程,第 i 个分部工程为 A_i,工程费用为 Y_{Ai}。A_{ij} 表示 A_i 的第 j 个子分部工程,其工程费用为 Y_{Aij}。假定工程建设其他费用为 Y_B,

并将图 6.7 中所列其他费用包含的 q 项费用,分别用 Y_{B1}、Y_{B2}……Y_{Bq} 表示。预备费为 Y_C,Y_{C1} 表示基本预备费,Y_{C2} 表示涨价预备费。

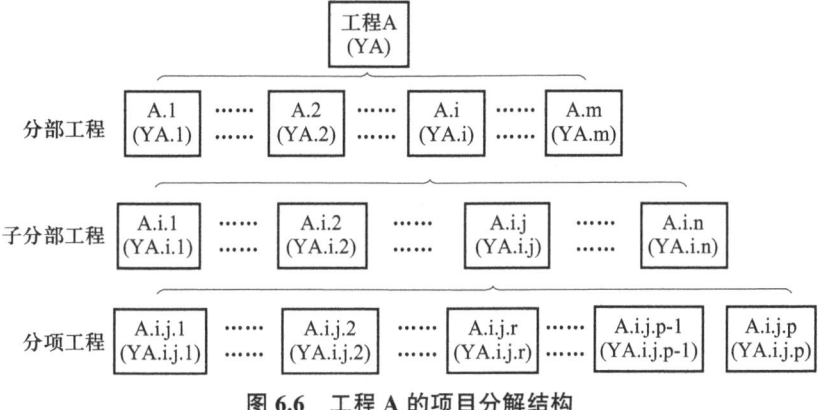

图 6.6 工程 A 的项目分解结构

下面将工程建设费其他费(Y_B)和预备费(Y_C)分配至工程 A 的子分部工程,分配步骤如下。

首先,对预备费(Y_C)进行分配。预备费中的基本预备费(Y_{C1})与涨价预备费(Y_{C2})的计算基数不同,因此分配方式也不同。基本预备费计算基数是工程费用(Y_A)与工程建设的其他费用(Y_B),首先将基本预备费(Y_{C1})分配至工程费用(Y_A)和工程建设其他费用(Y_B)中。工程费用(Y_A)所分配的基本预备费为 $Y_{C1}*\dfrac{Y_A}{Y_A+Y_B}$,工程建设其他费用($Y_B$)所分配的基本预备费为 $Y_{C1}*\dfrac{Y_B}{Y_A+Y_B}$。然后,涨价预备费 Y_{C2} 是以工程费用总额作为计算基数,于是将工程费用(Y_A)所分配的基本预备费与涨价预备费(Y_{C2})合并在一起为 $\left(Y_{C2}+Y_{C1}*\dfrac{Y_A}{Y_A+Y_B}\right)$,作为工程费用($Y_A$)所分配的预备费。再将工程费用($Y_A$)所分配的预备费,分配至每一个子分部工程,于是子分部工程 A_{ij} 所分配的预备费 $Y_{CA_{ij}}$ 为:

$$Y_{CA_{ij}} = \left(Y_{C2}+Y_{C1}*\dfrac{Y_A}{Y_A+Y_B}\right)*\dfrac{Y_{A_{ij}}}{Y_A} \tag{6.5}$$

其次,对工程建设其他费用(Y_B)进行分配。根据工程建设其他费用(Y_B)所分配的基本预备费为 $Y_{C1}*\dfrac{Y_B}{Y_A+Y_B}$,将工程建设其他费($Y_B$)中的第 r 类其他费用($Y_{Br}$)所分配的基本预备费为 $Y_{C1}*\dfrac{Y_B}{Y_A+Y_B}*\dfrac{Y_{Br}}{Y_B}$。于是,第 r 类费用为

Y_{Br} 与所分配预备费的和为 $Y_{Br}^{*}=Y_{Br}+Y_{C1}*\dfrac{Y_{B}}{Y_{A}+Y_{B}}*\dfrac{Y_{Br}}{Y_{B}}$。然后，假定第 r 类其他费用（$Y_{Br}^{*}$）所对应的工程内容范围为整个工程 A，于是子分部工程 A_{ij} 所分配的第 r 类其他费用 $Y_{BA_{ijr}}^{*}$ 为：

$$Y_{BA_{ijr}}^{*}=Y_{Br}^{*}*\dfrac{Y_{A_{ij}}}{Y_{A}}=\left(Y_{Br}+Y_{C1}*\dfrac{Y_{B}}{Y_{A}+Y_{B}}*\dfrac{Y_{Br}}{Y_{B}}\right)*\dfrac{Y_{A_{ij}}}{Y_{A}} \quad (6.6)$$

同理，按照同样的方法，可以将所有类别（共 q 类）的建设工程其他费用都分配至子分部工程层面，于是子分部工程 A_{ij} 所分配的建设工程其他费用总和为：

$$Y_{BA_{ij}}^{*}=\sum_{r=1}^{r=q}Y_{Br}^{*}*\dfrac{Y_{A_{ij}}}{Y_{A}}=\sum_{r=1}^{r=q}\left(Y_{Br}+Y_{C1}*\dfrac{Y_{B}}{Y_{A}+Y_{B}}*\dfrac{Y_{Br}}{Y_{B}}\right)*\dfrac{Y_{A_{ij}}}{Y_{A}} \quad (6.7)$$

再次，汇总得到将子分部工程 A_{ij} 所分配的总费用。子分部工程 A_{ij} 所分配的预备费、工程建设其他费用汇总为 $Y_{CA_{ij}}+Y_{BA_{ij}}^{*}$。于是子分部工程 A_{ij} 的总费用（Y_{ij}）为工程费用 $Y_{A_{ij}}$ 与子分部工程 A_{ij} 所分配的预备费、建设工程其他费用之和，有：

$$\begin{aligned}Y_{ij}&=Y_{A_{ij}}+Y_{CA_{ij}}+Y_{BA_{ij}}^{*}\\ &=Y_{A_{ij}}+\left(\left(Y_{C2}+Y_{C1}*\dfrac{Y_{A}}{Y_{A}+Y_{B}}\right)*\dfrac{Y_{A_{ij}}}{Y_{A}}\right)+\\ &\left(\sum_{r=1}^{r=q}\left(Y_{Br}+Y_{C1}*\dfrac{Y_{B}}{Y_{A}+Y_{B}}*\dfrac{Y_{Br}}{Y_{B}}\right)*\dfrac{Y_{A_{ij}}}{Y_{A}}\right)\end{aligned} \quad (6.8)$$

最后，将子分部工程 A_{ij} 的总费用分配至其实施作业层面。由于在总进度计划的编制中，每一个子分部工程的进度计划都是按照基本作业的实施过程进行安排。针对土建类工程与设备工程在实施阶段的实施特点，分别对这两类工程的实施过程区别对待。对于土建工程，按照"施工图设计→招标→（深化设计）→施工→竣工验收"的实施过程进行安排。对于设备工程，则按照"前期准备→技术文件编制→采购招标→深化设计→制作及到货→安装→单独调试→联合调试"的实施过程进行安排。于是，对于每一个子分部工程，按进度实施过程，都有对应的实施作业。以"桩基工程"和"行李传输系统"为例，如表 6.3 所示，对于不同的子分部工程，既可以单独进行设计、招标，又可以根据实际需要，与其他分部工程合并设计、合并招标。因此，在将每个子分部工程所分配的预备费和工程建设其他费用汇总时，需按照子分部工程的作业实施过程进行分配。显然，工程建设其他费用中勘查设计费、设计评审费应分配至子分部工程的设计作业中，招标代理费、招投标交易服务费应分配至招标作业中，联合试运转费应分配至调试作业中,其他部分类型费用(如建设单位管理费,建设监理费等)都应分配至施工作业层面,而前期工作费、专项研究试验费则属于前期决策阶段不应分配给实施阶段的作业实施过程。

表 6.3 总进度计划子分部工程的作业实施过程费用分配

子分部工程名称	作业名称
航站楼主楼桩基工程	航站楼主楼桩基施工图设计
	航站楼主楼桩基施工招标
	航站楼主楼桩基工程施工
行李传输系统	行李传输系统准备工作
	行李传输系统招标技术文件编制
	行李传输系统采购招标
	行李传输系统深化设计
	行李传输系统制作及到货
	行李传输系统安装
	行李传输系统单机测试和调试
	行李传输系统联调(需满足竣工验收要求)

按照同样的方法,可以得到所有子分部工程分配的工程建设其他费用和预备费用,以及子分部工程在实施作业层面的对应费用,从而实现工程的投资与进度在子分部工程层面的统一,为建立基于总进度计划的大型工程总投资计划提供统一的数据支撑。

6.3.3 基于总进度计划的总投资配置案例应用

本节以 P 市 H 国际机场扩建工程(简称 H 扩建工程)的航站楼单体工程为例,在已知该工程的总进度计划和初设概算书的基础上,利用前两节的配置方法,将概算费用配置到总进度计划中去,形成基于总进度计划的航站楼工程的总投资配置计划。

H 扩建工程是为解决 P 市机场硬件设施保障能力与业务需求日益突出的矛盾,也是 P 市建设国际航空枢纽战略的重大项目。H 扩建工程计划总投资约 221 亿元,计划总工期约 4 年。图 6.7 所示为 H 扩建工程的项目分解结构,其中航站楼工程是航站区工程的主要组成项目。H 扩建工程包含的项目多、任务重、时间紧迫,

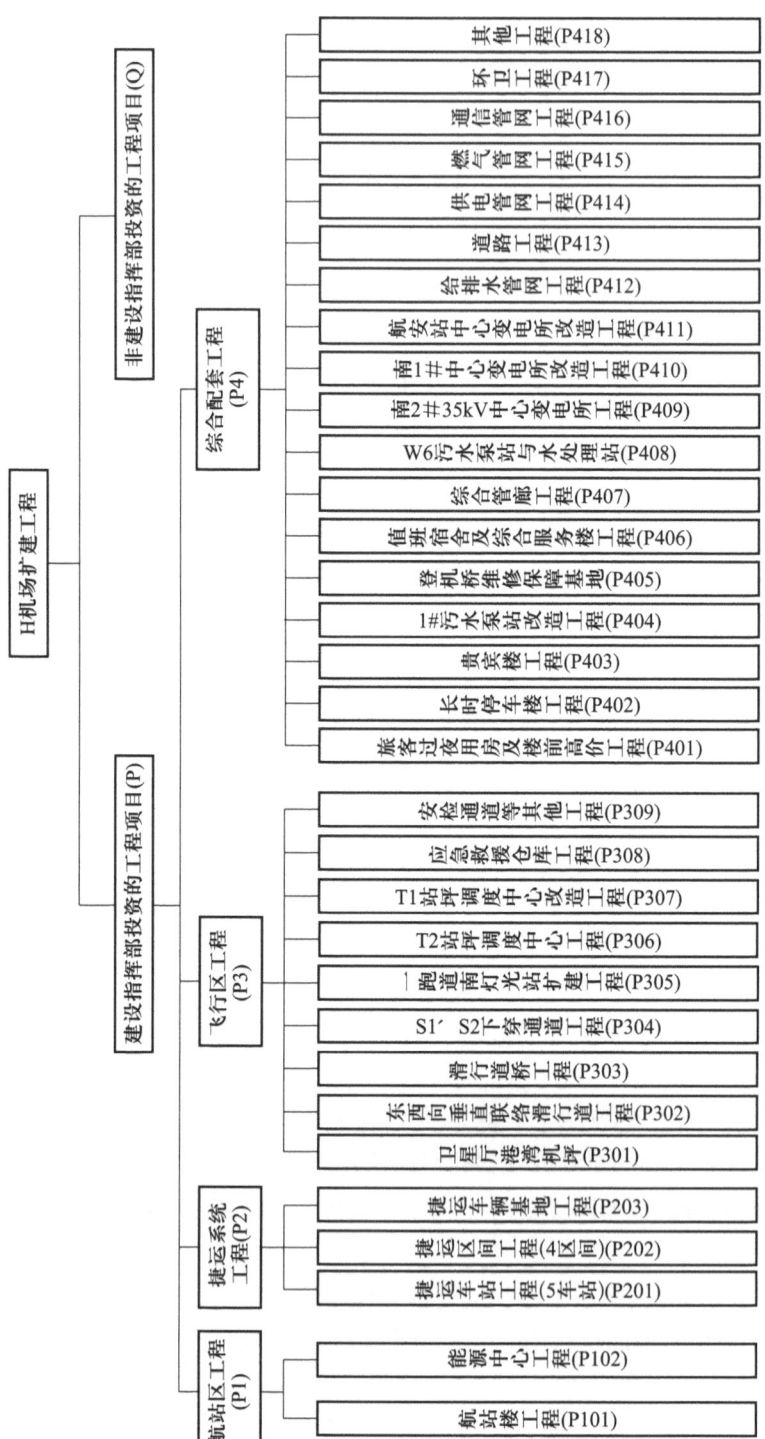

图 6.7 H 扩建工程的项目分解结构（PBS）

进度实施面临许多挑战,特别是其中含有大量不停航施工内容,对建设单位的进度管理提出了很高要求。为此,H机场建设指挥部编制了《H扩建工程总进度计划》,在对总进度目标进行科学论证的基础上,对所承担工程中的各项工作,按前期报批、设计、招标、施工、安装、调试、竣工验收等过程的时间要求进行安排。《H扩建工程总进度计划》是项目进度开展以及与外部单位相协调的行动指南,是明确各部门岗位任务分工、传递任务责任压力到个人,以及确保各项工作落实的基础和依据;同时还是各部门和其他各参建单位编制下一级进度计划的依据。总进度计划的目的就是要按进度目标的要求,有序、优质以及高效地开展各项工作。

航站楼工程的总进度目标为:开工时间(桩基工程开始施工为标志)2015年12月,竣工时间2019年5月,共42个月。航站楼工程的总进度计划(以航站楼主楼为示例)如图附录C所示,H扩建工程的概算书(示例)见图6.8。依据总概算书可以得到航站楼工程各子分部工程的工程费用,如图6.9所示。根据"6.3.2"的分配方法,下面将H扩建工程概算书中建设工程其他费和预备费配置到航站楼工程子分部工程层面。

1) 对基本预备费进行分配

根据总概算书,整个H扩建工程的工程费用为 1 651 894.90 万元,工程建设其他费用为 205 845.55 万元,基本预备费为 92 887.02 万元。基本预备费分配至工程费用与工程建设其他费用分别为:工程费用分配的基本预备费为 $Y_{C1}*\dfrac{Y_A}{Y_A+Y_B}=$ 82 594.74,工程建设其他费用分配的基本预备费为 $Y_{C1}*\dfrac{Y_B}{Y_A+Y_B}=10\ 292.28$。

H 扩 建 工 程 总 概 算 表

单位: 万元

序号	工程项目名称	单位	规模 数量	单位造价 (元/单位)	初设概算 建筑工程费	安装工程费	设备购置费	其他费用	合计
	本期扩建工程总投资				1 042 827.71	244 676.18	389 591.01	429 794.99	2 106 889.89
甲	静态投资(一+二+三+四)				1 042 827.71	244 676.18	389 591.01	298 732.57	1 975 827.47
一	工程费用				1 042 827.71	244 676.18	364 391.01		1 651 894.90
(二)	航站区工程				769 679.52	187 859.29	304 110.45		1 261 649.26
1	航站楼工程	m²	641 963.79	12980	498 435.51	106 418.80	228 406.88		930 041.41
1.1	土建工程	m²	641 963.79	7644	490 731.94				490 731.94
1)	基坑围护工程	m²	580 580.79	413	23 990.38				23 990.38
2)	桩基工程	m²	580 580.79	597	34 666.13				34 666.13
3)	地下基础工程	m²	530 643.24	537	28 511.96				28 511.96
4)	地下室结构工程	m	49 937.55	8163	40 762.55				40 762.55
5)	地下建筑工程	m²	49 937.55	1055	5 268.37				5 268.37
6)	地上结构工程	m²	530 643.24	2243	118 997.84				118 997.84
7)	地上建筑工程	m²	530 643.24	219	11 595.15				11 595.15

图 6.8 H 扩建工程的概算书(示例)

作业代码	作业名称	计划开始	计划完成	计划费用（万元）
	-航站楼工程	2015-04-01	2019-07-31	930 041.42
	航站楼主楼（含捷运车站）工程	2015-04-01	2019-05-31	438 571.78
	航站楼主楼（含捷运车站）施工总承包招标	2015-12-01	2016-03-31	0.00
	航站楼主楼（含捷运车站）桩基	2015-04-01	2016-04-30	34 666.13
	航站楼主楼（含捷运车站）围护结构和土方	2015-12-01	2016-09-30	23 990.38
	航站楼主楼（含捷运车站）基础和地下结构	2015-12-01	2017-02-28	74 542.88
	航站楼主楼（含捷运车站）上部混凝土结构	2015-12-01	2017-06-30	130 592.99
	航站楼主楼钢结构	2015-12-01	2018-02-28	36 064.00
	航站楼主楼屋面系统	2015-12-01	2018-06-30	27 714.33
	航站楼主楼幕墙	2015-12-01	2018-06-30	33 479.12
	航站楼主楼二结构工程	2017-02-01	2018-07-31	122.78
	航站楼主楼装饰	2015-12-01	2019-05-31	77 399.17
	航站楼主楼其他工程	2019-05-31	2019-05-31	0.00
	航站楼登机桥固定端	2015-04-01	2019-05-31	143 407.72
	航站楼登机桥固定端桩基	2015-04-01	2016-04-30	8 080.61
	航站楼登机桥固定端混凝土结构	2015-12-01	2018-03-31	55 351.80
	航站楼登机桥固定端钢结构	2015-12-01	2018-03-31	55 351.80
	航站楼登机桥固定端幕墙	2015-12-01	2018-06-30	14 802.23
	航站楼登机桥固定端装饰工程	2015-12-01	2019-05-31	9 821.28
	航站楼设备及系统工程	2015-12-01	2019-07-31	346 693.54
	航站楼工程设备安装及协调管理招标	2016-01-01	2016-03-31	0.00
	航站楼工程建筑设备和系统（含捷运车站）	2015-12-01	2019-04-30	209 191.01
	航站楼工程专业设备和系统	2015-12-01	2019-07-31	137 502.54
	航站楼主楼（含捷运车站）周边站坪管网工程	2018-05-31	2018-05-31	1 368.37
	航站楼主楼（含捷运车站）工程竣工验收	2019-05-31	2019-07-31	0.00

图 6.9 基于总概算书的航站楼工程的工程费用（子分部工程层面）

航站楼工程的工程费用为 930 041.41 万元，按工程费用比例分配的基本预备费为 46 502.07 万元。

2）对工程建设其他费用进行分配

根据工程建设其他费用所分配的基本预备费，可得到 H 扩建工程的 20 类工程建设其他费用及其所分配基本预备费，如表 6.4 的第 1、2 列。按照航站楼工程的工程费用比例分配，可得到航站楼工程对应 20 类工程建设其他费用及其所分配基本预备费，如表 6.4 的第 3、4 列。在此基础上，再按照子分部工程的工程费用比例分配，可得到航站楼工程在子分部工程层面的每一类工程建设其他费用及其所分配的基本预备费，以航站楼主楼的桩基工程为例，如表 6.4 的第 5、6 列所示。

3）汇总得到子分部工程作业实施过程的费用

按照"6.3.2"节的分配方法，对航站楼工程不同子分部工程的作业实施过程进行费用分配，土建类工程以桩基工程为例，设备类工程以行李传输系统为例，如表 6.5 所示。每一个子分部工程的施工作业过程（土建类工程）或制作到货及安装作业过程（设备类工程）包含工程费用及其分配的工程建设其他费

表 6.4　建设工程其他费用及预备费在不同层面的分配（万元）

建设工程其他费用类别	H 扩建工程		航站楼工程		主楼的桩基工程	
	工程建设其他费用	其他费用的预备费	工程建设其他费用	其他费用的预备费	工程建设其他费用	其他费用的预备费
1 建设单位管理费	19 822.74	991.14	11 160.50	558.02	415.99	20.80
2 工程建设临时设施费	4 625.31	231.27	2 604.12	130.21	97.07	4.85
3 前期工作费	2 058.00	102.90	1 158.68	57.93	43.19	2.16
4 专项研究试验费	4 000.00	200.00	2 252.06	112.60	83.94	4.20
5 勘察设计费	59 318.25	2 965.91	33 397.06	1 669.85	1 244.83	62.24
6 竣工图编制费	3 890.19	194.51	2 190.23	109.51	81.64	4.08
7 设计评审费	2 963.02	148.15	1 668.22	83.41	62.18	3.11
8 招标代理费	9 378.36	468.92	5 280.16	264.01	196.81	9.84
9 招投标交易服务费	71.00	3.55	39.97	2.00	1.49	0.07
10 建设监理费	28 037.79	1 401.89	15 785.70	789.28	588.39	29.42
11 生产职工培训费	600.00	30.00	337.81	16.89	12.59	0.63
12 办公及生活家器具购置费	600.00	30.00	337.81	16.89	12.59	0.63
13 联合试运转费	1 269.53	63.48	714.76	35.74	26.64	1.33
14 不停航措施费	38 625.12	63.48	714.76	35.74	26.64	1.33
15 工程保险费	991.14	1 931.26	21 746.52	1 087.33	810.57	40.53
16 工程造价服务费	3 862.51	49.56	558.03	27.90	20.80	1.04
17 建设项目检测费	3 000.00	150.00	1 689.04	84.45	62.96	3.15
18 供电工程增容费	1,100.00	55.00	619.32	30.97	23.08	1.15
19 供电外线	15 910.00	795.50	8 957.57	447.88	333.88	16.69
20 人防建设费	5 444.59	272.23	3 065.39	153.27	114.26	5.71

表 6.5 航站楼工程子分部工程作业实施过程的费用分配

子分部工程名称		作业名称	工程费用及分配的预备费（万元）	工程建设其他费及其分配的预备费（万元）	费用合计（万元）
土建类	航站楼主楼桩基工程	航站楼主楼桩基施工图设计	—	1 372.37	1 372.37
		航站楼主楼桩基施工招标	—	208.22	208.22
		航站楼主楼桩基工程施工	36 399.44	2 609.36	39 008.80
设备类	行李传输系统	行李传输系统准备工作	—	419.96	419.96
		行李传输系统招标技术文件编制	—	132.79	132.79
		行李传输系统采购招标	—	134.81	134.81
		行李传输系统深化设计	—	1 343.80	1 343.80
		行李传输系统制作及到货	25 067.10	—	25 067.10
		行李传输系统安装	25 067.10	—	25 067.10
		行李传输系统单机测试和调试	—	17.98	17.98
		行李传输系统联调（需满足竣工验收要求）	—	51.96	51.96

用及预备费，其他作业过程则只包含分配的工程建设其他费用及预备费。按照同样的方法，可将总概算书中所有费用都分配至子分部工程层面的作业实施过程，即总进度计划中的每一个作业实施过程都有对应的分配费用（如附录 D），从而建立基于总进度计划的航站楼工程的总投资计划，如图 6.10 所示。

第一篇 中国政府工程的概算高估问题：研判、成因与对策研究 | 171

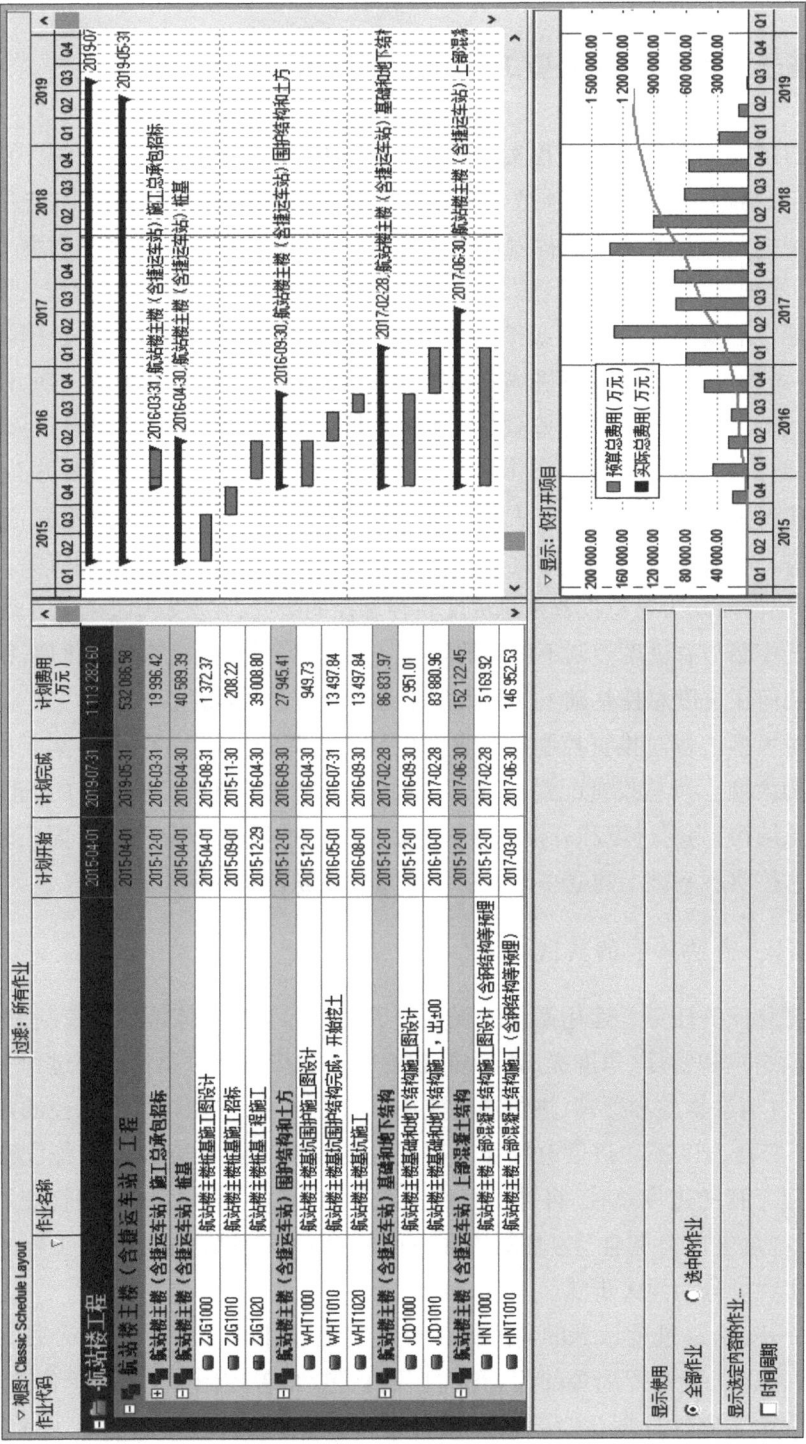

图 6.11 基于总进度计划的航站楼工程总投资计划（子分部工程层面）

6.4 基于进度总控的大型工程投资总控模型

当前国内大中型政府工程实施阶段的建设中,进度仍然是主要矛盾(贾广社,2003),有时甚至作为一项政治任务。在项目总控的理论与实践中,进度总控作为增强业主进度集成和控制能力的方法,已广泛应用于国内多个大型工程实践中,比如长沙卷烟厂"十五"技术改造工程、南宁国际会议展览中心、厦门国际会展中心等数十个新建或扩建大型机场工程[包括广州(新)白云国际机场、虹桥国际机场扩建、上海机场三期扩建、青岛新机场、深圳机场新一期、桂林机场扩建等工程],已取得良好效果(上海虹桥综合交通枢纽工程建设指挥部,2011)(贾广社等,2017,2018a)。然而,投资总控作为项目总控的重要方面,其理论与实践方法发展缓慢。在大型工程进展中的投资控制模式仍然粗放,这与当前政府工程前期概算高估导致建设单位没有动力进行有效投资控制有关。目前,在理论上尚缺少对总投资与总进度联合总控的研究,在实践中也存在大型工程总投资控制与总进度控制不协调的问题。因此,当我们把概算合理化后,则需要考虑如何在进度总控基础上加强大型工程的投资总控问题。

针对大型工程总投资控制与总进度控制不协调的问题,"6.3"节基于总进度计划的大型工程总投资配置安排,实际上已经建立了整个工程统一的进度和投资信息结构,为总进度和总投资的联合总控提供了基础。基于此,下面在成熟的进度总控实践基础上建立多平面的进度与投资联合总控模型。

6.4.1 进度总控的实践内容

进度总控的任务是运用系统的观点对进度目标实施总体策划和控制,从技术、经济、组织和管理、角度提出解决问题的办法和措施应对项目进展过程中的难点,通过信息集成和处理,进行项目实施的进度控制,并探讨进度总控的具体方法(贾广社,2003)。进度总控在大型工程实践中已较为成熟,笔者深度参与机场扩建工程的进度总控,将进度总控实践总结为以"总进度跟踪与管理月度报告"和"总进度月例会"为基础的常态化进度跟踪控制方法。大型工程的进度总控实践可分为两大步骤。

第一步,从总进度计划的角度修正月度实施性计划。通常,以一个月为周期,在月初以工程指挥部各部门(部门控制总包,总包控制分包)为单位,上报当月的月度实施性计划(三级计划)。项目总控班子将月度实施性计划与总进度计划(一级计划)和专项计划(二级计划)进行比较,从项目整体资源平衡的角度检查月度实施性计划的科学性和合理性,修正月度实施性计划。

第二步,实施常态化进度预警和监控机制。在每月中旬时,按照修正后的月度实施性计划,提前进行进度预警检查,借助建设进度风险评估与跟踪控制方法,对工程建设中可能遇到的问题及产生的风险提前预警、做到防患于未然。依托重大建设问题专项研究,确保进度预警中遇到的问题得到及时有效的解决。在月末时,进行全面的进度检查,包括各部门进展情况的信息收集、工地实地检查,编制总进度跟踪与管理月度报告。通过月度报告向指挥部决策层反映当月的总进度执行情况,并以总进度例会作为常态化会议机制,突出反映当月总进度实施中存在的问题、原因与对策,并据此提出近期工程进度重点工作、应对措施及建议,从而实现对工程总进度的控制。如图 6.11 所示,为大型工程进度总控的跟踪控制实施步骤方案。

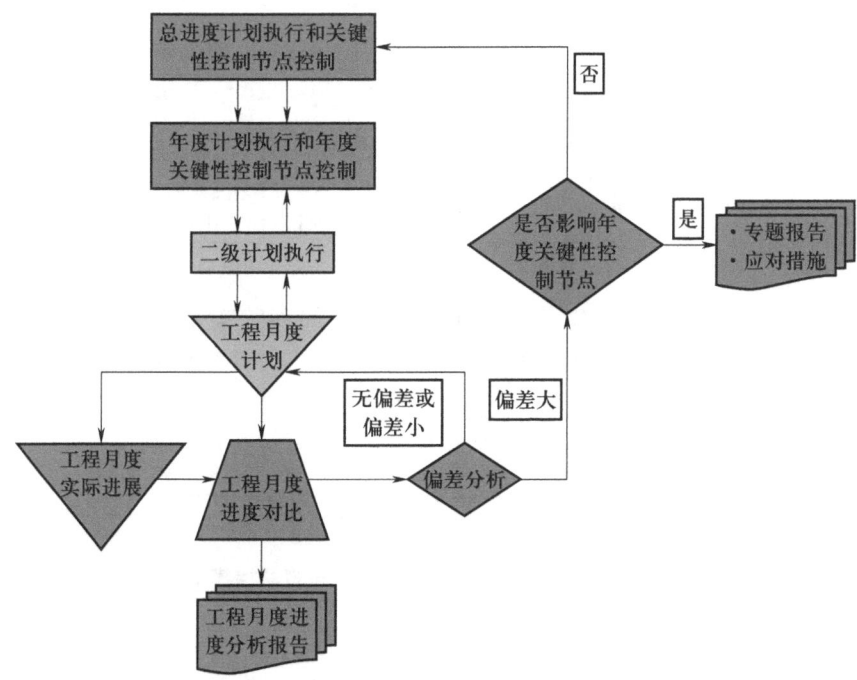

图 6.11 大型工程在进度总控的跟踪控制实施步骤方案

6.4.2 基于进度总控的大型工程投资总控模型

从项目总控的控制核心——通过处理信息流来反映物质流状况——过程角

度,根据总进度计划在进度计划系统的地位与作用、进度总控实践实质上已经形成了一个多平面的系统控制过程,如图 6.12 最左列所示。在进度总控实践基础上,建立大型工程总投资与总进度联合总控模型,如图 6.12 所示,是进度—投资信息平面,即在各管理平面上对工程进度与投资目标的状况进行描述。月度实施性计划与控制信息,如施工单位上报的周报、旬报以及月报表,将作为最底层的信息平面,信息平面自下至上内容逐渐浓缩。若单个工程部位内部的信息是由下层信息平面反映,那么上层信息平面则反映多个工程在各个工程部位之间信息的关系。项目总控班子在进度—投资联合总控方面的日常工作,最重要的就是对不同层面上提供的进度—投资信息进行综合分析,为业主控制方对整个项目的进度和投资状态做出切合实际的分析、预测和建议。

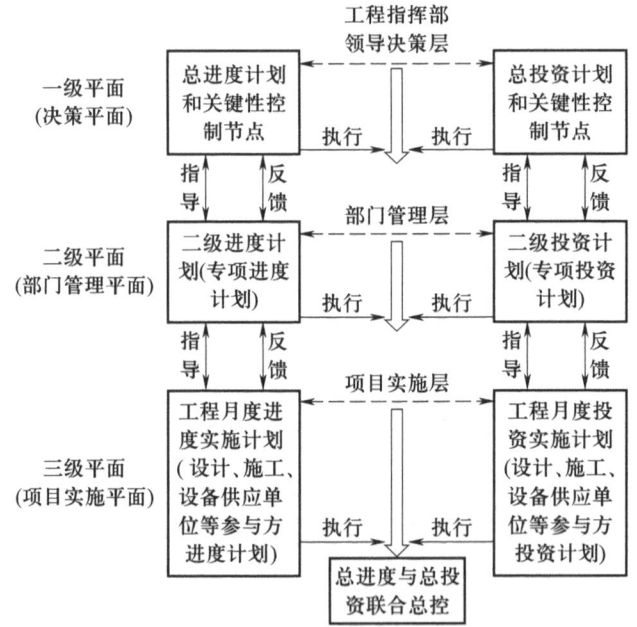

图 6.12　基于进度总控的大型工程投资总控模型

6.5　基于改进挣值法的大型工程进度与投资联合总控

在项目总控中"控制"的核心是信息处理,即通过信息处理来反映物质流的状况(贾广社,2003)。基于总进度计划的大型工程投资配置计划,已经为整个工程建立了统一的进度—投资信息结构,有了统一的信息结构才能进行计划实施前后的比较,形成共同的进度—投资信息语言,为大型工程总进度与总投资的联合控制提供了实施基础。贾广社(2003)年首次将项目总控理论引入我国大型工程实践中,在《项目总控》一书中系统阐述了项目总控的管理思想、组织、方法、手段及理论基础。并在进度总控方法中给出了进度信息处理的工具方法,在投资总控方法中给出了投资信息处理的工具方法,但没有给出将二者联合总控的信息处理方法。

此后,随着信息技术日新月异,不断有学者将持续更新换代的现代信息技术与项目总控相结合,杨建(2007)利用数据仓库、数据挖掘和联机分析技术建立大型公路工程的项目总控决策支持系统,吴艳(2007)提出基于网络信息处理平台的进度总控,张晶晶(2012)基于信息可视化技术设计项目合同报告框架,茹慧芳(2016)将云计算运用于项目总控,最近鲁有月等(2017)提出基于BIM的项目总控管理模式。但这些研究主要集中在现代信息技术对项目总控信息传递模式的影响上,没有具体到进度—投资联合控制的信息处理工具方法上。比如,鲁有月等(2017)基于BIM为项目总控提供了高效的信息处理平台工具,但主要是从BIM对项目总控模式和功能的框架设计,并没有深入研究如何利用BIM对总进度和总投资联合总控的方法。骆汉宾(2008)利用计算集成技术(CIC)建立轨道交通工程的总控系统模块,但其总控系统中对进度与投资控制的信息处理是分开的,也没有实现总投资与总进度联合总控的信息集成处理。

因此,在进度总控实践基础上建立了大型工程进度—投资联合总控模型后,需要考虑进一步建立进度—投资联合总控的信息处理方法。

6.5.1 进度与投资联合控制方法的实践现状与局限

对我国大型机场工程投资控制工具研究课题实施情况的总结上,发现当前建设单位在实施阶段的投资控制主要依靠合同价格控制,但实践中仍然采用"月初计划预算投资多少万元,月末实际累计投资多少万元"的传统模式,对于工程实施进展中的投资控制不足。如图6.13所示,t_0表示月末检查时点,PV表示在月初计划预算投资,AC表示月末实际累计投资,投资偏差为$AC-PV$。传统投资控制方法的主要问题在于:月初计划预算投资PV的工作内容,与月末实际累计投资AC的工作内容不一致,投资偏差($AC-PV$)不能反映计划工作(PV)的实际完成情况。比如,某场道工程中,月初计划完成2段道面主体施工,计划预算费用100万元。但由于雨季施工,月末只完成1.5段道面主体施工,仍然花费 100 万元。此时若按照原投资控制模式,$AC-PV=0$ 万元,投资偏差为零。但实际上工程的进度落后 1/2 段道面主体,成本也明显超支。

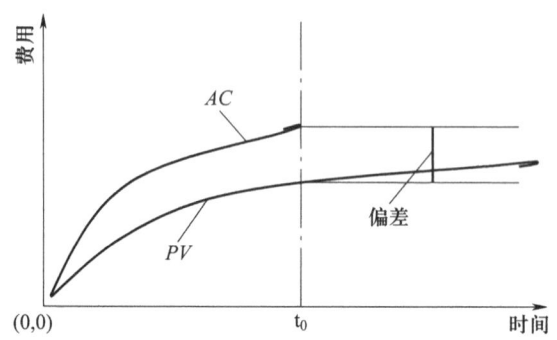

图 6.13　我国大型工程的传统投资控制模式

在对上海市发改委 2013、2014 年重大工程建设任务的年初安排和年末完成情况进行总结,如表 6.6 所示。

表 6.6　上海市 2013、2014 年重大工程建设任务完成情况表

年份	上海市重大工程建设任务的年初安排情况	上海市重大工程建设任务的年末完成情况
2013 年	市重大工程建设年计划投资 1 193 亿元、安排正式项目 88 项,基本建成 13 个项目、年内新开工项目 14 项,安排预备项目 30 项	全年完成投资约 1 200 亿元,共调整安排 92 个重大工程建设项目,当年的重大工程建设任务全面完成
2014 年	上海全市重大工程建设年计划投资 1 184 亿元,项目共安排 85 项,其中年内新开工项目 17 项,基本建成 16 个项目	上海 92 个重大工程项目全面推进,完成投资 1 199.1 亿元;去年本市重大工程新开工项目 24 个,基本建成项目 21 个,投资效益得到有效发挥

对于多个大型工程项目的投资控制,仍然是"在年初计划预算投资多少亿元,年末实际累计投资多少亿元"的传统模式。但是,年初计划预算投资(PV)的工作内容,与年末实际累计投资(AC)的工作内容不一致,投资偏差($AC-PV$)不能反映计划工作(PV)的实际完成情况。因此,无论对于单个还是多个大型工程,在实践中采用的传统投资控制方法仍然粗放,不能实现对总进度与总投资的联合控制信息进行分析处理。罗晟等(2010)也指出当前大型工程投资控制信息系统的三点不足:①服务对象侧重于施工单位,缺乏从建设单位出发

思考如何进行投资控制;②对象层级主要面向低层级管理层,缺少满足项目最高管理层(决策层)的总体投资控制要求;③功能侧重形象进度控制,缺少将合同管理与投资控制集成的研究。

针对以上传统方法的"计划预算投资(PV)与年末实际累计投资(AC)的工作内容不一致"问题,伴随着项目管理实践需要,挣值管理(Earned Value Management,EVM)已成为对费用绩效与进度绩效综合控制的常用工具之一(Project Management Institute,2017)。挣值管理在过去50年的不断发展,已经发展出分别针对大型项目和一般项目的两种不同的项目绩效综合控制工具(Fleming和Koppelman,2010)。但通过对我国大型机场工程投资控制工具研究课题的总结发现,我国大型工程投资控制实践中仍然采用传统投资控制方法,没有采用进度与投资联合控制工具。也就是说,大型项目EVM在我国大型工程实践应用中受阻,原因有两方面:一方面,是由于我国政府工程存在普遍性概算高估问题,建设单位没有动力在实施阶段寻求利用更高效的投资控制工具;另一方面,大型项目EVM理论基础存在的问题及应用局限,导致其在我国大型工程实践应用中受阻。

大型项目的EVM理论,主要源于美国国家标准发布的ANSI-EIA 748标准(Fleming和Koppelman,2010)。如图6.14所示,将挣值(EV)定义为已完成工作的预算费用($BCWP$)= 实际已完成工作量 × 预算单价。这样的挣值(EV)定义使得已完成工作量中存在一部分工作,没有相应的预算标准与之对应,这原本只在少数特定合同类型的大型项目(如采取成本补偿合同方式的大型军事项目)上使用,将没有相应预算标准与之对应的工作量一并计入挣值(EV)是合理的。导致大型项目EVM理论只能在少数特定合同类型的大型项目(如采取成本补偿合同方式的大型军事项目)上使用,而不能普遍适用于现代大型工程项目的实际情况。

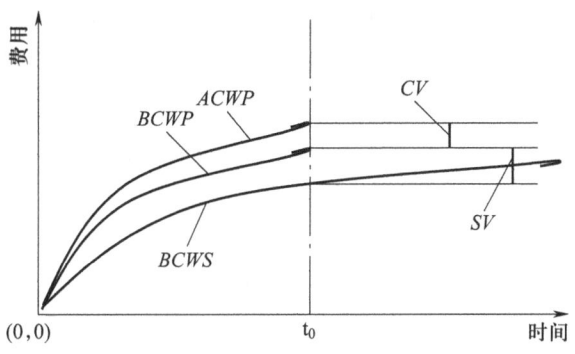

图6.14 传统大型项目EVM理论基本原理

但是现在大型项目的目标已经从军事项目追求进度目标为上,转而追求项目绩效目标了。大型工程项目中很少使用成本补偿合同,因此在不同类型合同模式下利用 EVM 作为项目绩效测量工具时,仍然继续采用原有特定合同类型的挣值(EV)定义,会造成对项目偏差原因分析(包括进度偏差和投资偏差)与绩效预测的错误。即是说,大型项目 EVM 方法的理论基础存在问题限制了其在现代大型工程实践中的应用。

因此,当把政府工程高估的概算合理化后,我们在进度总控实践基础上建立了大型工程投资总控模型,为了将进度—投资联合总控模型在大型工程实践中落到实处,在寻求高效的进度—投资联合总控信息处理工具中,需要改进大型项目 EVM 方法的理论基础,使之适应我国大型工程建设过程中总投资与总进度联合控制的信息处理需求。

6.5.2　改进大型项目 EVM 方法的理论基础

大型项目 EVM 理论源于美国国家标准发布的 ANSI-EIA 748 标准(Fleming 和 Koppelman,2010),将挣值(EV)定义为已完成工作的预算费用($BCWP$)(Fleming 和 Koppelman,2010;Song Lingguang,2013)。国内相关研究大部分文献,无论是应用型论文[包括各行业项目绩效评价论文、案例分析论文等(司婷,2017;周健,2017)],还是理论分析型论文[包括对 EVM 理论的指标改进(牟强,2014;郑生钦和牟强,2013)与其他方法相结合的论文(盛新江,2006;赵程伟等,2016;郑生钦和牟强,2014;等)]也采用此定义。计算公式为:

$$BCWP(或者 EV)= 实际已完成工作量 \times 预算单价 \quad (6.9)$$

存在的问题:这样的挣值(EV)定义使得已完成工作量中存在一部分工作,特别是变更的工程内容,没有相应的预算标准与之对应。

项目是为创造独特产品而进行的一次性努力过程(Project Management Institute,2017),工程项目建设过程最大特点就是由项目独特性带来的不确定性。而以上挣值定义中并没有考虑在工程进展中发生不确定性事件所导致计划外工作的影响,比如工程变更费用是否应该计入挣值,以什么方式计入挣值?这是当前大型项目 EVM 理论挣值定义中没有考虑到的。

比如某大型工程的原料计划预算单价为 20 万元/吨,完工预计需求 3 000 吨,实际价格为 22 万元/吨,截止某一时点计划使用材料 2 100 吨,而实际消耗 2 450 吨。计算这一时点的挣值,进度偏差和成本偏差。按照传统大型项目 EVM 理论的挣值定义:

$$PV = 2\,100\ \text{吨} \times 20\ \text{万元}/\text{吨} = 4.2\ \text{亿元}$$
$$EV = 2\,450\ \text{吨} \times 20\ \text{万元}/\text{吨} = 4.9\ \text{亿元}$$
$$AC = 2\,450\ \text{吨} \times 22\ \text{万元}/\text{吨} = 5.39\ \text{亿元}$$

进度偏差为 $SV = EV - PV = 0.7$ 亿元，成本偏差 $CV = EV - AC = -0.49$ 亿元。

但实际消耗的材料量为 2 450 吨，比原计划材料使用量 2 100 吨，多消耗了材料量 350 吨。多消耗的这 350 吨材料量是否能够计入挣值，是否全部按照原计划预算单价 20 万元计入挣值？这些问题实际上与承包商和业主合同的中对新增工作的处理条款相关。即是说，挣值的确定分为两个部分：①已完成工作量中属于计划完成工作的部分内容，应按照计划工作的预算单价进行计量。②已完成工作量中不属于计划完成工作的部分内容，即原计划之外工程变更工作量，则需要与具体的合同模式和条款作为依据进行衡量。

不过，将传统大型项目 EVM 理论的挣值定义运用到采用成本补偿性合同方式的大型军事项目上仍然是合适的，将没有预算标准的工程变更工作一并计入挣值（EV）是合理的。但现代大型项目的目标已经从军事项目追求进度目标为上，转而追求项目综合绩效目标（包括进度绩效与成本绩效目标的实现程度与实现效率）上了。现代大型工程中很少使用成本补偿性合同，在不同合同类型模式下仍然采用传统挣值定义，会造成项目偏差分析与绩效预测的错误。

因此，本文从区分计划作业与变更作业的角度，将"挣值"（EV）严格定义为已完成计划内作业的预算费用，系统改进大型项目 EVM 的理论基础（包含基本参数、偏差分析、绩效预测指标），使之适应现代大型工程投资与进度联合总控的实践需求。

1）改进大型项目 EVM 方法的基本参数

按照动态控制原理，项目计划基准应当定期按照实际情况进行更新。为简化问题，本文以工程的项目单位、建设性质、建设地点、建设规模、技术方案等不发生重大变更为前提，即在考虑项目计划基准已经更新的前提下，探讨改进大型项目 EVM 的理论基础。

为将大型项目 EVM 的基本参数用工作量（Q）与作业单价（P）表示，根据"6.3"节基于总进度计划的大型工程总投资配置计划，将子分部工程的作业作为最小的计量单位。假设大型工程 M 的总进度计划中有 N 个计划作业需要完成，至前锋器 t_0 按计划应当完成 n 个计划作业。同时，在前锋器 t_0 定义以下变量：Q_{Ai} 表示第 i 个计划作业的计划工作量，P_{Ai} 表示第 i 个计划作业的预算单价；Q_{Bi} 表示第 i 个计划作业的实际完成工作量，P_{Bi} 表示第 i 个计划作业的实际单价。

考虑工程变更的影响,将工程在实际中的作业分为两类(牟强,2014):一是计划作业(Work Scheduled,WS),二是变更作业(Work Changed,WC)。根据《建设工程施工合同(示范文本)》(GF-2017-0201)关于变更估价原则规定(国家工商行政管理总局,2017),将工程变更估价分为三种情形:

第一,变更作业中有相同工作内容的,按照相同项单价认定;

第二,在已标价工程量清单(或预算书)中,变更作业无相同工作内容,但有类似作业的,参照类似项的单价认定;

第三,变更作业的实际工程量与已标价工程量清单(或预算书)中列明的计划工程量的变化幅度超过15%的,且无上述1、2项情况,则由合同当事人按照第4.4款(商定或确定),按照合理的成本与利润构成,确定变更作业的单价。

由于取消合同任何工作的工程变更没有消耗生产要素,本文假定这类工程变更的实际计算工作量为零。结合挣值法的内容,将前两种工程变更情况合并,于是可以将变更作业分为两类:①在原计划作业中有相同或类似作业,即按照相同或类似作业的预算单价计算的新增作业,称作新增同类作业(WC_A);②在原计划中没有相同或类似作业,或者变更作业实际工作量与计划工作量的变化幅度超过15%,由合同当事人协商确定预算单价的新增作业,称作新增异类作业(WC_B)。

基于已有变量,再引入以下变量:新增同类作业的任务个数为n_A^*,新增同类作业中第i个作业的预算单价为P_{Ai}^*,新增同类作业中第i个作业的工作量为Q_{Ai}^*;新增异类作业的任务个数为n_B^*,新增异类作业中第i个作业的预算单价为P_{Bi}^*,新增异类作业中第i个作业的工作量为Q_{Bi}^*。于是,根据计划作业与变更作业的区分,将传统大型项目EVM的基本参数调整、改进。

第一,计划值(PV),表示在前锋期t_0原计划完成作业(WS)的预算费用,这与传统大型项目EVM理论中已完成工作的预算费用(BCWS)是一致的。计算公式为:

$$PV = \sum_{i=1}^{n} Q_{Ai} \times P_{Ai} \quad (6.10)$$

第二,计划内挣值(EV_0),表示在前锋期t_0实际已完成计划作业(WP_0)的预算费用。已完成计划作业(WP_0),是将原计划作业(WS),按照至前锋期t_0计划作业的实际完成工作量进行调整得到的。已完成计划作业的预算费用,称作计划内挣值(EV_0)。计算公式为:

$$EV_0 = \sum_{i=1}^{N} Q_{Bi} \times P_{Ai} \tag{6.11}$$

在已完成计划作业(WP_0)中,对于前锋期 t_0 为分界点,可以将计划内挣值(EV_0)分为两部分:

已完成前锋期 t_0 之前计划作业(WP_{t0}),其预算费用为 EV_{t0},计算公式为:

$$EV_{t0} = \sum_{i=1}^{n} Q_{Bi} \times P_{Ai} \tag{6.12}$$

超前完成前锋期 t_0 之后计划作业(WP_{tt}),其预算费用为 EV_{tt},计算公式为:

$$EV_{tt} = \sum_{i=n+1}^{N} Q_{Bi} \times P_{Ai} \tag{6.13}$$

因此,

$$\begin{aligned} EV_0 &= \sum_{i=1}^{N} Q_{Bi} \times P_{Ai} \\ &= \sum_{i=1}^{n} Q_{Bi} \times P_{Ai} + \sum_{i=n+1}^{N} Q_{Bi} \times P_{Ai} \\ &= EV_{t0} + EV_{tt} \end{aligned} \tag{6.14}$$

为更为形象表示,如图 6.15 所示,前锋期 t_0 为 2015 年 10 月 16 日,大型工程 M 的子分部工程 M1 有 3 个作业,施工作业 1 的计划作业量为 $Q1$,施工作业 2 的计划作业量为 $Q2$,施工作业 3 的计划作业量为 $Q3$。在前锋期 t_0,在已完成计划作业(WP_0)中,施工作业 1 已完成计划作业量为 $100\% \times Q1$,施工作业 2 已完成计划作业量为 $50\% \times Q2$,施工作业 3 的已完成计划作业量为 $20\% \times Q3$。

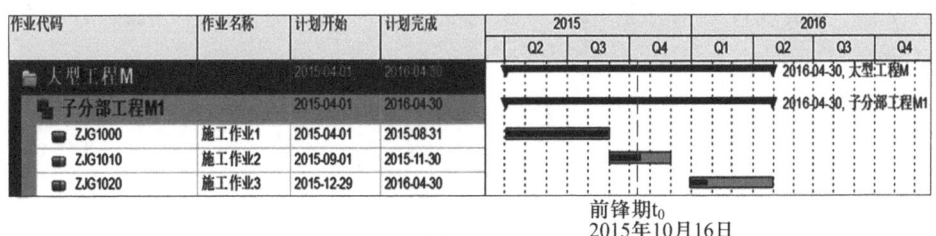

图 6.15 大型工程 M 的已完成计划工作(示例)

于是有:

已完成计划作业(WP_0)$=100\% \times Q1 + 50\% \times Q2 + 20\% \times Q3$,其对应的预算费用为计划内挣值($EV_0$)

已完成前锋期 t_0 之前计划作业(WP_{t0})$=100\% * Q1 + 50\% * Q2$,其对应的

预算费用为计划内挣值(EV_{t_0})

超前完成前锋期 t_0 之后计划作业(WP_{tt})=20%*Q3,其对应的预算费用为计划内挣值(EV_{tt})。

第一,计划外挣值(EV_C),表示在前锋期 t_0 已完成新增作业(WC)的预算费用。由于新增工作(WC)包含新增同类作业(WC_A)和新增异类作业(WC_B),计划外挣值(EV_C)也可分为两部分:

计划外同类新增作业挣值(EV_{CA}),表示新增同类作业(WC_A)的预算费用,计算公式为 $EV_{CA}=\sum_{i=1}^{n_A^*}Q_{Ai}^* \times P_{Ai}^*$,其中 P_{Ai}^* 可以按照工程量清单或预算书中相同或类似作业的预算单价确定。

计划外异类新增作业挣值(EV_{CB}),表示新增异类作业(WC_B)的预算费用,计算公式为:$EV_{CB}=\sum_{i=1}^{n_B^*}Q_{Bi}^* \times P_{Bi}^*$,其中 P_{Bi}^* 可以按照合理的成本与利润构成的原则,由合同当事人协商确定。

于是,计划外挣值(EV_C)的计算公式为:

$$EV_C = EV_{CA} + EV_{CB} \\ = \sum_{i=1}^{n_A^*}Q_{Ai}^* \times P_{Ai}^* + \sum_{i=1}^{n_B^*}Q_{Bi}^* \times P_{Bi}^* \quad (6.15)$$

第二,实际成本(AC),表示至前锋期 t_0 已完成所有作业的实际发生成本,是为完成计划内挣值(EV_0)相对应作业而发生的总成本。实际成本(AC)的计算口径必须与计划值(PV)和计划内挣值(EV_0)保持一致。实际成本没有上限,为实现计划内挣值(EV_0)所花费的任何成本都要计算进去。计算公式为:

$$AC = EV_0 + OC \\ = \sum_{i=1}^{N}Q_{Bi} \times P_{Ai} + OC \quad (6.16)$$

其中,OC(Other Cost)表示为实现计划内挣值(EV_0)所花费的其他成本。显然,OC 包括了计划外挣值 EV_C(含 EV_{CA} 和 EV_{CB}),假定:

$$OC^* = OC - EV_C \quad (6.17)$$

于是 $OC=OC^*+EV$,将其代入公式(6.15),则有:

$$AC = EV_0 + EV_C + OC^* \quad (6.18)$$

因此,实际成本(AC)又可以理解成"为完成计划内挣值(EV_0)和计划外挣值（EV_C）所花费的所有费用"，其中OC^*表示为完成计划内挣值和计划外挣值所花费的其他成本。

2）改进大型项目EVM的偏差和绩效分析指标

通过偏差和绩效分析指标，可以反映项目的执行状态。在改进大型项目EVM基本参数基础上，下面主要对偏差分析（SV、CV）和绩效分析（SPI、CPI）指标进行改进。

（1）改进偏差分析指标

第一，进度偏差（SV_0），是指在前锋期t_0计划内挣值（EV_0）与计划值（PV）的偏差值。EV_0表示截止t_0已完成计划作业的预算费用，PV表示截止t_0应当完成计划作业的预算费用。因此两者的偏差SV_0，反映截止t_0计划作业的进度完成情况。计算公式为$SV_0=EV_0-PV$，并将$EV_0=EV_{t0}+EV_{tt}$代入，则有：

$$SV_0 = EV_0 - PV \\ = (EV_{t0}+EV_{tt})-PV=(EV_{t0}-PV)+EV_{tt} \quad (6.19)$$

假定，

$$SV_{t0} = EV_{t0} - PV \\ = \sum_{i=1}^{n} Q_{Bi} \times P_{Ai} - \sum_{i=1}^{n} Q_{Ai} \times P_{Ai} \\ = \sum_{i=1}^{n}(Q_{Bi}-Q_{Ai}) \times P_{Ai} \quad (6.20)$$

其中，EV_{t0}表示已完成t_0以前计划作业的预算费用，PV表示t_0时应当完成计划作业的预算费用。两者的偏差SV_{t0}，表示已完成t_0以前计划作业的进度偏差。

假定，

$$SV_{tt} = EV_{tt} \quad (6.21)$$

由公式（6.19）和（6.20）带入（6.18），则有：

$$SV_0 = EV_0 - PV \\ = (EV_{t0}-PV)+EV_{tt} \\ = SV_{t0}+SV_{tt} \\ = \sum_{i=1}^{n}(Q_{Bi}-Q_{Ai}) \times P_{Ai} + \sum_{i=n+1}^{N} Q_{Bi} \times P_{Ai} \quad (6.22)$$

因此，改进后的进度偏差（SV_0）由两部分组成：一部分是SV_{t0}，表示项目已完成t_0以前计划作业的进度落后情况；一部分是SV_{tt}，等于EV_{tt}，表示项目已完

成 t_0 以后计划作业的进度超前情况。

第二，成本偏差（CV_0），是指在前锋期 t_0 计划内挣值（EV_0）与实际成本（AC）的偏差值。EV_{t0} 表示截止 t_0 已完成计划作业的预算费用，AC 表示截止 t_0 已完成所有作业的实际成本。因此，两者的偏差 CV_0 反映截止 t_0 为实现计划内挣值（EV_0）所花费的其他成本 OC。计算公式为：

$$CV_0 = EV_0 - AC \\ = -OC \qquad(6.23)$$

不过，其他成本 OC 所表示的成本偏差仍然太过宽泛，需要对其进行细化改进。根据公式（6.16），OC 包括了计划外挣值 EV_C（含 EV_{CA} 和 EV_{CB}）。把 $OC = OC^* + EV_C$ 代入上式，则有：

$$CV_0 = -OC \\ = -OC^* - EV_C \\ = -EV_{CA} - EV_{CB} - OC^* \qquad(6.24)$$

假定，$CV_{CA} = -EV_{CA}$，$CV_{CB} = -EV_{CB}$。

因此，成本偏差 CV_0 由 3 个部分组成：第 1 部分为 CV_{CA}，等于 $-EV_{CA}$，表示新增同类作业（WC_A）的预算费用；第 2 部分为 CV_{CB}，等于 $-EV_{CB}$，表示新增异类作业（WC_B）的预算费用；第 3 部分为 OC^*，表示为完成计划内挣值（EV_0）和计划外挣值（EV_C）所花费的其他成本。

（2）改进绩效分析指标

绩效指标是将进度偏差（SV_0）与成本偏差（CV_0）转换为效率指标，可以将项目的进度和成本绩效在不同项目之间进行比较。

第一，进度绩效指数（SPI_0），是指在前锋期 t_0 计划内挣值（EV_0）与计划值（PV）的比值。当 $SPI_0 = 1$ 时，表示截止 t_0 已完成计划作业与原计划完成作业的进度一致。当 $SPI_0 > 1$，表示截止 t_0 已完成计划作业比原计划完成作业的进度超前。当 $SPI_0 < 1$，表示截止 t_0 已完成计划作业比原计划完成作业的进度延后。计算公式为：

$$SPI_0 = \frac{EV_0}{PV} = \frac{\sum_{i=1}^{N} Q_{Bi} \times P_{Ai}}{\sum_{i=1}^{n} Q_{Ai} \times P_{Ai}} \qquad(6.25)$$

将 $EV_0=EV_{t0}+EV_{tt}$ 代入公式(6.24),有:

$$SPI_0=\frac{EV_0}{PV}$$
$$=\frac{EV_{t0}+EV_{tt}}{PV} \qquad (6.26)$$
$$=\frac{EV_{t0}}{PV}+\frac{EV_{tt}}{PV}$$

假定,$SPI_{t0}=\frac{EV_{t0}}{PV}$,其中 EV_{t0} 表示已完成 t_0 以前计划作业的预算费用,PV 表示 t_0 时应当完成计划作业的预算费用。两者的比值 SPI_{t0},表示已完成 t_0 以前计划作业的进度绩效。

假定,$SPI_{tt}=\frac{EV_{tt}}{PV}$,其中 EV_{tt} 表示已完成 t_0 以后计划作业的预算费用,PV 表示 t_0 时应当完成计划作业的预算费用。两者的比值 SPI_{tt},表示已完成 t_0 以后计划作业的进度绩效。

将 $SPI_{t0}=\frac{EV_{t0}}{PV}$ 和 $SPI_{tt}=\frac{EV_{tt}}{PV}$ 代入公式(6.25),则有:

$$SPI_0=\frac{EV_0}{PV}$$
$$=\frac{EV_{t0}}{PV}+\frac{EV_{tt}}{PV} \qquad (6.27)$$
$$=SPI_{t0}+SPI_{tt}$$

因此,改进后的进度绩效(SPI_0)由两部分组成:一部分是 SPI_{t0},表示项目已完成 t_0 以前计划作业的进度落后程度;一部分是 SPI_{tt},表示项目已完成 t_0 以后计划作业的进度超前程度。

显然,$SPI_0=\frac{EV_0}{PV}=\frac{SV_0+PV}{PV}=1+\frac{SV_0}{PV}$。改进后的进度绩效指数($SPI_0$)反映了项目管理团队的时间利用效率。由于 SPI_0 计量的是整个项目所有已完成计划作业的工作量,所以还需要对关键路径与非关键路径进行区分,以确定项目实际进度状态。

第二,成本绩效指数(CPI_0),是指在前锋期 t_0 计划内挣值(EV_0)与实际成本(AC)的比值。当 $CPI_0=1$ 时,表示截止 t_0 已完成计划作业的实际费用控制与预算费用一致。当 $CPI_0>1$,表示截止 t_0 已完成计划作业实际费用控制相对于预算有费用结余。当 $CPI_0<1$,表示截止 t_0 已完成计划作业实际费用控制相对于预算有费用超支。

$$CPI_0 = \frac{EV_0}{AC}$$

$$= \frac{\sum_{i=1}^{N} Q_{Bi} \times P_{Ai}}{\sum_{i=1}^{N} Q_{Bi} \times P_{Ai} + OC} \quad (6.28)$$

显然，$CPI_0 = \frac{EV}{AC} = \frac{AC + CV_0}{AC} = 1 + \frac{CV_0}{AC}$。改进后成本绩效指数（$CPI_0$）用于测量已完成计划工作的成本效率，该指标对于判断项目实际成本状态很有帮助，并可用于预测项目最终成本。

利用改进后大型项目 EVM 的基本参数、偏差和绩效分析指标，可以对大型工程的进度和投资状态定期进行联合监控。图 6.16 表示某个大型工程的挣值分析曲线，在前锋期 t_0 该工程计划完成作业的进度落后且预算超支。

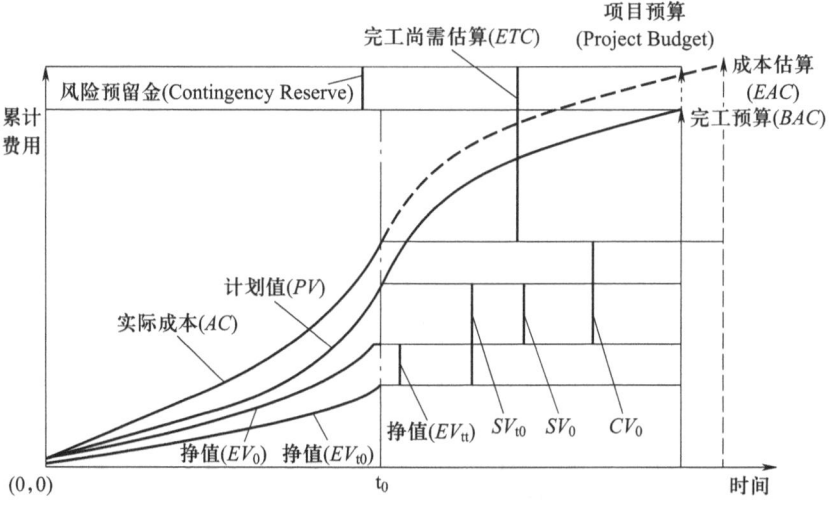

图 6.16　某大型工程改进后 EVM 的评价曲线

3）改进大型项目 EVM 的绩效预测指标

基于改进大型项目 EVM 的基本参数和绩效分析指标，可以对项目完工指数（EAC）等预测指标进行改进。绩效预测是根据项目在前锋期 t_0 的当前绩效状态信息与其他相关信息及知识，预测项目完工时的进度和成本绩效状态。当预测的完工估算（EAC）结果与批复概算（BAC）存在较大差异，项目经理应考虑提前采取预防措施或按照正式程序对 BAC 进行更新。

在计算 EAC 时，一般采用实际成本（AC）加上剩余计划作业的完工尚需

估算(ETC),计算公式为:
$$EAC = AC + ETC_{bottom-up} \qquad (6.29)$$
其中,AC 是已完成所有作业的实际发生成本,是已知费用。于是,对 EAC 的预测重点在于对完工尚需估算(ETC)的预测。

(1)完工尚需估算(ETC)

在改进大型项目 EVM 的基本参数中,将计划内挣值(EV_0)定义为在前锋期 t_0 已完成计划作业(WP_0)的预算费用,在此基础上将剩余计划作业预算费用定义为 RPV_0(Remaining Planned Value)。整个项目的批复概算为 BAC,于是有:

$$\begin{aligned} RPV_0 &= BAC - EV_0 \\ &= \sum_{i=1}^{N} Q_{Ai} \times P_{Ai} - \sum_{i=1}^{N} Q_{Bi} \times P_{Ai} \\ &= \sum_{i=1}^{N} (Q_{Ai} - Q_{Bi}) \times P_{Ai} \end{aligned} \qquad (6.30)$$

将 $EV_0 = EV_{t0} + EV_{tt}$ 代入上式,则有:

$$\begin{aligned} RPV_0 &= BAC - EV_0 \\ &= BAC - (EV_{t0} + EV_{tt}) \\ &= BAC - EV_{t0} - EV_{tt} + PV - PV \\ &= (PV - EV_{t0}) + (BAC - PV - EV_{tt}) \end{aligned} \qquad (6.31)$$

假定,
$$RPV_{t0} = PV - EV_{t0} \qquad (6.32)$$

其中,EV_{t0} 表示已完成 t_0 以前计划作业的预算费用,PV 表示 t_0 时应当完成计划作业的预算费用。因此,RPV_{t0} 表示前锋期 t_0 以前剩余计划作业的预算费用。

假定,
$$RPV_{tt} = BAC - PV - EV_{tt} \qquad (6.33)$$

其中,BAC 表示整个项目所有计划作业的批复总概算,EV_{tt} 表示已完成 t_0 以后计划作业的预算费用,PV 表示 t_0 时应当完成计划作业的预算费用。因此,RPV_{tt} 表示前锋期 t_0 以后剩余计划作业的预算费用。

将公式(6.32)和式(6.33)代入式(6.31),则有:
$$RPV_0 = RPV_{t0} + RPV_{tt} \qquad (6.34)$$

在此基础上,改进对完工尚需估算(ETC)的三种传统估算方法。

①按预算单价预测完工尚需估算（ETC）

这种方法预测未来剩余计划作业都将严格按预算单价完成,如果当前项目的成本绩效较差,该方法需要在进行项目风险分析基础上,并取得有力证据不会发生重大项目变更才能使用,这与传统大型项目 EVM 的预测方法一致。计算公式为：

$$ETC=BAC-EV_0$$
$$=RPV_0=RPV_{t0}+RPV_{tt} \quad (6.35)$$

②按照当前成本绩效指数（CPI_0）预测完工尚需估算（ETC）

该方法预测未来剩余计划作业将按目前已完成计划作业的成本绩效指数（CPI_0）实施。计算公式为：

$$\begin{aligned} ETC &= \frac{BAC-EV_0}{CPI_0} \\ &= \frac{RPV_0}{CPI_0} \\ &= \frac{RPV_{t0}+RPV_{tt}}{CPI_0} \\ &= \frac{RPV_{t0}}{CPI_0}+\frac{RPV_{tt}}{CPI_0} \end{aligned} \quad (6.36)$$

假定 $ETC_{t0}=\frac{RPV_{t0}}{CPI_0}$,表示前锋期（$t_0$）以前的剩余计划作业,按照当前已完成计划作业的成本绩效指数（CPI_0）实施的完工尚需估算。假定 $ETC_{tt}=\frac{RPV_{tt}}{CPI_0}$,表示前锋期 t_0 以后的剩余计划作业,按照当前已完成计划作业的成本绩效指数（CPI_0）实施的完工尚需估算。将 $ETC_{t0}=\frac{RPV_{t0}}{CPI_0}$ 和 $ETC_{tt}=\frac{RPV_{tt}}{CPI_0}$ 代入式（6.36）,有：

$$ETC=ETC_{t0}+ETC_{tt} \quad (6.37)$$

③将前锋期（t_0）前后剩余计划作业按照不同的 CPI 预测完工尚需估算（ETC）

不同于前面两种方法,该方法按照前锋期（t_0）将剩余作业的成本绩效指数区别对待,假设 CPI_0 为 t_0 以前剩余计划作业的成本绩效指数,CPI_{tt} 为 t_0 以后剩余计划作业的成本绩效指数。

假定假定 $ETC_{t0}=\frac{RPV_{t0}}{CPI_{t0}}$,表示前锋期（$t_0$）以前的剩余计划作业,按照

CPI_{t0} 实施的完工尚需估算。假定 $ETC_{tt}=\dfrac{RPV_{tt}}{CPI_{tt}}$,表示前锋期 t_0 以后的剩余计划作业,按照 CPI_{tt} 实施的完工尚需估算。于是有:

$$ETC=ETC_{t0}+ETC_{tt} \qquad (6.38)$$

即是说,完工尚需估算(ETC)分为两个部分:一部分为按照 CPI_{t0} 预测的 t_0 以前剩余计划工作的完工尚需估算(ETC_{t0}),另一部分为按照 CPI_{tt} 预测的 t_0 以后剩余计划工作的完工尚需估算(ETC_{t0})。

(2)剩余计划作业的完工尚需绩效指数($TCPI_0$)

完工尚需绩效指数($TCPI_0$),表示批复概算(BAC)内在前锋期 t_0 完成剩余计划作业所需的成本绩效指数。

$$\begin{aligned}TCPI_0&=\dfrac{BAC-EV_0}{BAC-AC}\\&=\dfrac{RPV_0}{BAC-AC}\end{aligned} \qquad (6.39)$$

其中,RPV_0 表示剩余计划作业的预算费用,$BAC-AC$ 为项目剩余批复概算。两者的比值 $TCPI_0$ 表示,若要将实际完工总成本控制在批复概算(BAC)内,对于剩余计划作业必须达到的成本绩效指数。

如图 6.17 所示,如果当前成本绩效指数 $CPI_0 \geqslant 1$,那么 $TCPI_0 \leqslant 1$,即项目按照当前 CPI_0 继续完成剩余计划作业,可以确保项目实际总成本不超过批复概算(BAC)。但如果当前成本绩效指数 $CPI_0 < 1$,那么 $TCPI_0 > 1$,即项目剩余计划作业成本绩效指数必须至少提高至 $TCPI_0^{BAC}$(如图 6.18 中最高的那条虚线)执行,才能确保项目实际总成本不会超过批复总概算(BAC)。但将成本绩效指数提高,需要综合考虑多种因素(比如风险、资源、技术、项目团队能力等)后才

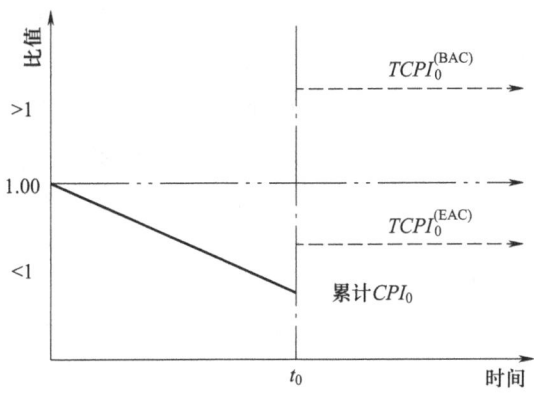

图 6.17 剩余计划工作的完工绩效指数($TCPI_0$)

能判断。如果将成本绩效提高至 $TCPI_0^{BAC}$ 不可行,就说明项目很可能会超出批复概算(BAC),需要项目单位按照正式程序将批复概算(BAC)变更为完工估算(EAC),此时项目剩余计划作业所需完工尚需绩效指数也调整为 $TCPI_0^{EAC}$,如图 6.18 中最低的那条虚线所示。

总的来说,从区分计划作业与变更作业的角度,将"挣值"(EV)定义为已完成计划作业的预算费用,系统改进大型项目理论基础,包括基本参数、偏差与绩效分析指标、绩效预测指标。附录 E 汇总了改进大型项目 EVM 理论基础的所有参数指标及意义。

6.5.3 改进后 EVM 理论在大型工程中的案例应用

本节仍以 H 扩建工程的航站楼单体工程为例。在"6.3"节案例应用中,实际上已经建立了整个工程统一的进度和投资信息结构。在此基础上,以"6.4"节基于进度总控的大型工程投资总控模型作为指导,将改进后大型项目 EVM 理论应用到航站楼工程的进度与投资联合总控实践中。

1)总进度与总投资的月度控制数据收集

在大型工程进度总控实践中,通常以一个月为周期,在月初以工程指挥部各部门(部门控制总包,总包控制分包)为单位,上报当月的月度实施计划,项目总控班子从项目整体资源平衡角度检查月度实施计划的科学性和合理性。在月末时,对比月初批准的进度实施计划,进行全面的进度检查,包括各部门进展情况的信息收集、工地实地检查等,编制总进度跟踪与管理月度报告,为该工程的进度月度控制提供基础数据支持。同时,建设单位在实践中仍然采用"月初计划预算投资多少万元,月末实际累计投资多少万元"的传统投资控制方法,并将月末实际累计投资作为当月的"工程形象进度"。虽然这种方法对于工程实施进展中的投资控制不足,但指挥部各部门在月末上报的"本月实际完成投资额"形象进度,实际上提供了当月已完成作业的实际成本,为该工程总进度与总投资的月度联合控制提供了基础数据支持。鉴于篇幅限制,本节只以航站楼工程 2016 年 1 月至 2016 年 11 月期间的进度与投资控制数据为例,说明改进后的大型项目 EVM 方法在工程实践中应用的有效性和可行性。

根据基于总进度计划的航站楼工程总投资计划(图 6.11),可以得出在子分部工程层面第 i 个作业第 j 个月(2016 年 1 月—2016 年 11 月)的期间计划值($PV_{t(j)}^{(i)}$)。作业期间计划值($PV_{t(j)}^{(i)}$)表示第 i 个作业第 j 个月的期间预算费用,除非月度计划中明确了某作业的当月计划时间与原计划时间不同,一般按照作业工期的持续天数在每个月进行平均分配。项目期间计划值 $PV^{t(j)}$ 表示整个工程第 j 个月的期间预算费用，$PV^{t(j)} = \sum_{i=1}^{n} PV_{(i)}^{t(j)}$。显然，整个工程的计划值 $PV = \sum_{j=1}^{t0} PV^{t(j)} = \sum_{j=1}^{t0} \sum_{i=1}^{n} PV_{(i)}^{t(j)}$，表示计划值 PV 是由从第 1 个月至前锋期 t_0 所有 n 个作业的期间计划值（$PV_{(i)}^{t(j)}$）之和所组成。如表 6.7 所示以"航站楼主楼施工总承包招标"和"航站楼主楼桩基工程施工"作业为例，航站楼工程的期间计划值分配，即执行预算计划情况。其中，最后一行的合计计划值则为整个工程在每一个月的项目累计计划值（PV）。按照同样的分配方法，可以得到整个航站楼工程在每一个月的项目执行预算计划情况。

表 6.7 航站楼工程的执行预算计划情况（示例）

作业名称	2016年1月	2016年2月	2016年3月	2016年4月
航站楼主楼施工总承包招标	1 317.11	658.55	658.55	—
航站楼主楼桩基工程施工	15 603.52	3 900.88	14 433.26	3 900.88
合计	16 920.63	4 559.43	15 091.81	3 900.88
累计	16 920.63	21 480.06	36 571.87	40 472.75

根据月末的总进度跟踪与管理月度报告的控制数据，将当月的实际进展情况与月度计划进行对比，可以得出子分部工程层面计划作业的完成百分比情况，即可得到第 i 个作业第 j 个月（2016 年 1 月—2016 年 11 月）的期间计划内挣值（$EV_{0(i)}^{t(j)}$）。项目期间计划内挣值（$EV_0^{t(j)}$）表示整个工程第 j 个月期间已完成计划作业的预算费用，$EV_0^{t(j)} = \sum_{i=1}^{n} EV_{0(i)}^{t(j)}$。显然，整个工程的计划内挣值 $EV_0 = \sum_{j=1}^{t0} EV_0^{t(j)} = \sum_{j=1}^{t0} \sum_{i=1}^{n} EV_{0(i)}^{t(j)}$，表示整个工程的计划内挣值 EV_0 是由从第 1 个月至前锋期 t_0 所有 n 个作业的期间计划内挣值（$EV_{0(i)}^{t(j)}$）之和所组成。如表 6.8，仍然以"航站楼主楼施工总承包招标"和"航站楼主楼桩基工程施工"作业为例，航站楼工程的累计计划内挣值情况。其中，最后一行的合计计划内挣值则为整个工程在每一个月的项目期间计划内挣值（$EV_0^{t(j)}$）。以作业期间计划内挣值（$EV_{0(i)}^{t(j)}$）为基础数据，按照同样的计量方法，以前锋期 t_0 为分界点，可以得到每个月的计划内挣值（$EV_{t0(i)}^{t(j)}$ 和 $EV_{tt(i)}^{t(j)}$），分别表示已完成 t_0 之前计划作业的预算费用和超前完成 t_0 之后计划作业的预算费用，如表 6.9 所示。其中，在 2016 年 1 月—2016 年 11 月还发生了若干件经批准计划外事件，这些事件所

引发的计划外作业在每个月预算费用作为期间计划外挣值($EV_{C(i)}^{t(j)}$),汇总如表 6.10 所示。

表 6.8 航站楼工程的作业期间计划内挣值($EV_{0(i)}^{t(j)}$)情况(万元)

作业名称	预算费用(万元)	2015年12月	2016年1月	2016年2月	2016年3月	2016年4月
航站楼主楼施工总承包招标	2 634.21	—	897.37	839.47	897.37	—
航站楼主楼桩基工程施工	39 008.80	943.76(12月29日开工)	9 752.20	9 123.03	9 752.20	9 437.61
合计	—	943.76	10 649.57	9 962.50	10 649.57	9 437.61
累计	—	943.76	11 593.33	21 555.83	32 205.4	41 643.01

表 6.9 航站楼工程的作业期间计划内挣值($EV_{t0(i)}^{t(j)}$ 和 $EV_{tt(i)}^{t(j)}$)情况(万元)

作业名称	2016年1月 $EV_{t0(i)}^{t(j)}$	2016年1月 $EV_{tt(i)}^{t(j)}$	2016年2月 $EV_{t0(i)}^{t(j)}$	2016年2月 $EV_{tt(i)}^{t(j)}$	2016年3月 $EV_{t0(i)}^{t(j)}$	2016年3月 $EV_{tt(i)}^{t(j)}$	2016年4月 $EV_{t0(i)}^{t(j)}$	2016年4月 $EV_{tt(i)}^{t(j)}$
航站楼主楼施工总承包招标	897.37	419.74	658.55	0.00	658.55	0.00	0.00	0.00
航站楼主楼桩基工程施工	9 752.20	5 851.32	3 900.88	0.00	9 752.20	4 681.06	3 900.88	0.00
合计	10 649.57	6 271.06	4 559.43	0.00	10 410.75	4 681.06	3 900.88	0.00

表 6.10 航站楼工程的作业期间计外挣值($EV_{C(i)}^{t(j)}$)情况(万元)

时间	计划外新增作业 新增同类作业	计划外新增作业 新增异类作业	新增同类作业	新增异类作业	计划外挣值费用
2016年1月	因地下水位较高,临时增加降水措施	专机坪围界调整	167.03	97.44	264.47
2016年2月	飞速路上管线尚未搬迁到位,管线搬迁方案制定	—	45.51	0.00	45.51

续　表

时间	计划外新增作业		新增同类作业	新增异类作业	计划外挣值费用
	新增同类作业	新增异类作业			
2016年3月	管线搬迁及燃气管线断气；因管线施工及打桩影响，工作面调整；因搅拌桩质量问题返工、更换施工设备	为减少航站楼施工对运营影响，启动T2远机位流程改造方案设计工作	756.40	138.91	895.31
2016年4月	部分搅拌桩因地下障碍物无法钻进；正在进行探摸，探明地质情况后由设计出具处理方案	继续实施T2远机位流程改造方案深化设计	23.93	32.31	56.24
2016年5月	—	T2远机位改造施工，国内远机位改造：钢结构施工；4.29火灾事故导致工程停工整顿	0.00	523.24	523.24
2016年6月	因受航油管线搬迁影响，土方外运和灌注桩施工场地受限，电力管线排管、排水沟施工难度增大	T2远机位改造施工，国际远机位改造：室内墙体修饰；火灾事故后恢复性施工	101.39	111.76	213.15
2016年7月	高温时节导致工程推进施工效率下降，施工速度放慢	继续实施T2国内远机位改造—进行钢结构施工、国际远机位改造—进行室内墙体修饰；火灾事故后恢复性施工	211.03	83.21	294.24
2016年8月	因碎石原材料指标调整影响，需增加人员、机械设备，做好材料储备工作	T2远机位改造剩余工程施工	97.75	229.55	327.3

续　表

时间	计划外新增作业		新增同类作业	新增异类作业	计划外挣值费用
	新增同类作业	新增异类作业			
2016 年 9 月	S1 的 2 号坑、S2 的 2 号坑由于周边工序影响，不具备土方开挖条件；台风强降雨天气影响滞后；台风天气影响	T2 远机位改造移交运营调试；因 G20 影响材料运输	74.11	59.24	133.35
2016 年 10 月	今年 10 月份降水天气偏多影响施工，需加强材料采购与储备	T2 捷运车站：桩基工程完成 15%	342.27	140.50	482.77
2016 年 11 月	航站楼周边土质与设计要求相差较大，设计及施工方案多次调整，造成工程进度延后，需增加设备与增强管理，加快后续工程进度	T2 捷运车站：桩基工程完成 50%	1 854.40	517.63	2 372.03

根据指挥部各部门月末上报已完成作业的形象进度——"本月实际完成投资额"，可得到当月已完成作业实际费用，即可得到第 i 个作业第 j 个月（2016 年 1 月—2016 年 11 月）的期间实际成本（$AC_{(i)}^{t(j)}$）。结合表 6.8、表 6.9、表 6.10，可以得到整个工程在 2016 年 1 月—2016 年 11 月的期间计划值（PV）、期间计划内挣值[EV_0（含 EV_{t0} 和 EV_{tt}）]、期间计划外挣值（EV_C）、实际成本（AC），如表 6.11 所示。据此，可得到航站楼工程项目进度和投资执行状态，如图 6.18 所示。以此作为基础数据，在下一节进行项目投资与进度联合控制与预测分析。

2）项目投资与进度联合控制分析

下面分别在"按原批复概算"和"概算合理化后"两种情形下，对航站楼工程的进度与投资联合控制进行分析。

（1）按原批复概算的进度与投资联合控制分析

结合表 6.11 中项目执行的基础数据，可以计算出 2016 年 1 月—2016 年 11 月的偏差指标，如表 6.12 所示，从中可以看出：

表 6.11　航站楼工程的基本参数执行数据汇总（2016 年 1 月—2016 年 11 月）（万元）

月份	计划值 (PV)	计划内挣值 (EV_0)	t_0 以前计划内挣值 (EV_{t0})	t_0 以后计划内挣值 (EV_{tt})	计划外挣值 (EV_C)	计划外挣值 (EV_{CA})	计划外挣值 (EV_{CB})	实际成本 (AC)
2016 年 1 月	15 373.62	19 371.46	13 100.4	6 271.06	180.44	97.44	277.32	18 321.17
2016 年 2 月	14 383.75	6 854.12	6 854.12	0	49.16	0.00	49.08	6 433.46
2016 年 3 月	15 375.73	17 544.75	12 863.7	4 681.06	817.12	138.91	956.79	17 299.13
2016 年 4 月	13 324.83	6 937.99	5 588.2	1 349.78	25.85	32.31	57.93	6 520.43
2016 年 5 月	6 098.06	8 129.41	6 098.06	2 031.35	0.00	523.24	523.38	8 095.64
2016 年 6 月	5 901.35	11 998.28	5 611.08	6 387.19	109.52	111.76	221.04	11 397.03
2016 年 7 月	6 002.14	12 236.77	1 154.02	11 082.75	227.96	83.21	311.13	11 709.26
2016 年 8 月	8 197.67	24 644.07	4 145.66	20 498.41	105.59	229.55	335.10	23 290.21
2016 年 9 月	7 951.71	8 594.43	1 779.1	6 815.33	80.05	59.24	138.91	8 144.32
2016 年 10 月	18 277.87	39 694.31	18 277.87	21 348.96	369.74	140.50	509.42	37 483.31
2016 年 11 月	18 262.53	55 571.93	18 262.53	37 241.91	2 003.24	517.63	2 520.27	54 283.62

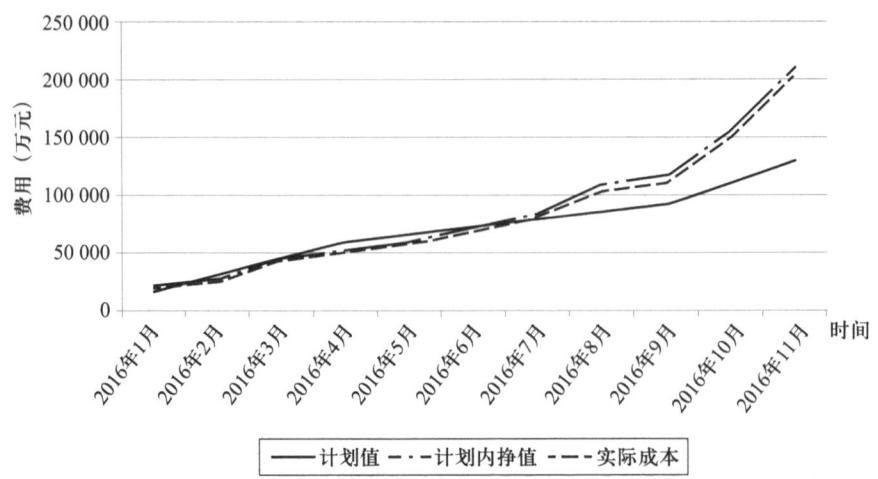

图 6.18　航站楼工程项目执行的基本参数

表 6.12　航站楼工程的进度与成本偏差指标分析（万元）

月份	SV_0	SV_{t0}	SV_{tt}	CV_0	CV_{CA}	CV_{CB}	OC^*
2016年1月	3 997.84	−2 273.22	6 271.06	1 050.29	−180.44	−97.44	−1 328.17
2016年2月	−7 529.63	−7 529.63	0	420.66	−49.16	0	−469.82
2016年3月	2 169.02	−2 512.03	4 681.06	245.62	−817.12	−138.91	−1 201.65
2016年4月	−6 386.84	−7 736.63	1 349.78	417.56	−25.85	−32.31	−475.72
2016年5月	2 031.35	0	2 031.35	33.77	0	−523.24	−557.01
2016年6月	6 096.93	−290.27	6 387.19	601.25	−109.52	−111.76	−822.53
2016年7月	6 234.63	−4 848.12	11 082.75	527.51	−227.96	−83.21	−838.68
2016年8月	16 446.4	−4 052.01	20 498.41	1 353.86	−105.59	−229.55	−1 689

续　表

月份	SV_0	SV_{t0}	SV_{tt}	CV_0	CV_{CA}	CV_{CB}	OC^*
2016年9月	642.72	−6 172.61	6 815.33	450.11	−80.05	−59.24	−589.4
2016年10月	21 416.44	0	21 348.96	2 211	−369.74	−140.5	−2 721.24
2016年11月	37 309.4	0	37 241.91	1 288.31	−2 003.24	−517.63	−3 809.18

2016年1月末，可以监测到项目 $SV_0>0$，$CV_0>0$，表示项目总进度比计划提前，而总投资费用比计划有结余。具体地，在进度偏差方面，$SV_{t0}^{(1)}<0$，表示1月份计划内完成作业有部分进度落后，具体原因为"应与航站楼工程同步施工的登机桥固定端桩基不具备现场施工条件"。$SV_{tt}^{(1)}>0$，表示1月份计划内完成作业中有部分进度超前，具体表现为"航站楼主楼施工总承包招标提前完成上网，进展提前""主楼桩基工程进度实际累计完成40%，比计划30%超前完成"。由于 $|SV_{t0}^{(1)}|<|SV_{tt}^{(1)}|$，说明1月份进度超前偏差（$SV_{tt}$）大于进度落后偏差（$SV_{t0}$），因此2016年1月项目总进度偏差（$SV_0$）表现为提前。在成本偏差方面，$CV_0>0$ 表示项目总投资成本有结余。$OC^{(1)*}<0$，表示1月份为完成计划内挣值和计划外挣值所花费的实际成本比预算成本低。因此，虽然1月份发生了工程变更（含新增异类作业和新增同类作业），但项目整体仍然没有发生成本超支，说明已完成作业（含已完成计划内作业和已完成计划外作业）的平均实际单价（P_B）比计划单价（P_A）低。因此，若实际单价（P_B）是合理的，那么1月份已完成作业的计划单价（P_A）被高估了。

2016年2月—2016年5月，可以监测到项目 $SV_0<0$，$CV_0>0$，表示项目总进度比计划落后，而总投资费用比计划有结余。在进度偏差方面，$SV_{t0}^{(2)}$、$SV_{t0}^{(3)}$、$SV_{t0}^{(4)}$ 都小于0，表示2—4月计划内完成作业有部分进度落后。与1月一样，2—4月原因都有"应与航站楼工程同步施工的登机桥固定端桩基不具备现场施工条件"。其中，2月进度落后最大，表现为"主楼桩基工程故意放慢施工速度（实际进度10%，比计划25%落后），将实施重心放在基坑围护现场施工准备上"。$SV_{t0}^{(3)}$、$SV_{t0}^{(4)}$、$SV_{t0}^{(5)}$ 都大于0，表示3—5月计划内完成作业中有部分进度超前，3月表现为"加快桩基工程施工速度（实际进度为37%，比计划25%提前）"，4月表现为"主楼基坑围护结构提前开始施工"，5月表现为"主楼基坑围护结构实际完成40%，比计划30%超前完成""保证主楼地下结构6月提前开工，主楼基础与地下结构施工图设计5月提前完成"。总的来说，2—5月进度超前偏差(SV_{tt})小于进度落后偏差(SV_{t0})，因此2016年1月项目总进度偏差(SV_0)表现为落后。在成本偏差方面，$CV_0>0$表示项目总投资成本有结余。$OC^{*(2)}$、$OC^{*(3)}$、…、$OC^{*(5)}<0$，与1月一样，表示2—5月为完成计划内挣值和计划外挣值所花费的实际成本比预算成本低。因此，虽然2月—5月发生了工程变更（含新增异类作业和新增同类作业），但项目整体仍然没有发生成本超支，说明已完成作业（含已完成计划内作业和已完成计划外作业）的平均实际单价(P_B)比计划单价(P_A)低。因此，若实际单价(P_B)是合理的，那么2—5月已完成作业的计划单价(P_A)被高估了。

2016年6月—2016年11月，可以监测到项目$SV_0>0$，$CV_0>0$，表示项目总进度比计划超前，而总投资费用比计划有结余。具体地，在进度偏差方面，$SV_{t0}^{(6)}$、$SV_{t0}^{(7)}$、$SV_{t0}^{(8)}$、$SV_{t0}^{(9)}$都小于0，表示6—9月计划内完成作业有部分进度落后。其中，8月进度落后最大，表现为"由于雨季影响，主楼基坑施工速度放慢，保证施工安全（实际进度20%，比计划50%落后）"。$SV_{tt}^{(6)}$、$SV_{tt}^{(7)}$、$SV_{tt}^{(8)}$、…、$SV_{tt}^{(11)}$都大于0，表示6—11月计划内完成作业有部分进度超前。其中，6月、7月共同表现为"主楼基坑挖土提前开始施工（计划8月开始，6月提前完成17.5%，7月提前完成57.3%）"。6—9月共同表现为"主楼基础和地下结构提前开始施工（计划10月开始，6月提前完成2%，7月提前完成4%，8月提前完成24.4%，9月提前完成8.1%）"。9月还表现为"保证主楼上部混凝土结构10月提前开始施工，上部混凝土结构施工图设计9月提前完成"。10—11月表现为"上部混凝土结构提前开始施工，计划2017年3月开始，10月提前完成19.8%，11月提前完成18.81%"。总的来说，6—11月进度提前偏差(SV_{tt})大于进度落后偏差(SV_{t0})，因此2016年6—11月项目总进度偏差(SV_0)表现为超前。在成本偏差方面，$CV0>0$表示项目总投资成本有结余。$OC^{*(6)}$、$OC^{*(7)}$、…、$OC^{*(11)}<0$，与1月一样，表示6—11月为完成计划内挣值和计划外挣值所花费的实际成本比预算成本低。因此，虽然6—11月份发生了工程变更（含新增异类作业和新增同类作业），但项目整体仍然没有发生成本超支，说明已完成作业（含已完成计划内作业和已完成计划外作业）的平均实际单价(P_B)比计划单价低(P_A)。因此，若实际单价(P_B)是合理的，那么6—11月已完成作业的计划单价(P_A)高估了。

总的来说，总进度控制方面，1月项目总进度比计划超前，2—5月总进度比计划落后,而 6—11 月总进度又比计划超前了,如图 6.19 所示。在成本控制方面,按照原批复概算,基于总进度的总投资配置计划的投资控制结果来看,尽管 2016 年 1—11 月发生了多次工程变更[见表 6.10 航站楼工程的作业期间计外内挣值($EV_{C(i)}^{t(j)}$)情况],但每个月的项目总成本偏差(CV_0)仍然大于 0,且 OC^* 也都小于 0,说明已完成作业的平均计划单价被高估了。因此,这里从单个案例的工程投资控制结果也说明,基于原批复概算的总投资计划偏高了。

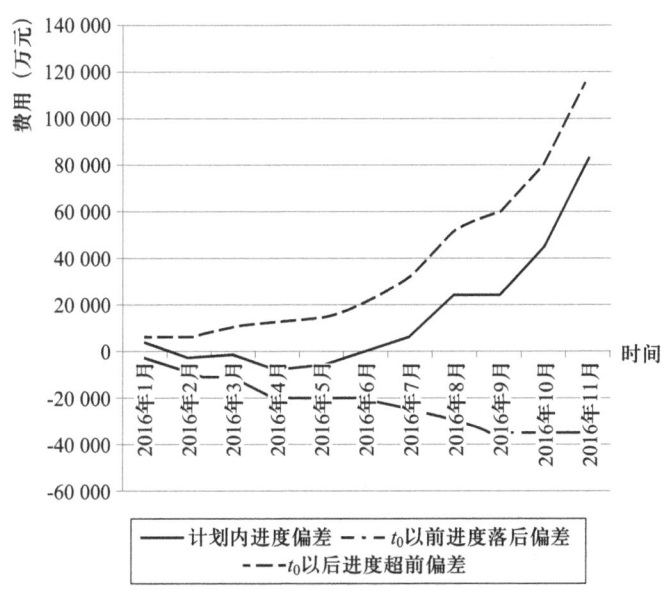

图 6.19 航站楼工程的总进度偏差分析

(2)概算合理化后进度与投资联合控制分析

下面按照"5.2"节基于 RCF 改进政府工程投资审查方法的结论,考虑保守的可接受超概风险,将航站楼工程的原批复概算合理化。合理化后概算是参照类似已完工程所确定的,因此本文认为根据合理化后概算制定的总进度与总投资计划也是合理的。这里概算合理化不考虑计划作业工程量的优化,也就是说为航站楼工程基本执行参数中所有计划值(PV_0)、计划内挣值(含 EV_0、EV_{t0}、EV_{tt})和计划外挣值(EV_{CA})的费用额都按总概算合理化的同等比例降低,而计划外挣值(EV_{CB})和其他费用(OC^*)则不变。根据表 5.2,20% 超概风险(保守风险态度)下所需减少的概算百分比为 $\Delta U=-7.43\%$,于是在保守风险态度下航站楼工程基本执行参数,如表 6.13 所示。

表 6.13　20% 超概风险下的航站楼工程基本参数执行数据（万元）

月份	计划值 (PV)	计划内挣值 (EV_0)	t_0 以前计划内挣值 (EV_{t0})	t_0 以后计划内挣值 (EV_{tt})	计划外挣值 (EV_C)	计划外挣值 (EV_{CA})	计划外挣值 (EV_{CB})	实际成本 (AC)
2016年1月	14 231.36	17 932.16	12 127.04	5 805.12	264.47	167.03	97.44	18 308.32
2016年2月	11 997.49	5 717.02	5 717.02	0.00	45.51	45.51	0.00	6 429.89
2016年3月	12 824.90	14 634.08	10 729.61	4 333.26	895.31	756.40	138.91	17 237.65
2016年4月	11 114.24	5 786.98	4 661.12	1 249.49	56.24	23.93	32.31	6 518.74
2016年5月	5 086.39	6 780.74	5 086.39	1 880.42	523.24	0.00	523.24	8 095.51
2016年6月	4 922.32	10 007.77	4 680.20	5 912.62	213.15	101.39	111.76	1 1389.13
2016年7月	5 006.38	10 206.69	962.57	10 259.30	294.23	211.03	83.21	11 692.36
2016年8月	6 837.68	20 555.62	3 457.90	18 975.38	327.30	97.75	229.55	23 282.41
2016年9月	6 632.52	7 168.61	1 483.95	6 308.95	133.35	74.11	59.24	8 138.76
2016年10月	15 245.57	33 109.02	15 245.57	19 762.73	482.77	342.27	140.50	37 456.66
2016年11月	15 232.78	46 352.55	15 232.78	34 474.84	2 372.03	1 854.40	517.63	54 135.38

在 20% 超概风险（保守风险态度）下，结合表 6.13 中项目基本参数执行数据，可以计算出保守风险态度下进度与成本偏差指标，如表 6.14 所示。其中，进度偏差方面，由于不涉及工程量的变化，进度偏差及原因与概算合理化之前分析是一致的。在成本偏差方面，与概算合理化之前分析结果比较则有所不同，2016 年 1—11 月都发生了成本超支（$CV_0 < 0$ 都小于 0），需要进一步分析成本超支原因，具体如下：

表 6.14　20% 超概风险下的航站楼工程进度与成本偏差指标

月份	SV_0	SV_{t0}	SV_{tt}	CV_0	CV_{CA}	CV_{CB}	OC^*
2016年1月	3 700.80	−2 104.32	5 805.12	−376.16	−167.03	−97.44	111.69
2016年2月	−6 970.18	−6 970.18	0.00	−85.03	−45.51	0.00	39.52
2016年3月	2 007.86	−2 325.39	4 333.26	−996.47	−756.40	−138.91	101.16
2016年4月	−5 912.30	−7 161.80	1 249.49	−96.24	−23.93	−32.31	40.00
2016年5月	1 880.42	0.00	1 880.42	−570.12	0.00	−523.24	46.87
2016年6月	5 643.93	−268.70	5912.62	−282.33	−101.39	−111.76	69.18
2016年7月	5 771.40	−4 487.90	10 259.30	−364.79	−211.03	−83.21	70.55
2016年8月	15 224.43	−3 750.95	18 975.38	−469.39	−97.75	−229.55	142.09
2016年9月	594.97	−5 713.99	6 308.95	−182.90	−74.11	−59.24	49.55
2016年10月	19 825.20	0.00	19 762.73	−711.64	−342.27	−140.50	228.87
2016年11月	34 537.31	0.00	34 474.84	−2 692.45	−1 854.40	−517.63	320.41

2016年1月末,可以监测到项目 $CV_0<0$,表示项目总实际成本比计划成本超支。其中,$CV_{CA}^{(1)}<0$,表示1月份发生了新增同类作业,具体原因为——因地下水位较高,临时增加降水措施,由于初设及概算中已有类似降水措施作业,该计划外作业属于新增同类作业,其费用等于计划外挣值($EV_{CA}^{(1)}$)。$CV_{CB}^{(1)}<0$,表示1月份发生了新增异类作业,具体为:工程桩基实施中需将原专机坪围界调整,由于初设及概算中未考虑专机坪围界影响,该计划外作业属于新增异类作业,其费用等于计划外挣值($EV_{CB}^{(1)}$)。$OC^{*(1)}>0$,表示1月份为完成计划内挣值和计划外挣值所花费的其他成本大于0。除去1月份发生的工程变更(含新增异类作业和新增同类作业)费用,已完成计划内作业所花费的实际成本仍然

比预算成本高,说明概算合理化后已完成作业的平均实际单价(P_B)比计划单价(P_A)高。

同理,2016 年 2—11 月,可以监测到项目 $CV_0<0$,表示项目总实际成本比计划成本超支。具体地,$CV_{CA}^{(2)}$、$CV_{CA}^{(3)}$、$CV_{CA}^{(4)}$、$CV_{CA}^{(6)}$、$CV_{CA}^{(7)}$、…、$CV_{CA}^{(11)}<0$,表示 2—4 月和 6 月—11 月都发生了新增同类作业。其中,2 月、3 月新增同类作业影响最大,共同表现为工程实施中发现部分与桩基相关管线尚未搬迁到位,由于初设及概算中已有类似管线搬迁作业,该计划外作业属于新增同类作业。2 月份为"管线搬迁方案制定",其费用等于计划外挣值($EV_{CA}^{(2)}$)。3 月为"管线搬迁及燃气管线断气""因管线施工及打桩影响,工作面调整"和"因搅拌桩质量问题返工、更换施工设备",其费用等于计划外挣值($EV_{CA}^{(3)}$)。4 月为"部分搅拌桩因地下障碍物无法钻进降低施工效率",其费用等于计划外挣值($EV_{CA}^{(4)}$)。6 月为"因受航油管线搬迁影响,土方外运和灌注桩施工场地受限,电力管线排管、排水沟施工难度增大",其费用等于计划外挣值($EV_{CA}^{(6)}$)。7 月份为"高温时节导致工程推进施工效率下降,施工速度放慢",其费用等于计划外挣值($EV_{CA}^{(7)}$)。8 月为"因碎石原材料指标调整影响,需增加人员、机械设备,做好材料储备工作",其费用等于计划外挣值($EV_{CA}^{(8)}$)。9 月为"S1 的 2 号坑、S2 的 2 号坑由于周边工序影响不具备土方开挖条件"和"台风天气影响",其费用等于计划外挣值($EV_{CA}^{(9)}$)。10 月为"10 月降水天气偏多影响施工,需加强材料采购与储备",其费用等于计划外挣值($EV_{CA}^{(10)}$)。11 月为"航站楼周边土质与设计要求相差较大,设计及施工方案多次调整,造成工程进度延后,需增加设备与增强管理加快后续工程进度",其费用等于计划外挣值($EV_{CA}^{(11)}$)。$CV_{CB}^{(3)}$、$CV_{CB}^{(4)}$、…、$CV_{CB}^{(11)}<0$,表示 3—11 月都发生了新增异类作业。其中,3 月份为"为减少航站楼施工对运营影响,启动 T2 远机位流程改造方案设计工作",其费用等于计划外挣值($EV_{CB}^{(3)}$)。4 月为"继续实施浦东 T2 远机位流程改造方案深化设计",其费用等于计划外挣值($EV_{CB}^{(4)}$)。5 月为"T2 远机位改造施工,国内远机位改造:钢结构施工"和"施工生活区发生火灾事故",其费用等于计划外挣值($EV_{CA}^{(5)}$)。6 月为"T2 远机位改造施工,国际远机位改造:室内墙体修饰"和"火灾事故后恢复性施工",其费用等于计划外挣值($EV_{CB}^{(6)}$)。7 月为"继续实施 T2 国内远机位改造:进行钢结构施工、国际远机位改造:进行室内墙体修饰"和"继续实施火灾事故后恢复性施工",其费用等于计划外挣值($EV_{CB}^{(7)}$)。8 月为"T2 远机位改造剩余工程施工",其费用等于计划外挣值($EV_{CB}^{(8)}$)。9 月为"T2 远机位改造移交运营调试""因 G20 影响材料运输"和

"T2捷运车站改造:主体工程正式开工",其费用等于计划外挣值($EV_{CB}^{(9)}$)。10月为"T2捷运车站:桩基工程完成15%",其费用等于计划外挣值($EV_{CB}^{(10)}$)。11月为"T2捷运车站:桩基工程完成50%",其费用等于计划外挣值($EV_{CB}^{(11)}$)。$OC^{*(2)}$、$OC^{*(3)}$、…、$OC^{*(11)}>0$,与1月一样,表示2—11月为完成计划内挣值和计划外挣值所花费的其他成本大于0。除去发生的工程变更(含新增异类作业和新增同类作业)费用,已完成计划内作业所花费的实际成本仍然比预算成本高,说明概算合理化后已完成作业的平均实际单价(P_B)比计划单价(P_A)高。

总的来说,概算合理化后:在总进度控制方面,总进度偏差与概算合理化之前是一致的。在总成本控制方面,2016年1—11月项目实际费用相比计划费用都发生了成本超支,而成本超支的原因则主要是由于发生了工程变更(含新增异类作业和新增同类作业)。其中,3月、11月由于发生较大设计内容变更导致新增同类作业费用最高,5月、11月由于发生意外安全事故导致新增异类作业费用最高,如图6.20所示。

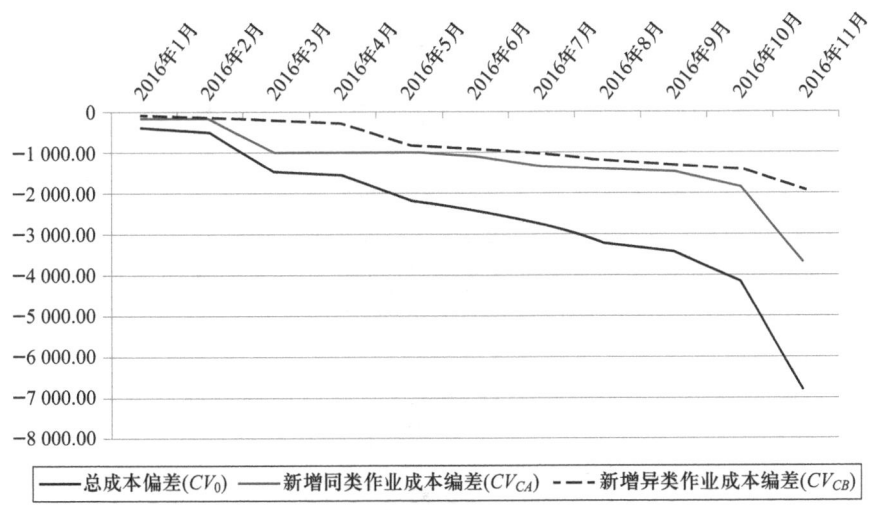

图6.20 概算合理化后航站楼工程成本偏差分析

(3)概算合理化后项目风险预备费的预测与分配

为了保证工程在目标概算(合理化概算)与目标工期内完工,需要对工程在2016年1—11月的成本超支原因进行分析,调整并制定应对工程变更(含新增同类作业与新增异类作业)的风险预备费。

一般来说,工程成本超支的偏差原因有5方面(全国一级建造师职业资格考试用书编写委员会,2014),见图6.21。将2016年1—11月成本超支按5种

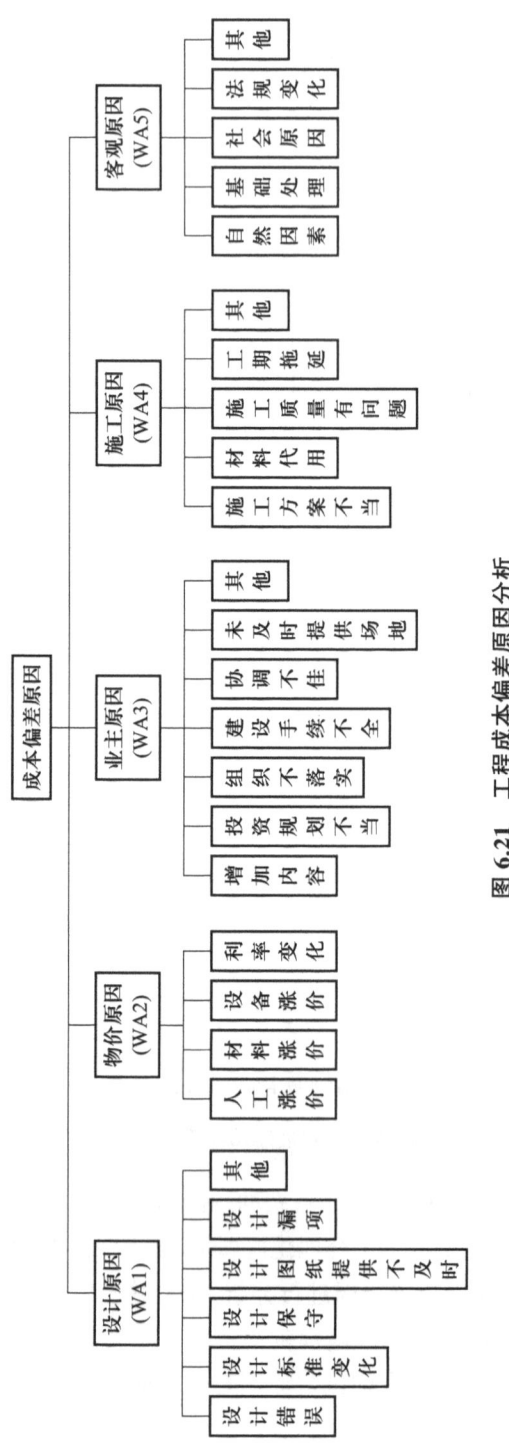

图 6.21　工程成本偏差原因分析

原因进行分类,见表6.15。2016年11月末时,累计计划投资(PV)为119 553.47万元,已计划内挣值(EV_0)为195 857.31万元,实际成本(AC)为202 684.82万元,剩余计划作业预算费用($BAC-EV_0$)为834 708.39。因此,剩余的计划投资费用($BAC-AC$)为827 880.88万元,用于完成2016年12月—2019年5月的剩余工作。

表6.15 航站楼工程成本超支原因分类分析(2016年1—11月)

	设计原因(WA1)	物价原因(WA2)	业主原因(WA3)	施工原因(WA4)	客观原因(WA5)
新增同类作业预算费用	1 854.4	97.75	146.9	997.54	577.23
新增异类作业预算费用	—	—	1 679.58	194.97	59.24
合计	1 854.4	97.75	1 826.48	1 192.51	636.47

下面对2016年12月—2019年5月期间5类新增作业的风险预备费进行调整分析。借鉴2016年1—11月分析数据,其中已完成计划作业预算费用(EV_0)为195 857.31万元,新增作业费用一共为5 607.61万元。与此相适应,2016年12月—2019年5月期间新增工作风险预备费调整为834 708.39×5 607.61/195 857.31=23 898.62万元,调整后的计划投资包括了5类新增作业的风险预备费,如表6.16所示。在工程的具体实践中,还应根据项目进展中实际工程变更进行调整,从而保证工程在目标概算和目标工期内完成。

表6.16 调整后的工程计划投资及预备费(2016年12月—2019年5月)(万元)

预算进度(年月)	第1种新增工作预备费用	第2种新增工作预备费用	第3种新增工作预备费用	第4种新增工作预备费用	第5种新增工作预备费用	计划作业预算费用	合计 827 880.88
2016/12	164.52	8.67	162.04	105.80	56.47	16 736.33	17 233.82
2017/1	158.66	8.36	156.27	102.03	54.45	16 140.26	16 620.04
2017/2	139.23	7.34	137.13	89.53	47.79	14 163.60	14 584.62
2017/3	363.97	19.19	358.49	234.06	124.92	37 026.48	38 127.11

续 表

预算进度（年月）	第1种新增工作预备费用	第2种新增工作预备费用	第3种新增工作预备费用	第4种新增工作预备费用	第5种新增工作预备费用	计划作业预算费用	合计 827 880.88
2017/4	425.84	22.45	419.42	273.84	146.16	43 320.16	44 607.87
2017/5	501.19	26.42	493.64	322.30	172.02	50 985.51	52 501.07
2017/6	501.27	26.42	493.72	322.35	172.05	50 994.28	52 510.10
2017/7	210.37	11.09	207.20	135.28	72.20	21 401.08	22 037.23
2017/8	297.80	15.70	293.31	191.50	102.21	30 294.78	31 195.31
2017/9	255.68	13.48	251.83	164.42	87.75	26 010.18	26 783.34
2017/10	273.66	14.43	269.54	175.98	93.92	27 838.99	28 666.51
2017/11	217.86	11.48	214.58	140.10	74.77	22 162.51	22 821.30
2017/12	254.84	13.43	251.01	163.88	87.47	25 925.06	26 695.69
2018/1	387.51	20.43	381.67	249.19	133.00	39 420.93	40 592.73
2018/2	411.55	21.69	405.35	264.66	141.25	41 867.02	43 111.53
2018/3	646.63	34.09	636.89	415.83	221.94	65 781.55	67 736.93
2018/4	348.76	18.38	343.51	224.28	119.70	35 479.26	36 533.89
2018/5	366.51	19.32	360.99	235.69	125.79	37 285.06	38 393.37
2018/6	262.96	13.86	259.00	169.10	90.25	26 751.11	27 546.30
2018/7	228.61	12.05	225.17	147.01	78.46	23 256.21	23 947.51
2018/8	250.94	13.23	247.16	161.37	86.13	25 527.83	26 286.65
2018/9	171.51	9.04	168.93	110.29	58.87	17 447.50	17 966.13
2018/10	227.60	12.00	224.17	146.36	78.12	23 153.28	23 841.52
2018/11	214.39	11.30	211.16	137.87	73.58	21 809.82	22 458.12
2018/12	190.56	10.05	187.70	122.55	65.41	19 386.11	19 962.37
2019/1	162.10	8.54	159.66	104.24	55.64	16 490.48	16 980.67
2019/2	95.13	5.01	93.70	61.18	32.65	9 677.56	9 965.23
2019/3	61.65	3.25	60.73	39.65	21.16	6 272.06	6 458.50
2019/4	59.67	3.15	58.77	38.37	20.48	6 069.74	6 250.16
2019/5	52.17	2.75	51.39	33.55	17.91	5 307.50	5 465.26

6.6 本章小结

本章在分析现行政府工程实施期各阶段投资控制的薄弱环节基础上,采用合同激励、投资与进度联合总控的方法,在三个子阶段提出加强建设单位的投资控制的实施期对策。

首先,在施工图设计、招投标及合同签订阶段,将建设单位与施工单位投资控制的合同激励拓展到施工图设计阶段,建立工程实施期施工图预算的"两阶段合同激励模型"。第一阶段,通过设置施工图设计阶段的合同激励条款和改进施工图审查方式,激励施工单位将专业能力和施工经验引入施工图深化设计中,促进施工图设计与工程实施的协调性。第二阶段,通过设置施工阶段合同激励条款,规定施工单位承担的成本超支分配百分比($S_O\%$)、施工图深化设计获得奖励的分配百分比($S_D\%$)、成本结余获得奖励的分配百分比($S_U\%$)关系为$S_O\%>S_D\%>S_U\%$,从而实现:一方面激励施工单位对其投标报价负责,防止"低价中标—高价索赔问题";另一方面激励施工单位通过施工图深化设计降低合同报价作为增加收益的主要手段,避免传统"目标加奖励"合同激励方式的高目标成本缺陷。因此,按照"两阶段合同激励模型"的安排,从逻辑上可以激励施工单位将施工专业能力与施工经验引入施工图深化设计中去获取奖励,避免低于合理成本价的"低价中标—高价索赔"问题,鼓励施工单位遵守承诺,从而降低建设单位投资控制难度。

其次,在施工准备阶段,从进度编码与投资编码的匹配性出发,在子分部工程层面,建立基于总进度计划的大型工程总投资配置模型,从而实现总进度计划与总投资计划的协调,为建设单位最高决策层提供总进度和总投资联合监控的基准和依据。

最后,在施工阶段,首先,从区分计划作业与变更作业的角度,将"挣值"严格定义为已完成计划内作业的预算费用,系统改进大型项目挣值管理(EVM)的理论基础(包含基本参数、偏差分析、绩效预测指标),使之适应我国大型工程建设过程中总投资与总进度联合控制的信息处理需求。然后,在进度总控实践基础上建立大型工程投资总控模型,以改进后大型项目挣值管理(EVM)方法作为信息处理工具,实现进度与投资的联合总控。

第7章 研究结论及展望

7.1 研究结论

7.1.1 我国政府工程概算高估的问题研判

以全国14个审计单位(2004—2017年)公布的447个政府工程审计报告作为样本数据,利用大样本统计分析方法(含描述统计和推断统计)对公布工程的概算成本相对于决算成本的合理性进行后评估,并将我国与发达国家政府工程的概(预)算成本后评估结果进行对比,发现一个有趣且意外的结论:发达国家政府工程普遍存在预算成本低估问题,而我国政府工程却存在系统性概算高估问题。此外,利用推断统计分析还表明以下3个具体结论。

第一,我国政府工程不仅在整体上存在概算高估问题,不同工程类型、投资规模、城市等级、开工时间的政府工程都存在系统性的概算高估问题。

第二,不同投资规模、城市等级的政府工程的概算高估程度没有显著性差异,而部分开工时间和不同类型工程的概算高估程度存在显著性差异。

第三,重大工程协调管理政策和审批单位级别(中央与地方)对政府工程概算高估程度没有显著影响,而国家全面审批制度与更严格调概政策的共同实施对概算高估程度有显著促进作用。

7.1.2 我国政府工程概算高估的原因

利用溯因推理(abduction reasoning)结合Flyvbjerg成本低估的原因分析框架,发现政治经济原因最能解释概算高估现象,揭示出概算审批制度的"不当激励"作用是我国政府工程概算高估的主要原因:在我国建设领域的概算审查方法和监督管理机制尚不健全的情况下,现行概算审批制度从法律法规和党纪政纪责任规定概算调整与超概的严重后果,激励建设单位"策略性"地高估概算,从而规避超概责任的发生(或为谋取隐性腐败利益铺垫)。最后,利用深度访谈方法从实践方面阐释概算高估的问题、成因和高估方式,验证了溯因推理分析的结论。

7.1.3 我国政府工程概算高估的对策

在政府工程概算高估问题的对策上,从审批部门和建设单位两个角度,不仅从审批部门角度在前期解决概算高估本身的问题,还为概算目标合理化后,建设单位在实施期提高投资控制效率提供应对对策。具体包括以下两个方面。

1) 概算高估的前期对策分析(审批部门角度)

站在审批部门的角度,基于对"不当激励"作用的发生机理分析,从概算审查方法改进和概算审批制度改革两个方面应对概算高估问题。

在概算审查方法改进上,验证了类比统计估算法(RCF 方法)可以改善我国传统方法概算预测的准确性,并基于 RCF 改进我国政府工程投资(包括概算)审查方法,弥补了传统投资审查方法主观性大、准确性低的缺陷,从而减少审批部门与建设单位之间的信息不对称程度。

在概算审批制度改革上,借鉴 OECD 四个发达国家应对审批制度"不当激励"作用的改革经验,从区分批复概算与目标概算的角度,结合 RCF 审查方法,提出了我国政府工程概算审批制度的改革框架和"三步走"实施方案安排。这样的概算审批制度改革安排,促使建设单位与审批部门的目标利益保持一致,避免了传统审批制度下建设单位投资控制动力不足的制度漏洞。由于不需要改变原审批制度的组织机构和审批程序,本文提出的改革方案为概算高估问题前期对策提供了一种实施阻力较小的改革路径。

2) 概算合理化后的实施期对策(建设单位角度)

站在建设单位的角度,当政府工程概算合理化后,由于投资控制目标发生变化,必定会引起建设单位投资控制行为的变化。针对政府工程投资控制的薄弱环节及问题,从合同激励、投资与进度联合总控的角度,在三个子阶段提出加强建设单位投资控制的对策。并且,以某国际机场的航站楼工程为例验证所提出的大型工程进度与投资联合总控系列模型方法的有效性。

在施工图设计、招投标及合同签订阶段,将建设单位与施工单位投资控制的合同激励拓展到施工图设计阶段,建立工程实施期施工图预算的"两阶段合同激励模型",改变施工单位与建设单位在工程变更上的利益冲突关系,从而解决施工单位"低价中标—高价索赔"的问题。

在施工准备阶段,从进度编码与投资编码的匹配性出发,在子分部工程层面,建立基于总进度计划的大型工程总投资配置模型,从而实现总进度计划与总投资计划的协调,为建设单位最高决策层提供总进度和总投资联合监控的基准和依据。

在施工阶段,首先,从区分计划作业与变更作业的角度,将"挣值"严格定义为已完成计划内作业的预算费用,系统改进大型项目挣值管理(EVM)的理论基础(包含基本参数、偏差分析、绩效预测指标),使之适应我国大型工程建设过程中总投资与总进度联合控制的信息处理需求。然后,在进度总控实践基础上建立大型工程投资总控模型,以改进后大型项目挣值管理(EVM)方法作为信息处理工具,实现进度与投资的联合总控。

总的来说,本文不仅从审批部门角度发现概算高估问题并提出前期对策,还为概算目标合理化后建设单位提高投资控制效率提供实施阶段对策。从现实经济意义上看,若本文提出的对策能从根本上解决我国政府工程概算高估问题,那么将节约大量的国有固定资产投资资金。相对于全国 2017 年 23.36 万亿元的国有控股的固定资产投资:按照保守的风险态度(20% 可接受的超概风险),在项目前期阶段就可以节约 4 399.79 亿元(占 2017 年 GDP 的 0.54%);按照中立的风险态度(50% 可接受的超概风险),在项目前期阶段就可以节约 28 411.16 亿元(占 2016 年 GDP 的 3.46%)。这些节约的概算投资可以用于启动和建设更多的基础设施工程,从而更好地支撑我国稳增长、调结构、全面建成小康社会与建成社会主义现代化强国的宏伟战略目标。

7.2 需要进一步讨论的问题和建议

7.2.1 未来研究样本数量应当更大

本文主要是从整体上分析我国政府工程概算高估的问题、原因与对策,对于不同类型政府工程的概算高估程度不一致的具体原因,有待进一步研究。尽管本文所搜集的我国政府工程是当前公开数据能搜集到的最大样本,但对于各子分类工程(比如将交通运输类工程分为公路、铁路、地铁等)来说样本数量还是太小。关于概算高估问题的未来研究的样本数量应当更大,从而更好代表各子分类工程。特别地,信息通信技术(ICT)基础设施在政府投资工程中的重要性与日俱增,但该类项目比一般工程基础设施的技术不确定性高、投资风险更大,未来研究应当加强对这类项目的关注。

在地理位置上,我国固定资产投资重心正在从中东部向西部转移,但目前缺少西部省份数据。在审批部门级别上,更多研究应当集中到省级发改委批复工程上,省级发改委批复工程相对于国家发改委批复工程数量更多,相对于市级发改委批复工程规模更大,但目前相关数据极少。在私营工程上,目前还没有对私营工程与政府工程的统计对比分析,至少需要与政府工程相当数量的大样本私营工程,才能进一步判断私营工程与政府工程的成本执行效率差别,从而相互借鉴给出政策建议。

7.2.2 政府工程概算高估与需求高估问题的联合研究

本文只涉及政府工程的概算成本执行后评价,未来可以将概算成本与需求收益相结合,形成政府工程成本—收益合理性分析的后评价结论,则具有更大价值。

2018年初,张小宁(2018)认为需要警惕我国城市轨道交通建设过热、盲目建设过多,导致不必要的地方债务负担。该观点的理论依据来自张小宁的博士尚斌的学位论文《城市轨道交通建设需求研究》(尚斌,2014),其研究结论指出我国城市轨道交通需求高估、收益高估。该研究成果已经形成政策影响,内蒙古多条地铁项目均被叫停,其中包括已经进入建设期的包头地铁项目。2018年,国家发改委基础司正在修订国务院2003年下发的《关于加强城市快速轨道交通建设管理的通知》,将提升对轨道交通项目审批的把控(张小宁,2018)。

本文认为轨道交通建设过热、需求高估问题,应当与概算高估问题联合研究。比如某地铁工程批复收益为 R,批复概算成本为 C,收益与成本的比率(R/C)为110%,若规定的最低成本收益率为5%,则按照传统批复收益和概算成本来说,该地铁工程是可行的。假定考虑该工程需求收益高估5%,概算成本高估10%,在单独或联合考虑需求高估与概算高估问题,有以下两种情形。第一,若只考虑需求高估:当该地铁工程的需求高估造成收益高估了5%,假设合理收益为 R^*,即 $R=105\% \times R^*$,那么 $R^*=0.95R$。按照合理化后的需求 R^* 和批复概算 C 进行估算,该工程的成本收益率为 $R^*/C=0.95R/C=104.5\%$,成本收益率为4.5%,低于规定的最低成本收益率为5%,该工程不可行。第二,若同时考虑需求高估与概算高估:该地铁工程的概算成本高估10%,合理概算为 C^*,即 $C=110\% \times C^*$,那么 $C^*=0.91C$。按照合理化后的需求 R^* 和合理化目标概算 C^* 进行估算,该工程的成本收益率为 $R^*/C^*=0.95R/0.91C=114.8\%$,成本收益率为14.8%,大于规定的最低成本收益率为5%,则该工程可行。

因此,在制定政府审批政策时,应当将政府工程建设过热问题与概算成本高估问题联系起来一起考虑,才能得到更为客观的评价结果,为政策制定提供科学全面的依据,这是进一步研究的方向。

7.2.3 概算高估原因中隐性腐败的重要程度与作用方式研究

本文利用深度访谈方法验证了政治经济原因中避免超概责任是概算高估的主要原因,并且有 4 名访谈对象谈到隐性腐败是概算高估的重要原因。典型回答如下。

访谈对象 G:"我可以毫不避讳地告诉你,隐性腐败也是一个重要原因。在行业里头,隐性腐败约占总概算的 5%~10%。有些(建设单位)领导他有腐败的想法在里面,他肯定就要一个个环节的去安排。我们可以把二者(避免超概责任和隐性腐败)结合起来看:一方面,我把概算做大了,作为领导来说也是在保护自己,避免超概;另一方面,他也可以从中获得腐败的利益。这是一个一箭双雕的事情,何乐而不为呢?一个又能挣钱,又能规避后续领导风险的事情,谁不愿意去干呢?"

由于本文深度访谈对象只有 10 人,并不具备统计意义上的随机性,并不能据此推测隐性腐败在概算高估中的重要程度。尽管如此,但本文小范围深度访谈所提供的实践资料与观点,对于以后进一步研究概算高估原因与对策具有重要的基础性指导价值。由于隐性腐败问题的敏感性,出于法律、经济、道德或其他等多种顾虑,访谈对象不大可能正式告诉研究人员关于隐性腐败的实际情况。因此,在概算高估中的隐性腐败的重要程度及具体方式,以及"隐性腐败"与"避免超概责任"之间的作用关系,有待进一步研究。

7.2.4 政府工程概算审批制度改革的其他对策研究

在政府工程概算高估的前期对策中,本文从审批部门角度所提出的概算审批制度改革框架和实施方案,都是在"不改变原审批制度的组织机构或审批程序"的改革原则下提出的,在当前属于实施阻力相对较小的改革路径。但未来在更深层次的审批制度改革中,则需要考虑改变组织机构和审批程序的改革措施,具体可借鉴 Samset 和 Volden(2016)所归纳的发达国家政府项目审批制度的两种改革模式。此外,还可以借鉴 Flyvbjerg(2009)提出应对不当激励作用的一系列措施,比如加强项目透明度(包括引入公众、媒体参与等),加强项目市场运营水平(加大公私合营项目范围和参与深度等),加大对工程建设中"欺骗"行为的稽查专业性和问责力度,引入第三方独立咨询机构保证项目评审的专业独立性和经济合理性等(Samset 等,2016)。

7.2.5 大型政府工程概算高估可能导致投资估算高估

在正常的建设程序上,一般要求政府工程先审批工程可行性研究及估算,再审批初设及概算。但在第4章深度访谈中,有多个访谈对象提及在某些工期较紧的大型政府工程中,会先把初步设计编制完成,再反过来编制工可。并且这种现象越来越普遍。典型回答如下。

访谈对象 H:"存在先把初步设计编制完成,再反过来编制工可的现象。这种现象是越来越普遍,因为业主要求可研估算的投资尽量准确,深度要求也越来越高,业主也会担心可研估算报少了怎么办的问题。业主会直接要求我们先作一个初步设计出来,根据概算再编制一个相对可靠的估算,以便更好地控制以后的项目实施。"

按照我国政府工程的审批制度和基本建设流程,可研阶段批复的投资估算是用来指导初设阶段总投资概算的编制与审查,如图 7.1 所示为投资估算与投资概

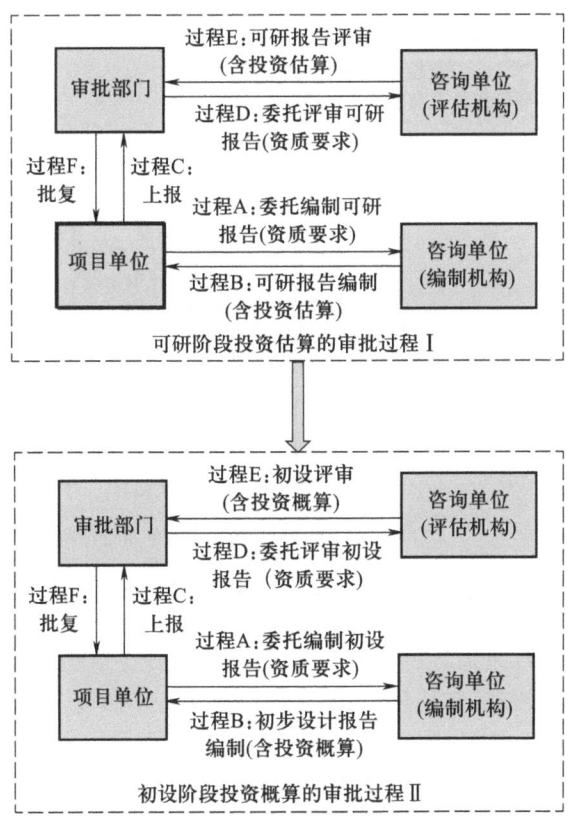

图 7.1 投资估算与投资概算的正常报批流程关系

算的正常报批流程关系。但在实践中,特别是大型政府工程,为了尽可能缩短前期审批时间,尽早实现工程开工和达到审查深度要求,建设单位并不会在可行性研究及投资估算完全批复下来才开始编制初步设计及概算文件。按照实际报批流程关系,如图7.2所示,可研投资估算可能并没有实现作为初设概算的限额设计上限的指导作用,反过来,初设概算却作为可研估算的基本数据支撑和根据。因此,根据初设概算与可研估算的实际指导关系,我国政府工程存在系统性的概算高估问题,可能反过来导致可研投资估算也存在高估问题。

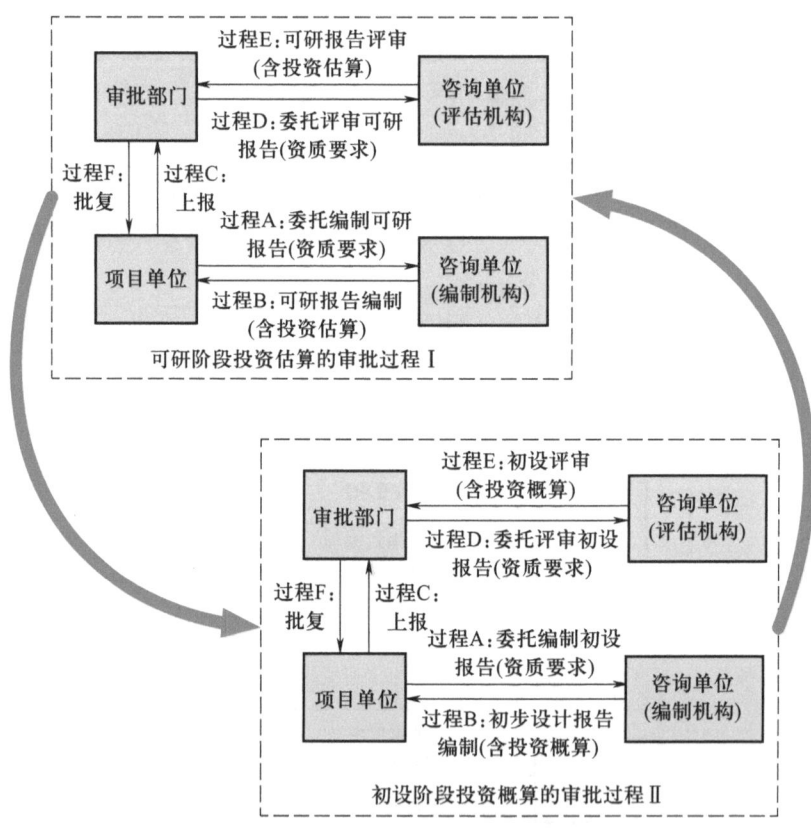

图7.2 大型工程中投资估算与投资概算的实际报批流程关系

政府工程可研投资估算可能被高估的研究,对样本数据要求更高,需要同时包含可研估算、初设概算和决算数据,因而有待进一步研究。

7.2.6 其他需要讨论的问题

本文只涉及政府工程的概算成本合理性方面的评价,在未来可以拓展到收益、风险等更多方面,而在 Olsson 和 Bull-Berg(2015)基础上继续探讨利用大数据进行综合评价则是研究方法上需要突破的方面。比如,可以将政府官员的工程腐败案件的数据与相关政府工程的概算执行数据进行对比统计分析,看看工程腐败与概算成本执行效率的关系。

此外,本文 6.2 节提出的大型工程施工图预算的"两阶段合同激励模型",是为解决施工单位在实施阶段"低价中标—高价索赔"问题的理论模型研究,模型的实用性有待进一步验证。

参考文献

[1] ALTES W K K. The financial estimates and results of servicing land in the Netherlands [J]. Environment and Planning B: Planning and Design, 2010, 37(5): 929-941.

[2] American Planning Association. JAPA article calls on planners to help end inaccuracies in forecasting, project revenue [EB/OL]. (2005-04-07) [2017-11-14]. http://www.planning.org/newsreleases/2005/ftp040705.htm.

[3] ANDERSEN B, SAMSET K, WELDE M. Low estimates-high stakes: underestimation of costs at the front-end of projects [J]. International Journal of Managing Projects in Business, 2016, 9(1): 171-193.

[4] ANSAR A, FLYVBJERG B, BUDZIER A, et al. Does infrastructure investment lead to economic growth or economic fragility? Evidence from China [J]. Oxford Review of Economic Policy, 2016, 32(3): 360-390.

[5] ANSAR A, FLYVBJERG B, BUDZIER, et al. Should we build more large dams? The actual costs of hydropower megaproject development [J]. Energy Policy, 2014, 69(6): 43-56.

[6] ASCHER W. Forecasting: An appraisal for policy-makers and planners [M]. Baltimore: The Johns Hopkins University Press, 1978.

[7] ASIEDU R O, FREMPONG N K, Alfen H W. Predicting likelihood of cost overrun in educational projects [J]. Engineering, Construction and Architectural Management, 2017, 24(1): 21-39.

[8] Auditor General of Quebec. Auditor's report concerning the management of the project to extend the subway network on the territory of the city of Laval [R]. Quebec: Auditor General of Quebec, 2004: 8-9.

[9] AWOJOBI O, JENKINS G P. Managing the cost overrun risks of hydroelectric dams: An application of reference class forecasting techniques [J]. Renewable and Sustainable Energy Reviews, 2016(63): 19-32.

[10] AWOJOBI O, JENKINS G P. Were the hydro dams financed by the World Bank from 1976 to 2005 worthwhile [J]. Energy Policy, 2015, 86: 222-232.

[11] BACON R W, BESANT-JONES J. Estimating construction costs and schedules: Experience with power generation projects in developing countries [J]. Energy Policy, 1998, 26(4): 317-333.

[12] BARINOV A E. Systemic and political factors affecting cost overrun in the world economy's large investment projects [J]. Studies on Russian Economic Development, 2007, 18(6) 650-658.

[13] BAYRAM S, AL-JIBOURI S. Application of reference class forecasting in Turkish

public construction projects: contractor perspective [J]. Journal of Management in Engineering, 2016a, 32(3): 203-211.

[14] BAYRAM S, AL-JIBOURI S. Efficacy of estimation methods in forecasting building projects' costs [J]. Journal of Construction Engineering & Management, 2016b, 142(11): 6012-6019.

[15] BERECHMAN J, CHEN L. Incorporating Risk of Cost Overruns Joseph Berechman and Li Chen into Transportation Capital Projects [J]. Journal of Transport Economics and Policy, 2011, 45: 83-104.

[16] BERENDS T. Cooperative contracting on major engineering and construction projects [J]. Engineering Economist, 2006, 51(1): 35-51.

[17] BOK S. Lying: moral choice in public and private life [M]. New York: Vintage Books, 1999: 326.

[18] BORDAT C, MCCULLOUCH B, SINHA K, et al. An analysis of cost overruns and time delays of INDOT projects [J]. Transportation Research, 2010, 136(1): 1207-1218.

[19] BRINKMAN ANTHONY P. The ethical challenges and professional responses of travel demand forecasters [D]. Berkeley: University of California, 2003.

[20] BRUZELIUS N, FLYVBJERG B, ROTHENGATTER W. Big decisions, big risks [C]//. Improving accountability in mega projects. Transportation Policy, 2002, 9: 143-154.

[21] BUEHLER R, GRIFFIN D, MACDONALD H. The role of motivated reasoning in optimistic time predictions [J]. Personality and Social Psychology Bulletin, 1997, 23: 238-247.

[22] BUEHLER R, GRIFFIN D, ROSS M. Exploring the "planning fallacy": why people underestimate their task completion times [J]. Journal of Personality and Social Psychology, 1994, 67(3): 366-381.

[23] California State Auditor. Department of Transportation: Various factors increased its cost estimates for toll bridge retrofits, and its program management needs improving [R]. Sacramento, CA: Bureau of State Audits, 2004: 9-17.

[24] CANTARELLI C C, MOLIN E J E, VAN WEE B, et al. Characteristics of cost overruns for Dutch transport infrastructure projects and the importance of the decision to build and project phases. Transport Policy, 2008, 22: 49-56.

[25] CHAN D W M, ASCE M, CHAN A P C, et al. Empirical study of the risks and difficulties in implementing guaranteed maximum price and target cost contracts [J]. Journal of Construction Engineering and Management, 2010, 136(5): 495-507.

[26] CHOU J S. Generalized linear model-based expert system for estimating the cost of transportation projects [J]. Expert Systems with Applications, 2008, 36(3): 4253-4267.

[27] CLIFFE L, RAMSAY M, BARTLETT D. The politics of lying: implications for democracy[M]. London: Macmillan, 2000: 3-5.

[28] CURRAN K M, CURRAN M W, GRUBER C O, et al. Risk analysis and contingency determination using range estimating[J]. AACE International Recommended Practice, 2008: 6-8.

[29] DAHL R E, LORENTZEN S, OGLEND A, et al. Pro-cyclical petroleum investments and cost overruns in Norway[J]. Energy Policy, 2017, 100: 68-78.

[30] Danish Ministry of Transport and Building. Evaluation of new construction budgeting [R]. Copenhagen: Danish Ministry of Transport and Building, 2015: 3-4.

[31] DAVIS J, CIVIL B E, COWAN B, et al. Competitive alliances: just a client driven vfm approach[J]. Southern Pacific Alliance Network, 2008, 8: 16.

[32] ELIASSON J, FOSGERAU M. Cost overruns and demand shortfalls—Deception or selection[J]. Transportation Research Part B: Methodological, 2013, 57(13): 105-113.

[33] ELLIS R, PYEON J, HERBSMAN, et al. Evaluation of alternative contracting techniques on FDOT construction projects[M]. Tallahassee: Florida Department of Transportation, 2007: 15-16.

[34] EYTHORSDOTTIR E O. Reference class forecasting method used in icelandic transportation infrastructure projects[D]. Reykjavík: Reykjavík University, 2012.

[35] FLACH P A, KAKAS A C. Abduction and induction: essays on their relation and integration[M]. London: Kluwer Academic Publishers, 2016: 309.

[36] FLEMING Q W, KOPPELMAN J M. Earned value project management[M]. Project Management Institute, 2010: 33-35.

[37] FLYVBJERG B, BRUZELIUS N, ROTHENGATTER W. Ambition, Megaprojects and Risk: An Anatomy of Ambition[M]. Chinese edition. 1st ed. Beijing: Chinese Science Press, 2018: 1-2.

[38] FLYVBJERG B, BRUZELIUS N, W R. Megaprojects and risk: an anatomy of ambition[M]. Cambridge: Cambridge University Press, 2003.

[39] FLYVBJERG B, COWI. Procedures for dealing with optimism bias in transport planning guidance document[M]. London: UK Department for Transport, 2004: 2-6.

[40] FLYVBJERG B, HOLM M S, BUHL S. How (in)accurate are demands forecasts in public works projects: the case of transportation[J]. Journal of the American Planning Association, 2005, 71(2): 131-146.

[41] FLYVBJERG B, HOLM M S, BUHL S. How common and how large are cost overruns in transport infrastructure projects[J]. Transport Reviews, 2003, 23(1): 71-88.

[42] FLYVBJERG B, HOLM M S. Underestimating cost in public works projects[J]. Journal of the American Planning Association, 2002, 68(3): 279-295.

[43] FLYVBJERG B, HON C, FOK W H. Reference class forecasting for Hong Kong's major roadworks projects[J]. Proceedings of the Institution of Civil Engineers-Civil Engineering, 2016, 169(6): 1-8.

[44] FLYVBJERG B. Curbing optimism bias and strategic misrepresentation in planning: Reference class forecasting in practice[J]. European Planning Studies, 2008, 16: 3-21.

[45] FLYVBJERG B. Eliminating bias in early project development through reference class forecasting and good governance[M]. Trondheim: Ex Ante Academic Publisher, 2007: 90-91.

[46] FLYVBJERG B. From Nobel prize to project management: getting risks right[J]. Newtown Square: Project Management Journal, 2006, 37(3): 5-15.

[47] FLYVBJERG B. Machiavellian megaprojects[J]. Antipode, 2005, 37(1): 18-22.

[48] FLYVBJERG B. Megaproject policy and planning: problems, causes, cures: [D]. Aalborg: Aalborg University, 2007: 90-110.

[49] FLYVBJERG B. Over budget, over time, over and over again: managing major projects[C]//.in Morris P W, Pinto J K, Söderlund J, eds. The Oxford Handbook of Project Management. Oxford: Oxford University Press, 2011: 321-344.

[50] FLYVBJERG B. Survival of the unfittest: Why the worst infrastructure gets built-and what we can do about it[J]. Oxford Review of Economic Policy, 2009, 25(3): 344-367.

[51] FLYVBJERG B. What you should know about megaprojects and why: An overview. Project Management Journal[J]. Project Management Journal, 2014, 45(2): 6-9.

[52] FLYVBJERG B. Why mass media matter to planning research[J]. Journal of Planning Education and Research, 2012, 32(2): 169-181.

[53] FOURACRE P, ALLPORT R J, et al. The performance and impact of rail mass transit in developing countries[J]. Mass Transit, 1990, 28(2): 72-78.

[54] GILOVICH T, GRIFFIN D W, KAHNEMAN D. Heuristics and biases: the psychology of intuitive judgment[M]. Cambridge: Cambridge University Press, 2002.

[55] HM Treasury and Cabinet. Major Project approval and assurance guidance[M]. London: HM Treasury, 2011.

[56] HM Treasury. Supplementary green book guidance on optimism bias[M]. London: HM Treasury, 2003.1-2.

[57] HOLLMANN J K. Estimate accuracy: dealing with reality[J]. Cost Engineer, 2012, 1: 17-27.

[58] HOWE E. Acting on Ethics in City Planning[M]. New Brunswick, N J: Center for Urban Policy Research, 1994.

[59] HURST W. Cases, questions, and comparison in research on contemporary Chinese politics[M]//. In Carlson A, Gallagher M E, Lieberthal K, M Manion(Eds.),

Contemporary Chinese Politics. Cambridge: Cambridge University Press, 2010: 162-178.

[60] JIA G, YANG F, WANG G, et al. A study of mega project from a perspective of social conflict theory[J]. International Journal of Project Management, 2011, 29(7): 817-827.

[61] JOSEPHSON J R, JOSEPHSON S G. Abductive inference: computation, philosophy, technology[M]. Cambridge: Cambridge University Press, 1994.

[62] JUSZCZYK M. The use of artificial neural networks for residential buildings conceptual cost estimation[J]. AIP Conference Proceedings, 2013, 1558: 1302-1306.

[63] KIM B C, REINSCHMIDT K F. Combination of Project Cost Forecasts in Earned Value Management[J]. Journal Of Construction Engineering and Management, 2011, 137: 958-966.

[64] KO K. The accuracy of estimated costs in public investment: do analysts intentionally underestimate costs at the planning stage[J]. The Korean Journal of Policy Studies, 2006, 21(1): 99-115.

[65] KOCH C. Contested overruns and performance of offshore wind power plants[J]. Construction Management and Economics, 2012, 30(8): 609-622.

[66] LEAVITT D, ENNIS S, MCGOVERN P. The cost escalation of rail projects: Using previous experience to re-evaluate the calsped estimates[D]. Berkeley: University of California Transportation Center, 1993.

[67] LEE J-K. Cost overrun and cause in Korean social overhead capital projects: roads, rails, airports and ports[J]. Journal of Urban Planning and Development, 2008, 134(2): 59-62.

[68] LIU L, WEHBE G, SISOVIC J. The accuracy of hybrid estimating approaches: a case study of an Australian State Road & Traffic Authority[J]. The Engineering Economist, 2010, 55(3): 225-245.

[69] LOVALLO D, KAHNEMAN D. Delusions of success: How optimism undermines executives' decisions[J]. Harvard Business Review, 2003, 81(7): 56-63.

[70] LOVE P E D, AHIAGA-DAGBUI D D, Irani Z. Cost overruns in transportation infrastructure projects: Sowing the seeds for a probabilistic theory of causation[J]. Transportation Research Part A: Policy and Practice, 2016, 92: 184-194.

[71] LOVE P E D, EDWARDS D J, IRANI Z. Moving Beyond Optimism Bias and Strategic Misrepresentation: an explanation for social infrastructure project cost overruns[J]. IEEE Transactions on Engineering Management, 2012, 59(4): 560-571.

[72] LOVE P E D, EDWARDS D J, WATSON H, et al. Rework in civil infrastructure projects: determination of cost predictors[J]. Journal of Construction Engineering and

Management, 2010, 136(3): 275-282.

[73] LOVE P E D, SING C-P, WANG X, et al. Overruns in transportation infrastructure projects[J]. Structure and Infrastructure Engineering, 2014, 10(2): 141-159.

[74] LOVE P E D, ZHOU J, EDWARDS D J, et al. Off the rails: The cost performance of infrastructure rail projects[J]. Transportation Research Part A: Policy and Practice, 2017, 99: 14-29.

[75] LOVE PE. D, SING C P, WANG X, et al. Overruns in transportation infrastructure projects[J]. Structure and Infrastructure Engineering, 2014, 10(2): 141-159.

[76] MAKOVŠEK D, TOMINC P, LOGOŽAR K. A cost performance analysis of transport infrastructure construction in Slovenia[J]. Transportation(Amst), 2012, 39: 197-214.

[77] MAKRIS M. The theory of incentives: the principal-agent model[J]. The Economic Journal, 2003, 113(488): 3940-3951.

[78] MARKOWITZ H. Portfolio selection[J]. The Journal of Finance, 1952, 7(1): 77-91.

[79] MEMBAH J, ASA E. Estimating cost for transportation tunnel projects: A systematic literature review[J]. International Journal of Construction Management, 2015, 15(3): 196-218.

[80] MEMON A, RAHMAN, I, AZIS A. Preliminary study on causative factors leading to construction cost overrun[J]. International Journal of Sustainable Construction Engineering & Technology, 2011(21): 57-71

[81] MEREWITZ L. Cost overruns in public works with special reference to urban rapid transit projects[D]. Berkeley: University of California, 1972.

[82] Missouri State Auditor. Metro(St. Louis)[R]. St. Louis: Missouri State Auditor, 2008: 1.

[83] MOLENAAR K R. Programmatic cost risk analysis for highway megaprojects[J]. Journal of Construction Engineering and Management, 2005, 131(3): 343-353.

[84] NARBAEV T, DE MARCO A. An earned schedule-based regression model to improve cost estimate at completion[J]. International Journal of Project Management, 2014, 32: 1007-1018.

[85] National Audit Office. Department of Transport. Contracting for roads[M]. London: Her Majesty's Stationary Office, 1992: 27-30.

[86] National Audit Office. Estimating and monitoring the costs of building roads in England[M]. London: Her Majesty's Stationary Office, 2007: 3-6.

[87] National Audit Office. Improving public transit in England through light rail[M]. London: Her Majesty's Stationary Office, 2004: 18-19.

[88] NEWBY-CLARK I R, MCGREGOR I, Zanna M P. Thinking and caring about cognitive inconsistency: When and for whom does attitudinal ambivalence feel

uncomfortable [J]. Journal of Personality and Social Psychology, 2002, 82: 157-166.

[89] NICHOLS M. Review of highways agency's major roads programme, report to Secretary of State for Transport [M]. London: The Nichols Group, 2007: 15-21.

[90] NICOLAISEN M S, Driscoll P A. Ex-post evaluations of demand forecast accuracy: a literature review [J]. Transport Reviews, 2014, 34 (4): 540-557.

[91] NICOLAISEN M S. Forecasts: fact or fiction? uncertainty and inaccuracy in transport project evaluation [D]. Aalborg: Aalborg University, 2012.

[92] NIJKAMP P, UBBELS, B. How reliable are estimates of infrastructure costs: A comparative analysis [J]. International Journal of Transport Economics, 1999, 26 (1): 23-53.

[93] Norwegian Petroleum Directorate (NPD). Analysis of investment developments on the continental shelf [M]. Trondheim: Norwegian Official Report NOU, 1999: 4-6.

[94] ODECK J, WELDE M, VOLDEN G H. The impact of external quality assurance of costs estimates on cost overruns: Empirical evidence from the norwegian road sector [J]. European Journal of Transport and Infrastructure Research, 2015, 15 (3): 286-303.

[95] ODECK J. Cost overruns in road construction—what are their sizes and determinants [J]. Transport Policy, 2004, 11 (1): 43-53.

[96] ODECK J. Do reforms reduce the magnitudes of cost overruns in road projects: Statistical evidence from Norway [J]. Transportation Research Part A: Policy and Practice, 2014, 65: 68-79.

[97] OSTROM E, GIBSON C, SHIVAKUMAR S, et al. Aid, incentives, and sustainability: an institutional analysis of development cooperation [M]. SIDA studies and evaluation 02 (01). Stockholm: Swedish International Cooperation Agency, 2002: 19-20.

[98] PARK Y I, PAPADOPOULOU T C. Causes of cost overruns in transport infrastructure projects in Asia: Their significance and relationship with project size [J]. Built Environment Project and Asset Management, 2012, 2 (2): 195-216.

[99] PEIRCE C S. Collected papers of Charles Sanders Peirce (Volume I) [M]. Cambridge: Harvard University Press, 1931: 31-32.

[100] PETER H. Great planning disasters: What lessons do they hold [J]. Futures, 1980, 12 (1): 45-50.

[101] PICKRELL D H. Urban rail transit projects: Forecast versus actual ridership and costs [C]//. Final report. Washington, DC: US Department of Transportation, 1989: 31-38.

[102] Project Management Institute. A guide to the project management body of knowledge (PMBOK® Guide) [M]. 6th Edition. Newtown Square: Project Management Institute, 2017: 34-35.

[103] QUER D, CLAVER E, RIENDA L. Business and management in China: A review

of empirical research in leading international journals[J]. Asia Pacific Journal of Management, 2007, 24(3): 359-384.

[104] RUI Z, METZ P A, CHEN G. An analysis of inaccuracy in pipeline construction cost estimation[J]. Int. J. Oil, Gas Coal Technol, 2012, 5: 29-46.

[105] SALLING K B, LELEUR S. Accounting for the inaccuracies in demand forecasts and construction cost estimations in transport project evaluation[J]. Transport Policy, 2015, 38: 8-18.

[106] SALLING K B, LELEUR S. Modelling of transport project uncertainties: risk assessment and scenario analysis[J]. Regulation, 2012, 12(12): 21-38.

[107] SALLING K, LELEUR S. Assessment of transport infrastructure projects by the use of Monte Carlo Simulation: The CBA-DK Model[C]//. In Proceedings of the 2006 Winter Simulation Conference. Monterey: IEEE, 2006: 1537-1544.

[108] SAMSEt K F, VOLDEN G H, NILS O, et al. Governance schemes for major public investment projects[M]. Trondheim: Ex Ante Academic Publisher, 2016: 103-119.

[109] SAMSET K F, VOLDEN G H, WELDE M, et al. Perverse incentives and counterproductive investments[C]//. Public funding without liabilities for the recipients. Trondheim: Norwegian University of Science and Technology Press, 2014: 3-5.

[110] SAMSET K, VOLDEN G H. Investing for impact[M]. Trondheim: Ex Ante Academic Publisher Norwegian University of Science and Technology, 2013: 9-10.

[111] SAMSEt, K. Early project appraisal: making the initial choices[M]. Basingstoke: Palgrave Macmillan, 2010: 43-45.

[112] SENOUCI A, ISMAIL A, ELDIN N. Time delay and cost overrun in qatari public construction projects[J]. Procedia Engineering, 2016, 164(6): 68-375.

[113] SIEMIATYCKI M. Academics and auditors: comparing perspectives on transportation project cost overruns[J]. Journal of Planning Education and Research, 2009, 29(2): 142-156.

[114] SIEMIATYCKI M. The making and impacts of a classic text in megaproject management: The case of cost overrun research[J]. International Journal of Project Management, 2016, 36(2): 362-371.

[115] SKAMRIS M K, FLYVBJERG B. Inaccuracy of traffic forecasts and cost estimates on large transport projects[J]. Transport Policy, 1997, 4(3): 41-146.

[116] SOVACOOL B K, GILBERT A, NUGENT D. Risk, innovation, electricity infrastructure and construction cost overruns: Testing six hypotheses[J]. Energy, 2014, 74: 906-917.

[117] SPYROS M C. WHEELWRIGHT S, HYNDMAN R J. Forecasting: methods and applications[M]. Third edit. Hoboken: John Wiley and Sons, 1998.

[118] State Auditor of North Carolina. Performance audit: Department of transportation

highway project schedules and costs [M]. Raleigh, NC: Office of the State Auditor, 2008: 19-21.

[119] State of Washington Joint Legislative Audit and Review Committee. Department of transportation highways and rail programs performance audit [R]. Olympia, WA: Joint Legislative Audit and Review Committee, 1998: 90-92.

[120] STENING B W, ZHANG M Y. Methodological challenges confronted when conducting management research in China [J]. International Journal of Cross-Cultural Management, 2007, 7(1): 121-142.

[121] SWANSON A. How China used more cement in 3 years than the U.S. did in the entire 20th Century [EB/OL]. (2015-3-24) [2018-12-10]. https://www.washingtonpost.com/news/wonk/wp/2015/03/24/how-china-used-more-cement-in-3-years-than-the-u-s-did-in-the-entire-20th-century/?noredirect=on&utm_term=.fa3e7dd3d05d.

[122] SZYLIOWICZ J S, GOETZ A R. Getting realistic about megaproject planning: The case of the new Denver International Airport [J]. Policy Sciences, 1995, 28(4): 347-367.

[123] TAMBURRo N, WOOD P. Alliancing in Australia: competing for thought leadership [J]. Proceedings of the Institution of Civil Engineers-Management, Procurement and Law, 2014, 167(2): 75-82.

[124] TVERSKY A, KAHNEMAN D. Availability: A heuristic for judging frequency and probability [J]. Cognitive Psychology, 1973, 5(2): 207-232.

[125] U.S. General Accounting Office (GAO). Mass transit: Status of New Starts transit projects with full funding grant agreements [M]. Washington, DC: GAO, 1999: 2-4.

[126] U.S. General Accounting Office (GAO). Transportation infrastructure: Managing the costs of large-dollar highway projects [M]. Washington, DC: GAO, 1997: 19-22.

[127] VAN WEE B. Large infrastructure projects: A review of the quality of demand forecasts and cost estimations [J]. Environment and Planning B: Planning and Design, 2007, 34(4): 611-625.

[128] VANSTON J H, Vanston L K. Predicting the "unpredictable" evaluating-testing the tea leaves: evaluating the validity of forecasts [J]. IEEE Engineering Management Review, 2005, 33(1): 33-39.

[129] WACHS M. Ethics and advocacy in forecasting for public policy [J]. Business and Professional Ethics Journal, 1990, 9(1): 141-157.

[130] WACHS M. When planners lie with numbers. Journal of the American Planning Association, 1989, 55(4): 476-479.

[131] WELDE M. Demand and operating cost forecasting accuracy for toll road projects [J]. Transport Policy, 2011, 18(5): 765-771.

[132] WHIST E, CHRISTENSEN T. Political control, local rationality and complex coalitions[C]//. Focus on the front-end of large public investment projects. Trondheim: Ex Ante Academic Publisher, 2011: 11-12.

[133] Wisconsin Legislative Audit Bureau. An evaluation: Major transportation projects [M]. Madison, WI: Legislative Audit Bureau, 2003: 2-3.

[134] WOOD P, DUFFIELD C F. In pursuit of additional value-a benchmarking study into alliancing in the Australian public sector[M]. Melbourne: Department of Treasury and Finance, 2009: 27-29.

[135] World Bank. World development report: Infrastructure for development[M]. London: Oxford University Press, 1994: 2-4.

[136] ŽUJO V, CAR-PUŠIĆ D, ŽILESKA-PANČOVSKA V, et al. Time and cost interdependence in water supply system construction projects[M]. Technol. Econ. Dev. Econ, 2017, 23: 895-914.

[137] 包若凡.商业地产投资估算方法研究[D].西安:西安建筑科技大学,2006.

[138] 柴中华.电力项目后评价理论、方法及应用研究[D].南京:河海大学,2007.

[139] 陈可胜.SPSS统计分析:从入门到精通[M].北京:清华大学出版社,2010.

[140] 程琳.中国地方政府债务问题研究[D].武汉:华中科技大学,2016.

[141] 翟司霞.中央财政预算透明度评价方法及应用研究[D].合肥:中国科学技术大学,2012.

[142] 丁士昭.工程项目管理[M].2版.北京:中国建筑工业出版社,2014.

[143] 丁士昭,杨胜军.政府工程怎么管:深圳的实践与创新研究[M].上海:同济大学出版社,2015.

[144] 东华大学概率统计教研组.概率论与数理统计[M].北京:高等教育出版社,2017.

[145] 窦鹏飞.电厂节能改造项目后评价体系研究[D].北京:华北电力大学,2015.

[146] 樊胜军.旧工业建筑(群)再生利用项目后评价体系的应用研究[D].西安:西安建筑科技大学,2008.

[147] 高全,张韬.基于集值统计的公共财政项目预算评审的综合集成分析[C]// Intelligent Information Technology Application Association. Applied Computing, Computer Science, and Computer Engineering(ACC 2011 V2).Information Engineering Research Institute, 2011: 92-97.

[148] 高嵩.挣值分析法在建设工程项目投资控制中的应用研究[D].上海:复旦大学,2012.

[149] 郭劼.工程建设报建阶段进度控制研究[D].上海:复旦大学,2013.

[150] 国家统计局.中国统计年鉴2017[M].北京:中国统计出版社,2017.

[151] 国家统计局.中国统计年鉴2018[M].北京:中国统计出版社,2018.

[152] 国家统计局.近10年来的固定资产投资统计[EB/OL].(2017-01-23)[2016-10-13]. http://data.stats.gov.cn/easyquery.htm? cn=C01.

[153] 中华人民共和国住房和城乡建设部,中华人民共和国国家质量监督检验检疫总

局.GB/T50841-2013建设工程分类标准[M].北京：中国计划出版社,2012:27-77.

[154] 郝宽胜.国内外工程计价依据体系组成及其对比研究[J].铁路工程造价管理,2013,28(1):1-5.

[155] 郝艳娥,史玉芳.工程项目施工成本可靠性的预测研究[J].河南科技,2014(11):225-226.

[156] 何阳斌,邓佳丽.工程低价中标高价结算的成因分析和对策初探[EB/OL].(2016-07-18)[2017-09-12].http://www.hbaudit.gov.cn/html/2017/0809/61879.shtml.

[157] 黄德春.投资项目后评价理论、方法及应用研究[D].南京：河海大学,2003.

[158] 黄华强.蒙特卡洛模拟分析方法在国际炼化工程项目投标价格评审中的应用[D].上海：华东理工大学,2013.

[159] 黄伟.长距离调水工程项目费用超支问题研究[D].郑州：华北水利水电大学,2016.

[160] 贾广社.项目总控[M].上海：同济大学出版社,2003.

[161] 贾广社,牟强.大型工程前期的进度风险总控[J].同济大学学报(自然科学版),2018a.46(1):125-132

[162] 贾广社,牟强,盛楠.大型工程项目群进度界面优化[J].同济大学学报(自然科学版),2018b.46(3):416-422

[163] 贾广社,牟强,唐可为.大型机场航站楼的建造总工期估算[J].同济大学学报(自然科学版),2017.46(3):1091-1098

[164] 贾广社,王广斌.大型建设工程项目总控模式的研究[J].土木工程学报,2003(36):7-16.

[165] 雷平涛.风险导向下工程结算抽样审计探讨[J].项目管理技术,2017,15(12):104-107

[166] 李汶倬.政府投资高速公路建设项目社会经济效益后评价指标体系研究[D].长沙：长沙理工大学,2013.

[167] 李一鸣.海南省陵水县政府投资项目审计监督[D].海口：海南大学,2016.

[168] 刘峰.高速公路建设项目后评价研究[D].南京：河海大学,2007.

[169] 刘俊颖,刘瑞平,陈晨.目标价格合同激励模式及失效原因探究[J].国际经济合作,2009(9):58-62.

[170] 刘洋.基于委托代理理论的成本加酬金合同选择研究[D].西安：西安建筑科技大学,2014.

[171] 鲁有月,何志明,覃文波.基于BIM的武汉杨泗港长江大桥总控管理平台研究[J].土木建筑工程信息技术,2017,9(6):16-21.

[172] 罗晟,乐云,彭勇.投资控制信息管理系统文献综述研究与思考[J].建设监理,2010(12):30-33.

[173] 罗永梅.政府投资项目工程决算抽查审计的应用[J].审计与理财,2011(8):36-37.

[174] 骆汉宾.基于CIC的轨道交通建设工程集成管理研究[D].武汉：武汉理工大学,

2008.

[175] 马辉,王雪青.基于多元统计分析的建设工程项目投资估算方法研究[J].统计与信息论坛,2010,25(4):25-29.

[176] 缪四平.溯因推理及其在诉讼程序中的应用[J].江西社会科学,2011(9):159-166.

[177] 莫熙永.输变电工程超概算的分析与应对措施[J].电力技术经济,2005(17):1-4.

[178] 牟强.基于改进挣值法的工程项目绩效控制研究与应用[D].济南:山东建筑大学,2014.

[179] 牟强,贾广社.基于类比统计估算法(RCF)改进政府工程概算预测与审查[J].统计与信息论坛,2018,33(5):85-92.

[180] 牛燕.政府投资项目超概、预算现象的原因及对策[J].山西财经大学学报,2009,31(S2):27.

[181] 全国一级建造师职业资格考试用书编写委员会.建设工程项目管理[M].北京:中国建筑工业出版社.2014:95-97.

[182] 荣小雪,赵江波.最佳说明推理与溯因推理[J].自然辩证法通讯,2012(34):13-17.

[183] 茹慧芳.大型公共建设项目总控模式研究[D].长春:吉林建筑大学,2016.

[184] 上海虹桥综合交通枢纽工程建设指挥部.虹桥综合交通枢纽工程建设和管理创新研究与实践[M].上海:上海科学技术出版社,2011.

[185] 尚斌.城市轨道交通建设需求研究[D].上海:同济大学,2014.

[186] 沈思剑.P公司本地化项目同步管理的风险控制[D].上海:上海交通大学,2016.

[187] 深圳市统计局.深圳统计年鉴2017[M].北京:中国统计出版社,2017.

[188] 盛新江.浅论带关键路径的挣值法评价方法[J].技术经济与管理研究,2006(1):49.

[189] 司婷.基于赢得值法的建筑施工企业动态成本控制研究[D].镇江:江苏大学,2017.

[190] 斯蒂芬·P.罗宾斯,戴维·A.德佐森,玛丽·库尔特.管理学原理(英文版)[M].北京:中国人民大学出版社,2016.

[191] 王广斌.计算机辅助工程项目投资控制系统的现状、研究与开发[J].工程项目管理,1998,33(5):85-92.

[192] 王海波,胡苇,王宁,等.适应航天型号项目特点的财政预算绩效评价管理[J].管理观察,2017(1):35-42+46.

[193] 王青薇.大型项目基于进度计划的投资控制研究[D].昆明:昆明理工大学,2011.

[194] 王青薇,张建平.基于BIM的工程投资控制研究[J].工业建筑,2011,41(S1):1061-1091.

[195] 吴春诚.大型工程项目进度评价和控制研究[D].武汉:华中科技大学,2007.

[196] 吴艳.大型交通建设工程项目总控关键技术研究[D].长沙:长沙理工大学,2007.

[197] 伍传高."低价中标、高价结算"现象的分析研究——由某市政府投资建设项目"低

价中标、高价结算"专项检查所引发的思考[J].招标采购管理,2016(5):47-50.
[198] 杨建.大型公路建设项目总控决策支持系统研究[D].长沙:长沙理工大学,2007.
[199] 严晓芳.浅析建设工程低价中标高价结算现象[J].沿海企业与科技,2010(7):112-114.
[200] 俞素平.国际工程施工合同的计价方式及其风险管理[J].建筑管理现代化,2007,93(2):40-43.
[201] 张飞涟.铁路建设项目后评价理论与方法的研究[D].长沙:中南大学,2004.
[202] 张海燕,章丽丽.从一起造价争议看固定总价合同的特点、风险及防范[J].建筑经济,2005(1):88-91.
[203] 张建平,范喆,王阳利,等.基于4D-BIM的施工资源动态管理与成本实时监控[J].施工技术,2011,40(4):37-40.
[204] 张晶晶.武汉国际博览中心项目合同总控报告设计[D].武汉:华中科技大学,2012.
[205] 张小宁.警惕城市轨道交通建设过热[EB/OL].(2018-01-15)[2018-03-10].http://sem.tongji.edu.cn/semch/?p=28911.
[206] 赵程伟,董雄报,洪青.基于Z-number改进挣值法的工程项目成本进度集成控制分析[J].工程管理学报,2016,30(2):125-130.
[207] 赵庆华.工程审计[M].南京:东南大学出版社,2010:209-216.
[208] 赵新宇.制度性需求失控:政府投资项目超概主要成因的发现与治理——以A省省级机关办公楼改造项目为例[D].南京:南京大学,2016.
[209] 郑生钦,牟强.改进挣值法在工程项目综合绩效评价中的应用[J].工程管理学报,2013,27(2):54-59.
[210] 郑生钦,牟强.改进挣值管理方法的系统性研究[J].工程建设与设计,2014(9):174-177+180.
[211] 原树武.医院建设项目投资控制[J].中国建材科技,2016,25(4):151-152+154.
[212] 中国建设工程造价管理协会.建设工程造价管理基础知识[M].2版.北京:中国计划出版社,2010:26-27.
[213] 周健.基于挣值法的南京碧桂园地产项目成本管控研究[D].上海:东华大学,2017.

附录 A　访谈大纲及说明

2019 年 2 月

一、访谈事由

这是一项针对我国政府工程①概算高估问题与原因的研究性访谈。我们在统计了全国 74 个大中城市审计局公布的 447 个政府工程审计报告数据后,发现政府工程存在普遍性的概算高估问题(91% 以上数量工程的概算比决算高,概算比决算平均高 16%)。因此,我们访谈的目标是探讨政府工程概算高估的原因。

二、访谈形式

自由交谈,访谈前首先请填写个人背景信息(第 2 页),并按下面访谈内容准备初步的书面回答。

因为最具启发性的实践经历包含在丰富的细节中,所以请您在回答问题时尽可能详尽。您对多个问题的看法和见解对此研究的成功至关重要。您可以拒绝回答我提出的任何问题,您也可以随时结束本次访谈。访谈中涉及的身份信息将严格保密,在研究报告中引用您的语句,将删除所有身份相关信息。我们将及时通过邮箱给您发送研究报告的最终成果。

三、访谈内容

拟讨论和交流如下问题

1. 工程概述问题

(1) 目前您所参与的典型工程项目有哪些?您在工程概算的编制、上报、审批过程中的职责是什么?

(2) 您参与了多少个政府工程,这些工程的平均概算投资额为多少元?投资超过 1 亿元的有多少个(或占比)?

(3) 以上您参与的工程中,有多少个工程已经完成决算审计工作,决算超过概算的有多少个(或占比)?这些工程的平均概算结余,大约占概算的百分之

---

① 这里的政府工程,是指由国有控股的企事业单位或政府机关投资的固定资产项目。

多少?

2. 概算高估问题

（1）您参与的工程中是否存在概算高估现象？有的话，概算是如何高估的？请描述 1~2 个具体实例。

（2）你认为政府工程概算高估的原因是什么？如果不高估工程概算的话，您所承担工程会遇到哪些困难？

　　A. 估算技术原因？（估算方法技术缺陷，不可靠或不充分的数据，客观的计算错误以及估算人员的缺乏经验等）

　　B. 心理认知原因？（"乐观偏见"的心理学现象等）

　　C. 政治经济原因？（避免超概责任等）

　　D. 其他原因？_____

（3）从您公司（或政府）的角度，未来是否有必要改善政府工程概算编制或审查的准确性？有什么好的建议？

以上为需要了解的主要内容，在访谈过程中随着访谈的逐步深入会进一步形成一些具体问题，视情况再展开讨论。

四、个人背景信息

我们需要了解一些您的背景信息，以帮助解释研究结果。

1. 性别：男□　女□

2. 年龄：_____

3. 学位：□学士学位　□硕士学位　□博士学位　其他_____

4. 专业：_____

5. 从业年限：_____

6. 职位：□项目经理　□部门经理　□造价员　□技术人员（含施工、设计等）　其他_____

7. 单位性质：

□国有企业　□私营企业　□外资（合资）企业　□事业单位　□政府机关　□造价咨询单位　其他_____

8. 单位业务工程的范围：

□建筑工程（教、科、文、卫等房屋建筑）公路工程　□铁路工程　□民航机场工程　□机电工程　□港口与航道工程　□水利水电工程　□矿业工程　□市政公用工程　通信与广电工程　其他_____

9. 邮箱:　　　　　　　　　　　微信号:

非常感谢您接受这次访谈。

同济大学工程管理研究所　牟强

邮箱:m********@qq.com

电话(或微信号):150********

补充问题

1. 您喜欢(或不喜欢)现在工作吗?(职业满意度1~5分)

2. 如果有的话,您的工作对项目决策有什么影响?(决策影响力1~5分)

3. 业主是否会直接要求高估概算,一般在正常概算基数上高估百分之多少?

4. 概算书中,哪一部分更容易被高估?(设备、机电及安装、临时设施、土建等)

5. 编制概算时,是否会考虑政府审查部门的审查要求,是不是像通过一个考试?是否会有意识地为审查单位预留一些明显的错误,让他们也好交差?

6. 如果是经验丰富的编制人员,在目前的概算编制方法下,能否准确地预测概算呢?

7. 如果是经验丰富的概算编制人员,把所有正常变更费用都考虑进去预测一个合理概算,在这个基础上,您认为目前政府工程批复概算平均高估了百分之多少?

8. 某些工程中使用招标图招标,是否会影响概算高估?

9. 在建设程序上,一般要求先审批工程可行性研究及估算,再审批初设及概算。但在某些工期较紧的工程中,会先把初步设计编制完成,再反过来编制工可,这是否是一个普遍现象?

附录 B　政府工程投资控制全生命周期激励模型

将"5.3.1"提出的政府工程前期审批制度改革框架模型（图 5.11），与 6.2.2 提出的大型工程实施期施工图预算的"两阶段合同激励模型"（图 6.1）结合起来，可以形成政府工程投资控制的全生命周期激励模型，如图 A1 所示。

在工程前期的政府审批制度改革框架模型，是站在审批部门角度对建设单位进行投资控制激励。前期投资控制激励模型，将批复概算（RC_{2B}）与目标概算（TC_{2B}）进行区别对待，并结合基于 RCF 投资审查方法将目标概算（TC_{2B}）合理化，作为建设单位实施阶段投资控制目标，从而激励建设单位在实施阶段采用更有效手段进行投资控制，避免了传统审批制下概算高估后建设单位没有动力在实施阶段进行严格投资控制的制度漏洞。

在工程实施期的"两阶段合同激励模型"，则是站在建设单位层面对施工单位进行投资控制激励。在目标概算（TC_{2B}）指导下，确定施工图批复预算（TC_{3B}）作为建设单位实施阶段投资控制依据。实施期投资控制激励模型，将建设单位与施工单位投资控制的合同激励拓展到施工图设计阶段，建立工程实施期施工图预算的"两阶段合同激励模型"。第一阶段，通过设置施工图设计阶段的合同激励条款和改进施工图审查方式，激励施工单位将专业能力和施工经验引入施工图深化设计中，促进施工图设计与工程实施的协调性。第二阶段，通过设置施工阶段合同激励条款，规定施工单位承担的成本超支分配百分比（$S_O\%$）、施工图深化设计获得奖励的分配百分比（$S_D\%$）、成本结余获得奖励的分配百分比（$S_U\%$）关系为 $S_O\%>S_D\%>S_U\%$，从而实现：一方面激励施工单位对其投标报价负责，防止"低价中标—高价索赔问题"；另一方面激励施工单位通过施工图深化设计降低合同报价作为增加收益的主要手段，避免传统"目标加奖励"合同激励方式的高目标成本缺陷。于是，按照"两阶段合同激励模型"的安排，可以激励施工单位将施工专业能力与施工经验引入施工图深化设计中去获取奖励，在促进施工图设计与工程实施协调性基础上，改变施工单位与建设单位在工程变更上的利益冲突关系，减少施工单位在施工阶段的策略性变更，抑制施工单位钻营不合理变更获取高价结算的动机，降低建设单位投资控制难度。

因此，将工程前期审批制度改革框架模型与工程实施期"两阶段合同激励模型"结合起来，形成的政府工程投资控制的全生命周期激励模型，一方面为政府审批部门解决政府工程概算高估问题提供了前期审批制度改革的对策，另一方面也为概算合理化后建设单位提高投资控制效率提供了实施期合同激励对策。

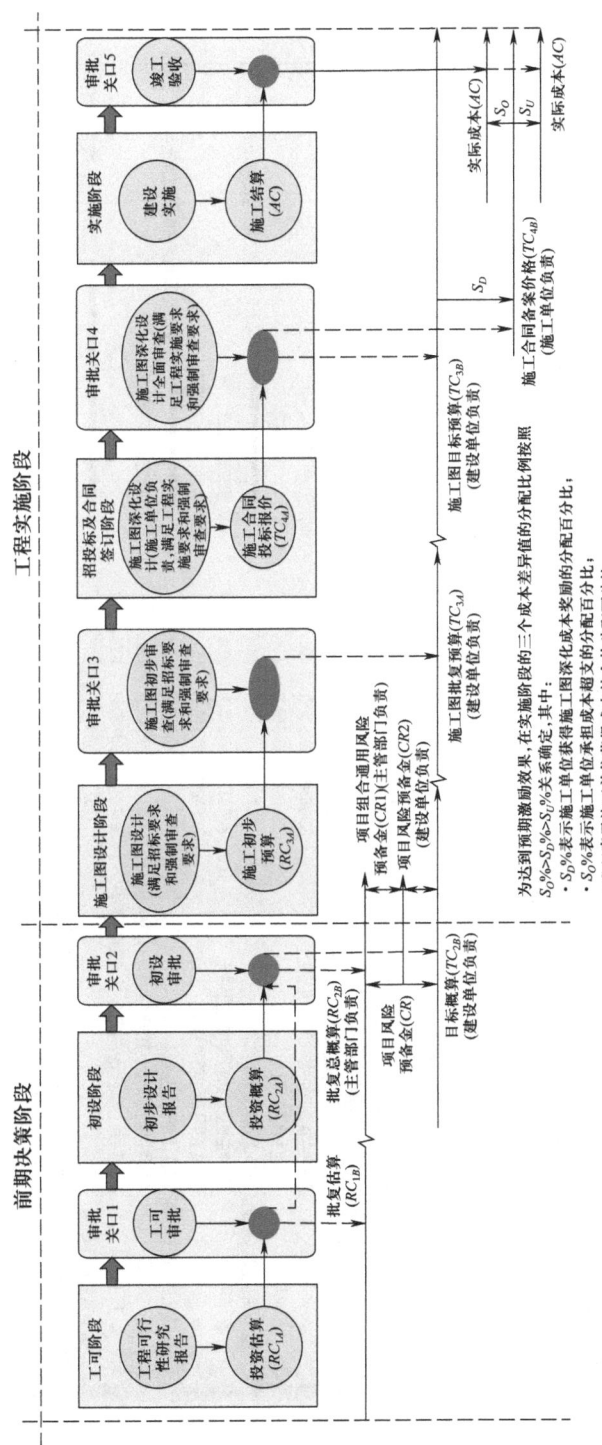

图 A1　政府工程投资控制全生命周期激励模型

附录 C　航站楼工程的总进度计划（示例）

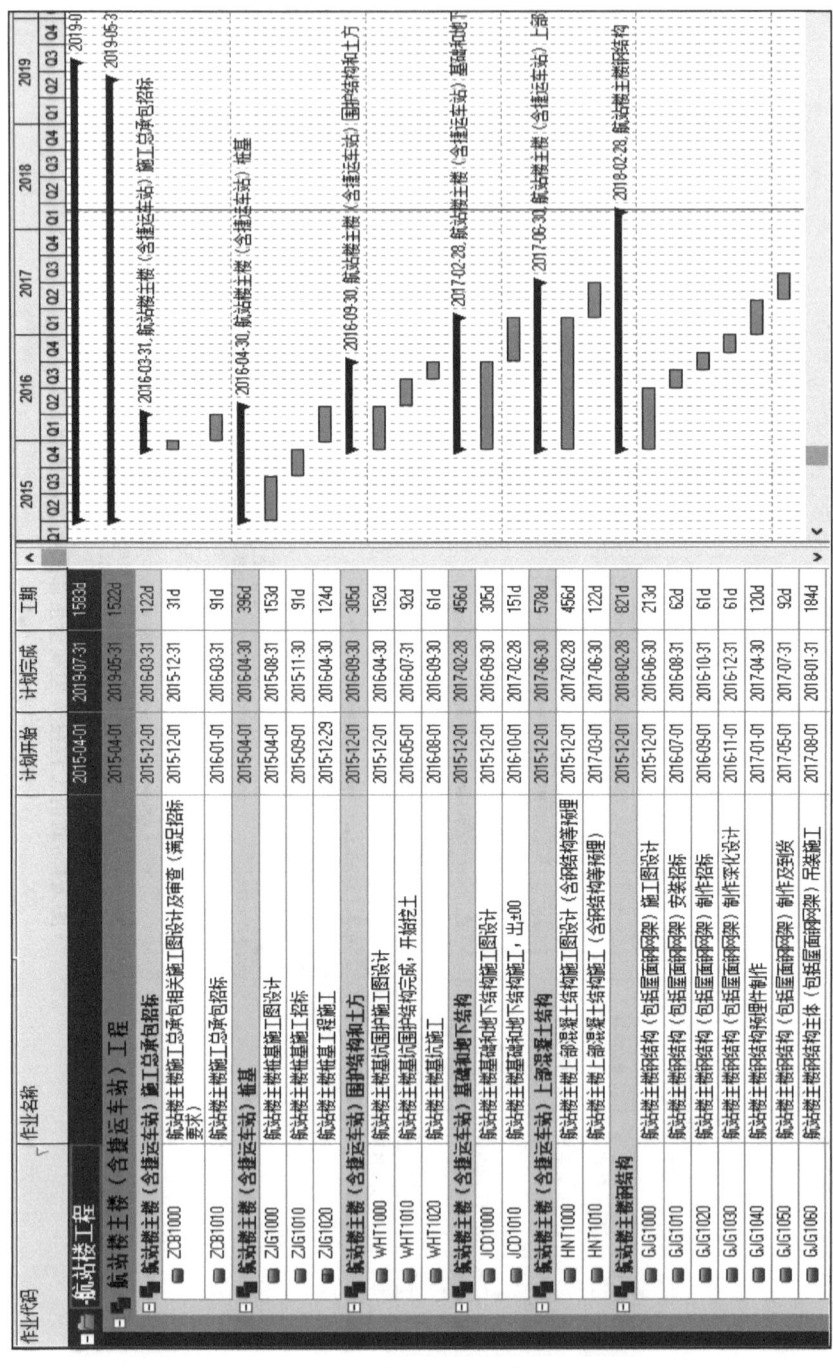

附录 D 基于总进度计划的航站楼工程的总投资计划（示例）

作业代码	作业名称	计划开始	计划完成	工期	计划费用(万元)
	航站楼工程		2019-07-31	1593d	1 113 282.60
	航站楼主楼（含捷运车站）竣工总承包招标	2015-04-01	2019-05-31	1522d	532 086.58
ZCB1000	航站楼主楼施工总承包相关施工图设计及审查（满足招标要求）	2015-12-01	2016-03-31	122d	19 996.42
ZCB1010	航站楼主楼施工总承包招标	2015-12-01	2015-12-31	31d	17 362.21
	航站楼主楼（含捷运车站）桩基				
ZJG1000	航站楼主楼桩基施工图设计	2016-01-01	2016-03-31	91d	2 634.21
ZJG1010	航站楼主楼桩基施工招标	2015-04-01	2016-04-30	396d	40 569.39
ZJG1020	航站楼主楼桩基施工	2015-09-01	2015-11-30	91d	1 372.37
ZJG1030	航站楼主楼桩基试桩施工	2015-12-29	2016-04-30	124d	208.22
	航站楼主楼（含捷运车站）围护结构和土方				
WHT1000	航站楼主楼围护结构施工图设计	2015-12-01	2016-09-30	305d	27 945.41
WHT1010	航站楼主楼围护结构施工图招标	2015-12-01	2016-04-30	152d	949.73
WHT1020	航站楼主楼围护结构施工、开始挖土	2016-05-01	2016-07-31	92d	13 497.84
	航站楼主楼挖土出坑	2016-08-01	2016-09-30	61d	13 497.84
	航站楼主楼（含捷运车站）基础和地下结构				
JCD1000	航站楼主楼基础地下结构施工图设计	2015-12-01	2017-02-28	456d	86 831.97
JCD1010	航站楼主楼基础地下结构施工图招标	2015-12-01	2016-09-30	305d	2 951.01
	航站楼主楼基础施工地下结构施工、出±0	2016-10-01	2017-02-28	151d	83 880.96
	航站楼主楼（含捷运车站）上部混凝土结构				
	航站楼主楼上部混凝土结构施工图设计	2015-12-01	2017-06-30	578d	152 122.45
HNT1000	航站楼主楼（含捷运车站）上部混凝土结构施工图设计	2015-12-01	2017-02-28	456d	5 163.92
HNT1010	航站楼主楼（含捷运车站）上部混凝土结构施工图招标	2017-03-01	2017-06-30	122d	146 952.53
	航站楼主楼钢结构		2018-02-28	821d	42 226.10
GJG1000	航站楼主楼钢结构（包括屋面钢架）施工图设计	2015-12-01	2016-06-30	213d	713.85
GJG1010	航站楼主楼钢结构（包括屋面钢架）安装招标	2016-07-01	2016-08-31	62d	108.31
GJG1020	航站楼主楼钢结构（包括屋面钢架）制作招标	2016-09-01	2016-10-31	61d	108.31
GJG1030	航站楼主楼钢结构（包括屋面钢架）制作深化设计	2016-11-01	2016-12-31	61d	713.85
GJG1040	航站楼主楼钢结构材料定货	2017-01-01	2017-04-30	120d	0.00
GJG1050	航站楼主楼钢结构构件（包括屋面钢架）制作及发货	2017-05-01	2017-07-31	92d	20 290.89
GJG1060	航站楼主楼钢结构构件（包括屋面钢架）吊装施工	2017-08-01	2018-01-31	184d	18 261.80

附录 E 改进大型项目 EVM 理论的参数指标及意义汇总

参数指标	定义	计算公式	指标关系及结果解释
计划值(PV)	前锋期 t_0 原计划完成作业（WS）的预算费用	$PV=\sum_{i=1}^{m}Q_{Ai}\times P_{Ai}$	
计划内挣值(EV_0)	已完成计划作业（WP_0）的预算费用	$EV_0=\sum_{i=1}^{N}Q_{Bi}\times P_{Ai}$	$EV_0=EV_{r0}+EV_{ri}$
计划内挣值(EV_{r0})	已完成前锋期 t_0 之前计划作业（WP_{r0}）的预算费用	$EV_{r0}=\sum_{i=1}^{n}Q_{Bi}\times P_{Ai}$	
计划内挣值(EV_{ri})	超前完成前锋期 t_0 之后计划作业（WP_{ri}）的预算费用	$EV_{ri}=\sum_{i=n+1}^{N}Q_{Bi}\times P_{Ai}$	
计划外挣值(EV_C)	在前锋期 t_0 已完成新增作业（WC）的预算费用	$EV_C=EV_{CA}+EV_{CB}$ $=\sum_{i=1}^{n'_A}Q^*_{Ai}\times P^*_{Ai}+\sum_{i=1}^{n'_B}Q^*_{Bi}\times P^*_{Bi}$	$EV_C=EV_{CA}+EV_{CB}$
计划外同类新增作业挣值(EV_{CA})	新增同类作业（WC_A）的预算费用	$EV_{CA}=\sum_{i=1}^{n'_A}Q^*_{Ai}\times P^*_{Ai}$	
计划外异类新增作业挣值(EV_{CB})	新增异类作业（WC_B）的预算费用	$EV_{CB}=\sum_{i=1}^{n'_B}Q^*_{Bi}\times P^*_{Bi}$	
实际成本(AC)	至前锋期 t_0 已完成所有作业的实际发生成本	$AC=\sum_{i=1}^{N}Q_{Bi}\times P_{Ai}+OC$	$AC=EV_0+OC$ $=EV_0+EV_C+OC^*$

续 表

参数指标	定义	计算公式	指标关系及结果解释
计划内进度偏差 (SV_0)	在前锋期 t_0 计划内挣值 (EV_0) 与计划值 (PV) 的偏差值	$SV_0 = EV_0 - PV$ $= \sum_{i=1}^{N} Q_{Bi} \times P_{Ai} - \sum_{i=1}^{n} Q_{Ai} \times P_{Ai}$	$SV_0 > 0$, 计划作业实际进度超前; $SV_0 < 0$, 计划作业实际进度延后; $SV_0 = 0$, 计划作业实际进度与计划一致
计划内进度偏差 (SV_{t0})	已完成 t_0 以前计划作业的进度偏差	$SV_{t0} = EV_{t0} - PV$ $= \sum_{i=1}^{n} Q_{Bi} \times P_{Ai} - \sum_{i=1}^{n} Q_{Ai} \times P_{Ai}$ $= \sum_{i=1}^{n} (Q_{Bi} - Q_{Ai}) \times P_{Ai}$	$SV_{t0} < 0$, t_0 以前计划作业实际进度延后; $SV_{t0} = 0$, t_0 以前计划作业实际进度与计划一致
计划内进度偏差 (SV_{tt})	已完成 t_0 以后计划作业的进度偏差	$SV_{tt} = EV_{tt}$ $= \sum_{i=n+1}^{N} Q_{Bi} \times P_{Ai}$	$SV_{tt} > 0$, t_0 以后计划作业实际进度超前; $SV_{tt} = 0$, t_0 以后计划作业没有超前
成本偏差 (CV_0)	在前锋期 t_0 计划内挣值 (EV_0) 与实际成本 (AC) 的偏差值	$CV_0 = EV_0 - AC$ $= -OC$	$CV_0 > 0$, 项目成本结余; $CV_0 < 0$, 项目成本超支; $CV_0 = 0$, 与计划相同
成本偏差 (CV_{CA})	在前锋期 t_0 发生计划外新增同类作业 (WC_A) 的偏差值	$CV_{CA} = -EV_{CA}$ $= -\sum_{i=1}^{n_1} Q^*_{Ai} \times P^*_{Ai}$	$CV_{CA} < 0$, t_0 时点发生计划外新增同类作业; $CV_{CA} = 0$, t_0 时点没有发生计划外新增同类作业

续表

参数指标	定义	计算公式	指标关系及结果解释
成本偏差(CV_{CB})	在前锋期t_0发生计划外新增异类作业(WC_A)的预算费用	$CV_{CB} = -EV_{CB} = -\sum_{i=1}^{m} Q_{Bi}^* \times P_{Bi}^*$	$CV_{CB} < 0$,t_0时点发生计划外新增异类作业；$CV_{CB} = 0$,t_0时点没有发生计划外新增异类作业
进度绩效指数(SPI_0)	在前锋期t_0计划内挣值(EV_0)与计划值(PV)的比值。	$SPI_0 = \dfrac{EV_0}{PV}$	$SPI_0 = SPI_{t0} + SPI_{tt}$；$SPI_0 > 1$,计划作业实际进度超前；$SPI_0 < 1$,计划作业实际进度延后；$SPI_0 = 1$,计划作业实际进度与计划一致
进度绩效指数(SPI_{t0})	已完成t_0以前计划作业的进度绩效	$SPI_{t0} = \dfrac{EV_{t0}}{PV} = \dfrac{\sum_{i=1}^{n} Q_{Bi} \times P_{Ai}}{\sum_{i=1}^{n} Q_{Ai} \times P_{Ai}}$	SPI_{t0}表示项目已完成t_0以前计划作业的进度落后程度；$SPI_{t0} < 1$,t_0以前计划作业实际进度延后；$SPI_{t0} = 1$,t_0以前计划作业实际进度与计划一致
进度绩效指数(SPI_{tt})	已完成t_0以后计划作业的进度绩效	$SPI_{tt} = \dfrac{EV_{tt}}{PV} = \dfrac{\sum_{i=n+1}^{n} Q_{Bi} \times P_{Ai}}{\sum_{i=1}^{n} Q_{Ai} \times P_{Ai}}$	SPI_{tt}表示项目已完成t_0以后计划作业的进度超前程度

续表

参数指标	定义	计算公式	指标关系及结果解释
成本绩效指数(CPI_{t0})	在前锋期 t_0 计划内挣值(EV_0)与实际成本(AC)的比值	$CPI_0 = \dfrac{EV_0}{AC} = \dfrac{\sum_{i=1}^{N} Q_{Bi} \times P_{Ai}}{\sum_{i=1}^{N} Q_{Bi} \times P_{Ai} + OC}$	$CPI_0=1$，已完成计划作业的实际费用控制与预算费用一致 $CPI_0>1$，已完成计划作业实际费用控制相对于预算有费用结余 $CPI_0<1$，已完成计划作业实际费用控制相对于预算有费用超支
项目完工估算(EAC)	完成所有计划作业的预期总成本，等于截止 t_0 的实际成本与完工尚需估算之和	$EAC = AC + ETC_{bottom-up}$	
完工尚需估算(ETC)	在前锋期 t_0 完成所有剩余计划工作的预期成本	$ETC = ETC_{c0} + ETC_{t0}$	
ETC_{t0}	前锋期(t_0)以前的剩余计划作业的完工尚需估算	按预算单价预测： $ETC_{t0} = RPV_{t0}$ 按当前成本绩效指数(CPI_0)预测： $ETC_{t0} = \dfrac{RPV_{t0}}{CPI_0}$ 按 t_0 以前剩余计划工作的成本绩效指数 CPI_0 预测： $ETC_{t0} = \dfrac{RPV_{t0}}{CPI_0}$	

续 表

参数指标	定义	计算公式	指标关系及结果解释
ETC_{ti}	前锋期 t_0 以后的剩余计划作业的完工尚需估算	按预算单价预测： $ETC_{ti}=RPV_{ti}$ 按当前成本绩效指数（CPI_0）预测： $ETC_{ti}=\dfrac{RPV_{ti}}{CPI_0}$ 按以剩余计划工作的成本绩效指数 CPI_{ti} 预测： $ETC_{ti}=\dfrac{RPV_{ti}}{CPI_{ti}}$	
RPV_{t0}	前锋期 t_0 以前剩余计划作业的预算费用	$RPV_{t0}=PV-EV_{t0}$	
RPV_{ti}	前锋期 t_0 以后剩余计划作业的预算费用	$RPV_{ti}=BAC-PV-EV_{ti}$	
完工尚需绩效指数（$TCPI_0$）	在前锋期 t_0 完成剩余计划作业所需的成本绩效指数	按在项目批复概算内完工： $TCPI_0^{BAC}=\dfrac{BAC-EV_0}{BAC-AC}$ 按完工成本估算内完工： $TCPI_0^{EAC}=\dfrac{BAC-EV_0}{EAC-AC}$	$TCPI_0>1$，很难完成 $TCPI_0<1$，很容易完成 $TCPI_0=1$，正好完成

第二篇

建筑企业跨区域市场进入行为现状及其影响因素研究

夏 晨

第1章 引　　言

1.1　研究背景与意义

1）建筑业在国民经济中占据重要地位

自 20 世纪 80 年代初改革开放以来,随着中国经济的发展,建筑业在过去的三十年中以惊人的速度发展,逐渐成为国民经济发展的支柱产业,在吸纳城镇人口就业、维护社会稳定和推动新型城镇化建设等方面都发挥了显著的作用。2018 年,我国国内生产总值约为 90 万亿元,其中,建筑业产值高达 23.50 万亿元,同比增长 9.88%。自 2009 年以来,我国建筑产业增加值始终保持在国内生产总值的 6.5% 以上,且在 2018 年达到了 6.87% 的较高点,这也是在 2015 年、2016 年连续两年的下降后首次出现大幅度回升(国家统计局,2019)。总的来看,建筑业继续保持较快发展,其国民经济支柱产业的地位仍然稳固(详见图 1.1)。

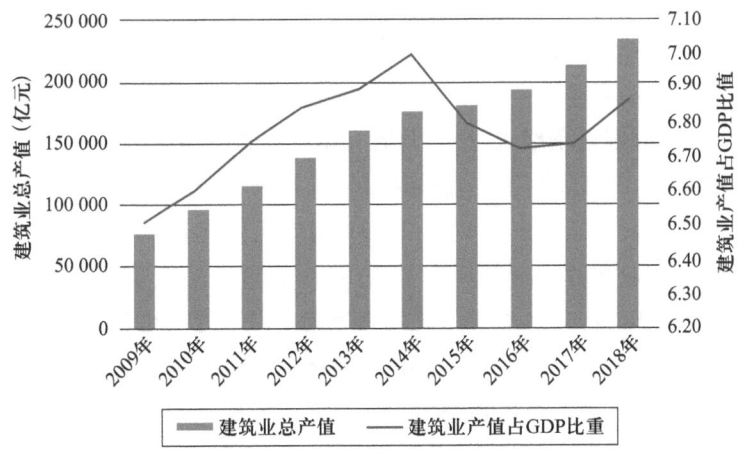

图 1.1　2009—2018 年我国建筑业总产值及占 GDP 比重

建筑业行业规模的快速增长为我国建筑企业带来较好的发展机遇,建筑企业整体收入和盈利水平也相应呈现快速增长的势头。2018 年,我国建筑业具备资质等级的总承包和专业承包企业利润产出共 8 104 亿元,与 2017 年相比增加 612.22 亿元,增长速率为 8.17%,也比上年提高 0.93 个百分点。建筑企业全年签订的合同总额为 494 409 亿元,比 2017 年增长了 12.49%,增速延续放缓势头。其中,2018 年新签合同额 272 854 亿元,比上年增长 7.14%。截至 2018 年年末,我国建筑业企业共有 95 400 个,与 2017 年相比增加了 7 341 个,增长速度为 8.34%,比上年增加了 2.26 个百分点。从纵向时间上来看,增速已经连续 3 年增加,我国建筑企业正处在蓬勃发展的阶段。

2)建筑企业进入跨区域市场面临诸多挑战

目前,我国经济增长方式仍属于粗放型,而建筑业更是劳动密集型产业,整体技术含量偏低,在法律框架、产业结构和市场化水平上都还远远落后于美国、英国和日本等发达国家和地区(Xu 等,2005)。从区域层面来看,自 2013 年"发展建筑产业化"提出以来,中央和各省、自治区、直辖市也都逐步颁布了相应发展规划和配套政策(刘平、李启明、李皓燃,2019)。然而,由于自身发展基础、经济状况和资源禀赋存在差异,各区域建筑产业发展并不均衡。在我国经济转轨背景下,市场经济制度并不十分完善,各地政府仍具有采取地方保护主义手段维护其所辖区域内各经济主体利益的倾向,其结果不仅阻碍了区域间的经济融合,也降低了市场中资源配置的效率,并极大地限制了企业的区域间扩张(孙早、刘李华、孙亚政,2014)。事实上,为消除地方保护主义,促进全国建筑产业健康快速发展,在住建部、国家税务总局等三部委 2017 年联合发布《关于进一步做好建筑行业营改增试点工作的意见》中就明确规定:"禁止各省、自治区、直辖市强制性要求外来建筑企业在当地设立子公司以增加地方性收入的行为,以达到"坚决打破区域市场准入壁垒,营造有序竞争的市场环境。"

在不规范的市场环境,不均衡的区域建筑产业发展以及各地地方保护主义产生所产生的区域市场进入壁垒下,建筑企业在寻求跨区域发展的交易成本显著增高。这些企业往往会面临来自经济、社会和地方法规等维度的诸多挑战,例如复杂的市场环境,来自本地企业的激烈竞争以及外部市场的高度不确定性(Kang-WookLee 等,2016),再加上由于部分建筑企业自身跨区域经营能力的不足,目前我国建筑企业在各省、自治区、直辖市之间的发展仍处于较为割裂的状态。然而,不同于制造业等产业长期稳定的资源供应和随着经济发展持续增长的市场需求,建筑产业的发展以项目为基本单元,土地资源的有限供应在一定程度限制了建筑市场在一定区域内的持续增长。在经济较为发达地区如北京、上海等区域,其土地资源利用率已接近饱和,有限市场份额下竞争非常激烈,而其他一些区域则仍存在较大的发展空间,建筑企业跨区域发展战略的实施对其长期发展至关重要。

3）现有文献对跨区域市场研究匮乏

尽管建筑企业跨区域行为从改革开放初期至今已经存在发展了三十多年，但建筑行业中关于此行为的研究仍然比较少。大多数研究都是集中于国际化背景下建筑企业的跨国发展战略，根据建筑企业跨国发展决策与发展过程，该类研究可以划分为三个层面：①建筑企业进入国际市场的动机及决策模型研究，主要关注跨国发展动机（Teo 等，2007），可能遇到的障碍（Bo 等，2011）和是否进入国际市场的决策模型（Seung 等，2001）。②建筑企业进入国际市场战略相关研究，例如市场选择（Chen 等，2016；Preece 等，2016）和进入模式（Chen 等，2011；Li 等，2013）。企业在进入国际市场的区域和模式选择既有可能受东道国因素影响，也会受企业自身因素影响，例如文化差异，东道国建筑市场潜力，企业自身规模和跨国经验等（Chen 等，2008；Chen 等，2011；Jia 等，2016）。③建筑企业进入跨国企业后的绩效研究，部分学者聚焦在如何测量建筑企业在国际市场的绩效研究上，如绩效测量指标（Cheah 等，2004；Jin 等，2013）和绩效预测模型（Han 等，2007），也有学者就如何提高建筑企业在跨国市场上的绩效进行了相关研究（Lu 等，2009；Gunhan 等，2015）。

诚然，由于政治上的统一和文化上的同源性，一国之内跨区域间的发展可能不会受政治因素和文化距离等常出现于跨国研究中的因素影响，但对于像中国这样幅员辽阔、发展迅速但不平衡的国家而言，建筑企业在跨区域过程中面临的挑战仍然是值得关注的（Sullivan 等，2019）。此外，即便是对于跨国市场，Santangelo 和 Stucchi（2018）在其针对企业跨国并购的研究中也表明，东道主国家中区域差异会影响企业首次进行跨国发展时的决策。而在研究方法上，由于相对于制造业，以一次性项目为产品的建筑企业往往缺乏统计数据，使得现有即使是跨国市场的研究也往往集中于单个项目、企业和单个区域市场，缺少行业层面的整体分析（Kang-WookLee 等，2016）。此外，大多数研究方法仅限于文献、问卷调查和访谈（Sullivan 等，2019），而不是基于工业数据库的客观描述和理论分析，相关研究在关注度较少的国内市场跨区域市场进入行为更少。因此，基于客观数据对我国建筑企业跨区域市场进入行为现状及其影响因素的研究有一定的必要性。

1.2 相关概念的界定

1.2.1 建筑企业特征

建筑企业是指从事建筑工程、土木工程、装修工程、线路管道设备安装工程的新建、扩建、改建等活动的企业,按其所获资质可以分为施工总承包、专业承包和劳务分包三个类别(鲍利佳,2015),本文中的建筑企业只涵盖施工总承包企业,即取得了施工总承包资质可以承接施工总承包工程的企业。对于所承包的工程,施工总承包企业可以自行施工其合同范围内各专业工程,也可以将其依法分包给具有相应资质的专业承包企业。由于建筑市场具有不同于其他商品市场的特殊性,如不完全竞争、外在性、公共物品和非公平性等一系列市场缺陷因素(申立银等,2006),而建筑产品本身投资大、资金占用多、产品周期长,而其生产过程中容易受到各种环境变化、自然地理条件和各种难以预测的情况影响,因此相比于一般企业,建筑企业经营状况受不确定因素的影响更大。在建筑企业进入跨区域市场时,往往需要其具备较雄厚的资金实力和较强的风险应对能力。

1.2.2 区域划分

区域本身就是非常复杂的概念,可以按不同的社会类型和经济活动在不同层次的地理范围内进行划分,例如乡镇、城市和国家等。Romanelli(2005)在其研究中给出区域在不同层级划分的三种方式:①某一空间下人们所认可的地理划分,如某一城市的不同街区。②行政划分,如某一国家、城市、村镇等。③超越物理和政治边界的综合贸易区划分,例如欧洲联盟、拉丁美洲等。学术研究中不同层级区域的划分和选取,则通常取决于研究人员的分析目的,如 Cai 等(2016)在其研究中以邮编后三位作为一个区域级,每一区域涵盖约 15~20 英里(1 英里约等于 1 600 米),而所依据的则是国际购物理事会指导方针中对每个购物中心覆盖面积约为 15 英里的规定。因此,对区域的具体定义通常取决于研究者的研究对象和研究目的。在本文中,根据行政划分将中国大陆地区划分为 31 个区域,包括 22 个省、4 个直辖市和 5 个自治区。因为在这个最高的省级行政区划中,我国各地区在建筑市场和行政制度上都有较大差异(Lu 等,2018)。

1.2.3 跨区域市场概念

跨区域市场进入行为是优势企业跨区域地转移生产资本,实现资源优化配置的重要途径。在定义跨区域市场时,研究人员可以选择总部所在地或企业注册地作为企业进入跨区域市场的原始基地(Chiang 等,2001;任颋等,2015),当企业目标市场所在省份与该基地不在上述定义的同一区域中时,即为企业进入了跨区域市场。由于承包商在不同省份开展项目时可能会根据当地法规注册不同的子公司,因此本文以企业注册地为原区域,当建筑企业在该区域之外的其他区域建立分支机构并进行招投标活动和承建建筑工程时,即认为该建筑企业进行了跨区域市场进入行为。相反,当目标市场所在省份与企业注册地所在省份为同一区域时,则认为该企业没有进行跨区域市场进入行为。

1.3 研究问题与内容

目前,研究学者和政府部门对于我国建筑企业跨区域市场进入行为现状都只有一种感性认知,即我国建筑企业跨区域市场进入行为现状可能并不乐观,且某些地区的建筑企业在进行跨区域发展中可能会遇到更大的挑战,但缺乏确切的事实依据。因此,尽管中国政府长期以来一直希望改善这种状况,但也很难针对确切的地区制定政策和提供帮助。基于我国建筑企业跨区域市场进入行为的理论和实践背景,本文从建筑企业跨区域市场进入行为现状描述、空间特征分析和企业影响因素三个层面客观分析目前我国建筑企业跨区域市场进入行为的现状和所面临的挑战,为行业从业者制定跨区域扩张战略研究提供参考,也为我国政府进一步推动建筑产业均衡健康发展、打破市场区域准入壁垒提供理论基础。主要研究内容分为三点。

1)建筑企业跨区域市场进入行为现状分析

本文基于我国建筑产业二十年来的实践和发展,收集国家优质工程奖中涉及的1 020个项目和404个建筑企业信息,通过描述性分析,从区域、企业和项目的角度客观地描述中国建筑企业跨区域市场行为现状。

2)建筑企业市场进入行为的空间特征分析

在现状描述的基础上,本文进一步收集了我国行政区划下22个省级区域、4个直辖市及5个自治区共31个区域的省际面板数据,通过层次回归模型分析区域空间市场和行业特征对企业跨区域市场进入行为现状的影响,客观反映企业在跨区域市场进入中面临的挑战。

3)建筑企业市场进入行为的影响因素分析

本文结合组织行为和企业管理研究中交易成本理论和资源基础理论中对影响企业跨区域市场进入行为的因素描述,通过二元logistic回归模型分析建筑企业跨区域市场进入行为影响因素,为企业决策者制定跨区域扩张战略提供理论基础,并为研究人员对国际建筑市场进行进一步分析提供参考。

1.4 研究方法与技术路线

1.4.1 研究方法

1）描述性统计

描述性统计是通过图表等对数据分布特性进行展示，从而汇总并表达定量数据的方法，主要包括频数分析、离散程度分析、集中趋势分析等统计方法。与其他数理统计方法相比，描述性统计提供了一种有效且相对简便的概括和表征数据的方法。此外，描述性统计通常用图表来表述数据规律，故容易看懂，能发现数据特性值（总体）的分布状况、趋势走向等规律，便于分析人员采取针对性措施。该方法通常是对数据进一步定量分析的基础，也是对其他梳理统计方法的有效补充。本文将收集的项目，企业和区域的数据通过描述性分析在 SPSS 软件里绘制不同维度建筑企业跨区域市场进入行为的分布图，从而客观地描述中国建筑企业跨区域市场行为现状。

2）层次回归模型

层次回归模型目的在于将所分的不同层级的变量进行单独回归分析，找出其贡献的差异性，因而适用于所有的回归方法。该模型的基本思想是将不同变量按照分析的某种规则或设定分为不同层级，并按所分层级依次放入回归模型，以考察在排除了其他变量贡献的情况下，某一类别变量对回归方程是否仍有贡献。如果所关注的某类变量在排除了其他变量贡献的情况下仍然具有较大贡献，则可以得出该变量确实具有其他变量所不能替代的独特作用的结论。在回归过程中，衡量某一层级内变量是否进入方程的标准不是其对因变量的贡献是否显著，而是根据分析需要所设定的逻辑顺序。该方法主要用于自变量之间具有高度相关性，且需要分析某类变量贡献率的情况。本文采用层次回归模型分析区域空间市场和行业特征对企业跨区域市场进入行为现状的影响，客观反映企业在跨区域市场进入中面临的挑战。

3）二元 logistic 回归模型

logistic 回归是研究中常用的统计方法之一，相比于其他回归模型，它不需要严格的假设条件，目前广泛应用于医疗保健分析、信用评级、社会统计分析和计量经济学等相关领域。在许多方面，logistic 回归和线性回归相似，但当因变量是分类变量时，logistic 回归是更合适的方法。与多元 logistic 回归相比，二元 logistic 回归的特点主要是因变量中体现事件发生与否的"二元"性，该模型可以预测一个事件或者分类,以及一个分类模型的拟合优度。在采用 logistic 回归分析建立好模型后,具体自变量代入模型得到的是一个概率值,给人直观明了的感觉,在实际运用中非常简单、方便。由于本文在建筑企业跨区域进入行为分析中,以企业是否发生跨区域行为为因变量,因而通过二元 logistic 回归模型分析其影响因素是比较合适的。

1.4.2 技术路线

遵循提出问题—分析问题—解决问题这一思路,本文在结合行业及理论背景提出研究问题后,将逐步进行"行为现状描述""空间特征分析""影响因素分析"等研究工作,技术路线如图 1.2 所示。围绕本文的"建筑企业跨区域市场进入行为现状及影响因素"这一研究问题,具体研究内容可以概括为 6 章。

第 1 章:引言。简述论文的研究背景及研究意义,对作为本文研究对象的建筑企业、区域市场、跨区域市场进入行为等概念进行界定,同时明确论文的研究内容与研究方法。

第 2 章:研究综述。主要内容是对建筑企业跨区域市场研究、跨区域市场进入行为影响因素研究等领域相关研究进展进行评述,并基于资源基础理论和交易成本理论,对建筑企业跨区域市场进入行为的影响因素进行评述,作为后续分析的参考。

第 3 章:建筑企业跨区域市场进入行为现状分析。主要基于我国建筑产业二十年来的实践和发展,收集国家优质工程奖中涉及的 1 020 个项目和 404 个建筑企业信息,通过描述性分析,从区域、企业和项目的角度客观地描述中国建筑企业跨区域市场行为现状。

第 4 章:建筑企业市场进入行为的空间特征分析。在现状描述的基础上,进一步收集我国行政区划下 22 个省级区域、4 个直辖市及 5 个自治区共 31 个区域的省际面板数据,通过层次回归模型,分析区域空间市场和行业特征对企业跨区域市场进入行为现状的影响,客观反映企业在跨区域市场进入中面临的挑战。

第 5 章:建筑企业市场进入行为的影响因素分析。本文结合组织行为和企业管理研究中资源基础理论和交易成本理论中对影响企业跨区域市场进入行为的因素描述,通过二元 logistic 回归分析建筑企业跨区域市场进入行为的影响因素,为企业决策者制定跨区域扩张战略提供理论基础,并为研究人员对国际建筑市场的进一步分析提供参考。

第6章：结论与展望。总结全文，展望未来研究的方向。

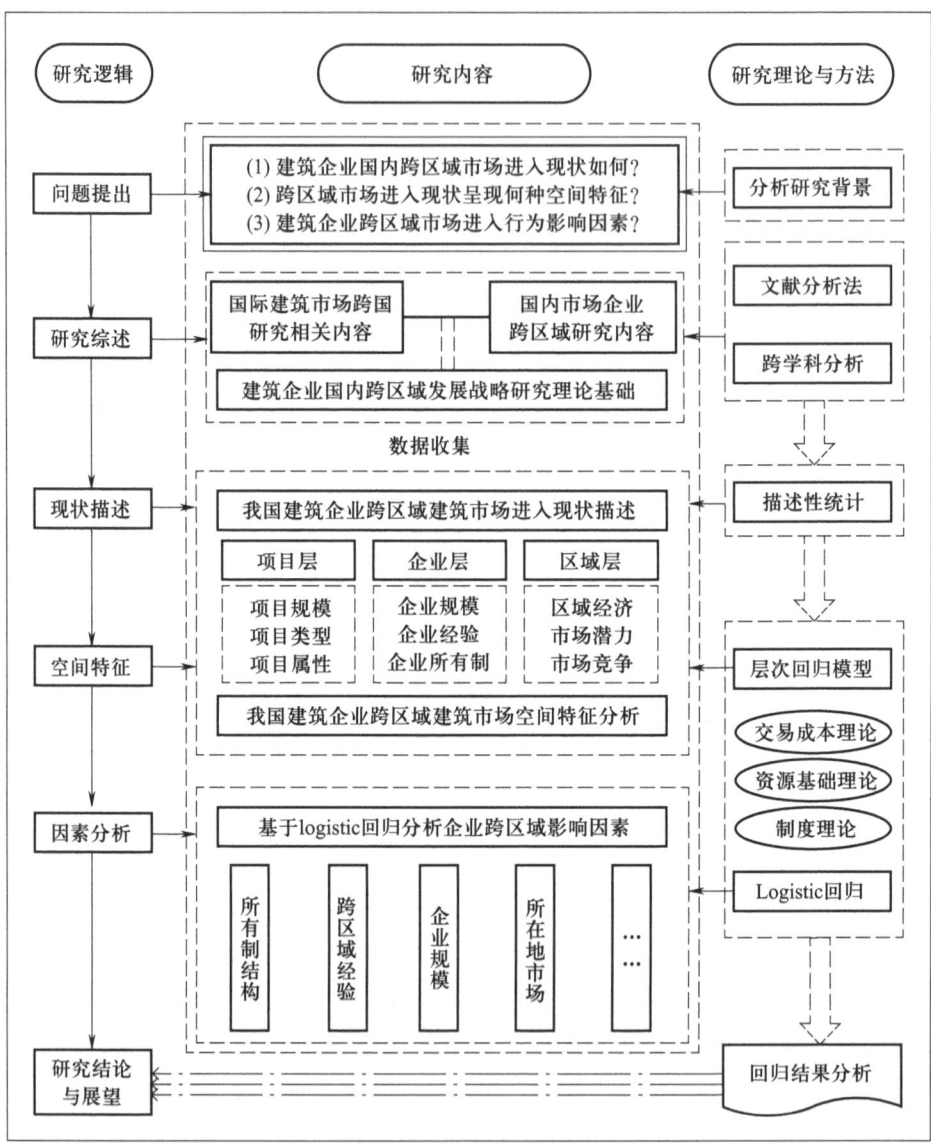

图1.2 技术路线

第 2 章　研究综述与理论基础

2.1　建筑企业跨区域市场相关研究

区域可以按不同的社会类型和经济活动在不同层次的地理范围内进行划分,例如乡镇、城市和国家等。在一些市场经济高度发达的国家和地区,建设工程会受到建筑法规和相关标准的严格限制,因此区域间市场对于建筑企业区位选择没有特别明显的差异性(孟宪海,1999)。在这些地区,通常只要建筑企业符合建设活动开展所需的前提条件并获得相关法律许可证,即可在不同区域市场之间自由进行建设活动,因而学者对一国之内跨区域的研究相对较少,更多地关注国际市场中本国企业的跨国扩张战略(Lan 等,2007;Utama 等,2019),或是外国企业进入本地市场后所带来的影响和挑战(Ofori 等,2002)。对于像中国这样幅员辽阔、发展迅速但不均衡的发展中国家,建筑企业在进入新的区域市场时仍然会面临诸多挑战。然而,由于建设行业关于建筑企业跨区域发展信息的数据在质量和数量上都比较缺乏(Kang-WookLee 等,2016),加上新世纪初期中国企业"走出去"的全球化战略背景,大多数学者仍然将关注点集中在中国建筑企业在跨国市场上遇到的机遇和挑战,并利用国际市场上的相关数据进行研究。

关于建筑企业在国际市场中的研究,按其主题可以分为三类。

1)建筑企业进入国际市场的动机及决策模型研究

从早期 Ezulike(1997)的研究到近期 Bo 等(2011)学者的研究,建筑企业进入新区域市场可能会面临的困难和挑战一直是学者们持续性关注的问题。Teo 等(2007)学者通过问卷调查了新加坡中小建筑企业对跨国发展的态度和观点,发现中小企业虽然为了持续性生存和扩张业务可能会在国际市场寻找机会,但由于不确定性带来的挑战,即使在政府的号召和扶持下,中小企业也比较难真正实施跨国发展战略。Han 和 Dickmen(2001)通过文献综述比较了现有建筑企业是否进行跨国发展的决策模型,最终认为在国际建筑市场不确定性较难量化的情景下,通过交叉影响分析法建立的决策模型最为适用。

2)建筑企业进入国际市场战略相关研究

主要涵盖区位选择和进入模式。对于建筑企业跨区域区位选择的研究,

Chen 等（2016）学者通过逻辑斯谛回归模型识别了大型建筑企业国际市场选择的影响因素，并基于其识别结果建立了国际市场选择模型。而 Fabio 等（2012）学者则重点关注中小型企业在选择进入国际市场时会受哪些因素影响。此外，也有很多研究学者聚焦于建筑企业进入模式的选择上。Chen 和 Messner（2011）对 94 所跨国建筑企业进行了案例研究，识别出了 19 种建筑企业跨国市场进入模式，并进一步建立了中国建筑企业国际市场选择模型。从研究结果上来看，建筑企业进入模式选择的影响因素也主要来自国际市场环境和企业内在条件。

3）建筑企业在跨国市场上的绩效研究

对于建筑企业在国际跨区域市场上是否能够生存并持续性盈利和发展，一方面，部分学者聚焦在如何测量建筑企业在国际市场的绩效研究上，如 Jin 等（2013）学者研究了哪些指标可以用于测量建筑企业在国际市场上的绩效，而 Han 等（2007）则通过因子分析和多元线性回归分析建立了建筑企业国际市场绩效预测模型；另一方面，学者们也关注影响建筑企业在国际市场绩效表现的因素。Cheah 等（2004）学者识别了建筑企业在国际市场取得成功或走向失败的关键因素，而 Lu（2009）和 Gunhan 等（2009）学者也对如何使企业能够在国际市场上进行可持续发展的影响因素进行了进一步的探讨。

从研究方法上来看，相比于制造业，以一次性项目为产品的建筑企业往往缺乏行业层面的统计数据，使得现有即使是跨国市场的研究也往往集中于单个项目，企业和单个区域市场缺少行业层面的客观描述和理论分析（Teo 等，2007）。此外，大多数研究方法仅限于文献、问卷调查和访谈等定性研究（Sullivan 等，2019），而不是基于行业数据的客观描述和理论分析。例如在建筑企业跨区域市场进入模式的识别和选择的研究中，Chen（2011）是通过对 94 家国际建筑企业的国际市场进入模式进行分类总结后识别出主要类型的进入模式，然后通过问卷的方式予以验证。而 Jia 等（2016）学者也是通过文献梳理和访谈建立的跨区域市场进入模式选择模型。因此，基于客观数据对我国建筑企业跨区域市场进入行为现状及其影响因素的研究存在一定的必要性。

2.2 建筑企业跨区域市场影响因素研究

在前文所提到的跨区域市场研究主题中，无论企业是否进入跨区域市场的决策行为还是进入战略以及持续性发展研究，都会涵盖其影响因素研究。虽然各类文献在建模方法上略有不同，但总体上是采用较为相似的定性研究方法。

这些研究或单纯通过文献研究,或在文献研究后收集行业专家意见予以补充和佐证。表 2.1 列出了目前文献中提到的企业跨区域市场进入行为的影响因素。本章接下来将逐一讨论这些研究,并将其作为后文对建筑企业跨区域市场进入行为影响因素的参考。虽然这些因素的得出是基于定性研究,但其结论仍可作为本文对建筑企业跨区域市场进入行为影响因素研究的基础。

表 2.1 建筑企业跨区域市场影响因素

参考文献	影响因素
Han 和 Diekmann (2001)	战争;政府控制力;政府优惠政策;与当地政府的关系;当地法规和制度;汇率;货币限制;通货膨胀;融资负担;税收歧视;文化差异;语言障碍;不同的适用法律;不同的争议解决方式;不可抗力;地理差异;人材机的可得性;不同的测量系统;当地市场需求;环境问题;利润等
Dikmen 和 Birgonul (2004)	东道国经济水平;东道国风险;文化/宗教;地理距离;东道国政府态度;东道国建筑市场需求;项目规模;项目类型;项目的技术复杂性;客户类型;项目资金情况;合同类型;经验;质量和工期要求;竞争强度等
Gunhan 和 Arditi(2005)	管理能力;财务实力;专业知识;国际网络;人材机的可得性;通货膨胀;利率;东道国的竞争者量;文化差异;关键员工的流失;技术进步;全球化和市场开放;长期盈利能力;竞争优势;经济风险;政治风险;财务风险;进入壁垒;税收;东道国的法律环境;安全风险
Ozorhon 等 (2006)	国家;东道国经济水平;东道国风险;文化宗教;地理距离;东道国政府态度;东道国建筑市场需求;项目规模;项目类型;项目的技术复杂性;客户类型;项目资金情况;合同类型;经验;工期要求;竞争强度;利润空间;竞争程度等
Cheng 等 (2011)	货币通胀;合同类型;市场潜力;社会冲突;对外国投资者的态度;利润;自身竞争力;建筑以外的专业服务;税收和非税收优惠;地方政府的管理能力;人材机的可得性;气候情况和可能造成延误的其他自然原因;施工合同的可执行性;罚款持续时间延迟;变更程序;保险;合同期限;经验;潜在利润等
Tang 等 (2012)	政治因素;法律因素;文化因素;技术因素;管理/组织因素;经济因素;环境因素;物理因素;社会因素;腐败因素;其他
Saad 和 Hegazy(2014)	决策者心理因素;态度;行为等
Jia 等(2016)	市场潜力;市场竞争程度;语言障碍;文化距离;国际市场经验;企业所有制结构

Han 和 Diekmann（2001）使用了交叉影响分析法研究了企业在进入新国际市场前的复杂决策过程。作者通过文献综述并参考来自国际建筑企业专家的意见后识别了 32 个决策影响因素，理出了影响因素间的相互依存关系，并通过专家意见进一步估计了不同因素间互相影响的程度。研究成果表明，在某些项目中，影响因素往往决定了企业如何根据其盈利能力和盈利来源如市场份额和未来发展等做出是否进入国际市场的决策。相比于基于直觉和风险影像图所做出的决策，该模型为决策过程提供了更客观的依据，但模型的应用需要大量的信息资源且对不同情景的适应性较差。

在另外三篇不同的文献中，研究学者采用神经网络、层次分析法和案例研究三种不同的方法研究了土耳其建筑企业在进入国际市场的决策影响因素。最初，类似于 Han 和 Dickman（2001）的研究，作者也是通过文献和专家访谈收集了影响建筑企业在进入国际市场决策的因素，利用这些因素中的一部分，Dikmen 和 Birgonul（2004）随后建立了一个神经网络模型，利用过去经验中的决策因素信息（例如项目规模）来确定国际项目的吸引力和企业在项目中的竞争力。基于所识别的影响因素，Dikmen 和 Birgonul（2006）进一步通过层次分析法建立了国际项目风险和机会评估模型。Ozorhonetal 等（2006）也使用了相同的项目数据基础和决策因素建立了一个基于案例的推理模型，该模型强调经验在建筑企业国际市场选择中非常重要，并且认为即使是竞争对手在国际市场上的经验也可能被应用来作为决策参考。

在另一项研究中，Gunhan 和 Arditi（2015）结合层次分析法和德尔菲方法建立了一个二阶段决策模型，先通过文献综述确定层次分析法中的影响因素，再使用德尔菲法结合专家意见为每种因素赋予权重。基于该方法作者先评估了企业是否具备足够资源和能力进入国际市场，然后进一步分析了企业如何基于此选择进入区域和进入模式。此外，Cheng 等（2011）也通过文献回顾和与国际建筑企业专家的讨论收集了建筑企业进入国际市场的影响因素，并将每种因素归类为"国家/地区因素"或"项目因素"两大类。作者然后根据决策者偏好赋予给不同影响因素具体权重并进一步确定进入某个特定国家的风险等级，如果发现国家风险可接受，则再次向决策者征求偏好信息。最终决策是否对具体的国际项目进行投标。

Tang 等（2012）使用李克特量表问卷给从文献中总结的建筑企业跨区域发展影响因素进行排名，排名的结果用于赋予不同因素的权重因子，并通过熵计算进行进一步分析每个因子相对于其他因子的重要性程度。与以前的研究不同,Saad 和 Hegazy(2014)研究了决策者个人素质对建筑企业进入国际基础设施项目市场的影响。通过对一个公路项目的案例研究,比较了传统最大化收益的方法和损失规避方法,其研究结论为,结合决策者行为特点可以更好地分析利益相关者在决策中的偏好。Jia 等(2016)也是通过文献回顾对中国建筑企业进入国际市场所使用的模式进行了系统分类,并进一步识别了六个显著影响中国建筑企业进入模式选择的因素,包括市场竞争程度、文化距离、国际市场经验等,但其研究结果表明政治风险和企业在国际贸易中的关系等因素对决策没有明显影响。

2.3 相关理论基础

组织经济学理论认为,企业的市场战略通常会受其所处行业的结构特征例如市场潜力和竞争强度的影响(Porter 等,1991),企业跨区域市场进入战略决策常常需要在与市场相关的交易成本与各种组织模式之间进行合理的权衡(Hennart,1988)。基于资源基础理论对企业市场进入行为进行研究的学者认为,企业持续的竞争优势是建立在企业能力及其可掌握的资源之上的,因而这些能力也必然会成为企业跨区域市场进入行为取得成功的关键因素(Tallman,2007;Wernerfelt,2019)。总的来说,目前关于企业跨区域市场进入行为影响因素的研究也主要集中在企业所在区域及目标市场区域的外部环境以及企业自身内在条件的分析上。

2.3.1 交易成本理论

在经济学中,交易成本(Transaction Cost)是指商品交易主体在参与市场交易活动时所产生的成本。交易成本理论最早由诺贝尔经济学奖得主罗纳德·哈里·科斯(Ronald H. Coase)在其 1937 年发表的论文《企业的本质》中提出。科斯认为,买卖双方在完成商品交易的过程中,不仅需要将交易的愿望顺利传达给潜在的交易对象,还需要通过谈判来缔结契约,并督促对方履行契约,而这一系列工作都是花费成本的(张雪艳,2016)。科斯从资源配置效率角度来认识交易本身的内涵,在科斯看来,市场交易是有代价的,交易过程中人性因素与交易环境因素交互影响下所产生的市场失灵现象会造成交易困难,市场价格机制运行需要成本,企业组织内部动作也是有成本的。

交易成本理论在企业进行跨区域市场投资决策中的应用也很广泛。企业进入跨区域市场时最直接的表现形式为生产经营地点的空间转移。然而,由于某些生产资料无法转移,企业在进入跨区域市场后需要在当地重新购买生产经营所需要的生产要素,在联系不同区域的经营活动时,企业还需要付出"空间成本",因而企业在对外直接投资过程中需要进行投资决策,这种投资决策包括投资区域的选择以及进入模式的选择,而企业进行选择的标准是该种运营结构能否促使企业的进入成本最小化和经济效益最大化(Brouthers,2000)。具体而言,以交易成本理论为基础的研究认为企业之所以会选择在某地区投资或者采用某种方式进入新的投资区域,一定是因为进该区域和采用该模式具有其他选项所不具备的优势。

影响企业跨区域市场进入行为的外部环境因素可以分为地理因素、经济因素和制度因素。地理条件是区域间差异产生的一个固有因素,地理距离通常是指企业来源地和企业目标市场所在区域之间的空间距离。区域间的地理距离会影响企业跨区域市场进入时的交通运输、信息交流等贸易成本(Egger,2000)。贾镜渝等认为地理距离不仅会增加企业的运营成本,且会降低沟通的频率和效率,是信息不对称的主要来源(贾镜渝等,2015)。黄福广等通过对2004—2012年中小板及创业版中企业风投案例的分析,发现与所投资企业地理距离越远,投资金额越小(黄福广等,2014)。然而也有学者认为随着现代科技通信技术的发展,距离因素所产生的沟通及控制成本都在逐渐下降,地理距离对现代企业跨区域市场进入行为的影响是有限的(任兵等,2012)。

企业目标市场所在区域的经济发展水平如产业规模和市场潜力等往往决定了企业在当地的生产成本,因而会影响企业是否进入跨区域市场的决策。产业组织经济学认为,随着某个区域市场中竞争者数量的增加,竞争强度也随之增加,从而对市场产生下行压力,使得外来企业在新市场中生存更为困难(Ye等,2014),在Malhotra等(2014)对国际市场的研究中,发现较大潜在的市场规模可以一定程度降低目标地区相关的风险,从而缓解地理距离带来的影响。Chen等(2016)对中国建筑企业在国际建筑市场的进入模式研究也进一步印证了该结论,其研究指出具有巨大市场潜力的东道国确实对承包商具有吸引力,一个国家的市场潜力越大,承包商进入该市场的可能性就越高。

制度因素对企业跨区域市场进入行为的影响大多以国际市场为背景,研究跨国公司所遇到的挑战与困难。在国际市场中,跨国公司不仅要面对东道国新制度环境,还要应对母国与东道国制度差异所带来的不确定性(Zurawicki,2002)。Xu和Shenkar指出,制度距离不仅增加了企业跨区域的经营风险,还提高了企业的经营成本(Xu等,2002)。也有学者关注我国不同区域之内的制度差异对企业区域选择的影响。由于中国经历了较长的由计划经济向市场经济的转轨时期,各区域在文化背景、正式制度的演进方面均存在不同程度的差异(李善同,2008)。而为了扶持本地经济的发展,各级政府倾向于采用那些有利于本区域的政策和制度,一些地区还存在着严重的地方保护主义(Julan等,2008),这使得企业进入我国部分区域中也会面临制度因素所带来的挑战。任颋等(2015)人对不同区域制度环境对这种企业跨区域进入模式影响的研究也表明,目标市场所在区域的制度环境完善程度会影响企业在进入该区域时对不同程度控制模式的选择。

2.3.2 资源基础理论

资源基础理论的概念最早出现在1959年Penrose编写的《企业成长论》一书中,该书认为企业是由其内部各种资源组成的多要素集合,而企业持续增长的动力正是源于这些内部资源。到20世纪80年代中期,以发表《从资源基础观看公司》的Wenerfelt为代表的学者正式建立了企业发展理论,该理论承袭Penrose的理论,以企业资源为基础不断发展演变,逐渐形成了在企业管理众多理论中颇具影响的企业资源学派,该学派的成立也正式标志着资源基础理论的诞生。总的来说,资源基础理论认为企业是各种资源的集合体,而这些资源可以是有形的,也可以是无形的。企业所拥有资源的异质性在一定程度上决定了企业在市场中竞争力的大小(Wernerfelt,1984)。

研究学者们在探索企业资源与战略之间的关系时,逐渐发现了企业资源的价值。Barney等(1991)对企业资源与企业竞争优势的关系进行了比较明确的定义:企业竞争优势源于企业内部的资源和能力,但并不是所有资源均有同等效力,只有具备稀缺性,不易被完全模仿的资源才是企业保持持续竞争优势的动力。Peteraf(1993)从竞争战略的角度分析了企业持续性竞争优势的必要条件,其研究结果表明企业资源的异质性是保持持续性竞争优势的必要条件之一。在众多研究竞争优势的企业战略管理理论中,资源基础理论更关注企业自身的能力和禀赋,对企业竞争优势的评价和战略决策的制定均围绕企业内部资源展开。在特定的竞争环境中,企业如何配置核心资源对其能否发挥竞争优势至关重要。传统的资源基础理论大多关注的是企业如何利用现有的资源创造竞争优势,最近的研究开始逐渐关注企业如何通过自身业务的扩张来积聚独特的企业资源。例如企业的知识观就认为,企业在扩张新业务单元或进入新的区域市场时,需要培养出以学习和增强知识为基础的能力,并理解知识资源的价值,从而在未来新市场或业务单元的扩张中能发挥其竞争优势。

企业在跨区域发展过程中,除了要面对不同环境在经济、制度、地理等方面上的差异,如何合理配置企业的内部资源也很重要。正如基础资源理论派别的学者所认为的,企业自身所拥有的能力和可获取的资源是形成企业竞争优势的主要来源(Wernerfelt,1984),而该竞争优势是企业在跨区域市场进入行为战略制定和决策的基础(黄宇驰,2010)。对于企业能力的刻画,部分学者认为企业的营销能力和研发能力最能体现企业能力的本质特征(Caves 等,1986)。研发能力可以使得企业的产品优于同类别产品一般水平,从而使其在市场中选择一个最佳的价格,同时也可以通过研发来降低成本使得且在进行跨区域扩张中运行得更好(Takeuchi 等,1986),而营销能力可以使企业将自己的产品与服务相对于竞争对手差异化从而建立品牌的能力,而差异化往往是企业维持竞争优势的来源(Kotabe 等,2002)。此外,也有学者认为企业所拥有的竞争优势还体现在企业促进各个事业部之间的集体的组织学习能力(Prahalad 等,1990)。在进入新的区域市场中,企业组织学习不同事业部的发展经验,并能够结合当地市场环境快速适应和反映的能力,能加快企业在跨区域市场扩张中获取竞争优势。

除了诸如研发能力和学习能力这类企业核心但较难量化的能力,也有学者关注企业跨区域市场进入行为中能力和资源的外在体现。王志星等学者认为企业财务能力是企业其他资源与能力发挥的基础,如企业所拥有的财务资源越丰富,组织宽裕性越高,其进行多元化扩张的动机和能力越大(王志星,2010)。Ezulike(1997)通过对不同规模的企业进行半结构化访谈,得出结论规模越大的企业,更能承担进入远距离区域市场的成本,也越有能力克服壁垒进入跨区域市场并在新市场中获得成功。然而,Johanson 和 Mattsson(1988)认为通常情况下规模较小的企业更加灵活,且更加专业化,因此在跨区域市场面临的环境复杂性要小于大型企业,所以其适应性更强。经验在企业跨区域市场进入战略中也扮演着重要角色,Fosfuri(2000)对企业在国际市场的进入模式研究中发现,相对经验丰富的企业,能更容易预测到目标市场所在区域中潜在的机会和可能面临的挑战,从而能更有效率地投入企业资源。此外,也有学者关注企业所有制结构对其在跨区域市场进入模式及持续性绩效的影响(Shapiro,1998;Li 等,2009)。

企业是否进入跨区域市场最终还是由企业管理者综合内外部因素拟定战略决策,因而在某种程度上也会受到决策者个人特征的影响,如决策者的能力、知识和企业家精神(Kumar 等,1997)。乔立和金占明(2009)研究了存在于中国社会情景中的关系对企业进入国际市场战略决策的影响,这两位学者通过对110家企业管理者的问卷调查,发现除了经营环境与企业自身能力外,决策者个人关系也是影响中国企业选择特定模式进入国际市场的重要考虑因素。Saad和Hegazy(2014)也对决策者个人素质对建筑企业进入国际基础设施项目市场的影响进行了研究,其研究结论认为结合决策者行为特点可以更好地分析利益相关者在决策中的偏好。总之,企业管理者在制定企业是否进入跨区域市场的决策时,不仅会受到企业内外部环境因素的制约,还会受决策者个人因素的影响,因而很难做出完全理性的最优决策,而往往只能做出在当时情景下最适宜的决策。

2.3.3 对本文的启示

交易成本理论是投资决策研究领域中应用最广泛的理论框架,该理论强调企业的区域选择应当依据生产成本最小化的基本原则,选择交易成本最小的投资区域和进入模式,区域市场的大小、竞争程度以及供给资源的可得性等市场因素是决定企业投资区域选择的关键因素。只有当目标市场区域优势较大时,企业才进行跨区域市场进入战略决策。对跨国企业来说,东道国是否具有区域优势往往取决于其政治、经济、文化、自然条件等方面与本国比较后的结果,而对于本文所研究的中国跨区域建筑市场,其区域优势则主要源自我国不同省、自治区、直辖市之间所存在的区域差异。

资源基础理论是一种企业的能力观,该理论强调企业竞争优势源于企业内部的资源和能力的异质性,当外部环境相同时,企业的资源能力强弱决定了经济效益的大小。企业为提高其竞争优势,其既有可能通过发挥现有资源优势,也有可能通过寻求新优势的开发而进入新的区域市场或业务单元。企业往往需要各种各样的能力和知识来解决在进入跨区域市场时所面临的陌生而充满不确定性的新环境,因此,企业自身特性如企业规模和能力,企业跨区域市场进入经验以及在新的区域市场是否具备足够的竞争力都会在企业做出是否进入跨区域市场决策过程中产生一定的影响。

由于建筑产业存在诸如不可重复性、长周期性等特点,单纯的企业管理理论所关注的影响因素并不完全适合建筑企业。因此,本文基于企业管理中交易成本理论和资源基础理论中提出的对企业跨区域市场进入行为的关注角度,结合建筑行业自身特点,从区域和企业两个层面分析影响建筑企业在我国建筑市场进行跨区域市场进入行为的客观因素。如图2.1所示,除交易成本理论对目标市场区域优势的关注和资源基础理论对企业内部优势的强调,决策者个人能力、知识和企业家精神等个人特征也会影响外在区域环境和企业内在条件,对企业最终市场进入行为的产生影响,但目前已经有许多标准化决策工具帮助决策者克服个人偏好影响以提高企业的战略决策(Brinckmann 等,2010;Dikmen 等,2004;Papadakis 等,1997),且该变量需要相对主观的测量方式,因此本文暂时不考虑这一变量的调节作用,而主要聚焦区域及企业层面等客观因素对建筑企业跨区域市场进入行为的影响,企业家个人特征的调节作用,研究主题中更深一层的是企业是否能持续性地在跨区域市场中生存和发展。

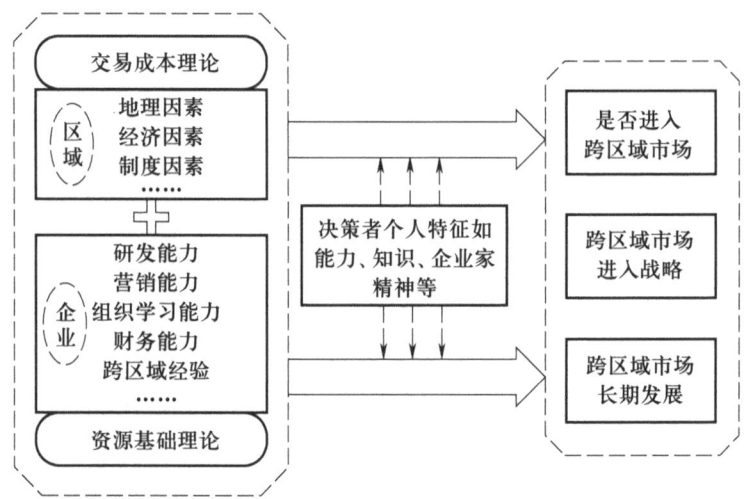

图 2.1 建筑企业跨区域市场进入行为影响因素示意图

2.4 本章小结

本章分析了建筑企业跨区域发展的相关研究,并从企业管理研究中普遍应用的交易成本理论和资源依赖理论出发,梳理了影响企业跨区域发展的外部环境因素和企业内在条件因素。尽管由于建筑行业的独特性(例如以项目为基础的单次单件性、资金回转周期的长期性以及劳动密集型等特点),制造业的概念和理论可能无法直接应用于建筑行业。但无论何种类型的企业,在进入新的跨区域市场时,都需要利用自身所拥有的独特优势,在不断变化的外部环境中选择适合自己的发展战略,从而实现其在区域市场上的长久发展。因此,本文将借鉴企业管理研究领域中的分析理论,进一步分析影响建筑企业跨区域市场进入行为的因素。

  从区域跨度上来看，目前建筑企业的相关研究大都聚焦于国际市场，一国之内的区域市场差异关注度相对较少，且在这些研究跨区域市场的文献中，大多通过文献研究，或者在文献梳理的基础上通过问卷和访谈加入行业专家的意见等相对主观的研究方法。一国之内的跨区域市场除了像中国这样区域差异比较大的国家和地区需要关注之外，Santangelo等（2018）学者的研究也表明，东道国一国之内的区域性差异会进一步影响跨国企业的国际市场战略。因此本文尝试基于中国国家优质工程数据，结合各省、自治区、直辖市的面板数据和建筑企业信息，在跨区域市场进入行为这一研究范围涵盖相对较广的行为研究中，客观分析建筑企业是跨区域市场进入行为的影响因素。

第 3 章　建筑企业跨区域市场进入行为现状分析

3.1　样本选取与数据来源

本文选取了 1998—2017 年间国家优质结构工程奖（National Quality Engineering Award，又名鲁班奖）中所涉及的纵向项目数据集，并根据项目所涉及的企业和区域进一步收集建筑跨区域市场进入行为，对相关信息进行分析。从项目、企业和区域三个层面客观描述建筑企业跨区域市场进入行为现状，需要有行业性或区域性统计数据作为支撑。由于建筑产业其特殊性，比较缺乏行业层面全面客观的统计数据，在这一背景之下，国家优质工程奖为本文提供了一个相对官方且涵盖范围较广的数据基础。该奖项是中国建筑工业协会（China Construction Industry Association，CCIA）于 1981 年在住房和城乡建设部的指导下成立，是我国工程建设领域各奖项中设立时间最早、规格最高的国家级质量奖。该奖项的评选范围涵盖全国各区域各类型的优秀建设项目和建筑企业，评选过程具备一定的客观性、公正性和系统性。经过三十年的发展，国家质量奖已成为中国建设项目中最具影响力和声望的奖项，而获奖的企业也被公认为是行业中相对具有竞争力的建筑企业。在 2010 年之前，国家优质工程奖是每年评选一次，此后则是每两年评选一次，在时间跨度上也具有一定的连续性。而从数据的可得性角度来说，相比于一些奖项严格保密的数据库，国家优质工程奖自 1981 年成立以来所有获奖项目的基本信息（如项目名称、项目类型、项目获奖年份和项目参与企业等）都可以在中国建筑工业协会的官方网站[①]上公开获取。

由于过去三十年来中国许多建筑企业都进行了更名，且早期一些获奖项目部分信息存在缺失，为方便数据处理，本文仅对 1998 年以后获奖的项目和建筑企业进行分析。考虑在项目规模这一特征中，不同类型的项目差异化较大且度量单位有所不同（项目投资额信息无法获取），为增加项目特征分析的可比性，本文样本选取获奖项目中的建筑项目（共计 1 355 个），该类型在 1 856 个获奖项目中占有最大比例（73.01%）。此外，对于多家企业联合投标并共同建设的

---

① 参考资料：中国建筑工业协会，http://www.zgjzy.org/.

项目，其跨区域市场进入行为可能更多的是考虑基于项目的组织合作关系（Cao 等，2017），而不是基于各种内外部影响因素而作出的决策，因此本文将企业的研究重点放在由单个建筑企业作为独立承包商的建筑项目上，不包括涉及多个总承包商或非正式承包商的建筑项目，例如青岛市东海路建设工程指挥部。经过上述筛选和整理，本文项目样本中共有 1 033 个建筑项目，涉及 416 个分布在我国不同区域内的建筑企业。

从国家优质工程奖中，本文获取到用于描述建筑企业跨区域进入行为现状的基本信息，但由于该项目公布的关于企业及区域的信息中仅包含获奖项目的企业名称及所在地，要进一步分析影响跨区域市场进入行为的企业和区域因素，还需要获取企业及区域更深入的数据基础。对于建筑企业基本信息，例如企业规模、总部所在地和企业成立年份等，本文主要通过企业的官方网站获取。而企业所有制结构信息则通过中国国家企业信用信息公开系统[①]获取在此系统上信息主要由市场监督管理部门、其他政府部门及市场主体发布，并对其真实性负责。在进一步的数据收集过程中，由于部分企业无法检索到相关信息，因此本文再次剔除了 10 家建筑企业的相关项目样本，而对于单项信息如企业规模或成立年份缺失的样本（共 23 个，约占项目总数的 2.25%）则通过 SPSS 的缺失值分析工具来进行处理。最后，样本中包含来自本文所划分 31 个区域共 1 020 个项目和 404 家建筑企业。表 3.1 中列出了本文中所涉及的项目及企业样本的基本信息。

表 3.1 跨区域项目及建筑企业基本信息

项目与企业信息	类别	数量	百分比
跨区域项目	是	271	26.57%
	否	749	73.43%
跨区域企业	是	111	27.48%
	否	293	72.52%
项目信息			
项目获奖年份	1998—2001 年	143	13.92%
	2002—2005 年	173	16.96%
	2006—2009 年	233	22.84%
	2010—2013 年	212	20.78%
	2014—2017 年	260	25.49%

---

① 参考资料：中国国家企业信用信息公开系统，http://www.gsxt.gov.cn/index.html.

续 表

项目与企业信息	类别	数量	百分比
项目信息			
项目规模（平方米）	3 000 以下	0	0%
	3 000~30 000	174	17.06%
	30 000~100 000	672	65.88%
	100 000 以上	174	17.06%
项目类型	住宅建筑	87	8.53%
	办公建筑	281	8.53%
	商业建筑	169	27.55%
	文娱建筑	207	16.57%
	医院建筑	75	20.29%
	体育建筑	33	7.35%
	科教建筑	81	3.24%
	交通建筑	32	7.94%
	其他	55	3.14%
项目性质	公共建筑	669	65.59%
	非公共建筑	351	34.41%
企业信息			
企业规模（人）	600 以下	58	45.54%
	600~3 000	201	39.85%
	3 000 以上	145	14.60%
企业历史（年）	20 以下	60	14.85%
	20~50	154	38.12%
	50 以上	190	47.03%
企业所有制结构	国有企业	236	57.92%
	民营企业	168	42.08%

对于与 31 个区域及建筑行业相关的原始数据,本文取自历年中国国家统计局网站中公布的面板数据。面板数据(Panel Data)是指由变量在时间和空间上的观测值所构成的二维结构数据,例如变量 X 在 N 个不同空间下的 T 个观测期内所得到的数据可以记为 y_{it},其中 i 表示 N 个不同空间(如国家、地区、行业等),t 则表示时间上的 T 个观测期,该类数据综合了时间序列和横截面信息,既可以反映第 i 个对象的 T 期观测时间序列,也可以反映第 t 期 N 个对象的截面数据。与单一的截面数据模型相比,面板数据模型控制了不可观测经济变量所引致的最小二乘线性回归(Ordinary Least Square,OLS)估计的偏差,使得模型设定更合理,因而在微观经济学、发展经济学和劳动经济学等众多经济学问题中都是非常重要的数据基础。此外,相较于单纯的时间序列,面板数据能提供样本在时间和空间两个维度的信息,不仅扩大了样本信息,还能降低经济变量间的共线性问题,因而在一定程度上使得估计量的有效性更高。由于本文中与区域及行业相关的指标测度大多以统计年鉴中相关经济数据为基础,为与项目持续年限保持一致,本文研究区域数据基础来自 1998—2017 年间 31 个省、自治区、直辖市的面板数据。

3.2 项目层面跨区域进入现状

本文中跨区域项目并不是指项目所占地理位置横跨多个区域,而是承包项目工程建设的建筑企业来自其他区域。从全国范围来看,建筑企业跨区域市场进入行为并不普遍。在本文所选取的研究样本中,涉及的相关项目和企业仅占不到三分之一。如表 3.1 所示,在 1 020 个项目样本中,共有 271 个跨区域性质的项目,占总项目 26.57%,存在跨区域市场进入行为的企业共有 111 家,占企业总数 27.47%。由于项目和建筑企业的总体样本数量也是处在每年的不断变化中,因此,为了更准确反映项目及企业层面的动态分布情况,本文在分析这类分布特点时同时考虑了其绝对值和相对值。

在过去的二十年中,建筑业行业规模的快速增长为我国建筑企业带来较好的发展机遇。如图 3.1 所示,跨区域项目的绝对数在逐年增加。虽然样本中每年得奖项目数也在增加,但其增长速度在总体上是慢于跨区域项目数的增长。因而从比例分布上来看,跨区域项目占总体项目的比例在逐年攀升。中国经济的飞速发展带动了建筑产业的持续增长,全国各地的建设项目也在不断增长,这为跨区域项目提供了一个较为坚实的基础,在这一背景之下,跨区域项目数增加其实是较为合理的现象。此外,由于企业在特定区域从事建筑生产的过程中,几乎所有的生产要素都依赖于当地的资源,生产过后的建筑产品也是服务于当地居民,因而与其他行业如制造业、金融业相比,建筑产业无论是在地理环境还是市场的供需关系上都与地区有着更为紧密的交互性,地区差异性对其影响更为显著。对于某些市场竞争激烈但生产要素如土地和市场需求如人口数都不高的地区,建筑企业可能需要通过向其他区域市场扩张以增大规模并保持持续盈利能力,以帮助它们在有限的本地建筑市场中生存。

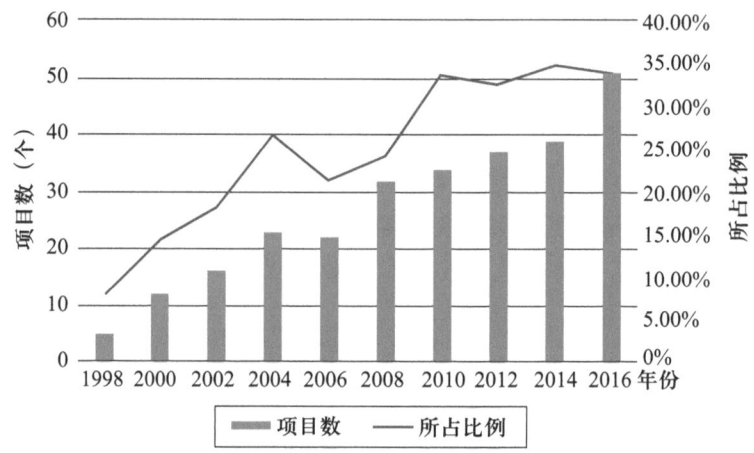

图 3.1　跨区域项目绝对值和相对值随时间增长情况

除了项目在时间纵向上的演变,本文还进一步对跨区域项目规模及属性进行分析。依据工业与民用建筑工程分类及组成,建设项目规模的划分可以依据其投资金额或建筑面积,由于在本文暂时无法获取项目投资金额的相关信息,故而参考建筑面积的划分方式,结合样本总项目分布情况。由于获奖项目总体规模偏大,几乎无规范中定义的 3 000 平方米以下的小项目,因而本文从相对性的角度将建筑面积小于 30 000 平方米的项目划分为小型项目,30 000～100 000 平方米间为中型项目,100 000 平方米以上则为大型项目。本文从投资属性的角度来划分建设项目的属性,即公共建筑是由国家或公共的资源建设的、服务于公众的建设项目,而与此相对应的利用民间或私人投资的建设项目,则被划分为非公共建筑。

图 3.2 所示为各类项目中跨区域项目所占比例分布,就样本中跨区域项目规模和项目属性上来看,建筑企业可能更多的是通过非公共项目进入跨区域市场,且其中大型项目更多。由于公共项目的所有者是由国家或公共资源投资建设而成,其业主往往是政府或公共机构,且服务于公众,因此与一般项目相比,

该类项目限制和审查更加严格。此外,相比于私人投资企业,作为业主的政府和公共机构可能更愿意与熟悉的本地企业合作,使得该区域外的建筑企业容易存在因信息不通而错过投标机会。同时,对外地建筑企业来说,公共项目相对较高的壁垒也增加了其进行投标的交易成本,因而也可能会降低其合作意愿。相比于中小型项目,大型项目通常会需要更多的参与方,且大概率技术复杂度更高,对于一些地区来说,当地企业可能无法完成相关的建设工作,因而业主可能更愿意在全国范围内进行建筑企业的招标活动,这使得有能力的建筑企业在这类项目中获得更多的跨区域发展机会。

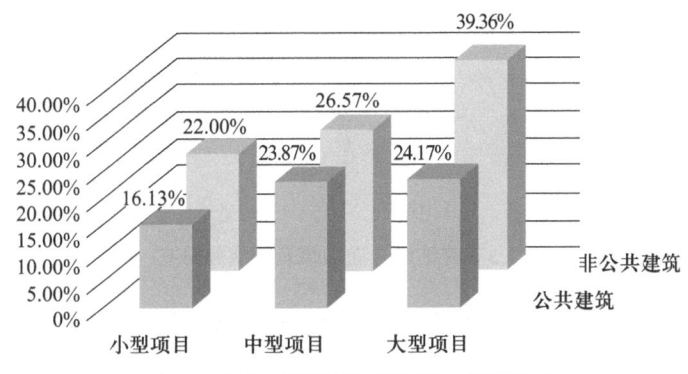

图 3.2 跨区域项目规模及项目类型分布

3.3 企业层面跨区域发展现状

根据我国工业和信息化部发布的《中小企业划分标准》,企业规模可以以员工人数为依据进行划分。该标准规定,员工人数在 600~3 000 人之间的企业为中型企业,600 人以下的企业为小型企业,3 000 人以上为大型企业。如图 3.3 所示,在进入跨区域市场的企业中,大型企业明显占比更高(75.44%)。正如基础资源理论中所述,企业持续的竞争优势是基于其自身能力和其所掌握的资源,而企业规模在某种程度上也意味着企业的财务、管理和技术水平[76]。当建筑企业进入新的建筑市场时,它们不仅需要处理来自其原始区域中的资源转移,而且由于建筑产业项目资金回转较慢,这些企业往往还面临着较长的投资回收期,因而对跨区域发展企业自身资源和能力的要求相比其他行业更高。对于小型建筑企业而言,即使有机会能进入异地市场,但一旦投资失败则更有可能面临破产风险,而大型企业抵抗风险和应对各种不确定性的能力更强,因而进入跨区域建筑市场的过程中更有优势。中小企业在进入跨区域市场中面临的挑战还需要进一步的研究,实际上,我国工业和信息化部早在 2016 年《促进中小企业发展规划（2016—2020 年）》中就提出要建立中小企业跨区域交流合作机制,鼓励各地区中小企业充分利用各自优势开展跨区域合作,缩小东中西不同地区间的发展差距。

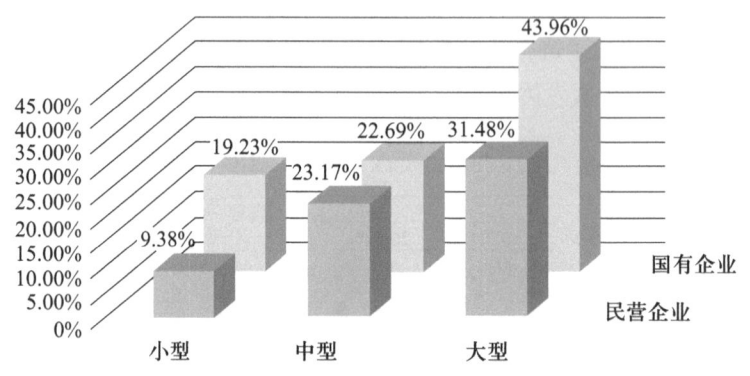

图 3.3　跨区域企业规模及所有权分布

图 3.3 所示为跨区域企业在各类型企业中所占比例分布,表明企业所有权性质对其进入跨区域市场也有较大影响,在以国际化为背景的跨国市场方面已经有较多学者对所有制的影响进行了研究。本文的结论也表明,在进入跨区域市场的建筑企业中,国有企业占比较高,而在其他行业中关于该类研究的结果显示,民营企业开展跨区域市场进入活动概率要高于国有企业（任颋等,2015）。这一差别可能源自建筑企业开展建筑活动相比于一般经济活动的特殊性。诚然,对于大多数国有企业而言,其拥有的本地资源更为丰富,可能会降低其积极开拓其他市场的意愿。但是,与持续稳定的普通商品消费市场不同,土地资源的有限性和人口承载力的空间局限性使得大多数地区建筑市场的供需极易达到饱和。而为了可持续性发展,建筑企业仍然需要在其他地区寻找新的市场和资源,以提高长期利润,帮助它们在有限的当地建筑市场中生存（Choi 等,2005；Kangari 等,1988）。对于国有企业而言,与目标市场中的相关机构建立关系相对更为容易,这可以帮助它们获取更多信息并加快进入当地市场后的适应过程。因此,虽然本地市场对国有企业更为有利,但长期发展的需要、更容易获得的招投标机会以及进入后可能更顺利地发展仍使得很多国有建筑企业迈出了跨区域的步伐。尤其本文样本中的大多数国有企业都集中在中建系统下,比一般性地方国有企业更有能力和意愿进行全国范围内的建设活动。

企业此前是否拥有跨区域经验在其跨区域市场进入决策中也有一定影响。而对于跨区域经验的定义,据 Erramilli 等(1991)的定义,企业重复进入一个区域的次数和时间以及企业进入区域的个数都可以用来衡量,但后者相对更好测度和计量。本文认为,如果某建筑企业有过两次及以上的跨区域市场进入行为则为具备跨区域市场经验的企业,反之则不具备。如图 3.4 所示,在 271 个跨区域建设项目中,有 197 个项目是由具有跨区域经验的企业承接的,占总项目数 72.32%,这表明一旦建筑企业成功进入过某一跨区域市场,则更有可能进入另一新的跨区域市场。通过企业内部组织间学习,有过成功经验的企业在发现机会、抵抗风险和获取资源的能力上都更具优势,但这一现象也会导致跨区域市场两级分化问题严重,使得新进入的中小企业更加难以获得长期发展。

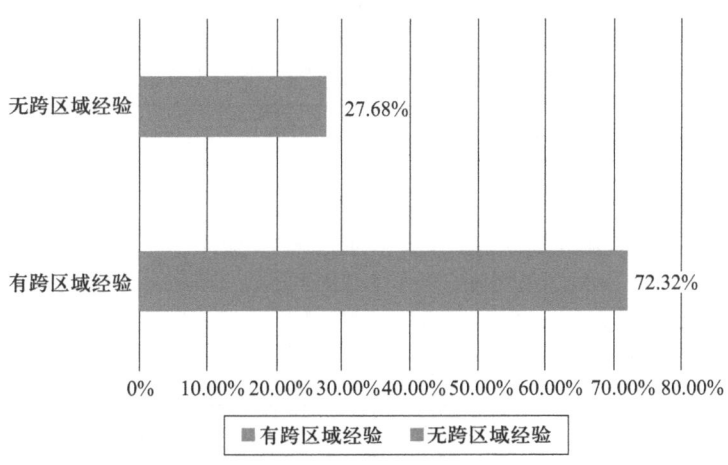

图 3.4 跨区域企业经验分布

3.4 区域层面跨区域发展现状

在全球化的背景之下,大多数与建筑企业跨区域市场进入行为相关的研究都集中在跨国市场上,其区域的划分往往以国家的行政边界为界限。本文分析基于中国大陆跨区域企业及项目分布现状,因而区域的界定主要根据行政划分将中国大陆地区划分为 31 个区域,包括 22 个省、4 个直辖市和 5 个自治区。从跨区域项目数在各区域内的分布可以看到,样本中跨区域项目主要分布于我国三大主要经济圈,即长三角经济圈、珠三角经济圈和环渤海经济圈。然而从相对比例上看,这些地区跨区域项目占比却并不高。在经济发展水平上,这三大经济圈在一定程度上代表着我国经济的最高水平,样本中分布在这些区域的建筑项目数基数也远高于其他区域。

表 3.2 中列出了样本中各区域企业数、项目数及跨区域项目数。以位于环渤海经济带的北京和长三角地区的上海为例,这两个区域的 GDP 及建筑产业规模均高于各省、自治区、直辖市平均水平,样本中当地的建设项目数远远高于其他区域,获奖建筑企业个数也领先于其他区域,但两地跨区域项目数占比均不足 20%,低于平均水平。处于开放并蓄的经济发展圈,两地制度因素的约束较为温和,国有企业占当地企业的比重也处在各区域平均水平,但观察数据可以发现,两地注册的建筑企业个数且具有较高竞争力的企业(获奖企业)均多于平均水平,即使有着相对其他省市较大的市场潜力,来自本土企业激烈的市场竞争压力使得外地建筑企业比较难进入当地建筑市场。

表 3.2 建筑企业跨区域市场进入区域分布表

区域	区域特点				样本分布			
	GDP（亿元）	建筑业产值（亿元）	建筑企业单位数	国有企业占比	获奖建筑企业	项目数	跨区域项目数	跨区域项目占比
江苏	77 801.87	26 178.09	8 773.00	2.21%	40	90	30	31.87%
广东	81 182.23	9 963.35	4 550.00	5.74%	34	76	30	38.96%
北京	25 561.36	9 004.88	2 816.67	4.05%	44	114	18	15.65%
上海	27 811.99	6 041.69	2 665.00	2.81%	24	80	16	19.75%
山东	67 901.67	10 315.63	6 225.00	4.97%	30	75	14	18.42%
天津	17 672.99	4 547.69	1 538.00	4.64%	13	57	14	24.14%
辽宁	24 952.64	4 342.93	5 329.00	3.52%	13	31	14	43.75%
陕西	19 773.42	5 436.44	2 126.67	6.33%	16	46	13	25.53%
安徽	24 643.97	6 190.97	2 934.33	3.67%	5	17	12	70.59%
海南	4 072.83	303.05	151.67	10.33%	3	12	10	83.33%
新疆	9 964.86	2 310.89	1 138.33	6.30%	8	17	8	44.44%
甘肃	7 222.56	1 873.89	1 316.67	6.13%	5	16	8	50.00%

续　表

区域	区域特点				样本分布			
	GDP（亿元）	建筑业产值（亿元）	建筑企业单位数	国有企业占比	获奖建筑企业	项目数	跨区域项目数	跨区域项目占比
四川	33 322.62	10 042.75	3 919.67	4.59%	5	14	8	61.54%
河南	40 820.70	8 980.74	5 191.33	2.61%	10	30	7	22.58%
贵州	11 940.04	2 414.55	887.33	10.71%	5	12	7	63.64%
河北	32 613.52	5 475.41	2 454.67	4.67%	10	24	6	25.00%
重庆	17 652.71	6 966.14	2 592.00	3.52%	8	22	6	27.27%
福建	29 029.56	8 710.30	3 679.67	2.01%	14	21	6	28.57%
内蒙古	17 354.26	1 155.49	865.67	2.19%	5	19	6	31.58%
黑龙江	15 556.55	1 652.36	1 593.67	7.97%	5	18	6	33.33%
青海	2 544.11	409.02	367.00	10.90%	1	7	6	—
浙江	47 302.04	25 401.93	6 179.33	1.30%	36	75	5	6.58%
湖北	32 912.84	11 948.66	3 426.00	6.29%	17	30	5	16.13%
江西	18 680.43	5 316.11	1 994.67	5.08%	8	18	5	27.78%
吉林	14 709.62	2 239.41	2 261.33	2.95%	1	8	4	—
西藏	1 162.81	122.04	190.33	8.23%	15	2	2	—
湖南	31 681.38	7 452.68	2 123.00	8.48%	1	37	1	2.63%
云南	14 979.64	3 954.17	2 539.00	3.60%	9	19	1	5.26%
山西	13 596.80	3 272.10	2 451.67	5.76%	9	17	1	5.88%
宁夏	3 178.10	528.33	571.67	9.91%	1	2	1	—
广西	18 505.67	3 537.56	1 148.33	8.88%	9	14	1	7.14%
全国	786 105.80	196 089.26	84 000.67	4.23%	404	1 020	271	26.57%

注：①区域特征值为2015—2017年的平均值；②项目数10以下的区域未计算跨区域占比。

地理距离指的是实际的物理距离,跨区域发生事件较多的几个区域为环渤海、长三角、珠三角等经济较为发达的地区。通常,当承包商进入距离自身所在区域相对遥远的地区时,由于信息的传输延时和所在地对跨区域下属部门控制力的减弱,其运输和沟通等带来的交易成本可能会比较高,使得企业在进入这些地区之前要考虑更多的影响因素。本文选取跨区域项目数最多的区域江苏和广东分析进入该区域的建筑企业在全国各区域上的分布特点。进入广东省的建筑企业分布呈现了一定的距离倾向性,而进入江苏省的建筑企业则仍主要来自北京、上海以及中部经济发展水平较高的区域,没有呈现很明显的距离倾向性。对于地理距离是否会影响到企业的跨区域市场进入行为,学者们的研究结论也并不统一。虽然有部分学者认为目标市场地理距离越远,企业跨区域开展商业活动的意愿越低,投资金额也越小(贾镜渝等,2015;黄福广等,2014)。但也有学者认为随着现代科技通信技术的发展,距离因素所产生的沟通及控制成本都在逐渐下降,地理距离对现代企业跨区域市场进入行为的影响是有限的(任兵等,2012,Musso和Francioni(2012)在其对影响中小企业跨国市场选择的因素研究中,也未能确认地理距离对企业跨区域市场进入行为的影响。

  本章基于我国建筑产业近年来的实践和发展,通过对国家优质工程奖中涉及的1 020个项目和404个建筑企业跨区域市场进入行为的描述性分析,从项目、企业和区域三个层面客观呈现了中国建筑企业跨区域市场进入行为现状,并基于项目、企业和区域在其分布上的特点初步分析了可能影响建筑企业跨区域市场进入行为的因素,在接下来的两个章节中,本文将通过层次回归分析和逻基斯蒂回归分析从区域和企业两个角度进一步分析其影响因素。

第 4 章 市场进入行为的空间特征：基于区域层面的分析

4.1 概念模型与研究假设

如第 2 章所述,对于区域层面的差异所引起的建筑企业跨区域进入行为差异,已有较多研究从跨国市场的层面探讨建筑企业跨国市场进入行为的影响因素,这些研究通常关注东道国作为一个整体市场其所处的文化、经济和政治环境与企业所在国的差异性所产生的影响。近年来有学者开始不再把东道国作为一个整体而是分析内部不同区域间差异对跨国企业在进入决策时的影响。Beugelsdijk 和 Mudambi 的研究表明,企业在进入跨国市场时会考虑东道国不同区域差异性从而选择采用不同方式布局企业组织单元如总部和分部等。Santangelo 和 Stucchi(2018)认为在企业首次进入一个新的跨国市场时,东道国地理分布的差异性会影响其决策过程。但目前尚少有研究探讨一国之内各区域间的差异性是否会影响建筑企业跨区域市场进入行为,进而解释该行为为何会在不同区域中呈现差异性空间分布。基于此,本章主要从空间层面分析为何在不同区域中会呈现出不同的跨区域项目及企业分布。如图 4.1 所示,本文从区域市场特点和该区域内建筑行业特点两个角度建立假设。

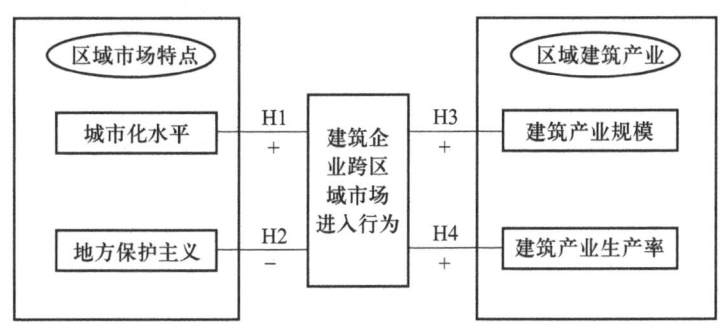

图 4.1 建筑企业跨区域市场进入行为空间特征分析模型

在我国经济发展过程中,建筑业是带动国民经济发展的基础性、先导型行业,自改革开放初期以来,政府曾多次采用加大基础设施建设投入作为扩大内需的手段，使得建筑产业成为推动人均 GDP 增长的重要动力，也是增加社会财富的重要源泉之一（姜彩楼，2007）。此外，建筑业的发展与国家城市化进程有着密切联系。随着城市化的发展，城市人口增加所带来的对消费与市场的需求扩张会导致社会对建筑产品的需求在短时间内也迅速增加（金荣学等，2010）。因而在特定区域，城市化水平会影响住房消费需求（戴永安等，2007）。在现有对东道国影响因素的研究中，人均 GDP 通常被用作衡量市场潜力的指标，而城市化水平往往与特定区域的经济发展成正相关（Solarin，2017），因此，相比于单纯的经济指标 GDP，本文采用城市化发展水平作为区域层面的经济指标，并提出假设 1：进入地城市化水平越高的地区，建筑企业跨区域进入行为越多。

在中国国情之下，进入地市场壁垒主要来自地方保护主义。虽然中共中央早在十八届三中全会就明确指出，经济体制改革的核心问题在于如何让政府在以市场配置资源为主的经济环境下发挥积极的作用，以确保市场稳定运行。但就目前看来，各地政府在对当地经济进行干预和调节的过程中，大多存在着地方保护主义行为（白重恩等，2004）。地方保护主义是指当地政府以违背中央政策的方式消极行使手中权力对其所辖区域内各经济主体利益的各种保护行为，包括但不限于规定本地企业或个人只能接受本地服务，直接或间接提高外地商品或服务进入本地市场的壁垒，或强制性要求其在本地成立子公司以提高当地税收等方式（张军等，2004）。

地方保护主义行为虽在短期能为当地经济带来一定的保护，但长远看来，严重阻碍了各行政区之间的经济融合。范剑勇和林云（2011）在其对产品同质性和投资地方保护对国内产品市场边界效应的贡献时发现，地方保护主义对成为边界效应的影响远高于产品同质性，是贸易壁垒产生的主要原因。从整个国内市场来看，地方保护主义不仅增加了各区域间的边界效应，还阻碍了中国国内市场的整合过程。Alwyn Young 等（2000）的研究表明，改革开放后地方保护主义的存在增加了区域间的自由贸易壁垒，使得国内市场趋于分散化，各地市场在经济运行中的比较优势难以发挥。总的来看，地方保护主义限制了各区域间资源和商品的自由流动。基于此，对其是否也会影响建筑产业中企业的跨区域发展，本文提出假设 2：地方保护主义水平越高的地区，建筑企业跨区域进入行为越少。

以上两个假设均从区域自身层面出发考虑其对建筑区域跨区域市场进入的影响。可能适用于各类行业，而对于区域内建筑产业的特点，其指标选取要考虑如下三个因素：一是能够反映不同区域建筑产业的基本特点，二是避免数据之间的强线性相关性,三是数据要具有可比性和可获得性。在产业所表现出的诸多特点中,区域内产业规模是比较不同地区建筑产业发展状态最基本的特性之一,可用生产总值表示,通常用来衡量一类产业的产出或经营规模,在一定程度上反映了市场整体容量。合适的产业规模是国家和政府在制定产业政策时,需要考虑的一个重要方面。因而本文将各区域内建筑产业规模作为影响建筑企业跨区域市场进入行为的指标之一。生产率是衡量产业效率,产业发展及其竞争力的基本指标,生产率的提升表示该产业对于稀缺的劳动和物质资源的利用更有效率(Chancellor 等,2016)。Xue 等(2016)在其对产业竞争力的研究中指出,虽然生产效率并不是唯一衡量产业特性的指标,但它提供了一种度量产业繁荣与否及其竞争力的角度。基于资源基础理论,当建筑企业进入新的区域市场时,资源的可得性及其能否被高效率地利用,在一定程度上决定了该企业是否能在新的区域立足并长期生存下去。基于此,本文选用建筑产业规模和建筑产业效率作为反映不同区域内建筑产业特点的指标,并提出假设 3:建筑产业规模越大的地区,建筑企业跨区域进入行为越多;假设 4:建筑产业效率越高的地区,建筑企业跨区域进入行为越多。

4.2 研究设计与变量测量

4.2.1 研究设计

为对 4.1 节所提出的建筑企业跨区域市场进入行为空间比较的概念模型及相关假设进行验证,本章通过 SPSS 软件采用回归模型进行分析。在统计建模中,回归分析通常用于估计因变量(通常称为"结果变量")与一个或多个自变量(通常称为"预测变量""协变量"或"特征")之间的关系。它要求因变量是随机变量,自变量是数值变量,并在一定的共变关系基础上,讨论自变量对因变量的解释和预测能力。在回归分析的所有模型中最常见的是线性回归模型,原因是线性回归往往能比较直观解释和反映问题,且很多研究问题仅在假设回归模型是线性的情况下才能得到比较深入和普遍的结论,因而在各领域中应用都很广泛。即使对非线性回归问题,目前也已经有很多方法将其转化为线性问题进而进行分析。根据模型中自变量的数量,线性回归模型又可以分为一元线性和多元线性回归模型两大类,具体模型的选择往往需要根据研究内容的特点和分析的需要,例如在数据内容上可以根据其测量水平、分布、数据关联性等特点对回归分析方法进行选择。

根据自变量的分布特点,本文选用层次回归模型进行分析。层次回归模型目的在于将所分的不同层级的变量进行单独回归分析,找出其贡献的差异性,因而适用于所有的回归方法。该模型的将不同变量根据分析需要或变量的分布特点分为不同层级,并按所分层级依次放入回归模型中,以确定不同类别变量对模型各自的贡献率。如果在排除了其他变量贡献的情况下,该变量仍然具有较大贡献,则可以做出该变量确实具有其他变量所不能替代的独特作用的结论。在回归过程中,衡量某一层级内变量是否进入方程的标准不是其对因变量的贡献,而是根据分析需要所设定的逻辑顺序。该方法主要用于自变量之间具有高度相关性、且需要分析某类变量贡献率的情况。

层次回归模型对因变量做出预测时,如果按一般的逐步回归方法进入模型的判定条件,由于某些变量自身之间可能存在一定的相关性,因而当某一变量进入模型时,与之相关的变量可能会因为解释性不够而被剔除,因为这类方法往往只关注预测量大小,因而变量是否被保留下来的标准是自变量与因变量共变的最大化,因而往往并不会考虑回归变量之间的关系。而在层次回归中的层次是指自变量之间的关系或等级,因而在回归过程中自变量对因变量贡献量的大小并不是对其进入方程的衡量标准,是否进入主要根据研究问题中自变量对因变量起作用的逻辑顺序。基于不同的回归模型的应用范围以及本研究中自变量和音变量的特点,本文将影响建筑企业跨区域市场进入行为的因素分为区域市场和区域建筑产业两个层面,在回归过程中采用多元线性回归模型中的层次回归进行分析。

4.2.2 变量测量

在现有研究建筑产业的文献中,建筑产业规模测度指标主要有建筑业总产值、建筑业增加值、房屋竣工面积等。其中,建筑业总产值是研究我国统筹安排国民经济发展的重要资料,在产业特征的分析中最为常见(任阳军等,2016),因而本文选取建筑业总产值作为建筑产业产出的衡量指标。建筑产业效率可以分别从劳动、资本和技术三个方面进行衡量,且广泛应用于官方统计机构(Chancellor等,2016)。考虑数据的可获取性,本文亦通过这三个方面来综合反映建筑产业生产效率。其中,劳动生产效率主要衡量劳动力在区域产业中是否得到有效利用。在我国当前的建筑产业发展阶段下,建筑业从业人员仍是决定我国建筑行业发展的重要因素,产业中许多关键性问题如建筑质量,技术突破和市场拓展等都有赖于行业中的各类人才作为支撑。因此,本文选取建筑业从业人员作为各省市的劳动投入。相较于劳动力指标,资本指标比较难衡量。有关研究表明,建筑业总资产既能表明本年度获取的物质财富也能代表下一年度用以经营的物质基础(任阳军等,2016),本文选取建筑业总资产作为各省市建筑业的资本投入。对于技术生产效率,本文参考国家统计局对行业技术投入的统计口径,选取年末施工机械设备总功率来代表各省市的技术装备投入。本文选用建筑业增加值作为三类生产资料的输出。表4.1列出了每个变量的详细定义和测量方式。

表4.1 自变量定义及测度方式

变量	定义	变量测度
城市化水平	衡量一个特定区域内城市化发展程度的数量指标	一定地域内城市人口占总人口百分比
地方保护主义	指当地政府以违背中央政策的方式消极行使手中权力对其所辖区域内各经济主体利益的各种保护行为,包括但不限于规定本地企业或单位只能接受本地服务,限制外地商品或服务进入本地市场等	通过地方保护指数(LP)度量
建筑产业规模	指一个行业的产出规模或经营规模,可以用总产值或产出表示	可直接从中国国家统计局统计年鉴中获得
劳动生产效率	劳动在区域产业中是否得到有效利用的指标	$\dfrac{建筑业从业人数}{建筑业增加值}$
资本生产效率	资本在区域产业中是否得到有效利用的指标	$\dfrac{建筑业总资产}{建筑业增加值}$
技术生产效率	技术在区域产业中是否得到有效利用的指标	$\dfrac{年末施工机械设备总功率}{建筑业增加值}$

就区域市场特点相关的变量测度城市化水平,我国官方统计机构一般采用人口统计学指标,即城镇人口占总人口的比重,本文也采用这一度量方式。而对于地方保护主义程度的测度,现有研究中还没有直接度量方式,只能通过间接指标进行估计(孙早等,2016)。本文参考保建云(2008)在其对地方保护主义与市场一体化发展的研究中所使用的度量方法,用地方保护指数(LP)来衡量地方保护主义的程度,即 $LP_{at}=1/X_{at}Y_{at}$:

$$X_{at}=\left|\frac{GDP_{2t}}{GDP_t}-\frac{GDP_{2at}}{GDP_{at}}\right|, Y_{at}=\left|\frac{GDP_{2at}}{GDP_{at}}\Big/\frac{GDP_{2t}}{GDP_t}\right| \tag{4.1}$$

在此函数中,下标 2 表示第二产业,t 和 a 分别表示特定时间和区域。其中,X_{at} 是 Krugman 产业结构趋同指数,用于衡量区域间行业结构差异程度,该值越大,表明当地行业与其他地区的差异化程度也越大,外地企业进入本地市场的门槛原本就较高,因而地方政府实施地方保护的积极性越低。Y_{at} 是 Hoover 地方化系数,常用来描述地区产业集中度,该值越高,表明行业在地理区位上越集聚,也即行业地区专业化水平越高,地方政府在实施保护的必要性和积极性也越低。因此,在此式中 LP 越大表示地方保护程度越大。

4.3 数据分析与假设检验

为了减少回归结果因某一年的偶然因素而造成过大的偏差,本文选择上述变量测度结果 2015 至 2017 年的平均值。此外,由于本文中变量的数量级存在不一致,为消除数量级相差较大引起的误差,降低异方差,本文进一步对各测量结果进行对数处理后再进行回归。线性回归模型使用的基本估计方法是普通最小二乘法(Ordinary least squares,OLS),它对回归模型有一些基本假设条件,比如无自相关假定、同方差假定等。因此,在进行回归分析前我们先进行自变量相关性分析。如表 4.2 所示,在自变量相关分析结果中,除了城市化程度和产业规模外,各个变量之间几乎没有高度相关性。本文进一步计算了回归的方差膨胀因

表 4.2 自变量描述性分析表

变量	均值	标准差	相关系数矩阵					
			UL	LP	IS	LAP	CAP	TEP
城市化水平	1.752	0.094	—	−0.240	0.503**	0.226	−0.253	0.262
地方保护主义	1.420	0.391	−0.240	—	−0.047	−0.231	−0.352	−0.232
建筑产业规模	3.572	0.537	0.503**	−0.047	—	0.215	0.216	0.024
劳动生产效率	4.780	0.096	0.226	−0.231	0.215	—	0.283	0.338
资本生产效率	2.816	0.159	−0.253	−0.352	0.216	0.283	—	0.155
技术生产效率	3.714	0.219	0.262	−0.232	0.024	0.338	0.155	—

注:** 表明在 0.01 的水平上显著相关(双边);* 表明在 0.5 的水平上显著相关(双边)。
UL= 城市化水平;LP= 地方保护主义;IS= 建筑产业规模;LAP= 劳动生产效率;CAP= 资本生产效率;TEP= 技术生产效率。

子(Variance Inflation Factor, VIF)来检测城市化程度和产业规模间的相关性是否对整体回归结果会产生影响。方差膨胀因子是容忍度的倒数,常用于度量变量间的共线性问题是否严重。通常,当 0<VIF<10 时,自变量间不存在多重共线性问题(Hair 等,2010)。在本文中,方差膨胀因子在 1.061 到 2.472 之间,远低于 10 的阈值,这表明多重共线性问题不会对回归结果产生实质性影响。考虑这两个指标反映了特定区域的不同层面特征,尽管有一定重合性,本文仍然保留它们。

通过分别控制区域自身层面影响因素和产业层面影响因素,将影响建筑企业跨区域市场进入行为的变量分别输入到回归模型中,首先从两个区域特征变量开始,包括城市化水平和地方保护主义(模型 1),然后是建筑业规模变量(模型 2),最后是三个生产效率变量(模型 3)。通过控制其他因素的影响,这种层次回归过程可以更加清晰地观察到每个层次变量的增量影响。

表 4.3 中列出了使用普通最小二乘方法估算的层次回归结果。如表 4.3 所示,区域特征因素(城市化水平和地方保护主义)解释了因变量跨区域项目比例差异中的 14.0% 的方差。就区域特征因素的单独影响而言,城市化水平在本文

表 4.3 层次回归模型分析结果

自变量	模型 1		模型 2		模型 3	
	相关系数	标准差	相关系数	标准差	相关系数	标准差
常量	3.892[a]	1.619	3.216	1.527	1.967	4.166
城市化水平	−1.088	0.868	−0.034	0.932	−1.084	1.172
地方保护主义	−0.413[b]	0.209	−0.373[b]	0.194	−0.536[a]	0.217
建筑产业规模	—	—	−0.377[a]	0.159	−0.269	0.181
劳动生产效率	—	—	—	—	1.482[b]	0.826
资本生产效率	—	—	—	—	−1.084[a]	0.625
技术生产效率	—	—	—	—	−0.262	0.363
R^2	0.140		0.289		0.423	
F-value	2.284		3.654[a]		2.938[a]	
R^2	—		0.149		0.135	
F-value(change)	—		5.638[a]		1.868	

注:非标准化的回归系数。
[a] $p<0.05$
[b] $p<0.1$

的研究结果中与跨区域市场进入行为并无明显相关关系（$p>0.1$），拒绝假设 1，即城市化水平越高，并不会明显促进跨区域市场进入行为。此外，在各模型回归结果中，地方保护主义程度与跨区域市场进入行为之间均存在明显的负相关关系（$\beta=-0.536, p<0.05$），假设 2 成立，即地方保护主义水平越高的地区，建筑企业跨区域进入行为越少。

增加了建筑产业规模这一变量之后，回归模型解释的跨区域市场进入行为这一因变量的方差从 0.140 显著增加到 0.289（$F=3.654, p<0.05$），建筑产业规模虽与因变量具有显著的相关关系（$\beta=-0.377, p<0.1$），但其对因变量的影响却是负面的，即随着建筑产业规模的增大，跨区域市场进入行为反而会减少，因此拒绝假设 3。在模型中继续加入建筑产业生产效率因子时（模型 3），可以看到模型对因变量的解释又得到了更大幅度的提高（$R^2=0.423, p<0.05$），表明产业生产率对建筑企业是否进入该区域确存在一定影响。从单个生产效率因子来看，不同维度的生产率对其影响存在不一致的情况，我们发现劳动力和资本生产率与企业跨区域市场进入行为分别具有显著的正相关和负相关性，而技术生产率则没有明显的影响，因此部分接受假设 4，即建筑产业生产率确实会对跨区域市场进入行为存在影响，但具体影响程度及方向需进一步根据其反映的要素层面进行区分。后文中对研究结果进行进一步的讨论。

从区域环境的角度来看，前文描述性分析结果表明城市化水平较高的地区跨区域项目的绝对数量更大，不可否认经济发展是产业发展的重要基础，并且可能会极大地影响潜在的区域市场潜力，进而吸引建筑企业进入该区域。但是，部分区域如北京，跨区域项目数的增多是源于基础项目数就较多，而跨区域项目占区域内总项目数的比例并不高。回归模型的结果也拒绝了原有假设，说明城市化水平虽然能为建筑区域跨区域进入行为提供一个较好的经济市场环境，但对其行为并没有直接的影响。

回归结果接受了假设 2，即地方保护主义程度确实在一定程度上阻碍了建筑企业跨区域市场进入行为，这与其他行业中对地方保护主义的研究结果一致，说明打破地方保护主义有着重要的意义。地方保护主义的存在很大部分原因是在行政分权和税收改革之后，地方财政收入来源减少，但同时地方政府获得了更多在所辖区域内经济决策上的自由。财政收入来源减少会增加当地政府长期财政收支不平衡的风险，使其有强烈的愿望通过地方保护主义手段巩固税基以保证财政收入，而经济决策自由则给予了其实现的可能性。因而，为减少地方保护主义造成的区域间市场壁垒，应在源头上寻求解决方案，保护地方财政收入来源，以消除其实施地方保护主义的动机。

建筑产业层面的回归结果表明建筑市场规模对跨地区市场进入行为不产生正向影响，初看似乎违背了更大的规模往往意味着更大的市场和更多的机会从而能够促进企业进入该区域的逻辑。但该回归结果可能源于建筑行业与其他行业相比的特殊性。由于建筑产业是以单个项目为基础，其产业规模的增大并不总意味着市场机会的增多。因为尽管一些大型建设项目会有较大的规模和较高的产值，但其所涉及的建筑总承包商并不会随着规模的增大而有显著性的增长，甚至有些可能还是唯一的大型总承包商。在这种情况下，较大的产业规模不仅不能提供更多的机会，反而会让投标竞争更加激烈，在一定程度上使得中小企业更加难以进入。该类因素的存在，使得建筑产业规模对市场进入行为并不呈现出普遍存在于其他行业的显著正相关性。

对建筑产业生产效率的回归结果表明，虽然具体到不同要素的生产效率，对建筑企业跨区域市场进入行为的影响会有一定差异，但总体上生产效率的提高是会促进该行为的发生的。产业生产效率在一定程度上反映了地区各种资源的利用效率，根据资源基础理论，当建筑企业进入新的区域市场时，资源的可得性以及其能否被高效率地利用，在一定程度上决定了该企业是否能在新的区域立足并长期生存下去。在本文的不同生产要素分析中，劳动力是建筑企业在进行生产活动中必不可少的资源，且往往只能依赖当地劳动力市场，其可获取性对建筑企业进入该地市场有较为显著的影响。相比于劳动力，资本和技术其实更多与建筑企业自身能力相关，可跟随企业的跨区域行为而进入该地市场，相对来说对当地资源的依赖性较弱，因而并不能完全反映当地区域建设行业特点对企业跨区域市场进入行为的关系。

第 5 章　市场进入行为的影响因素：
基于企业层面的分析

5.1　研究概述

本章主要从企业出发,分析建筑企业是否进入跨区域市场的影响因素。企业的各种经营活动都是在市场中展开的,因而会受到来自市场环境中各个方面因素的影响。对于企业是否进入跨区域市场的行为,也要从环境的研究与分析开始。企业所处的环境可以分为内部和外部两大类,是与企业生产经营有关的所有因素的总和(Silverblatt 等,1987)。企业外部环境是指影响其生存和发展的各种外部因素,例如国家政策法规、所处地理条件等;企业内部环境是企业内部物质和文化因素的总和,是支撑起平稳运行且长远发展的基础(Duncan,1972)。企业在对其生产经营活动进行决策时,往往需要在自身发展目标与内外部环境间进行评估,从而做出兼顾当下生存和未来长远发展的选择,由于企业所处内外部环境的不确定性,企业所做的决策也是随之动态变化的,最终使得企业与环境达到一个动态平衡的状态。

关于企业内外部环境对企业在跨区域市场进入决策中的作用,组织经济学理论认为,企业的市场战略受其所在行业特征如市场潜力和竞争强度的影响(Porter,1991)。Ahmad 指出,除了企业自身的发展目标之外,在决定是否进入新的区域市场时,其所受的资源约束和外在市场条件也是非常重要的因素(Ahmad 等,1990)。此外,在 Han 建立的跨国市场"进入/不进入"决策模型中,第一步也是根据东道国的政治和经济状况等因素选择国家,然后再进行更细节的决策(Han 等,2001)。相比于组织经济学理论,资源基础理论更强调企业自身的能力和可获取的资源(Teo 等,2007;Tallman,1992)。与一般中小企业相比,"建筑业中小型企业没有任何竞争优势……这些企业规模较小,所拥有的资源例如管理专业知识和重大项目的跟踪记录等也都有限"(Ofori 等,2005),因而在跨国市场上会遇到更多的困难和挑战。此前已经有较多学者通过定性研究的方法(例如案例研究、访谈和问卷调查)得出区域和企业相关的因素对建筑企业跨区域进入行为存在一定影响。结合相关研究中提到的影响因素和中国建筑市场特点,本文通过行业层面的客观数据,从企业内在条件和企业外部环境两个方面建立假设,以进一步验证影响建筑企业跨区域进入行为的因素。诚然,可能还有更多层面的因素会影响建筑企业跨区域市场进入行为,但由于部分因素的可测量性和数据来源均不可得,可在后期进一步的研究中再加以考虑。

5.2 研究假设

5.2.1 建筑企业内在条件

正如资源基础理论所指出的,企业在进入跨区域市场时,其自身所具备的能力和能够获取的资源对其在新市场中的生存和竞争至关重要,而企业规模是能够反映这一点的关键因素。在初次进入新市场时,企业宣传、投标、合同履行等经济活动都需要母公司的大力支持。在这种情况下,中小型企业一方面可能没有足够能力支持新市场一系列活动的开展,另一方面,母公司可能会发现很难远程管控在进行中的各种活动。已有研究表明,与大型企业相比,尽管受到政府的大力鼓励和支持,但我国很多中小建筑企业还没有足够的能力和资源进入跨区域市场(Teo 等,2007)。

此外,与制造业或服务业不同,建筑行业存在以项目为基础的单次单件性、资金回转周期的长期性,以及劳动密集型等特点,其产品在建造过程中往往需要耗用大量的物资设备。建筑企业通常只有在产品建成并经验收合格交付使用后才开始回款,过程付款比例低,结算付款周期长,资产流动性差。此外,在当前的市场环境下建筑企业承接项目需经过招投标确定,随着市场竞争加剧,建筑企业经常需要在工程开始之前和开始时用自己的钱支付预付款进行垫资施工,且工程款拖欠难收,在此期间,往往要求建筑企业自身具有大量的流动资金来维持营业。因而建筑业企业对资金的需求往往更大。在进入新的区域市场时,由于企业的资金循环尚未建立,往往更需要企业自身具有较多的资源储备,规模较大的企业在进入新市场时可能会更具优势,因此本文提出假设5:规模较大的建筑企业进入跨区域建筑市场的可能性更大。

在第三章的现状分析中,我们发现企业所有权性质对其进入跨区域市场也有较大影响,在进入跨区域市场的建筑企业中,国有建筑企业所占比例较高。建筑企业要保持持续的增长和盈利,能持续获得新的建设项目是关键,但国内各区域资源的供应并不平衡,建筑企业在发展到一定规模后必然会面临跨区域经营战略的选择。对建筑企业来说,若能够进入其他的区域市场,则可以突破其在本地市场的规模限制，获得更大的发展空间。现有研究也表明，采用"跨区域扩张战略"的企业，其成长速度往往要高于采用"专注于本地战略"的企业（Gunhan 等，2015）。

对于大多数国有企业而言，其拥有的本地资源更为丰富，可能会降低其积极开拓其他市场的意愿。但是，与持续稳定的普通商品消费市场不同，土地资源的有限性和人口承载力的空间局限性使得大多数地区建筑市场的供需极易达到饱和。而为了可持续性发展，建筑企业仍然需要在其他地区寻找新的市场和资源，以提高长期利润，帮助它们在有限的当地建筑市场中生存（Choi 等，2004；Kangari 等，1989）。对国有企业而言，与目标市场中的相关机构建立关系相对更为容易，这可以帮助它们获取更多信息并加快进入当地市场后的适应过程。因此，虽然本地市场对国有企业更为有利，但长期发展的需要、更容易获得的招投标机会，以及进入后可能更顺利地发展仍使得很多国有建筑企业迈出了跨区域的步伐。故而本文提出假设6：国有建筑企业开展跨区域市场进入行为发生的概率高于民营建筑企业。

5.2.2 建筑企业外部环境

以科斯为代表的交易成本理论组织学家认为，企业在对外直接投资过程中需要进行投资决策，这种投资决策包括投资区域的选择以及进入模式的选择，而企业进行选择的标准是能否促使企业的进入成本最小化和经济效益最大化（Brouthers，2000）。因而，企业所在外部市场和行业环境对其是否选择进入跨区域市场也有一定影响。如图5.1所示，在企业组织管理领域对企业战略管理的研究中，企业外部环境主要包括市场需求因素、竞争因素、资源因素和政策环境因素等方面。市场需求为企业提供了盈利和可持续生存的空间，竞争环境包括竞争对手数目和能力、竞争激烈程度等。资源是指企业从事生产经营活动应投入的所有资源，包括劳动力、资本、生产资料等。资源因素包括各种资源的开

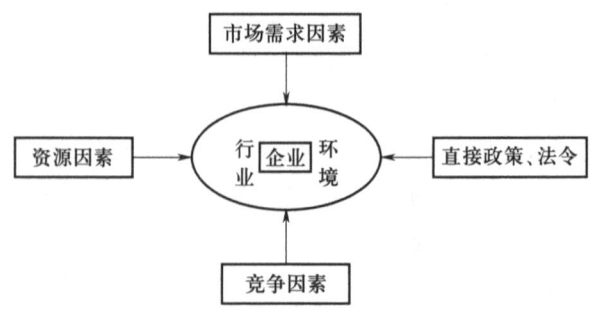

图5.1　企业外部环境因素

发、供应以及未来发展变化情况等。另外,企业所处政治环境例如制度、法律法规等也对企业有直接约束和影响。

对于市场需求因素,在第 4 章的分析中,我们发现由于建筑产业是以单个项目为基础,建筑产业规模的大小并不会直接反映市场机会的增多。因为尽管一些大型建设项目会产生较高的产值,但其所涉及的建筑总承包商并不会随着规模的增大而有显著性的增长,甚至有些可能还是唯一的大型总承包商,在这种情况下,较大的建筑产业规模其实比较难以代表当地建筑市场需求和其对建筑企业的吸引力,因而本文暂不考虑该因素。而对于资源的可获取型,从第 4 章的分析结果中可以发现,建筑企业对不同资源的依赖程度有所不同,而对于本地长久发展的建筑企业来说,资源的可获取渠道相对固定,且相比于环境因素,其受企业自身的能力和可获取资源的渠道影响更大,所以在建筑企业外部环境的假设中,也不包含资源因素。

地方保护主义是指当地政府以违背中央政策的方式消极行使手中权力对其所辖区域内各经济主体利益的各种保护行为,包括但不限于规定本地企业或个人只能接受本地服务,直接或间接提高外地商品或服务进入本地市场的壁垒,或强制性要求其在本地成立子公司以提高当地税收等方式(张军等,2007),属于企业外部政治环境。根据第 4 章中对建筑企业所进入的跨区域市场区域特征分析,我们发现地方保护主义确实会对外部企业进入本地市场产生负向作用。而对于本地企业,若本地建筑市场因受到保护而相对排斥外地企业,本地建筑企业在资源获取和市场占有上均具有较高的优势,因而进入异地市场的动机和可能性会相应降低。但这是在本地资源和市场均比较丰富的情况下,若本地建筑市场自身并没有较大的市场潜力,且当地劳动力等资源对建筑企业来说也比较昂贵或缺乏,即使存在着市场保护,企业仍会寻求新的发展机遇。本文先做出假设 7:地方主义保护程度越高的地区,建筑企业跨区域市场进入行为发生的概率越低。

市场竞争的研究也隶属于产业组织理论领域,即在市场经济为主导的环境下,各企业组织都在为对自身生存发展更有利的条件而进行竞争。市场竞争机制对企业来说是非常重要的外部机制,激烈的市场竞争在一方面会迫使建筑企业自觉改善自身的经营管理,提高管理效益。而另一方面,在有限的市场需求中,也会有更多的企业选择离开当地市场而进入新的异地市场寻找发展机会。通常意义上的竞争是指行业内现有企业之间的竞争,竞争强度取决于多方面的因素,例如竞争者的数目和能力、所处行业环境给予的生存空间、产品利润率的高低、行业进入或退出障碍的大小等。当行业内竞争者多、产品同质性高、生存空闲小、行业进入障碍低而退出障碍高时,竞争就会比较激烈(唐云清等,2007)。而当某地区建筑市场竞争很激烈时,做出进入跨区域建筑市场的企业可能更多,因而本文做出假设 8:建筑市场竞争程度越高的地区,建筑企业跨区域市场进入行为发生的概率越低。

5.3 研究设计与变量测量

5.3.1 研究设计

本章采用二元 logistic 回归模型,对 5.2 节所提出的对建筑企业跨区域建筑市场进入行为影响因素的相关假设进行验证。logistic 回归是研究中常用的统计方法之一,相比于其他回归模型,它不需要严格的假设条件,因而也不会受统计假设约束的局限性影响,目前广泛应用于医疗保健分析、信用评级、社会统计分析和计量经济学等相关领域。在许多方面,logistic 回归和线性回归相似,但当因变量是分类变量时,logistic 回归是更合适的方法。与多元 logistic 回归相比,二元 logistic 回归的特点主要是因变量中体现事件发生与否的"二元"性,该模型可以预测一个事件或者分类,以及一个分类模型的拟合优度(约瑟夫等,2018)。使用二元 logistic 回归的假设前提是:

(1)样本数据必须是随机的;

(2)因变量必须是二分变量;

(3)自变量之间无多重共线性;

(4)自变量与因变量之间呈现非线性的关系。

可以发现,在二元 logistic 回归的假设前提中对自变量的分布没有要求,因而避开了判别分析中所面临的各种难以满足的前提假设。在模型的建立过程中,自变量代入模型后得出的是更为直观的概率值,故而在模型的分析和解读上,logistic 回归模型也更加简单和明了。

在本文的二元 logistic 回归模型中,建筑企业是否发生了跨区域市场进入行为为因变量,当发生该行为时,因变量 Y 以概率 p 取值为 1,当未发生该行为时,以概率 $(1-p)$ 取值为 0。$Y=1$ 的概率定义 $\frac{p}{1-p}(p<1)$。该概率的自然对数 $\log\frac{p}{1-p}$ 称为 Y 的对数,记为 $\text{logit}(Y)$。在逻辑回归中,因变量 Y 与自变量 $X_1, X_2, X_3, \cdots, X_k$ 之间的关系表示为:

$$\text{logit}(Y) = \beta_0 + \beta_1 X_1 + \beta_2 X_2 + \cdots + \beta_k X_k \tag{5.1}$$

其中，$\beta_0, \beta_1, \cdots, \beta_k$ 是模型中的参数，因而有

$$p = \frac{e^{\beta_0 + \beta_1 X_1 + \beta_2 X_2 + \cdots + \beta_k X_k}}{1 + e^{\beta_0 + \beta_1 X_1 + \beta_2 X_2 + \cdots + \beta_k X_k}}. \tag{5.2}$$

为了从观察到的数据中估计未知参数 $\beta_0, \beta_1, \cdots, \beta_k$，该模型使用了最大似然法，因为二分因变量使得使用普通最小二乘法（OLS）进行估计是不合适的。对于给定的预测变量 X_j，回归系数 β_j 给出因变量对数比值的变化程度，而 β_j 的指数值，即 e^j，表示与 X_j 的一个单位变化相关的比值比。负回归系数 β 表示自变量与因变量的关系是负向的，即如果自变量变大，因变量会变小，而当回归系数为正时，自变量和因变量之间的关系为正，即自变量的增加会导致因变量的增加。因为估算方法不是标准的 OLS，逻辑回归分析中有关参数的假设检验借助于 Wald 检验完成，在进行该检验方法时将原方程估计得到的参数值代入约束条件，以检查约束条件是否成立。

5.3.2　变量测量

世界各个国家和地区划分企业规模的标准虽然各不相同，但一般都是从"质"和"量"两个方面进行规定。质的方面是指企业的组织形式、市场定位以及企业在其所在行业中的地位等；量的方面是指企业员工人数、实收资本、年营业额以及总资产等方面，而具体以哪种形式为标准进行界定，中华人民共和国成立以来，我国经过了几次调整。在建国初期是以固定资产价值为标准进行划分的，后来又改为员工人数，界定大型、中型、小型企业的标准分别是 3 000 人和 500 人，即 3 000 人以上的企业为大型企业，500~3 000 人之间为中型企业，500 人以下为小型企业。到 20 世纪末，在国务院发布的《国有企业第二步利改税试行办法》中以固定资产原值为依据来划分国有企业，该标准还引入了地域范围。在京、津、沪三地，固定资产原值在 400 万元以下的国有企业为小型企业；而三市以外则将划分标准降到 300 万元（白永秀等，2001）。虽然企业划分标准在后来还进行过几次变动，但总体上仍主要是从资产总额和员工人数两个方面来度量。由于企业资产总额的数据比较难以获得，本文通过员工人数来衡量企业规模大小。

所有制是产权关系的反映，所有制体系体现的产权关系是市场经济的基础。对企业所有制类型的划分，依据其产权是否归国家所有，本文将其划分为国有企业和私营企业两大类。根据国家统计局的定义，国有企业有广义和狭义之分。广义上的国有企业包括纯国有企业、国有控股企业和国有参股企业，其中

纯国有企业是指企业资本金全部为国家所有的企业；而国家资本所占比例大于50%或由国家拥有实际控制权的企业为国有控股企业；国家资本在资本金中占一定比例，但国家不具有实际控制权的企业为国有参股企业。狭义上的国有企业是指国家股权比例超过50%的企业。现有研究中大多使用广义上的定义，将纯国有企业、国有控股企业和国有参股企业均视为国有企业，本文也使用该定义将样本中企业的所有制分为国有企业和私营企业两大类别，由于企业资本构成的实际数据无法获取，本文参考中国国家企业信用信息公开系统中的信息，将纯国有企业、国有控股企业和国有参股企业均视为国有企业。

在企业外部环境假设所涉及的两个自变量中，地方保护主义的测度仍沿用第4章的公式测度。对于市场竞争强度，根据波特的观点，如图5.2所示，企业所面临的竞争来自现有竞争者、潜在竞争者、供应方和购买方的议价能力以及潜在替代品的威胁这五个方面（迈克尔等，2005）。本文重点关注其中最为普遍和明显的基本竞争力量，即现有竞争者之间的竞争。对于该类竞争强度的度量，可以采用同一时段存在于市场中的企业数量作为指标，该指标抓住了产业外部性在空间意义上的本质来源，即企业所处空间内同一产业企业数量的多少决定了其所处的产业外部环境，如果特定区域内同一产业的企业数量越多，各种资源和市场空间则越稀缺，企业所面临的竞争强度也越大。

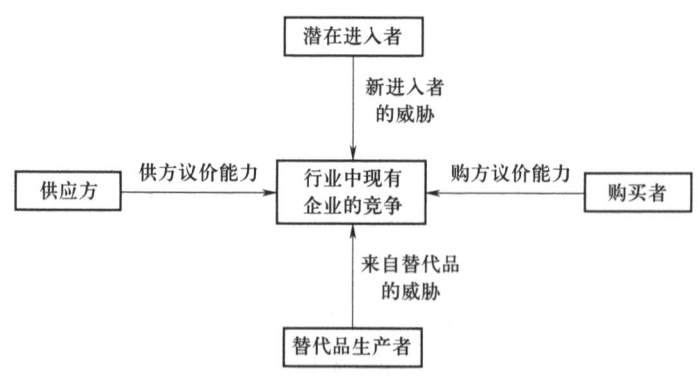

图 5.2　行业中的竞争类型

5.4　数据分析与假设检验

在模型的输出结果中，首先是不包含任何自变量而只有常数项的输出结果，此时利用企业是否发生跨区域市场进入行为中较大的频数进行分类，在404个样本中，未发生跨区域市场进入行为的企业较多，因此将所有个案都划分到未发生中，分类正确率为72.5%（293/404）。在分析模型结果之前，首先要对模型进行Hosmer-Lemeshow检验，该检验方法用于判断模型拟合优度，即拟合值和观测值的吻合程度，零假设是拟合值与观测值的差别不大。在模型设置无误且样本数较大时，Hosmer-Lemeshow统计量近似一个自由度为8的卡方统计量。H-L拟合优度检验的原理是将样本数据根据预测概率分为10组，依据观测频数和期望频数来构造卡方统计量，计算P值并对Logistic模型进行检验。检验的零假设是模型拟合值与因变量的观测值不存在显著差异。如果P值小于给定的显著性水平（0.05或0.1）则拒绝原假设，说明该模型拟合结果与原始数据差别较大，若P值大于显著性水平则接受原假设，即模型结果较好地拟合了原始数据。本文中Sig.=0.947>α=0.05，说明模型比较充分地拟合了数据。

回归模型的拟合效果可以用似然比检验统计量，用Cox和Snell拟合系数和Nagelkerke拟合系数来评估，它们都是以极大似然估计为基础，模仿普通线性回归模型中的拟合系数而构建的，因此又通常被称为伪拟合系数。其中，Nagelkerke拟合系数是对Cox and Snell拟合系数的修正。在模型的分析结果中，若这三个统计量的值越大，表明模型可解释的因变量的变动程度也越大，模型的拟合效果越好。在本文中，Nagelkerke拟合系数为0.112，对数似然值为442.517，表明该模型的拟合效果较好，能解释大部分因变量的变动情况。

表5.1列出了模型的参数估计值（B）、参数估计的标准误差（S.E）、沃尔德统计量（Wald）及其对应的自由度（df）和显著性水平（Sig.），最后一列是参数估计值的指数值[Exp(B)]。沃尔德统计量是参数估计值与其标准误差之比的平方，其作用相当于普通线性回归模型中的t统计量。如果某个自变量沃尔

表5.1 Logistic回归模型分析结果

变量	B	S.E,	Wald	df	Sig.	Exp(B)
企业规模	0.869	0.223	15.196	1	0.000	2.384
企业所有制	0.475	0.262	3.285	1	0.070	1.608
地方保护主义	−0.785	0.382	4.218	1	0.040	0.456
地方竞争程度	0.756	0.480	2.476	1	0.116	2.129

德统计量的显著性水平很小（小于0.05或0.1），那么该自变量在模型中就起到一定的解释作用，一般最终模型中自变量都会通过沃尔德统计量的检验。在表5.1中，企业内在条件的两个自变量中，企业规模的参数估计为正，显著性水平远小于0.05，接受假设1，即规模较大的建筑企业进入跨区域建筑市场的可能性更大。企业所有制结构的参数估计值为正，显著性水平为0.07，虽大于企业规模，但仍小于0.1，因而可以接受假设2，即国有建筑企业开展跨区域市场进入行为发生的概率高于民营建筑企业。在企业外部条件所涉及的两个自变量中，地方保护主义的显著性水平小于0.05，参数估计为负，表明该变量的解释性为负且具有较高的统计学意义，假设3成立，即地方主义保护程度越高的地区，建筑企业跨区域市场进入行为发生的概率越低。而表示市场竞争程度的自变量显著性水平为0.116，高于0.1，因而不具有解释性，拒绝假设4，即当地建筑市场竞争程度不会影响建筑企业跨区域市场进入行为。本章接下来将进一步分析模型结果。

1）建筑企业规模

在建筑企业跨区域市场进入行为现状分析的企业层面中，已经体现出一定规律，即规模较大的建筑企业在跨区域企业中占有较高的比例，本章关于建筑企业规模假设的验证进一步证明了该结论。在企业的组织管理理论中，当企业拥有的资源超过正常生产经营所需，就会获得组织宽裕资源（Coase等，1937）。该类资源的存在使得企业在制定新的发展策略时所受的资源约束大大减小，对可能发生的潜在失败包容性会提高，因而企业会更倾向于尝试新的经营策略（刘启亮等，2012）。在现有研究中，企业规模最能代表企业能力及其资源宽裕程度，通常企业规模越大，组织宽裕程度就越高，企业决策者也更容易做出进入新的区域市场的决策。而在进入跨区域建筑市场后，规模较大的建筑企业环境适应性和抗风险能力也相对较强，因而当地市场壁垒对其的阻力也越小；相反，规模较小的企业防御风险的能力较弱（Kogut等，1937），其进入跨区域建筑市场的动机和能力就相对较弱。

基于上述结论，规模越大的建筑企业，进入跨区域建筑市场的可能性越高，其面对的发展机会和市场也会更大。然而，中小企业作为国家经济发展的最基本单元，是市场体系中不可缺少的重要部分。在市场竞争中，每年都有企业破产，但同时又有大量的企业创建，中小企业顽强的生命力使其成为国家经济这座"金字塔"中最基础最重要的部分。因此，中小企业的发展对国家经济的稳定运行也至关重要。要想降低外部环境对其战略选择的制约，拓宽战略决策的选择余地,对企业自身来说是要增加组织宽裕资源,努力把企业做大做强。当然,环境的因素也不可忽略,国家还应当积极完善规范的市场经济体制,给中小企业的成长创造良好的市场环境。在国家政策的扶持和支持下,中小企业自身的管理也会日臻规范,其发展能力才能逐渐增强。

2)建筑企业所有制

从 logistic 回归模型的分析结果上来看,国有建筑企业开展跨区域市场进入行为发生的概率高于民营建筑企业,这与第 3 章建筑企业跨区域市场进入行为现状中关于所有制的描述一致。然而,在其他行业中关于企业所有制的类似研究中显示,民营企业开展跨区域市场进入活动的概率要高于国有企业。这一差别可能源自建筑企业开展建筑活动相比于一般经济活动的特殊性。诚然,对于大多数国有企业而言,其拥有的本地资源更为丰富,可能会降低其积极开拓其他市场的意愿。但是,与持续稳定的普通商品消费市场不同,土地资源的有限性和人口承载力的空间局限性使得大多数地区建筑市场的供需极易达到饱和。而为了可持续性发展,建筑企业仍然需要在其他地区寻找新的市场和资源,以提高长期利润,帮助他们在有限的当地建筑市场中生存。对于国有企业而言,与目标市场中的相关机构建立关系相对更为容易,这可以帮助它们获取更多信息并加快进入当地市场后的适应过程。因此,虽然本地市场对国有企业更为有利,但长期发展的需要,以及其自身的资源优势使得国有建筑企业在进入跨区域市场中的比例仍高于民营企业。

然而,相比于国有企业肩负国家政治、经济、社会上的责任,民营企业完全以利益最大化为目的来开展经营活动,其性质更属于真正意义上的企业,在国家经济中也往往更具活力。目前,民营企业占中国经济的比重已经达到 60% 以上,可以说在一定程度上已经代表了中国经济。然而,虽然市场的力量可以让企业取得持续性发展,但在中国国情下,民营建筑企业在资源获取方面还落后于国有企业,要在跨区域市场上实现与国有企业同样的优势仍然比较困难。因而政府可以积极完善我国总体制度环境,优化建筑企业跨区域发展市场环境,规范市场秩序,并推行行业优先准入和优惠政策给民营建筑企业,以指导促进其在行业中的长期发展。同时,政府还可以通过产权多样化,将除关系到民生的生产性企业外的企业所有权转换给市场上的其他主体,以减少国有企业对经济市场的干扰,为建筑企业创造更加公平合理的竞争和发展环境。

3)地方保护主义

在模型分析结果中,地方保护主义对建筑企业进入跨区域市场具有一定的负面影响。地方保护主义主要是当地政府为保护本地企业,维护或扩大地方局部利益而通过制度规定等手段干预当地经济市场的行为。从第4章的跨区域市场进入行为空间特征分析来看,地方保护主义程度确实对建筑企业进入该地存在着负面影响,从侧面印证了这一结论。由此看来,地方保护主义的实行确实在一定程度上保护了当地企业在资源的获取和市场的占有上占主体优势,从而使得其进入跨区域市场的动力变小。但是,从长远看来,市场的分割和保护并不利于当地经济的发展,地方保护主义在保护当地企业的同时,阻碍了商品和服务的自由流通,从而也削弱了其发展潜力。此外,地方保护主义的存在还有部分原因是本地企业并不具备竞争优势,因而在面临外地企业的竞争压力时,才需要政府采取地方保护主义措施,增加行政、技术或经济壁垒,使这些企业即使在管理和技术上相对落后,也能在政府的庇护下得以生存。但长此以往,不仅本地建筑企业会失去竞争优势,当地市场空间也会变得狭窄,规模经济难以形成,也不利于其自身的发展。

要降低由地方保护主义带来的区域市场壁垒,首先,政府应在源头上寻求解决方案,保护地方财政收入来源,以消除其实施地方保护主义的动机。其次,应当建立和完善当前市场机制主导的制度环境,促进生产要素的跨区域流动,从而保证企业在进入跨区域市场时,能拥有较为公平的竞争环境。最后,虽然中央政府一直强调要坚决克服地方保护主义,但在有些地区,地方保护主义却依旧大受鼓励和称赞,对这些地区,可以在精确定位后重点关注,对其背后的原因进行深入调查后做适当引导,积极完善法律法规体系,规范市场主体的行为,使政府不能凭借手中的行政权力限制和破坏公平竞争。

4)建筑市场竞争程度

从模型分析结果来看,本地建筑市场现有竞争者所施予的竞争压力对建筑企业是否进入跨区域市场并没有明显的影响。虽然从市场的角度来看,竞争程度越高,企业生产经营所需的各种资源和市场空间则越稀缺。但从企业自身的角度来看,组织管理领域对市场竞争的研究文献表明,随着企业竞争环境的增强,企业劳动生产率会得到提高,从而促进了企业自身的发展(范剑勇等,2011)。此外,在研究市场竞争与企业绩效的文献中,也有市场竞争程度越高、企业横向并购越有利于企业价值提升的结论(徐虹等,2015)。综合来看,建筑市场竞争程度并不会明显影响企业进入异地市场寻求发展的动机。而那些在本地市场竞争中感到压力的企业,往往也比较难有能力和资源进入异地市场,外在的市场和资源压力可能让这些企业会存在进入跨区域建筑市场寻求新的资源和市场的动机,但自身的能力可能并不支持,因而,从整体上来说,地方市场竞争程度对企业在进入跨区域市场的行为上,并没有显著影响,但不管竞争关键如何,企业仍应该将重点放在提升自身实力上,因自身发展需要而寻求外部市场,而不是迫于本地市场的竞争压力让企业在未来发展中走得更远。

第6章 结论与展望

6.1 研究结论与价值

本文关注到在我国建设行业中,虽然一直存在建筑企业进入跨区域市场面临着诸多困难和挑战的感知,且住建部、国家税务总局等三部委2017年联合发布《关于进一步做好建筑行业营改增试点工作的意见》中就明确规定,禁止各省、自治区、直辖市强制外来建筑企业在当地设立子公司以增加地方性收入的行为,以达到"坚决打破区域市场准入壁垒,营造有序竞争的市场环境"的目的,但由于缺乏行业层面的统计数据,目前的研究尚无法客观反映建筑企业的跨区域市场进入行为的实际现状及其遇到的阻碍或影响因素。本文以1998—2017年间国家优质工程奖发布名单为线索,收集其中涵盖的项目、企业及区域信息,通过描述性分析客观反映目前我国建筑企业跨区域市场进入行为发展状态。此外,基于不同区域中建筑企业跨区域市场进入行为分布的差异,结合各区域所呈现出的行业及市场特征,本文进一步分析了建筑企业跨区域市场进入行为的空间特征。最后,结合组织管理领域中交易成本理论和资源基础理论的相关分析视角,从企业层面分析影响建筑企业跨区域市场进入行为的因素。主要研究内容及成果概括为3个方面。

1)建筑企业跨区域市场进入行为现状分析

本文基于我国建筑产业20年来的实践和发展,收集国家优质工程奖中涉及的1 020个项目和404个建筑企业信息,通过描述性分析,从区域、企业和项目的角度客观地描述中国建筑企业跨区域市场行为现状。总体而言,建筑企业进入跨区域市场的还不多(总体小于样本的1/3)。研究结果表明,大型国有建筑企业更有机会通过非公共项目进入跨区域市场,且其中大型项目更多,进入区域主要分布于我国长三角、珠三角和环渤海经济圈等经济发展程度较高的地区。

2)建筑企业市场进入行为空间特征分析

在现状描述的基础上,本文进一步收集了我国行政区划下22个省级区域、4个直辖市及5个自治区共31个区域的省际面板数据,通过层次线性回归分析区域和行业层面对企业跨区域市场进入行为现状的影响因素，客观反映企业在跨区域市场进入中面临的挑战。从分析结果来看，建筑市场规模和经济发展水平对建筑企业跨区域发展行为没有明显影响，但区域地方保护主义程度确实在一定程度上阻碍了建筑企业进入跨区域市场，而当地劳动力可得性及其利用效率则对其有一定的促进作用。

3）建筑企业跨区域市场进入行为的影响因素分析

该部分结合组织行为研究中交易成本理论、资源基础理论和制度理论中影响企业跨区域市场进入行为的因素描述，通过二元 logistic 回归分析建筑企业跨区域市场进入行为的影响因素，以帮助行业从业者制定跨区域扩张战略，并为研究人员对国际建筑市场进行进一步分析提供参考。从分析结果来看，建筑企业内在条件，例如企业规模和所有制性质均会影响其进入跨区域市场的决策，此外，建筑企业所处的外部环境即其所在区域的地方保护主义程度越高，进入跨区域市场的动机也会越小，而当地市场竞争强度对该行为没有明显影响。

本文的研究在实际价值上，以 1998—2017 年间国家优质工程奖发布名单为基础，通过描述性分析，客观反映目前我国建筑企业跨区域市场进入行为发展状态，在一定程度上填补了行业中缺乏统计数据反映该现状的空白。在理论价值上，本文将组织管理理论中企业所处内外环境如何影响其行为的相关理论引入建筑行业，并结合建筑行业特色对建筑企业跨区域市场进入行为影响因素进行分析，为我国政府在进一步推动建筑产业均衡健康发展、打破市场区域准入壁垒方面提供理论基础。在研究方法上，由于行业层面统计数据的缺失，现有研究中关注建筑企业跨区域市场进入行为的研究多基于文献、问卷调查和访谈等定性分析方法。本文通过行业层面数据的收集，通过描述性分析、层次线性回归、logistic 回归等数学方法对该问题进行了客观描述和理论分析，在该领域的研究方法上也具备一定创新性。

6.2 研究不足与展望

本文使用的企业和项目均来自国家优质工程奖中公布的数据，虽然该奖是经国务院确认的我国工程建设领域设立最早、规格最高的国家级质量奖，因而在评奖过程上具备一定的客观性、公正性和系统性，获奖的企业也被公认为行业中相对具有竞争力的建筑企业，但在为建筑企业跨区域市场进入行为的分析提供相对完备可得数据基础的同时，也存在一个问题，与没有获得奖项的建筑企业相比，获奖的企业往往具有更大的进入新市场的能力，因而分析结果在总体上还是比较偏于乐观。虽然不难推断相比于竞争力较强的建筑企业，一般企业在进入跨区域市场时可能会面临更多挑战，但这仍在一定程度上影响了本文分析结果的可代表性。未来的研究可以在更一般的企业环境中进行，以进一步验证本研究的结果。

此外，在影响企业跨区域市场进入行为的因素分析中，尽管该研究已经基于组织管理理论从建筑企业内在条件和外部环境两方面分析了其影响因素，但其他层面的因素如决策者个人能力、知识和企业家精神等个人特征也会在一定程度上影响外在区域环境和企业内在条件对企业最终市场进入行为的影响程度，虽然目前已经有许多标准化决策工具帮助决策者克服个人偏好影响以提高企业的战略决策，未来的研究仍可对企业家个人特征的调节作用，以及建筑企业能否持续性在跨区域市场中生存和发展等研究主题中进一步分析和探讨。

参考文献

[1] AHMAD I. Decision-support system for modelling bid/no-bid decision problem[J]. Journal of Construction Engineering and Management, 1990, 116(4): 595-608.

[2] BARNEY J B. Firm Resource and Sustained Competitive Advantage[J]. Journal of Management, 1991, 17(1): 99-120.

[3] BEUGELSDIJK S, MUDAMBI R. MNEs as border-crossing multi-location enterprises: The role of discontinuities in geographic space[M]//Location of International Business Activities. London: Palgrave Macmillan, 2014: 8-34.

[4] BO X, CHAN A P C. Investigation of barriers to entry into the design-build market in the People's Republic of China[J]. Journal of construction engineering and management, 2011, 138(1): 120-127.

[5] BRINCKMANN J, GRICHNIK D, KAPSA D. Should entrepreneurs plan or just storm the castle? A meta-analysis on contextual factors impacting the business planning-performance relationship in small firms[J]. Journal of business Venturing, 2010, 25(1): 24-40.

[6] BROUTHERS B L E. Acquisition or Greenfield Start-up? Institutional, Cultural and Transaction Cost Influences[J]. Strategic Management Journal, 2000, 21(1): 89-97.

[7] CAI C J, RAJU J S. Keeping your enemies closer: When market entry as an alliance with your competitor makes sense[J]. Marketing Science, 2016, 35(5): 743-755.

[8] CAVES R. MEHRA S. Entry of Foreign Multinationals into U.S. Manufacturing Industries. In M. Porter(ed.), Competition in Global Industries[M]. Harvard Business School Press, Boston, MA, 1986: 449-481.

[9] CHANCELLOR W, LU W. A regional and provincial productivity analysis of the Chinese construction industry: 1995 to 2012[J]. Journal of construction engineering and management, 2016, 142(11): 1-9.

[10] CHEAH C Y J, GARVIN M J, Miller J B. Empirical Study of Strategic Performance of Global Construction Firms[J]. Journal of Construction Engineering and Management, 2004, 130(6): 808-817.

[11] CHEN C, MESSNER J I. Permanent versus Mobile Entry Decisions in International Construction Markets: Influence of Home Country-and Firm-Related Factors[J]. Journal of Management in Engineering, 2011, 27(1): 2-12.

[12] CHEN C, MESSNER J. Characterizing entry modes for international construction markets[J]. Engineering, Construction and Architectural Management, 2011, 18(6): 547-567.

[13] CHEN C, WANG Q, MARTEK I, et al. International market selection model for

large Chinese contractors[J]. Journal of Construction Engineering and Management, 2016, 142(10): 1-11.

[14] CHEN C. Entry mode selection for international construction markets: The influence of host country related factors[J]. Construction Management and Economics, 2008, 26(3): 303-314.

[15] CHENG M Y, TSAI H C, CHUANG K H. Supporting international entry decisions for construction firms using fuzzy preference relations and cumulative prospect theory [M]. Pergamon Press, Inc. 2011.

[16] CHIANG Y H, TANG B S, LEUNG W Y. Market structure of the construction industry in Hong Kong[J]. Construction Management and Economics, 2001, 19(7): 675-687.

[17] CHOI J, RUSSELL J S. Economic gains around mergers and acquisitions in the construction industry of the United States of America[J]. Canadian Journal of Civil Engineering, 2004, 31(3): 513-525.

[18] CHOI J, RUSSELL J S. Long-term entropy and profitability change of United States public construction firms[J]. Journal of Management in Engineering, 2005, 21(1): 17-26.

[19] COASE R H. The Nature of the Firm[J]. Economica, 1937, 4(16): 386-405.

[20] DIKMEN I, BIRGONUL M T. An analytic hierarchy process based model for risk and opportunity assessment of international construction projects[J]. Canadian Journal of Civil Engineering, 2006, 33(1): 58-68.

[21] DIKMEN I, BIRGONUL M T. Neural Network Model to Support International Market Entry Decisions[J]. Journal of Construction Engineering &. Management, 2004, 130(1): 59-66.

[22] DU J, LU Y, TAO Z G. Economic Institutions and FDI Location Choice: Evidence from US Multinationals in China[J]. Journal of Comparative Economics, 2008, 36 (3): 412-429.

[23] DUNCAN R B. Characteristics of organizational environments and perceived environmental uncertainty[J]. Administrative science quarterly, 1972: 313-327.

[24] EGGER P. On the role of distance for outward FDI[J]. The Annals of Regional Science. 2008, 42(2): 375-389.

[25] ERRAMILLI M K. The experience factor in foreign market entry behavior of service firms[J]. Journal of international business studies, 1991, 22(3): 479-501.

[26] EZULIKE E I, PERRY J G, HAWWASH K. The barriers to entry into the PFI market[J]. Engineering, Construction and Architectural Management, 1997, 4(3): 179-193.

[27] FABIO M, BARBARA F. How Do Smaller Firms Select Foreign Markets? [J]. International Journal of Marketing Studies, 2012, 4(6): 44-53.

[28] FOSFURI A A. Wholly Owned Subsidiary Versus Technology Licensing in the Worldwide Chemical Industry[J]. Journal of International Business Studies, 2000, 31(4): 555-572.

[29] GUNHAN S, ARDITI D. Factors Affecting International Construction[J]. 2015, 131(3): 273-282.

[30] HAIR J F, BLACK W C, BABIN B J, et al. Multivariate data analysis[M]. 7th Ed. London: Person Education Limited, 2014.

[31] HAN S H, DIEKMANN J E. Approaches for Making Risk-Based Go/No-Go Decision for International Projects[J]. Journal of Construction Engineering and Management, 2001, 127(4): 300-308.

[32] HAN S H, KIM D Y, KIM H. Predicting Profit Performance for Selecting Candidate International Construction Projects[J]. Journal of Construction Engineering and Management, 2007, 133(6): 425-436.

[33] HENNART J F. A transaction costs theory of equity joint ventures[J]. Strategic Management Journal, 1988, 9(4): 361-374.

[34] JIA R, LI Q, DENG X, et al. Entry mode taxonomy and choice of Chinese international construction companies[J]. Journal of Management in Engineering, 2016, 33(3): 1-28.

[35] JIN Z, DENG F, LI H, et al. Practical Framework for Measuring Performance of International Construction Firms[J]. Journal of Construction Engineering and Management, 2013, 139(9): 1154-1167.

[36] JOHANSON J, MATTSSON L G. Internationalization in Industrial Systems - A Network Approach[M]. London: Palgrave Macmillan UK, 1988.

[37] KANGARI R, RIGGS L S. Construction risk assessment by linguistics[J]. IEEE Transactions on Engineering Management, 1989, 36(2): 126-131.

[38] KANGARI R, RIGGS L S. Portfolio management in construction[J]. Construction Management and Economics, 1988, 6(2): 161-169.

[39] KOGUT B, NATH R. The effect of national culture on the choice of entry mode[J]. Journal of International Business Studies, 1988, 19(3): 411-432.

[40] KOTABE M, SRINIVASAN S S, AULAKH P S. Multinationality and Firm Performance: The Moderating Role of R&D and Marketing Capabilities[J]. Journal of International Business Studies, 2002, 33(1): 79-97.

[41] KUMAR V, SUBRAMANIAM V. A Contingency Framework for the Mode of Entry Decision[J]. Journal of World Business, 1997, 32(1): 53-72.

[42] LAN OO B, DREW D, LO HING PO. Modelling contractors' mark-up behaviour in different construction markets[J]. Engineering, Construction and Architectural Management, 2007, 14(5): 447-462.

[43] LEE K W, HAN S H, PARK H, et al. Empirical analysis of host-country effects

in the international construction market: An industry-level approach [J]. Journal of Construction Engineering and Management, 2016, 142(3): 1-10.

[44] LI H, JIN Z, LI V, et al. An entry mode decision-making model for the international expansion of construction enterprises [J]. Engineering, Construction and Architectural Management, 2013, 20(2): 160-180.

[45] LI K, YUE H, ZHAO L. Ownership, institutions, and capital structure: Evidence from China [J]. Journal of Comparative Economics, 2009, 37(3): 471-490.

[46] LU J W, SONG Y, SHAN M. Social trust in subnational regions and foreign subsidiary performance: Evidence from foreign investments in China [J]. Journal of International Business Studies, 2018, 49(6): 761-773.

[47] LU W, LI H, SHEN L, et al. Strengths, Weaknesses, Opportunities, and Threats Analysis of Chinese Construction Companies in the Global Market [J]. Journal of Management in Engineering, 2009, 25(4): 166-176.

[48] MALHOTRA S, SIVAKUMAR K, ZHU P C. Distance factors and target market selection: the moderating effect of market potential [J]. International Marketing Review, 2009, 26(6): 651-673.

[49] MICHAEL E P. Towards a Dynamic Theory of Strategy [J]. Strategic Management Journal, 1991, 12: 95-117.

[50] OFORI G, CUERVO J C. Consortia for export of construction services in Singapore [M]//. Combining Forces—Advancing Facilities Management and Construction Through Innovation, KAHKONEN K, SEXTON M, eds., Finland: Helsinki, 2005: 42-56.

[51] OFORI G, LEONG C, PIN T. Impact of foreign contractors on Singapore construction industry: a qualitative study [J]. Engineering, Construction and Architectural Management, 2002, 9(1): 16-28.

[52] OZORHON B, DIKMEN I, BIRGONUL M T. Case-based reasoning model for international market selection [J]. Journal of construction engineering and management, 2006, 132(9): 940-948.

[53] PAPADAKIS V, BARWISE P. Research on Strategic Decisions: Where Do We Go from Here? [M]//Strategic Decisions, Springer, Boston: MA, 1998: 289-302.

[54] PAPADAKIS V, BARWISE P. What can we tell managers about making strategic decisions? [M]//Strategic decisions. Springer, Boston: MA, 1997: 267-287.

[55] PETERAF M A. The Cornerstones of Competitive Advantage: A Resource-Based View [J]. Strategic Management Journal, 1993, 14(3): 179-191.

[56] PRAHALAD C K. HAMEL, G. The Core Competence of the Corporation [J]. Harvard business review, 1990, 68(3): 79-91.

[57] PREECE C N, MAT ISA C M, SAMAN H M, et al. Development of entry location, entry timing and entry mode decision model for construction firms in international

markets[J]. Construction Management and Economics, 2016, 34(4-5): 236-257.

[58] ROMANELLI E, KHESSINA O M. Regional Industrial Identity: Cluster Configurations and Economic Development[J]. Organization Science, 2005, 16(4): 344-358.

[59] SAAD D A, HEGAZY T. Behavioral economic concepts for funding infrastructure rehabilitation[J]. Journal of Management in Engineering, 2014, 31(5): 4010-4089.

[60] SANTANGELO G D, STUCCHI T. Internationalization through exaptation: The role of domestic geographical dispersion in the internationalization process[J]. Journal of International Business Studies, 2018, 49(6): 753-760.

[61] SHAPIRO G D M. Management and Ownership Effects: Evidence from Five Countries[J]. Strategic Management Journal, 1998, 19(6): 533-553.

[62] SILVERBLATT R, KORGAONKAR P. Strategic market planning in a turbulent business environment[J]. Journal of Business Research, 1987, 15(4): 339-358.

[63] SOLARIN S A. The role of urbanisation in the economic development process: evidence from Nigeria[J]. Margin: The Journal of Applied Economic Research, 2017, 11(3): 223-255.

[64] SULLIVAN J J, El ASMAR M, SULLIVAN K T. Consensus-Building Workshops to Uncover New Market Entry Decision Factors for the Sheet Metal Engineering and Construction Industry[J]. Journal of Management in Engineering, 2019, 35(2): 85-93.

[65] TAKEUCHI H, PORTER M E. Three Roles of Marketing in Global Strategy[M]//. In Competition in Global Industries. Boston: Harvard Business School Press, 1986.

[66] TALLMAN S B. A strategic management perspective on host country structure of multinational enterprises[J]. Journal of Management, 1992, 18(3): 455-471.

[67] TANG L C M, ATKINSON B, ZOU R R. An entropy-based SWOT evaluation process of critical success factors for international market entry: a case study of a medium-sized consulting company[J]. Construction Management and Economics, 2012, 30(10): 821-834.

[68] TEO E A L, CHAN S L, TAN P H. Empirical Investigation into Factors Affecting Exporting Construction Services in SMEs in Singapore[J]. Journal of Construction Engineering and Management, 2007, 133(8): 582-591.

[69] UTAMA W P, CHAN A P C, ZAHOOR H, et al. Making decision toward overseas construction projects: An application based on adaptive neuro fuzzy system[J]. Engineering, Construction and Architectural Management, 2019, 26(2): 285-302.

[70] WERNERFELT B. A Resource-Based View of the Firm[J]. Strategic Management Journal, 1984, 5(2): 171-180.

[71] XU D, SHENKAR O. Institutional Distance and the Multinational Enterprise[J].

Academy of Management Review. 2002, 27(4): 608-618.

[72] XU T, TIONG R L, CHEW D A, et al. Development Model for Competitive Construction Industry in the Peoples Republic of China [J]. Journal of Construction Engineering and Management, 2005, 131(7): 844-853.

[73] XUE X, SHEN Q, WANG Y, et al. Measuring the productivity of the construction industry in China by using DEA-based Malmquist productivity indices [J]. Journal of Construction Engineering and Management, 2008, 134(1): 64-71.

[74] YE K, SHEN L, LU W. A discriminant model for measuring competition intensity of construction market [J]. Engineering, Construction and Architectural Management, 2014, 21(2): 152-169.

[75] YOUNG A. The razor's edge: distortions and incremental reform in the People's Republic of China [J]. The Quarterly Journal of Economics, 2000, 115(4): 1091-1135.

[76] ZURAWICKI H L. Corruption and foreign direct investment. Journal of International Business Studies, 2002, 33(2): 291-307.

[77] 白永秀,徐鸿.中小企业发展与声誉管理[J].经济研究资料,2001(6):11-15.

[78] 白重恩,杜颖娟,陶志刚,等.地方保护主义及产业地区集中度的决定因素和变动趋势[J].经济研究,2004(4):29-40.

[79] 保建云.区域发展差距、地方保护主义与市场一体化发展——基于区域非均衡发展转型大国的理论模型与实证分析[J].财贸经济,2008(8):106-112.

[80] 鲍利佳.我国建筑企业信用评价体系研究[D].北京:北京交通大学,2015.

[81] 戴永安,陈才.中国省际建筑业效率差异及其影响因素研究[J].中国软科学,2010(1):87-95.

[82] 范剑勇,林云.产品同质性,投资的地方保护与国内产品市场一体化测度[J].经济研究,2011(11):48-59.

[83] 国家统计局.中国统计年鉴2019[M].北京:中国统计出版社,2019.

[84] 黄福广,彭涛,邵艳.地理距离如何影响风险资本对新企业的投资[J].南开管理评论.2014(6):83-95.

[85] 黄宇驰.区域市场进入模式选择研究:基于浙江制造企业的考察[M].杭州:浙江大学出版社,2010.

[86] 贾镜渝,李文,郭斌.经验是如何影响中国企业跨国并购成败的——基于地理距离与政府角色的视角[J].国际贸易问题,2015(10):87-97.

[87] 姜彩楼.我国城市化进程与建筑业发展关系实证研究[J].建筑经济,2007(4):26-29.

[88] 金荣学,解洪涛.中国城市化水平对省际经济增长差异的实证分析[J].管理世界,2010(2):175-176.

[89] 李善同.中国区域协调发展与市场一体化[M].北京:经济科学出版社,2008.

[90] 刘平,李启明,李皓燃.区域建筑产业现代化发展战略研究——以江苏省为例[J].建

筑经济,2019,40(4):94-97.
[91] 刘启亮,罗乐,何威风,等.产权性质、制度环境与内部控制[J].会计研究,2012(3):52-61.
[92] 迈克尔·波特.竞争优势[M].陈小悦,译.北京:华夏出版社,2005.
[93] 孟宪海.美国建设管理体制的特点及其研究[J].建筑经济,1999(8).
[94] 乔立,金占明.关系对企业国际化进入模式战略选择的影响[J].科学学与科学技术管理,2009(9):111-115.
[95] 任兵,郑莹.外来者劣势研究前沿探析与未来展望[J].外国经济与管理,2012(2):27-34.
[96] 任颋,茹璟,尹潇霖.所有制性质、制度环境与企业跨区域市场进入战略选择[J].南开管理评论,2015(2):51-63.
[97] 任阳军,李明慧.基于三阶段DEA的中国区域建筑业效率研究[J].安徽建筑大学学报,2016,24(1):91-96.
[98] 申立银,叶晖,邓小鹏.建筑业企业竞争力[M].北京:中国建筑工业出版社,2006.
[99] 孙早,刘李华,孙亚政.市场化程度、地方保护主义与R&D的溢出效应:来自中国工业的经验证据[J].管理世界,2014(8):78-89.
[100] 唐云清,石林林.水利行业项目型企业内外部环境分析与发展战略[J].水利经济,2013,31(5):39-43.
[101] 王志星,安静.企业财务能力和核心竞争力探讨[J].全国商情(经济理论研究),2008(10):79-80.
[102] 徐虹,林钟高,芮晨,等.产品市场竞争、资产专用性与上市公司横向并购[J].南开管理评论,2015,18(3):48-59.
[103] 油翠英,苏振民,侯海泉,等.建筑企业新区域市场进入模式决策影响因子分析[J].工程管理学报,2012(6):109-113.
[104] 约瑟夫·M.西尔贝.实用逻辑斯谛回归方法[M].程晓亮,杨艳秋,译.北京:机械工业出版社,2018.
[105] 张军,高远,傅勇,等.中国为什么拥有了良好的基础设施?[J].经济研究,2007(3):4-19.
[106] 张雪艳.交易成本理论、测量与应用研究[M].北京:中国社会科学出版社,2016:3-6.

附录 分省年度数据[①]

（1）地区生产总值（亿元）

地区	2017 年	2016 年	2015 年
北京市	28 014.94	25 669.13	23 014.59
天津市	18 549.19	17 885.39	16 538.19
河北省	34 016.32	32 070.45	29 806.11
山西省	15 528.42	13 050.41	12 766.49
内蒙古自治区	16 096.21	18 128.1	17 831.51
辽宁省	23 409.24	22 246.9	28 669.02
吉林省	14 944.53	14 776.8	14 063.13
黑龙江省	15 902.68	15 386.09	15 083.67
上海市	30 632.99	28 178.65	25 123.45
江苏省	85 869.76	77 388.28	70 116.38
浙江省	51 768.26	47 251.36	42 886.49
安徽省	27 018	24 407.62	22 005.63
福建省	32 182.09	28 810.58	25 979.82
江西省	20 006.31	18 499	16 723.78
山东省	72 634.15	68 024.49	63 002.33
河南省	44 552.83	40 471.79	37 002.16
湖北省	35 478.09	32 665.38	29 550.19
湖南省	33 902.96	31 551.37	28 902.21
广东省	89 705.23	80 854.91	72 812.55
广西壮族自治区	18 523.26	18 317.64	16 803.12

---

① 资料来源：国家统计局《中国统计年鉴 2019》。

续　表

地区	2017年	2016年	2015年
海南省	4 462.54	4 053.2	3 702.76
重庆市	19 424.73	17 740.59	15 717.27
四川省	36 980.22	32 934.54	30 053.1
贵州省	13 540.83	11 776.73	10 502.56
云南省	16 376.34	14 788.42	13 619.17
西藏自治区	1 310.92	1 151.41	1 026.39
陕西省	21 898.81	19 399.59	18 021.86
甘肃省	7 459.9	7 200.37	6 790.32
青海省	2 624.83	2 572.49	2 417.05
宁夏回族自治区	3 443.56	3 168.59	2 911.77
新疆维吾尔自治区	10 881.96	9 649.7	9 324.8

（2）第二产业增加值（亿元）

地区	2017年	2016年	2015年
北京市	5 326.76	4 944.44	4 542.64
天津市	7 593.59	7 571.35	7 704.22
河北省	15 846.21	15 256.93	14 386.87
山西省	6 778.89	5 028.99	5 194.27
内蒙古自治区	6 399.68	8 553.63	9 000.58
辽宁省	9 199.8	8 606.54	13 041.97
吉林省	6 998.51	7 004.95	7 005.71
黑龙江省	4 060.6	4 400.69	4 798.08
上海市	9 330.67	8 406.28	7 991
江苏省	38 654.87	34 619.5	32 044.45
浙江省	22 232.08	21 194.61	19 711.67

续　表

地区	2017 年	2016 年	2015 年
安徽省	12 838.28	11 821.58	10 946.83
福建省	15 354.29	14 093.47	13 064.82
江西省	9 627.98	8 829.54	8 411.57
山东省	32 942.84	31 343.67	29 485.9
河南省	21 105.52	19 275.82	17 917.37
湖北省	15 441.75	14 654.38	13 503.56
湖南省	14 145.49	13 341.17	12 810.82
广东省	38 008.06	35 109.66	32 613.54
广西壮族自治区	7 450.85	8 273.66	7 717.52
海南省	996.35	905.95	875.82
重庆市	8 584.61	7 898.92	7 069.37
四川省	14 328.13	13 448.92	13 248.08
贵州省	5 428.14	4 669.53	4 147.83
云南省	6 204.97	5 690.16	5 416.12
西藏自治区	513.65	429.17	376.19
陕西省	10 882.88	9 490.72	9 082.13
甘肃省	2 561.79	2 515.56	2 494.77
青海省	1 162.41	1 249.98	1 207.31
宁夏回族自治区	1 580.57	1 488.44	1 379.6
新疆维吾尔自治区	4 330.89	3 647.01	3 596.4

（3）建筑业总产值（亿元）

地区	2017 年	2016 年	2015 年
北京市	9 736.71	8 841.19	8 436.73
天津市	4 262.35	4 891.81	4 488.9
河北省	5 655.96	5 517.69	5 252.57
山西省	3 566.57	3 318.47	2 931.26

续 表

地区	2017 年	2016 年	2015 年
内蒙古自治区	1 122.19	1 220.81	1 123.47
辽宁省	3 688.33	3 926.71	5 413.76
吉林省	2 218.37	2 283.56	2 216.31
黑龙江省	1 560.07	1 716.61	1 680.39
上海市	6 426.42	6 046.19	5 652.47
江苏省	27 956.71	25 791.76	24 785.81
浙江省	27 235.83	24 989.37	23 980.59
安徽省	6 829.67	6 047.29	5 695.94
福建省	9 993.65	8 531.45	7 605.81
江西省	6 166.81	5 179.03	4 602.49
山东省	11 477.75	10 087.43	9 381.72
河南省	10 086.58	8 807.99	8 047.65
湖北省	13 390.73	11 862.4	10 592.86
湖南省	8 423	7 304.22	6 630.82
广东省	11 372.05	9 652.31	8 865.68
广西壮族自治区	4 210.07	3 449.19	2 953.42
海南省	322.76	307.76	278.63
重庆市	7 605.66	7 035.81	6 256.94
四川省	11 400.34	9 959.68	8 768.24
贵州省	2 932.96	2 362.95	1 947.74
云南省	4 726.36	3 867.22	3 268.93
西藏自治区	147.92	111.28	106.92
陕西省	6 227.47	5 329.23	4 752.61
甘肃省	1 825.42	1 947.24	1 849.02
青海省	406.93	410.62	409.51
宁夏回族自治区	549.21	511.25	524.53
新疆维吾尔自治区	2 418.7	2 258.24	2 255.74

(4)建筑业增加值（亿元）

地区	2017 年	2016 年	2015 年
北京市	1 140.76	1 025.5	961.86
天津市	745.66	786.89	740.31
河北省	2 109.03	1 885.27	1 780.49
山西省	1 019.84	895.63	847.22
内蒙古自治区	1 291.45	1 322.5	1 263.16
辽宁省	1 999.28	1 880.85	1 881.32
吉林省	964.14	960.87	927.06
黑龙江省	852.78	874.23	850.09
上海市	970.79	879.81	855.22
江苏省	4 651.75	4 173.66	4 055.42
浙江省	2 845.48	2 610.72	2 558.38
安徽省	1 943.56	1 763.53	1 698.92
福建省	2 707.82	2 421.34	2 268.86
江西省	1 838.95	1 610.91	1 493.77
山东省	4 276.97	3 806.31	3 664.86
河南省	2 694.11	2 292.04	2 152.25
湖北省	2 459.68	2 192.97	2 039.88
湖南省	2 278.65	2 016.59	1 877.7
广东省	2 818.82	2 551.82	2 441.85
广西壮族自治区	1 635.69	1 458.41	1 358.56
海南省	470.01	424.5	390.41
重庆市	1 997.53	1 715.12	1 511.85
四川省	2 838.35	2 472.96	2 321.38
贵州省	1 169.47	955.44	833.44

续 表

地区	2017年	2016年	2015年
云南省	2 123.68	1 806.22	1 574.77
西藏自治区	411.49	342.73	306.31
陕西省	2 217.97	1943.2	1 780.85
甘肃省	811.41	776.35	730.88
青海省	384.85	348.67	313.81
宁夏回族自治区	484.36	434.2	399.98
新疆维吾尔自治区	1 159.51	1 049.93	959.03

（5）年末常住人口（万人）

地区	2017年	2016年	2015年
北京市	2 171	2 173	2 171
天津市	1 557	1 562	1 547
河北省	7 520	7 470	7 425
山西省	3 702	3 682	3 664
内蒙古自治区	2 529	2 520	2 511
辽宁省	4 369	4 378	4 382
吉林省	2 717	2 733	2 753
黑龙江省	3 789	3 799	3 812
上海市	2 418	2 420	2 415
江苏省	8 029	7 999	7 976
浙江省	5 657	5 590	5 539
安徽省	6 255	6 196	6 144
福建省	3 911	3 874	3 839
江西省	4 622	4 592	4 566
山东省	10 006	9 947	9 847

续　表

地区	2017 年	2016 年	2015 年
河南省	9559	9 532	9 480
湖北省	5 902	5 885	5 852
湖南省	6 860	6 822	6 783
广东省	11 169	10 999	10 849
广西壮族自治区	4 885	4 838	4 796
海南省	926	917	911
重庆市	3 075	3 048	3 017
四川省	8 302	8 262	8 204
贵州省	3 580	3 555	3 530
云南省	4 801	4 771	4 742
西藏自治区	337	331	324
陕西省	3 835	3 813	3 793
甘肃省	2 626	2 610	2 600
青海省	598	593	588
宁夏回族自治区	682	675	668
新疆维吾尔自治区	2 445	2 398	2 360

（6）城镇人口（万人）

地区	2017 年	2016 年	2015 年
北京市	1 878	1 880	1 877
天津市	1 291	1 295	1 278
河北省	4 136	3 983	3 811
山西省	2 123	2 070	2 016
内蒙古自治区	1 568	1 542	1 514
辽宁省	2 949	2 949	2 952

续　表

地区	2017年	2016年	2015年
吉林省	1 539	1 530	1 523
黑龙江省	2 250	2 249	2 241
上海市	2 121	2 127	2 116
江苏省	5 521	5 417	5 306
浙江省	3 847	3 745	3 645
安徽省	3 346	3 221	3 103
福建省	2 534	2 464	2 403
江西省	2 524	2 438	2 357
山东省	6 062	5 871	5 614
河南省	4 795	4 623	4 441
湖北省	3 500	3 419	3 327
湖南省	3 747	3 599	3 452
广东省	7 802	7 611	7 454
广西壮族自治区	2 404	2 326	2 257
海南省	537	521	502
重庆市	1 971	1 908	1 838
四川省	4 217	4 066	3 912
贵州省	1 648	1 570	1 483
云南省	2 241	2 148	2 055
西藏自治区	104	98	90
陕西省	2 178	2 110	2 045
甘肃省	1 218	1 166	1 123
青海省	317	306	296
宁夏回族自治区	395	380	369
新疆维吾尔自治区	1 207	1 159	1 115

（7）按建筑业增加值计算的劳动生产率（元／人）

地区	2017年	2016年	2015年
北京市	76 474.94	72 418.68	76 173.25
天津市	53 634.09	58 632.78	73 271.1
河北省	51 686.79	52 996.46	54 225.37
山西省	47 213.17	42 777	46 372.44
内蒙古自治区	66 103.24	65 514.42	62 190.76
辽宁省	545 89.76	56 603.69	62 349.8
吉林省	52 303.05	44 409.23	42 419.81
黑龙江省	36 688.81	37 500.11	33 576.53
上海市	72 065.45	66 225.42	65 977.66
江苏省	75 055.13	74 219.59	71 960.03
浙江省	63 557.59	61 842.69	60 255.7
安徽省	72 625.35	73 643.08	72 219.44
福建省	73 277.87	72 500.36	77 334.59
江西省	41 105.66	50 951.15	50 767.28
山东省	68 692.78	68 487.83	66 786.72
河南省	78 242.94	83 332.77	57 859.35
湖北省	83 525.69	79 897.94	84 197.47
湖南省	51 567.43	57 670.75	57 717.7
广东省	88 728.45	91 045.14	87 455.34
广西壮族自治区	45 626.2	51 167.41	54 245.66
海南省	67 680.89	69 845.6	68 398.79
重庆市	69 802.12	72 350.74	75 062.65
四川省	38 328.93	42 925.69	46 342.22
贵州省	57 024.24	48 704.99	49 351.24

续 表

地区	2017 年	2016 年	2015 年
云南省	45 577.52	48 872.57	48 562.19
西藏自治区	82 676.99	76 692.29	68 448.48
陕西省	73 800.38	72 976.4	70 915.19
甘肃省	51 965.26	55 052	53 867.97
青海省	53 050.36	61 281.4	62 127.54
宁夏回族自治区	40 560.85	48 424.81	46 772.76
新疆维吾尔自治区	66 519.71	66 006.32	67 092.13

（8）建筑业企业自有施工机械设备年末总功率（万千瓦）

地区	2017 年	2016 年	2015 年
北京市	364	367	376
天津市	485	522	478
河北省	1 183	1 029	1 251
山西省	719	697	692
内蒙古自治区	186	199	189
辽宁省	878	1 011	1 550
吉林省	281	256	235
黑龙江省	293	324	332
上海市	312	270	228
江苏省	3 415	3 672	3 975
浙江省	2 210	2 188	2 085
安徽省	862	754	786
福建省	1 032	1 048	1 015
江西省	661	532	526
山东省	1 925	2 177	1 742

续　表

地区	2017 年	2016 年	2015 年
河南省	1 700	2 263	3 257
湖北省	1 502	1 234	1 322
湖南省	1 014	1 010	1 108
广东省	2 094	1 667	1 640
广西壮族自治区	306	292	279
海南省	29	31	29
重庆市	470	456	417
四川省	1 179	1 015	1 019
贵州省	386	341	217
云南省	523	509	520
西藏自治区	21	20	20
陕西省	649	716	688
甘肃省	378	372	365
青海省	111	109	97
宁夏回族自治区	73	53	61
新疆维吾尔自治区	257	233	237

（9）资产合计（亿元）

地区	2017 年	2016 年	2015 年
北京市	23 158.96	20 263.67	18 365.97
天津市	6 230.53	6 016.72	5 721.91
河北省	6 094.91	4 972.68	4 482.39
山西省	5 455.9	4 845.39	4 033.79
内蒙古自治区	2 106.6	1 975.86	1 872.54
辽宁省	5 964.79	5 984.5	6 877.93

续 表

地区	2017年	2016年	2015年
吉林省	2 484.94	2 418.51	2 344.92
黑龙江省	2 017.72	1 957.63	1 727.44
上海市	9 944.11	9 049.64	8 644.69
江苏省	18 960.47	17 835.24	16 433.02
浙江省	12 896.84	12 087.88	11 654.26
安徽省	6 124.7	5 496.33	4 733.53
福建省	5 481.96	4 758.45	4 266.48
江西省	4 076.84	3 447.48	2 698.46
山东省	12 846.31	11 135.87	9 920.64
河南省	7 994.26	7 043.58	6 170.23
湖北省	11 451.65	9 853.31	8 894.91
湖南省	5 352	4 631.92	3 995.38
广东省	14 383.88	12 200.09	10 737.41
广西壮族自治区	2 253.47	1 898.15	1 709.43
海南省	271.02	251.5	215.23
重庆市	5 706.71	5 325.94	4 904.05
四川省	10 806.86	9 858.72	7 765.49
贵州省	4 252.34	3 544	2 608.71
云南省	5 509.58	4 590.56	3 694.36
西藏自治区	276.66	195.76	154.75
陕西省	6 175.13	5 344.17	4 670.39
甘肃省	2 240.4	1 863.44	1 690.36
青海省	619.68	568.09	509.85
宁夏回族自治区	816.88	747.63	689.5
新疆维吾尔自治区	2 708.02	2 319.34	2 038.33

（10）建筑业企业单位数（个）

地区	2017 年	2016 年	2015 年
北京市	2 683	2 858	2 909
天津市	1 563	1 500	1 551
河北省	2 522	2 467	2 375
山西省	2 538	2 532	2 285
内蒙古自治区	886	870	841
辽宁省	5 186	5 238	5 563
吉林省	2 323	2 191	2 270
黑龙江省	1 614	1 566	1 601
上海市	2 554	2 662	2 779
江苏省	8 640	8 770	8 909
浙江省	6 231	6 174	6 133
安徽省	3 111	2 929	2 763
福建省	4 029	3 608	3 402
江西省	2 372	1 873	1 739
山东省	6 717	6 013	5 945
河南省	5 767	5 123	4 684
湖北省	3 692	3 368	3 218
湖南省	2 280	2 067	2 022
广东省	4 902	4 437	4 311
广西壮族自治区	1 235	1 139	1 071
海南省	152	155	148
重庆市	2 707	2 577	2 492
四川省	45 01	3 809	3 449
贵州省	1 029	891	742

续 表

地区	2017 年	2016 年	2015 年
云南省	2 656	2 544	2 417
西藏自治区	231	173	167
陕西省	2 388	2 114	1 878
甘肃省	1 363	1 323	1 264
青海省	364	371	366
宁夏回族自治区	681	531	503
新疆维吾尔自治区	1 157	1 144	1 114

第三篇

苏钢地块污染场地修复
项目管理研究

徐航宇

第 1 章 绪　　论

1.1　研究的目的和意义

1.1.1　研究的目的

目前,污染场地引起的污染事件频发,类似常州外国语学校周边的化工厂污染导致群体性致病事件,已经引起了人们高度重视。在我国随着城市经济发展以及产业结构升级调整,有许多工厂"关、停、并、转"。这些老旧工厂剩下最有价值的就是土地了,大部分工厂的工业用地被规划变性为住宅用地和商办用地。由于历史原因,过去在追求产能与产量增长时,较多工厂忽略了对于环境的保护,导致场地土壤环境受到不同程度污染,在土地变性时需要付出巨大代价完成污染场地修复。

成立于 20 世纪 50 年代的江苏苏钢集团有限公司,主要生产钢铁、焦炭等传统产品。自 2008 年开始到 2014 年,响应国家传统低效产业去产能的相关政策,江苏苏钢集团对老厂区的炼钢和焦化等生产线进行收缩、合并,逐步关停。苏州绿岸房地产开发有限公司据企业未来发展战略将遗留的老厂区地块重新统筹规划利用。局部地块原先为焦化生产区域,年产焦炭达 50 万吨,该区域及周边具有大量的污染土壤与地下水,需要开展污染场地详细调查,编制污染场地修复方案,组织进行污染场地修复施工。通过环保部门验收后,才能进行商办项目的开发。

场地修复具有成本高、周期长及资金需求量大等特点。我国污染场地的修复与改造尚属起步阶段,根据国务院要求,原则上污染场地修复工程要在原址进行,不出红线,而且必须采取一系列措施来防止污染土壤在开挖与堆放过程中导致的二次污染。经过了 30 多年的实践与探索,国外已经有了一整套法律法规、标准和技术系统。美国在 20 世纪 80 年代初期颁布了《综合环境反应赔偿和责任法》(CERCLA),这个法案又叫作超级基金法,由于其中非常严格的环保超级基金条款。本项目按照国家标准《污染场地风险评估技术导则》《污染场地土壤修复技术导则》等规范执行。

本文将以苏州绿岸项目地块(简称"苏钢地块")为例,主要研究目的分为两点:第一,从工业用地土地变性、场地详细调查、修复方案编制与评审、修复工程深化设计、环境监理、修复工程施工、修复检测、二次污染监测、第三方验收检测、修复评价等,对污染场地修复项目管理要点与风险管控做了相应分析。第二,以企业作为污染场地修复主体,为股权收购工业用地并完成土地变性的开发模式提供现实和理论依据,为我国污染场地修复的项目具体操作提供实践经验。

1.1.2　研究的意义

污染场地治理是工业转移与土地变性开发导致的结果,是地产开发产业链条中不可避免的重要部分。本文以苏钢地块为例进行污染场地修复项目管理全过程研究,具有一定的理论意义以及实际应用价值。

1)理论意义

一方面,我国针对污染场地的防治与控制方面国家层面的法律法规尚未出台,因此法律责任主体、污染者应承担的法律责任和义务等问题难以非常明确地区分,造成了污染场地修复产业发展缓慢,走在行业前列的大多数是研究经费充足的事业单位或国有企业,相比之下,民营企业对污染场地修复市场的参与度不足,大多仍在观望。另一方面,由于国内的污染场地修复多为"土地开发驱动型",评价方法大多为评估场地中污染物的含量。但国内污染场地类型的多样性,决定了其修复技术的多样化,而仅以场地中污染物含量作为评价指标,方法又过于单一。需要建立并完善多样化的污染场地修复效果评价方法,针对不同的修复技术,进一步完善污染场地修复效果的评价体系。本文以具体的项目实例为研究对象,为污染场地治理的相关法律规范制订与建立污染场地评价体系,提供案例参考依据。

2)实际应用价值

不同种类的污染场地有对应的常用修复技术,为满足修复目标又节约成本,需要对修复技术进行科学的比选。本案例中对于修复技术的综合比选经过多次论证,为科学地选择修复技术提供了参考。目前,修复过程管理不全面,主要在修复技术选择的导向、修复工程招投标的机制、污染场地修复环境监理制度等方面,进行全过程监管。场地修复过程必须科学管理,才能实现修复工程的规范化运行,减少修复过程二次污染的发生,从机制与制度上杜绝修复企业违法。

1.2　研究的思路与方法

1.2.1　研究的思路

首先阐述了本文的理论基础,然后通过污染场地修复项目前期管理、设计管理、施工管理等全过程管理做出分析,总结经验教训并预测我国未来污染场地修复项目管理的趋势。

1.2.2 研究的方法

1）文献研究法

本研究的起点是对于污染场地修复项目管理的文献充分阅读与研究,了解国内外环境、项目管理等相关学术的动态与现状。在已有的理论探索和研究总结的基础上,发掘出契合污染场地修复项目管理的研究方法和切入点,为本文选题的设定与分析提供了理论基础。本文主要通过研究污染场地修复技术和污染场地修复管理的文献来找到分析的切入点。

2）比较法

主要是通过比较污染场地修复项目与常规新建工程项目的区别,制定针对性强的管理措施;通过项目修复模式与其余修复模式的比较与分析,找出修复方案的优势与劣势;比较国内外不同管理模式与制度,取长补短。

3）案例分析法

以苏钢地块项目为具体的研究案例,对污染场地治理项目的全过程进行研究,分析污染场地修复项目管理的重点、难点及对应解决的方法。

4）定性分析法

定性分析法是预测分析的基本方法,依靠项目管理人员扎实的理论知识、多年的实际管理经验、准确的判断与分析能力,定性推断出一个项目的成败和行业发展的趋势。本文主要通过对现有污染场地修复项目管理的分析,来确定苏钢地块污染场地修复项目的成败,以及未来我国污染场地修复的趋势与机遇。

1.3 研究的内容和框架

1.3.1 研究的内容

本文通过分析对苏钢地块污染场地修复项目前期管理、设计管理、施工管理等全过程管理做出分析,总结经验教训并预测我国未来污染场地修复项目管理的趋势。本文主要研究内容由以下几部分构成：

第1章是绪论,主要阐述了本文的研究目的和意义、研究思路与方法,以及研究内容和框架。

第2章是国内外相关研究综述及理论基础,对国内外污染场地修复项目管理的研究现状进行了整理,并阐述了所涉及的项目管理理论、污染场地修复项目管理定义、PDCA循环原理。

第3章是苏钢地块污染场地修复项目前期管理研究,主要从前期管理重点、前期管理存在问题与对策进行分析研究。

第4章是苏钢地块污染场地修复项目设计管理研究,主要分析研究了修复方案比选与修复方案深化设计的难点与对策。

第5章是苏钢地块污染场地修复项目施工管理研究,主要从参建单位协同管理、进度管理、质量管理、成本管理、环境管理等污染场地修复项目施工过程中的管理要点进行分析研究。

第6章是结论与展望,主要对全文进行了归纳和总结,明确了本文不到位、不完善的地方,下一步研究与探索的方向,总结经验教训并预测我国未来污染场地修复项目管理的趋势。

1.3.2 研究的框架

本文研究的思路与框架如图1.1所示,严格按照污染场地修复项目的逻辑顺序与条理进行分析与研究,发现问题并解决问题。

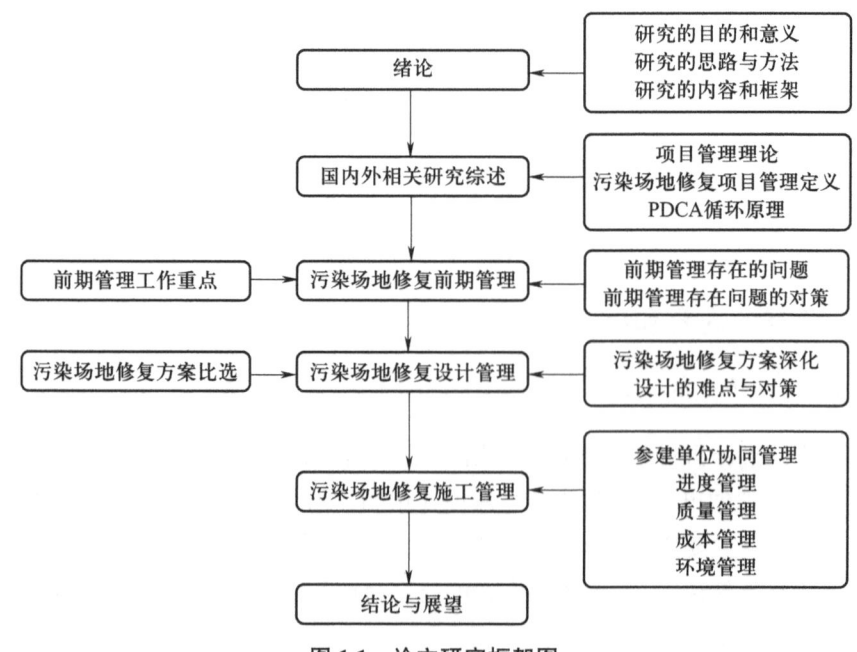

图1.1 论文研究框架图

1.4 本章小结

本章综述了研究污染场地修复项目管理的目的和意义,以具体的苏钢地块项目实例为研究对象,为污染场地修复项目管理提供案例参考依据。研究的思路与方法主要是文献研究法、比较法、案例分析法、定性分析法等。研究的内容是通过对苏钢地块污染场地修复项目前期管理、设计管理、施工管理等全过程管理做出分析,总结经验教训并预测我国未来污染场地修复项目管理的趋势。

第 2 章 国内外相关研究综述及理论基础

2.1 国内外相关研究综述

2.1.1 国内相关研究综述

我国城市污染场地的修复与改造尚属于起步阶段,仍未建立起专门针对城市污染场地修复的机制,相比于发达国家和地区存在较大差距。随着工业转型升级、产业结构调整,大批老旧工厂关停与收缩,原工业用地变性成了住宅用地或商办用地,在市场上产生大量的污染场地修复需求,使得污染场地修复在国内成为一个较为热门的研究领域。但从现有文献来看,将污染场地修复作为一个行业进行系统、深入研究的不多,没有系统地对我国污染场地修复的有机组成部分进行全面深入的研究,也未能全面揭示出污染场地修复与地产开发的内在联系,对我国污染场地修复发展方向的分析也存在欠缺。现有研究大多表现为对实际案例的经验总结以及对污染场地修复发展的探讨,主要涉及污染地块风险管控、修复方案比选、相关政策与法律的研究、政府监管与公众信息公开、对修复资金来源的探讨与借鉴。本文将对这些研究进行总结,列出较有代表性的研究。

梁佳斌和董晶(2011)认为污染场地修复与治理项目具有修复周期长、工程情况复杂、专业性强等特点,在项目实际操作过程中,需要协调多家单位,包括政府行政主管部门,勘察设计单位、调查实验单位、监理单位、施工单位等,需要在项目启动阶段做好充分的策划并制订科学的项目管理大纲。

李奇伟和秦鹏(2017)指出针对我国城市污染场地治理的现实困境,需构建多元主体合作共治的城市污染场地风险治理模式,完善城市污染场地立法和风险决策机制,建立场地信息公开与公众参与制度,健全城市污染场地治理监督管理体制,确立城市污染场地治理责任制度。

杜志会、黄正玉和李戎杰(2017)对具体污染场地修复项目的分析总结得到这些经验:①前期场地调查时,采集的信息必须全面、详细、准确,为后续的修复工程打好基础;②结合项目具体情况,科学有序地制定施工组织方案,从而保证修复进度与质量;③构件完整的环境监测系统与管理体系、技术支持系统、组建现场监管团队,保证工程的实施可控;④为实现环境效益并适当提高,需要构建完善的修复管理体系。

李云祯、董荐、刘姝媛和于茵(2017)指出,由于中国的污染场地具有数量大以及复合污染等特点,以污染修复清除为导向的管理措施耗费巨大。根据污染场地的污染程度与特点,结合风险控制对场地进行分类管理。以风险控制为导向,重要的场地、污染影响严重的场地优先修复,开发时间充裕的污染场地采用封闭隔离等措施进行控制,不再"一刀切",分类管理有利于修复经费的统筹,适合发展中国家国情,在我国具有广阔的应用前景。

曾福城(2016)认为,我国当前土壤污染修复治理资金缺口巨大,难以保障土壤污染修复的顺利进行,需加快构建土壤修复的政府性资金机制——土壤修复基金。美国超级基金制度的成功经验,为基金来源途径带来了诸多启示。我国在设立土壤修复基金时应以此为鉴,建立起适合我国国情的土壤修复基金来源途径。

2.1.2 国外相关研究综述

从超级基金到棕地法案,美国拥有超过30多年解决污染场地的经验,目前许多污染场地的行政管理和技术方法都源自美国,可以学习和借鉴。土地规划和重建一直是欧盟对受污染场地进行管理的重要组成部分。视土壤为不可再生资源是欧盟的创新,我国的政策制定可以从中得到启示。我国需要协调城市规划、未来的土地利用和限制、场地清理和修复的工作。本节将对这些研究进行总结,列出较有代表性的研究。

Saranya Kuppusamy等(2017)做的研究主要集中在基础研究方面,通过数学建模来选择修复方法,每块污染场地的情况都是不同的,修复技术高度依赖于污染物的特性,管理它的方式需要仔细权衡所有相关因素,如补救政策规定的限制、可用的财政支持、公众接受程度以及补救措施对环境的潜在影响。基于风险控制的绿色修复方法可能用于污染场地的长期管理。

Lies Huysegoms等(2017)提出四个相互作用的潜变量决定了公众对污染场地管理的认知:信息披露程度、利益相关者对场地污染程度的认知、污染场地修复与重建结果的期望、公众对决策过程的满意度(政策与管理)。其中,信息披露是最有影响力的,将直接影响实施。公众对决策过程的满意度受制于信息披露程度和他们对场地污染程度的认知,而不是在决策过程中的参与度。

John Price等(2017)指出ITRC(Interstate Technology and Regulatory

Council)组织正在研究复杂污染场地修复的适应性管理方法,这是一种全面、灵活的方法,对修复方法与措施不断地迭代和调整。适应性管理的关键方面,包括修改和更新场地模型,设置临时修复目标和短期里程碑,通过建模量化分析来评估临时修复目标的进展,并将实际与预期的进展进行比较,从而确定何时以及如何调整修复方法与措施。

Victor Andres Arias Espana 等(2018)指出哥伦比亚政府从具有丰富经验和完善管理框架的不同国家(英美)吸取教训,并将这些经验用于其在发展污染场地的管理框架,主要步骤为:①对被污染土地具有清晰明确的定义;②开发基于风险控制的决策过程;③制定一套连贯、透明、综合的监管体系;④实施资金筹措机制,培训专业人员,计划唤醒公众意识并获得公众支持。

Lianwen Liu 等(2017)提出原位土壤修复比异位土壤修复更具有竞争力,低浓度浅深度污染可以尝试植物根系萃取修复,少量污染可尝试化学稳定与隔离,只有当其他补救措施由于时间、预算、场地因素都无法完成时,才考虑用凝固玻璃化。具体项目的土壤修复技术受许多因素影响,包括场地、污染特征、修复目标、修复效率、修复周期、公众可接受性等,应进行可行性研究。

2.1.3 相关研究评述

经过对国内外关于污染场地修复项目管理的研究现状的详细梳理,国内外对污染场地修复的项目管理研究比较少,尤其是具体针对某一个项目的管理,很少有专家进行具体系统的研究。目前仍以其存在的问题与未来展望为主,而对污染场地修复项目全过程管理研究的并不多,而且也不深入。

首先,国外污染场地修复具有多年经验,已形成一套成熟的体系,目前许多污染场地的行政管理、技术方法和土壤修复基金来源途径都源自美国,可以学习和借鉴。

其次,一部分学者对污染场地修复项目协同管理进行研究,在项目管理过程中,需要协调多家单位,包括政府行政主管部门,勘察设计单位、调查实验单位、监理单位、施工单位等,需要在项目启动阶段做好充分的策划并制订科学的项目管理大纲,构建出多元主体合作共治的城市污染场地风险治理模式特别重要。

再次,一些专家以污染场地风险管控为导向做出研究,对污染场地实行分类管理,采取风险管控的策略和模式。按照风险的不同等级程度,对污染土地进行修复和管理控制。

最后,国外学者研究复杂污染场地修复的适应性管理方法,对修复方法与措施不断地迭代和调整,通过建模量化分析来评价修复目标的进展以及信息披露程度,利益相关者对场地污染程度的认知,污染场地修复与重建结果的期望,公众对决策过程的满意度等相关因素。

2.2 相关理论基础

2.2.1 项目管理理论简述

项目管理是在一定的资源约束下,使用专业的理论、工具和方式方法等,有效地管理项目,从而让项目实现或超出目标。对项目的全过程,以实现项目目标为导向,从启动决策开始到项目结束,进行策划、执行、协调、纠偏以及后评价等管理活动。项目的边界条件包括了项目的范围、质量、进度、成本、安全等,项目管理是对计划的项目过程进行详细计划和分解,划分责任与考核标准,结合各种管理体系、控制方法等,在执行时进行纠偏,对原计划进行调整,在不断迭代与调整中进行过程控制。

随着项目的复杂性增加,技术更迭发展,传统的、经典的项目管理理论体系早已不能满足当下复杂管理项目、融合管理项目的管理要求,项目管理理论亦随着时代发展与创新。项目管理体系是一个全面、综合的系统,目前有三大项目管理方法论,分别是项目阶段化管理、项目精细化管理和项目优化管理。按照项目管理的内容把项目管理理论详细区分为项目评价、组织管理、范围管理、时间(进度)管理、成本控制、质量管理、优化管理、团队和沟通管理、风险管理、管理软件的理论和方法。这十大项目管理理论和方法都在长期的项目管理中,进行了优化与创新,对项目管理理论体系进行了区域完善。

1)项目评价

项目评价包括了一个项目的前期可行性研究,项目竣工投入运营的后评价等。项目的可行性研究不单单是一项行政报批手续,通过分析论证了项目建设的必要性、与国家宏观政策匹配程度、建设规模合理性、建设条件是否具备、资金来源保障性、社会效益显著性等,是项目决策阶段的核心,从而避免领导拍脑袋盲目追求政绩与业绩匆匆启动的项目。项目后评价是对已经投入运营的项目的结果、效益、影响、过程管理、可持续性等方面进行事后控制与论证,充分对比项目前期的目标是否实现,分析出主要因素,在项目全生命周期的角度总结经验教训并反馈,在后续项目中进行改善与提高,从而提高项目管理团队的水平。

2）项目组织管理

项目组织结构通常是线性的项目型或职能型组织模式的上下级模式，不主张越级汇报与越级指挥。还有矩阵型组织模式，细分为强矩阵、平衡矩阵、弱矩阵，各个管理模式因企业后台对于项目的支撑力度不一样，项目调配资源的权力也不一样。

3）项目范围管理

项目范围管理是指要让建设项目完成全部工作，但是又要控制仅完成范围内需要完成的工作，通过 WBS 技术等对项目范围进行分解。项目范围管理是明确所有工作的目标和界面，同时所有工作明确红线，即在进度、成本、工作内容方面的约束。实际操作中，项目范围管理往往容易被人忽视，确定了项目范围管理计划后，在项目实施过程中需要不断对范围管理进行控制，从而避免项目超范围、工期延误、产生额外成本等。

4）项目时间管理

项目时间管理是对项目制订出进度计划，结合工作的逻辑先后顺序，明确关键路线，制定里程碑节点，根据需要可以继续细分为一级计划、二级计划、三级计划等。在项目实施过程中不断对进度计划进行核对与纠偏，影响关键线路是否在后续工作中有时差可以弥补等。项目时间管理通常使用网络计划法、甘特图等工具进行控制，也可以采用风险评审技术（VERT）等方法结合风险进行建模分析。

5）项目成本控制

项目成本管理主要是以整体投资额为核心进行控制，确保在项目设定的预算中完成，采用偏差分析法、比例法等方法进行成本估算，在项目估算、概算、预算、结算、审计几个阶段进行控制。

6）项目质量管理

现代项目质量管理原理涵盖了全面质量管理、PDCA 循环原理（计划、实施、检查、处置）、零缺陷理论、6 西格玛管理、ISO9000 等质量管理方法，提倡制定质量目标，应用事前、事中、事后管理不断对质量进行完善，常用的质量管理工具包括直方图法、控制图法、因果分析法、主次因素图法等。

7）项目优化管理

项目优化管理简单来说包括实现预期的项目功能、加快进度、提高质量、节约成本等，对于项目中一些边界条件不分明、难以定量分析的因素，在模糊数学的基础上进行综合评价并排名，采用线性规划模型、模糊非线性规划模型等。从项目现金流角度,考虑项目资金的流入流出的时间节点,进行资源整合并加快资金周转,从而减少项目资金成本,进行项目优化。

8)项目团队和沟通管理

项目团队管理包括了人事任命、团队组建与管理、团队激励和发展,在过程中积极沟通,采用基于WEB的项目管理信息系统保持沟通无障碍。项目组建团队必须经历五个阶段:组建期、激荡期、规范期、执行期和休整期,团队发展可能是线性的,也有可能是循环式的,正面看待冲突解决问题。更重要的一点是梳理好项目的利益相关方以及合伙框架,才能确保项目的顺利推进。

9)项目风险管理

项目风险管理分为可管理风险和不可管理风险,目标是增加积极因素发生的概率、减小消极因素发生的概率,主要经过风险识别、风险定性并量化、风险对策研究、风险对策控制四个步骤,采用项目风险评估矩阵、决策树、敏感性分析等方法进行风险控制。在项目实施过程中,还需要不断跟踪已识别风险和可能产生的新风险。

10)项目管理软件

项目软件管理采用最新的应用软件,比如计划控制中采用project,引入BIM平台进行全过程项目建设管理,在项目各个阶段由各参建单位分别建模,结合项目管理,进行图纸优化、施工模拟、运维管理等工作。

2.2.2 污染场地修复管理的定义

随着污染场地管理的发展,美国环境保护局(EPA)总结了国家优先清单(NPL)中污染场地的管理措施,并将其分为处理、控制两大类。英国环境保护局(UKEA)将污染场地的修复管理分为四大类:去除或减少污染源、阻断污染源和受体之间的传输途径、降低暴露风险、去除受体。污染控制措施的重要环节包括调查评估和现场监测,现场管理并不意味着完全去除场地污染,而是越来越强调管理和控制措施在污染场地管理中发挥的积极作用。根据污染场地影响范围的严重程度,修复需要的成本进行评估分类。我国的《污染场地土壤修复技术导则》中规定,依据科学、可行、安全的基本原则,需要综合考虑污染场地修复成本、时间、技术、效果等目标,根据每个项目的特殊情况选择最优的修复方案。

结合国内外污染场地修复项目管理的划分,本文将污染场地整治项目管理定义为:通过整个生命周期的场地管理,采取一系列减缓或控制风险管理制度和系统,减少经济和环境成本的措施,实现污染土地资源整合与再利用的目标。包括土壤环境保护相关政策法规的完善和标准制定,资金保障,建立修复组织架构,预防和污染源调查,阻断污染,治理和修复,监管体系和能力建设,目标评估,等等。其管理方法包括但不限于早期决策、现场详细调查、风险评估、主动修复、被动修复与缓解、修复效果评估、制度管理和后期的长期监测等。我国现行污染场地治理流程如图 2.1 所示。

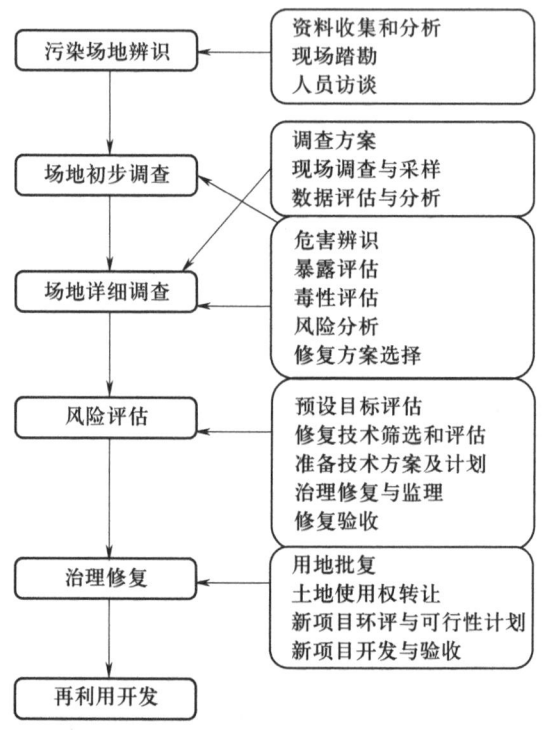

图 2.1　我国现行污染场地治理流程图

2.2.3　污染场地修复 PDCA 循环原理

PDCA 循环(计划 Plan、实施 Do、检查 Check、行动 Action)最先由美国质量管理专家戴明提出,因此又称作"戴明环"。通常用于项目的质量控制,与事前控制、事中控制、事后控制、全面、全过程、全员参与等,都是 PDCA 循环原理的表现形式,项目的质量在 PDCA 的不断迭代与循环中不断完善,周而复始地运转。这与污染场地修复的主导思想边尝试边改进非常相似,本文将 PDCA 循环原理引申到污染场地修复中。

PDCA 循环图包含了 4 个阶段与几个步骤，分析现状后提出问题，识别各个影响因素与主要原因，提出解决详细措施，按照计划执行并与目标进行比对，归纳总结成功经验，提炼出管理标准化，继续分析现状进入下一个循环，以阶梯式进步的模式推进项目。比较复杂的 PDCA 还有大环套小环，包含复核迭代的思想，如图 2.2 所示。

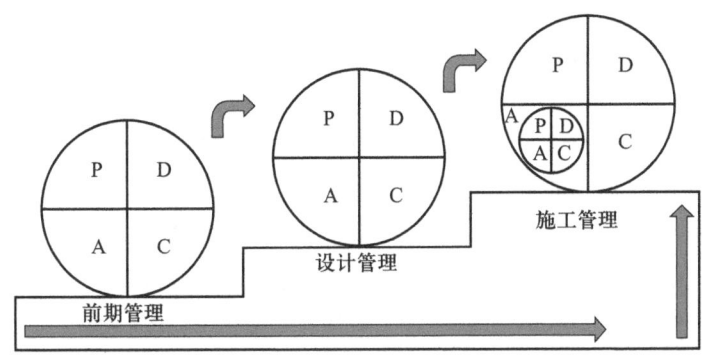

图 2.2　PDCA 循环图

在污染场地修复项目管理中，PDCA 循环可以运用在项目的各个阶段，在梳理污染场地修复前期遇到的障碍与解决方案、优化钢结构与基坑围护结构体系、修复迭代检测、修复施工过程管理等方面都有重要作用。

2.3　本章小结

本章阐述了污染场地修复项目国内相关研究综述、国外相关研究综述、相关研究评述，以及本文所涉及的相关理论基础：项目管理理论简述、污染场地修复管理的定义、污染场地修复 PDCA 循环原理在污染场地修复项目前期管理、设计管理、施工管理等全过程管理中的运用，在项目管理研究中，发现项目管理中存在的各种问题，分析并予以解决。

第 3 章　苏钢地块污染场地修复项目前期管理

污染场地修复项目管理是一个复杂的过程,糅合了环境工程、岩土工程、化工等交叉学科。前期管理包括了选定参建单位、污染识别、现场勘查与采样分析、风险评价、明确修复范围与目标等,并且苏钢地块污染场地修复项目在场地调查和评估过程中穿插了股权交易,更为前期管理增加了难度。本节首先分析了污染场地修复项目前期管理的工作重点,然后对本项目前期阶段存在的问题与解决对策进行分析。项目前期管理全面、详细地收集项目基本信息,扫清前期土地与产权的障碍,决定污染场地修复目标,为整个项目的顺利实施奠定了基础。前期管理策划考虑得越充分,对于整体项目管理越有利,如图 3.1 所示。

图 3.1　污染场地范围示意图

3.1　前期管理工作重点

3.1.1　污染场地前期调查与评估

作为 PDCA 循环前期管理的 P 阶段,结合现场焦化厂的关停与拆除,苏钢污染场地前期调查与评估进行了三次,分别为整体地块场地初步调查、焦化区域污染场地详细调查、修复方案补充样品采集。初步调查与详细调查报告分别组织了专家评审会进行评估,将场地污染状况全面而且真实地反映出来,采取的污染场地调查及风险评估方式方法、技术路线正确,数据真实,结论可靠,可作为后期土壤修复和项目开发的重要参考依据。为了进一步明确污染场地范围,在修复方案编制前,进行补充样品采集,总共需要修复土壤约为 67 000 平方米,地下水约为 2 050 平方米。

目前场地前期调查与评估结合需要和原工业场地拆除进行融合管理,由于地块的建筑物和土壤不具有流动性,并且长期受到同类型的污染物污染,储存和积累过程使得其本身成为污染源。环境问题和循环使用问题促使拆除行业与污染土壤的处理处置应当进行综合考虑。我国也应借鉴国外先进的管理理念和思路,逐步规范场地拆除管理和流程,实现管理有序化、废物导向化和环保最大化。

3.1.2 明确修复范围与目标

苏钢地块老区焦化区域污染场地从 2015 年启动场地初步环境调查、详细调查及风险评估、修复方案编制、施工组织设计编制,每一个步骤都申报环保主管部门,召开专家评审会,均符合当时的政策与规范要求,采用国家标准对土壤环境进行评价。针对苏钢地块污染物的不规则分布,对于修复目标需要进行详细分解,形成时间与空间二维度的复合化矩阵修复目标。苏钢地块修复项目的资金计划、团队水平、修复难易程度、地块整体开发计划等软件因素构成了修复时间目标:阶段目标 1、阶段目标 2……阶段目标 M;苏钢地块修复项目的污染物分布情况、工程地质勘察情况、设施设备、周边环境等硬件因素构成了修复空间目标:分区修复目标 A、分区修复目标 B……分区修复目标 N;从而将整体污染场地的修复目标细分为时间与空间复合化修复目标:目标 A1……目标 B2……目标 NM,叠加形成复合化的修复改造目标体系,从而对后期实施进行有效指导和控制。如图 3.2 所示。

其余常规项目管理目标,如质量、进度、环境保护、安全生产管理目标如表 3.1 所示。

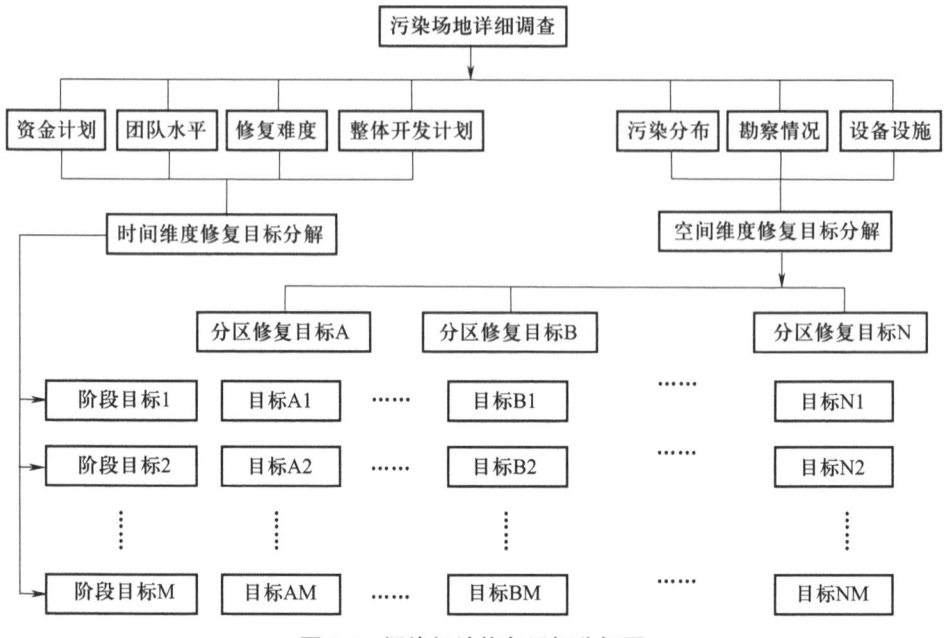

图 3.2 污染场地修复目标分解图

表 3.1 项目管理目标

序号	内容	目标
1	质量目标	一次性验收合格
2	进度目标	2018 年 7 月开工,计划总工期为 11 个月
3	环境保护管理目标	(1)污水排放达标; (2)控制工地噪声,无噪声引起的投诉; (3)建筑垃圾定点堆放处置; (4)控制工地扬尘,无扬尘造成的投诉
4	安全生产管理目标	(1)施工过程中,无重伤和死亡事故; (2)施工过程中,无火灾事故; (3)无重大交通事故; (4)无管线与构筑物损坏或基坑坍塌事故
5	文明施工管理目标	(1)环境影响最小化; (2)现场材料堆放整齐,生活设施清洁; (3)清洁运输; (4)减少对周边居民工作、生活和出行的影响; (5)按标准化工地要求施工,确保达到苏州市文明工地标准

3.1.3 参建单位考察筛选

在明确要修复什么,修复的范围是多少,修复的目标明确后,接下来就是要选取参建单位了,包括污染场地调查评估、污染场地修复方案设计、修复工程实施、环境监理、修复验收、环境监测。而且要在这个阶段充分提出要求,不断摸清这个行业的规则,与传统的工程项目有哪些区别,简答地说就是找什么样的人来做什么样的事情。

在传统工程项目的设计、施工、监理、监测的基础上,增加环境分项,并参考《污染场地调查评估修复从业单位推荐名录》,以企业规模资质、专业人员、从业能力、近三年类似业绩数量与质量、环保局评价等为指标筛选国内污染场地修复项目中具有丰富经验和全产业服务的参建单位,具体要求如表3.2所示。

表 3.2 参建单位考察筛选要求

参建单位	筛选要求
污染场地调查评估	1. 近三年独立完成的场地环境调查与评估的业绩至少有5项; 2. 具有独立、固定的土壤和地下水分析实验室,实验室建筑面积满足实际需求,实验室具有与土壤和地下水检测项目相关能力的国家计量合格资质,建有土壤样品保存库,土壤样品可追溯; 3. 场地环境调查与评估项目技术报告符合国家和地方技术规范,选定的相关评价标准、监测方案、调查方法科学合理,对项目场地的周边敏感目标识别齐全,对项目场地、相邻场地的现状和历史调查充分,场地环境调查与评估项目通过专家评审
污染场地修复方案设计	1. 近三年独立完成的污染场地修复方案编制的业绩至少有5项; 2. 提交的污染场地修复方案报告符合国家和地方技术规范,对污染场地制定的修复目标、修复技术、修复技术路线和工艺参数科学合理,污染场地修复方案通过专家评审
污染场地修复工程施工	1. 近三年独立完成的污染场地修复工程的业绩至少有5项; 2. 提供的污染场地治理修复工程施工业绩能体现出土壤重金属、有机物、地下水污染修复能力与工程施工过程中相关污染防治措施、土壤治理手段、安全生产措施等; 3. 原委托方评价污染场地治理修复工程施工项目按照合同要求、时间节点履行,无负面评价

续　表

参建单位	筛选要求
环境监理	1. 近三年独立完成的污染场地治理修复工程环境监理的业绩至少有3项； 2. 提供的污染场地治理修复工程环境监理报告内容完整，符合国家和地方技术规范； 3. 原委托方评价环境监理项目按照合同要求、时间节点履行，无负面评价
修复验收、环境监测	1. 近三年独立从事场地环境监测及治理修复工程验收监测的业绩至少有3项； 2. 采样人员与分析人员、实验室场地面积满足实验需求，具备监测重金属、有机物等仪器设备，建有土壤样品保存库，土壤样品可追溯； 3. 具备相关安全技术规程与质量控制规程

3.2　前期管理存在的问题

在分析现状后，进入了 PDCA 循环的 D 阶段：既然要在污染场地进行土壤与地下水的修复，那么和国土、产权等相关的问题在前期不可避免，而不是根据流程调查后对治理方案设计简单地进行推进。苏钢地块原先为工业用地，响应国家"去产能"的政策将工业用地变性为商办、住宅用地，完成污染场地调查评估后进行项目公司股权拍卖，新股东承担了这个项目的权利与修复污染场地的义务，土地变性与产权交易面临政策与法律方面的阻力。修复资金来源单一，由新股东承担，并且焦化厂污染场地修复可以参考的案例极少，修复过程中的项目保密性亦存在问题。

3.2.1　土地变性与产权交易的阻力

苏钢地块交易过程一波三折，险些流产。2016 年 10 月 17 日，备受关注的苏钢地块（项目公司股权）在上海联合产权交易所拍卖，终由上海陆家嘴集团竞得，成交总价 85.25 亿元，溢价率 117.14%，项目公司拥有苏地 2008-G-6 号地块的土地产权，地块面积约 65.95 万平方米，总建筑面积约为 108 万平方米，用地性质为住宅用地、商办用地等。

戏剧化的是在拍卖成交第二天，苏州高新区管委会递交给上海联合产权交易所一份紧急文件,转让方苏钢集团隐瞒了相关重要协议和文件,要求交易中止,而且判断本次交易"名为股权转让,实为土地流转",苏州绿岸房地产开发有限公司目前对相关地块的开发尚未达到开发投资总额的25%,相关法律与政策约定有关土地不得转让。

从苏州高新区管委会的函件来看,苏州绿岸项目存在很多问题,有法律方面的障碍,又遭到当地政府部门的反对,更重要的是交易本身没有合法性基础,而陆家嘴集团方面在资金使用方面亦涉嫌违规,上市公司重大资产收购未上报证监会。

3.2.2 修复资金来源单一

常规污染的工业用地由土地储备中心收回,由土地储备中心修复完成并将用地属性变成商办、研发后,进入土地招拍、挂平台进行拍卖。但是,项目公司的股权出让行为,规避了土地储备中心的监管,凡事皆有利弊,污染场地修复的责任只能由项目公司的受让人承担,即该项目公司的所有权利、责任都与股权一并转让。

本项目主要因为种种历史原因,苏钢集团炼钢规模已经收缩,原地块上负责普通钢铁与焦化能源板块的项目子公司已经灭失,目前仅剩下特种钢业务。而且属地政府规划周边环境为生态宜居新城,苏钢集团可能在未来几年内全面关停。即使可以判定污染责任人,继续套用"污染责任人付费"的原则,除非得到属地政府的大力支持,否则污染场地修复在追溯时几乎难以实现,前文提到过属地政府对苏钢地块股权交易是极力反对的。

没有政府修复资金的支持,整体地块开发的建设单位必须有雄厚的资金实力,按照常规住宅地块开发一点卖掉一点的方式来回笼资金,那么污染场地修复的资金来源有限,无法得到持续的保障,建议加快构建污染场地修复的政府专项资金划拨制度。

3.2.3 可参考的案例极少

每块污染场地的情况都独一无二,污染源、产生的污染物、污染面积与深度、地质情况、修复目标、修复资金、周边敏感程度、环保局接受程度等边界条件大多数都不一致,因此可以参考的案例极少。苏钢地块污染区域原先为焦化厂,根据前期调查结果,老焦化区域场地0~18米土壤均有不同程度的超标情况,存在威胁人体健康的风险。一共有8种污染物超标,主要暴露途径为经口摄入、皮肤接触和吸入土壤挥发至室内水蒸气。

经多方咨询,并调研了北京焦化厂、苏州化工厂、上海机器厂等具有代表性的污染地块,本文认为,其中上海市静安区326彭浦机器厂地块污染场地修复项目与本项目在工程规模及技术要求方面近似。

静安区326街坊彭浦机器厂地块面积约为264 700平方米,原为工业用地,该地块从20世纪50年代初期建起工厂,2016年彭浦机器厂开始搬迁。部分土壤样品中污染物的检验值超过敏感用地筛选值,采用氧化技术进行修复。

3.2.4 项目保密性问题

污染场地的问题比较敏感,从参建单位、参加评审会的专家、相关政府部门到社会公众,一旦信息全部公开,将造成项目推进的巨大阻力,所以在一定范围内需进行项目保密。简单来说,污染场地修复作为一个社会敏感问题,其调查过程和修复过程不适宜让每个人都知道,一旦在调查、修复、修复后等过程中出现纰漏,很容易被媒体将相关事宜进行放大,那么整个项目就会马上被推到舆论的风口浪尖。

每个参建单位在考察、招投标阶段也涉及项目保密性问题,可能通过前期单位、相关专家等渠道了解到这个项目需要施工、监测等参建单位,因为同行的竞争关系,有扩大影响的风险。而且参建单位之间可能存在利益相关方,比如由相关专家或者政府部门进行单位推荐,也会对项目的公平合理竞争造成阻力,无论有没有中标,都要求每一家接触的单位签订保密协议。

本项目的污染调查与修复的每一个流程都符合相关法律规定,满足国家规范要求,通过专家评审会,在政府部门监管下进行。公众更需要的是污染场地修复信息的知情权,他们能够获得合理的解释,而不是每一条具体详细的信息。在修复、二次开发完成后的商办项目,如果小业主了解原先的地块是污染场地,那么首先就是抱着怀疑的态度,质疑修复是否到位,对他们的健康有没有影响,这对周边住宅项目的销售与商办项目的租赁都造成先天不足的影响。

3.3 前期管理存在问题的对策

前期项目管理存在的一系列问题,涉及产权、资金、保密性、修复难度等,也许在大多数污染场地修复项目中都会遇到,那么如何处理这些障碍,本节将予以分析,进入了PDCA循环的C阶段。通过召开政府专题会议解决产权遗留的问题并达成共识,资金方面借鉴美国超级基金制度与管委会协商,通过其他渠道适当返还部分资金,建立项目专家库进行全过程咨询,采取保密措施从而减少群诉风险。

3.3.1 政府专题会议达成共识

苏州绿岸名下的土地是苏钢转型升级、建设"现代服务业聚集区"和"北大青年城"的重要组成部分,继承了苏钢集团对地方政府的承诺和相关义务,对于项目开发的内容、宗旨以及整体规划不得变更,其开发必须围绕"北大方正——苏州现代服务业聚集区"开展,开发活动中尤其应该严格遵守所在地规划、环保等要求。

简单来说,就是原来北大方正入主苏钢集团,向政府汇报了产业转型升级的定位方案,政府部门为苏钢做好了土地规划,应该按照原来协商好的蓝图来进行开发,可是北大方正在拿到土地证和规划红线批复后,绕过当地政府的监管,直接把项目公司的股权拿到上海拍卖了。所以苏州政府当然非常不满,极力反对这笔巨无霸的产权交易。

但是交易通过拍卖既成事实,经过长达两个月的专题会议,陆家嘴集团和苏钢集团都是国资控股企业,谁来开发都会具有不同风格的优势。根据苏州高新区管委会与陆家嘴集团签署的《地块开发项目备忘录》,高新区管委会与北大方正集团、苏钢集团已经就苏州绿岸股权事宜达成谅解,支持苏州绿岸公司引入陆家嘴集团成为新股东并依托其成功开发经验和特色资源优势开发项目地块。陆家嘴集团作为苏州绿岸公司未来的大股东,将积极协调苏钢集团引入北大方正集团教育、科研、医疗、金融等优质资源,打造精品工程,助力浒墅关老镇升级改造。

2016年12月,上海陆家嘴金融贸易区开发股份有限公司对外发布公告,披露了重大资产购买报告书。

2016年12月27日,苏钢集团有限公司与上海陆家嘴金融贸易区开发股份有限公司签署了关于苏州绿岸房地产开发有限公司相关产权交易协议。上海陆家嘴金融贸易区开发股份有限公司持有苏州绿岸房地产开发有限公司95%的股权,苏钢集团有限公司持有苏州绿岸房地产开发有限公司5%的股权。

终于在2017年5月2日,属地政府批准了项目公司股权情况变更申请,核发了新营业执照。2017年5月8日,陆家嘴集团收购苏州绿岸95%股权项目的资产重组实施完成,标的资产过户,并且按照《产权交易合同》的约定向苏钢集团支付了全部金额。

3.3.2 借鉴美国超级基金制度

美国超级基金主要来自年收入在 200 万美元以上企业的附加税、联邦普通税与基金利息。美国《超级基金法》规定，只有责任主体无法承担、不愿承担治理费用，或者不能确定责任主体时，超级基金才允许被先行支付治理费用。但是先行支付后，环保部门将向法院提起诉讼，向诉讼时能够找到的责任主体追偿其所支付的治理费用，采用先垫付后追责的方式。

美国《超级基金法》采用严格责任、连带责任、回溯责任的无限责任原则，是无比严苛的责任认定方式，具体说明见表 3.3。

表 3.3 美国《超级基金法》责任认定

严格责任	潜在责任主体对于其造成的污染场地，无论主观愿意与否，都要承担相应责任的原则。比如某一个股份公司的财产无法承担相应治理费用，那么这家股份公司的董事、股东、经理等都要以个人财产承担治理费用
连带责任	超级基金或联邦政府可向任何一个能够找到的上述责任人追索全部治理费用，任何对其控股或参股的组织和个人均可成为责任的对象
回溯责任	即使当初的丢弃是完全合法的，当前按照该法的标准可能构成环境污染，也可以认为丢弃的企业应负治理责任，同时也使当下的业主以及使用人负有治理的法定责任

美国超级基金制度在国内是可以借鉴的，苏钢地块在选择股权交易后，修复污染场地的责任只能由项目公司的受让方——陆家嘴集团承担。若借鉴美国超级基金制度，在责任人改制重组或者产权归属关系灭失的情况下，相关人员可以向原责任人追溯，并且尽可能多地找到连带责任人，要求相关责任人承担责任，这种做法避免了在很多情况下，无从得知责任主体。

根据实际情况，我国成立专项修复基金，筹资渠道有：排污费、政府财政投入、征收企业环保税、发行环保彩票、民间污染场地修复基金、基金运作的收益。如果照搬美国的严格责任、连带责任、回溯责任，有可能造成相应制度太严厉而无法执行，还要面临大量的环保诉讼，并且赋予了行政主管部门太大的权力，特别是回溯责任，根据我国国情，最优的责任体系应该是严格责任、连带责任、不回溯责任。目前工业工地土地使用权转让前已经进行了土壤调查并向环保部门备案,后续可以加强监管,如果没有完成修复,就不允许土地变性与土地使用权转让。

苏钢地块的项目公司已经完成了股权出让,我国目前施行"谁污染谁付费"的原则,如果能参考部分美国《超级基金法》中的连带责任制度,那么就可以和原来造成污染的相关责任单位协商,项目公司的股权出让方苏钢集团也要承担部分修复责任,现在只有项目公司的股权受让方陆家嘴集团承担全部修复责任,双方企业可以协商通过其他渠道适当返还部分污染场地修复费用。

3.3.3 建立项目专家库进行全过程咨询

陆家嘴集团是一家成熟的房地产开发国有企业,污染场地修复的经验比较少,而且污染场地修复具有化学、生物、岩土、工程、环境等多学科交叉的专业性,焦化厂修复可参考的案例极少,考虑到技术难度,地方的标准与规范略有不同,所以需要建立项目专家库进行全过程咨询。专家意见仅作为企业内部决策事宜的参考,专家不直接参与决策。

专家遴选标准主要有:学术造诣高、专业能力突出、实践经验丰富、具有良好的品德,并且需要保证专家、参建单位与决策事项之间没有直接利害关系。比如高校环境学院的教授、环境咨询企业技术负责人、非本项目场地修复设计单位技术负责人、非本项目场地修复施工单位技术负责人、不管辖本项目的环保局领导等,充分引入民间智慧与市场因素。企业内部专家评审与外部专家评审不一样,外部专家评审在政府部门专家库中由政府部门选取并进行名单公示,这些专家有的行政隶属性较强,在论证过程中,他们的意志非常容易被政府部门"俘虏",造成了"知识—权力垄断机制"。一旦外部专家评审会专家意见达成共识并形成会议纪要,那么企业只能被动接受。企业内部专家除平时出谋划策外,还要在外部专家召开评审会时为本项目"助拳"。简单来说,为本项目成立的专家库就是找一批专业水平高、实践经验丰富、无利害关系、能一致对外的强力帮手。

另外,要保证内部专家在项目管理中能够独立地发声,避免跟着企业高管"一言堂"走,需要专家凭专业表达意见,也就是保持知识的独立性,对设计方案、施工图设计、施工招投标、环境验收等里程碑工作进行详细论证,充分发挥外脑的作用。

3.3.4 采取保密措施

保密具体措施有很多,适合苏钢地块污染场地修复的也很多,比如签订保密协议、成立保密工作小组、制定保密工作流程等。具体内容包括:修复技术实现原理、软硬件使用密码、工程施工线路及设备布局图、工程进度及推进方式、工程实施、危险废物处置点等。保密对象分为内部与外部,内部保密为设计、环境顾问等单位对意向邀请招标施工单位的保密,防止设计与施工从技术垄断和壁垒等角度进行串通招投标。内部保密还有设计、环境顾问等单位对内部专家的保密,防止专家对外泄露相关数据,建设单位在让内部专家作技术评审时会隐去相关参建单位名字。外部保密为所有参建单位对政府部门与公众的保密,如图 3.3 所示。

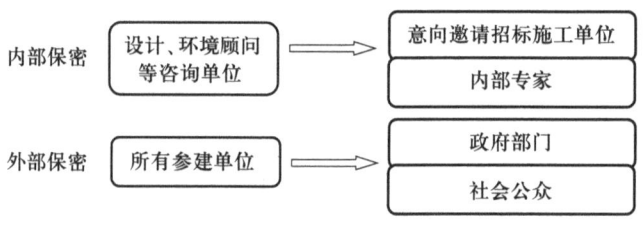

图 3.3　保密对象逻辑图

污染场地修复项目知道的人越少越好,前提是要符合相关法律与规范,并在政府部门与环保机构的监督下,快速、低调地完成,尽量减少公众影响,在一定范围内进行充分保密。

3.4　本章小结

本章分析了前期管理的重点与难点,前期管理从场地调查开始,明确污染场地修复范围与目标,选取实施单位,扫清土地与股权方面的障碍,解决技术、资金、保密性等问题。前期管理是整个污染场地修复项目管理的开头,所谓万事开头难,前期的统筹策划为后期设计与施工的顺利推进打下了坚实的基础,进入了 PDCA 循环的 A 阶段,总结经验并进入下一个 PDCA 循环设计阶段,后续本文将分析设计管理与施工管理。

第 4 章　苏钢地块污染场地修复项目设计管理

污染场地修复项目设计管理包括修复技术筛选、修复方案比选、修复方案设计、施工图深化设计、设计进度与质量管理等。苏钢地块污染场地修复设计从明确修复目标到完成深化设计历时 6 个月,整体设计管理的状态是边摸索边推进。设计管理的核心部分也即整个污染场地修复项目管理的核心部分是修复方案比选,是彻底修复消除污染物,还是容许污染物留存,通过工程技术来进行风险管控? 近年美国环境保护局将国家优先名录上的污染场地管理措施分为处理、控制两大类,将治理修复与风险管控并列为污染土壤治理的主要手段。在综合考虑各种影响因素后,比选出最优方案,通过外部专家评审会进入深化设计阶段,涉及与岩土工程和结构工程的配合。本文从地产开发角度进行管理分析,对具体的修复技术仅做简述。

4.1　污染场地修复方案比选

在数种污染场地修复方案的比选中,需要考虑治理与风险管控(不治理)两种手段,本节简述的方案一(热处理方案)与方案二(多相抽提方案)属于治理修复,方案三(容许污染物留存的隔离方案)属于风险管控,这是 PDCA 循环的 P 阶段。最新一期的美国环保局出具的超级基金修复报告(US EPA,2017)统计了污染场地采用的治理方法,其中修复治理的场地数量达到了 41%,风险管控类达到了 59%,整体风险管控的比例正在提高,如图 4.1 所示。

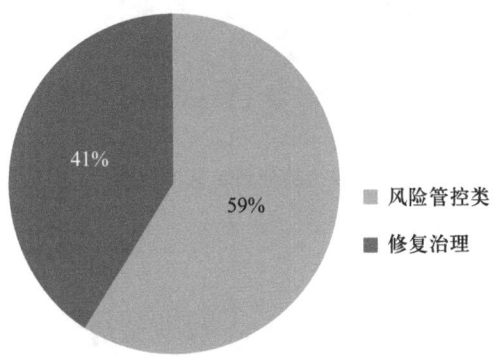

图 4.1　美国环保局场地治理措施统计图

4.1.1 热处理方案评估

热处理技术发展成熟,国外已广泛应用于工程实践。1982—2016 年约有 70 个美国超级基金项目采用该技术,国内也有少量工程应用案例。该技术可用于场地土壤的修复,以去除污染物,特别是将开挖土壤区分为油泥和污染土壤。采用异位热处理技术对污染的油泥进行修复,通过化学氧化对污染土壤进行修复,修复工艺如图 4.2 所示。

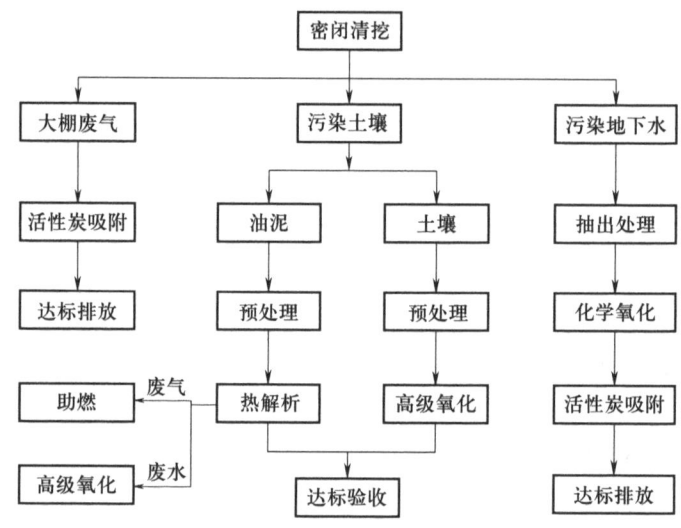

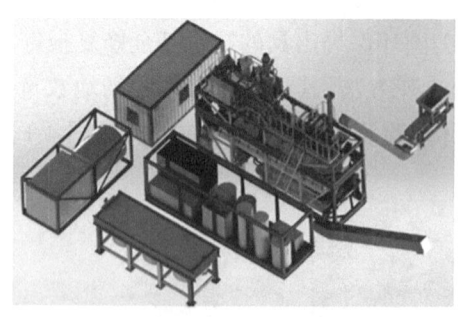

图 4.2　热处理工艺流程图

4.1.2 多相抽提方案评估

多相抽提方案是采用真空抽取地下污染区域的气体、地下水和浮油到地面进行气液分离并吸附处理,实施污染场地修复。针对场地中的挥发性有机物(VOC)、半挥发性有机物(SVOC),根据不同污染深度,分别采用低负压双泵双相抽提系统(LVDPE)和高负压双泵双相抽提系统(HVDPE)打孔进行抽提,抽提后在孔中加药,采用原位化学氧化技术(ISCO)继续修复。抽提技术在国外已经被广泛应用,技术相较国内更加成熟,具体修复工艺如图4.3所示。

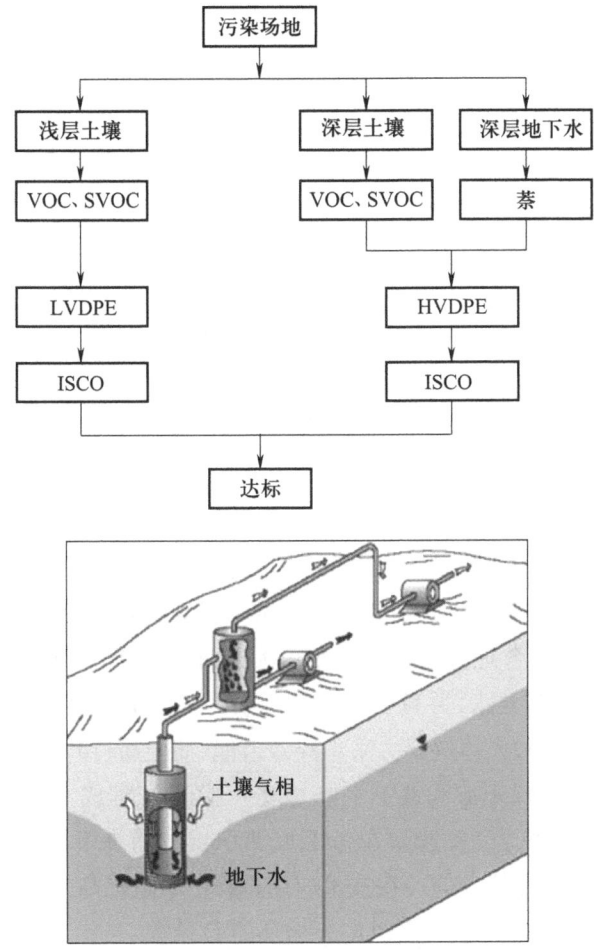

图 4.3　抽提工艺流程图

4.1.3　容许污染物留存的隔离方案评估

采取植被生态隔离方法,最大限度将表层污染物阻隔,是一种不进行治理,但是进行风险控制的方法。针对深层土壤和地下水的污染,在生态隔离的基础上，对深层土壤和地下水实施混凝土地下连续墙边界隔离，对污染区域进行包围，做一个巨大的工程盒子扣住污染物。通过物理与生态隔离的方法，阻止污染物的羽化扩散，减少污染源的暴露，从而构建污染场地风险控制，容许污染物留存的隔离系统，如图4.4所示。

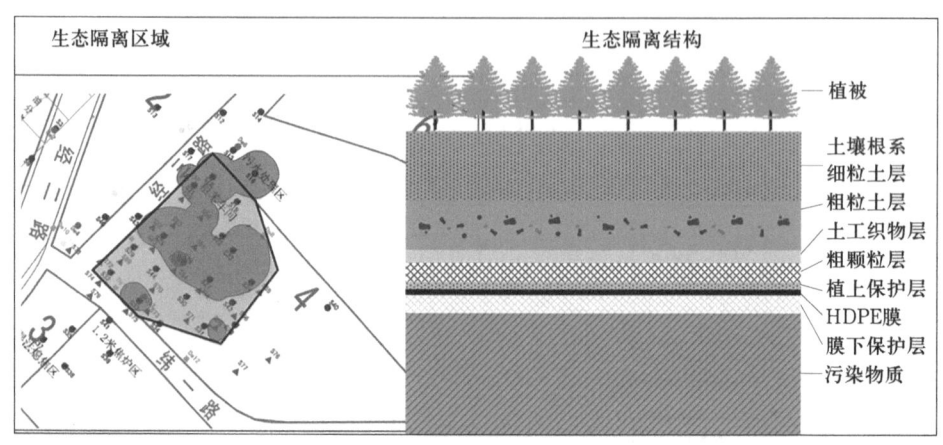

图4.4 生态隔离示意图

4.1.4 方案比选后决定采用热处理方案

为了项目质量、环境、安全、工期等各项指标达标，减少治理过程中可能产生的新环境问题，场地修复需要满足几项基本原则：规范性原则、安全原则、技术可行性原则、经济合理性原则、时间原则、示范性原则。所用技术满足本场地土壤污染物的去除要求，并且在处理过程中污染土壤不会对土壤造成二次污染、不影响周边环境和人体健康。采用高效节能、简便易行和稳定可靠的土壤和地下水修复工艺，确保土壤和地下水修复效果，降低工程成本和日常运维费用，采用可靠的控制系统，设备选型在考虑成熟稳定的前提下，优化配置，减少投资。做到技术可靠、经济合理。在技术应用过程中尽量提高去除效率，在规定时间内达到要求处理效果，进入了PDCA循环的D阶段。

根据污染物特性与范围，我们初步筛选了三种修复方法：热处理方案、多相抽提方案、容许污染物留存的隔离方案，经过修复指标（修复效果、修复费用、修复周期、经济效益、环境影响、环保局接受程度等）综合比选，最终确定采用热处理方案，如表4.1所示。

表 4.1 修复方案比选表

	热处理方案	多相抽提方案	隔离方案
费用(万元)	9 950	9 020	5 600
周期(月)	14~16	12~16	6~8
技术有效性	采用开挖为主的施工方式能直观识别场地内土壤污染情况,对其进行修复	能大部分解决场地土壤地下水污染,但针对油泥修复效果有限	采用隔离的方法能有效切断污染物的暴露途径,修复成本较低,工期较短,但不能彻底解决污染,且需要长期监测
经济效益	修复完成后,场地可用于商业商办用地开发	修复完成后,场地可用于商业商办用地开发	修复完成后,土地开发利用类型受限
环境影响	开挖暴露污染风险,需设置负压大棚,收集处理开挖过程中产生的逸散气体	场地内不存在开挖情况,最大限度降低了施工期间污染物的暴露风险,对周边环境影响较小	局部开挖暴露污染风险
环保局接受程度	从长远安全角度考虑,方案可接受	从长远安全角度考虑,方案可接受	从长远安全角度,不能彻底修复污染,方案是否被接受存疑

4.2 污染场地修复方案深化设计的难点与对策

在确定了污染修复方案,并通过外部专家评审会之后,我们采用热处理技术进行修复。随着环保监管日趋严格,方案面临污染土壤开挖时的支护问题,而且开挖即将污染土壤直接暴露在空气中,需要采取密闭措施防止二次污染。深化设计中存在的一系列问题,涉及环境工程与岩土工程、钢结构工程的配合,防治二次污染的控制措施,以及在深化设计阶段的成本控制措施。如何处理这些问题,本节将予以分析,进入了 PDCA 循环的 C 阶段。通过增加钢结构密闭大棚防止废气外溢,采用放坡与基坑支护配合污染土壤开挖,并且进行优化设计来控制成本。

4.2.1 采用钢结构密闭大棚防止废气外溢

在土壤开挖及修复过程中,土壤中的有机气体会逸散,此种无组织排放需要加以控制,以防止有机气体扩散影响周边居民。采用密闭大棚覆盖整个开挖区域,使用大功率风机使密闭大棚内保持负压,防止大棚内的气体扩散到大气环境中。将大棚内的气体抽取至有机气体处理装置,处理达标后集中排放。由于场地内污染土壤范围较广,重污染区域可能造成的有机气体扩散浓度较高,密闭大棚考虑覆盖整个污染区域,同时考虑到挖掘机、自卸车等施工机具在密闭大棚内的操作空间,以及清挖土壤暂存修复区,密闭大棚设计面积约 7 800 平方米,有效高度约 8 米,如图 4.5 所示。

图 4.5 钢结构密闭大棚实景

大棚内作业区划分为土壤预处理区、待热脱附堆存区、待化学氧化堆存区、化学氧化区及待检区,同时在密闭大棚内建立危险废物暂存区。大棚内设置换风系统,大棚外设置废气处理系统。

4.2.2 采用基坑支护配合污染土壤开挖

需要进行热处理的污染土壤先进行土方的开挖、贮存及清运。不同区域的土方开挖深度分别达到了 2.5 米、4.0 米、5.5 米、13 米。围护结构的形式除了常规的根据地质与周边条件,选取安全可靠、工期短、成本低、便于施工的要求外,更要结合污染场地钢结构大棚的立柱桩布置,综合考虑污染土壤开挖的施工方便,污染场地的密闭性。可选用的围护结构有地下连续墙、钻孔灌注桩 + 截水帷幕、钻孔咬合桩与 SMW 工法搅拌桩等形式，表 4.2 对三种围护形式做了详细的比较。

表 4.2　围护结构比选表

比较项	地下连续墙	钻孔灌注桩＋截水帷幕	SMW 工法搅拌桩
对地层的适应性	适用于各种土层	适用于各种土层	适用于软土地层
围护效果	刚度大，变形小	刚度较大，变形较小	刚度小，变形大
对邻近建筑管线影响	影响小	影响较小	影响较小
防水效果	防水效果好	桩后设隔水帷幕，防水效果较好	防水效果较好
与永久结构结合情况	可按单层墙考虑，也可与内衬层结合形成复合墙体	可按临时支护考虑，也可参与主体结构共同受力，按重合墙考虑	临时支护，不能作为永久结构的一部分
本地区适用深度	适用基坑深度大	受截水帷幕质量影响，适用基坑深度中等	适用基坑深度中等
施工对环境的影响	施工时振动小，噪声低，因产生施工泥浆，对环境造成一定的影响	施工采用泥浆护壁，对环境有一定影响	对周围环境污染小
对机具设备要求	需要大型挖槽机	需要大型钻机	需要大型钻机
施工速度	施工工艺成熟，在土层中施工速度较快	施工工艺成熟，施工速度快	施工工艺成熟，施工作业速度快
围护结构造价	高	较高	低

由于本工程为土壤修复工程，修复后场地供后续开发。SMW 工法搅拌桩在土壤修复完成后，工字钢可以拔除，经济性较好，对后续地块开发影响较小。而其他基坑支护方式均在地下形成钢筋混凝土桩体，成为后续地块开发的地下障碍物。最深处一级基坑采用放坡＋排桩挡土＋锚索支护相结合的形式进行基坑围护，较浅处靠近场地红线边界区域基坑采用钢板桩围护，其他各区域均采用放坡开挖的方式。

污染土壤开挖土方量约为 67 000 立方米，由于基坑放坡，开挖非污染土壤约 50 000 立方米，造成了土方开挖量翻倍，开挖过程中需严格区分污染土开挖与非污染土开挖，为了有效控制大面积开挖造成的污染，使用机械分区域逐层开挖，开挖的土方量需与污染土壤修复能力相匹配。按照先浅后深的顺序依次开挖，开挖出的非污染土运至专门设置的非污染土壤暂存区存放，开挖后的污染土壤立刻用土方车运送到场地内的大棚内进行预处理和修复。

4.2.3　设计优化控制成本

设计费一般只占到工程全部成本的 2%～4%，但是对总成本的影响却高达 80% 以上。设计阶段的成本优化，就是追求投资的合理化，但绝非单纯地追求成本愈少愈好，或以牺牲功能或质量为代价而降低成本。合理的成本优化是指在满足功能的前提条件下，符合有关规范、规程的要求，所付出的最少费用。

本项目组建内部专家团队，主要目的之一就是为了抓住项目成本控制中矛盾的主要方面，通过对项目功能与质量标准的精确控制，进而达到对项目成本的有效控制。同时营造一种与设计人员进行坦诚技术交流的氛围，在沟通过程中向设计院灌输建设单位的成本控制意识，要经常性地进行技术交流，技术交流要强调成本。

在深化设计阶段，将负压大棚与基坑统筹考虑，如图 4.6 所示。采用全部可以回收的支护体系，进一步优化结构形式等，尽可能多地做到成本事前控制。事前控制有两种：一种是充分竞争，对已成熟的工程基坑支护或者钢构，利用投标单位互相竞争的心理和施工单位丰富的施工经验，对原方案进行优化，达到建设单位想要的成本节约。第二种就是合理地分摊风险，对施工单位能够判断和预控的措施包干，比如基坑工程的包干及常规临设的包干；对风险系数不大、施工难度不高的措施，比如降水及降水的治理的包干；对施工单位不可控，风险较大的措施，如环保治理政策的改变及超出勘测方案外的治理范围进行重计量，风险由建设单位承担。

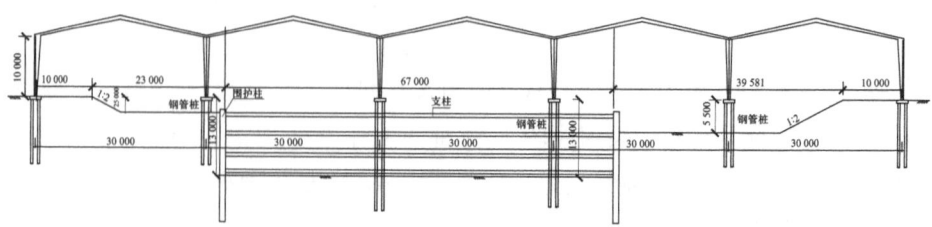

图 4.6　大棚与基坑统筹图

4.3 本章小结

本章主要分析了设计管理中,污染场地修复方案的比选,同时也介绍了深化设计的难点与对策。污染场地修复的设计管理与常规的地产开发设计管理有一些不同,首先在修复方案比选的过程中,就要考虑重重因素,比如技术有效性、对环境的影响、环保局接受程度等。在确定修复方案后,深化设计中不可避免地涉及岩土工程、结构工程与环境工程的配合以及成本优化等问题,本章列举了两个重要问题,通过检查反馈后,进入了 PDCA 循环的 A 阶段,也是后续的施工阶段。随着污染场地修复行业的不断发展,设计管理作为项目管理的重要环节之一,设计管理的精细化要求越来越高,除了常规的及时提交能够满足要求的设计产品外,更需要不断加强对设计方案的比选,在设计阶段就充分考虑优化成本,这样才能综合提高设计产品质量。

第 5 章 苏钢地块污染场地修复项目施工管理

在前期与设计阶段之后,污染场地修复项目进入了真正的施工阶段,启动了新的一轮 PDCA 循环的 P 阶段。污染场地修复项目施工管理除了常规新建地产项目的进度管理、质量管理、成本管理等,还在各管理条线穿插进了环境管理,包括基坑支护、挖土阶段岩土工程与环境工程的配合,地上钢结构大棚施工阶段结构工程与环境工程的配合。同时,在传统工程监理的基础上,引进了第三方环境监理,涉及工程监理与环境监理的配合。可以说,环境管理的成败决定了整个污染场地修复项目的成败,既要把原有的污染彻底清除,又不能在清除的过程中使污染物扩散,造成二次污染。本章从地产开发角度分析了污染场地修复项目的协调管理、进度管理、质量管理、成本管理、环境管理等方面,项目的进度、质量、成本、环境不仅仅处于施工管理的 D 阶段和 C 阶段,又自成一套 PDCA 小循环,即大环套小环。

5.1 污染场地修复项目参建单位协同管理

在污染场地施工过程中,各参建单位交叉作业较多,并且涉及跨专业合作与协同管理,进入了 PDCA 循环的 D 阶段,包括了设计单位、环境监理、工程监理、监测单位、检测单位、投资监理单位、施工单位等。有的单位具有丰富的污染场地修复经验,有的单位主要从事常规地产开发项目,无污染场地修复经验,和建设单位共同一边推进一边学习。为保证项目的顺利推进,首先要积极组织各参建单位充分地交流与沟通,包括修复方案、修复技术细节、修复效果、进度质量成本等。搭建修复信息共享平台,对施工过程中遇到的各类问题及时与参建单位协商解决,以及进行突发事件的应急处理。

5.1.1 环境监理与工程监理的配合

环境监理的时段与工程监理阶段划分一致,包括设计阶段、施工阶段。设计阶段是从环境学评价开始到施工图设计完成截止的整个项目设计时期,施工阶段是从项目开工建设开始,到项目交工验收的整个工程建设期,是主要工作时段。

环境监理工作内容是对场地修复施工、"三废"产生和排放及典型环境敏感点处的环境质量进行督查、监测,全程监控,若发现问题及时要求施工单位立即采取妥善措施,实现达标排放、周围环境质量达标,避免环境风险。工程监理工作内容是常规的基坑支护、土方开挖、钢结构大棚施工。工程监理与环境监理的管理势必存在交叉,那么,工程监理与环境监理的配合应在工程开工前与工程监理充分沟通,确定协同管理的程序和方法,是修复项目进度、质量、成本控制的关键。除常规的工程监理与环境监理职能外,还要共同合作,发挥对修复施工过程中各个环节的技术参数判定,施工要求的监督和把控作用,以及二次污染防治措施及处理效率、排放污染物浓度、典型环境敏感点环境质量进行全过程监控,确保施工不造成污染扩散,不产生二次污染,保证废水、废气、噪声的达标排放、监控周边典型环境敏感点环境质量现状,若发现超标排放或环境质量超标,则立即对施工过程、污染防治措施等环节进行管理,保证场地周围的环境质量达标,保证施工人员和周边环境的安全,进一步确保空间和时间双维度复合化的修复改造目标体系的实现。

在明确环境监理与工程监理各自的管理界面,以及交叉管理的界面之后,还要给予两家监理单位充分的授权与信任,施工单位在进场开工前需缴纳环境保证金。在施工过程中是否严格执行设计修复方案,是否对二次污染采用切实有效的措施来控制影响,由总环境监理工程师签字认可后方可退还环境保证金。若没有达到要求,则没收保证金,用来恢复施工过程中破坏的环境。在支付工程款时,由总工程监理工程师与总环境监理工程师双方会签后,方可进行支付。

5.1.2 检测单位与监测单位的配合

污染场地修复的检测与监测贯穿整个修复项目的首尾,从前期的污染场地初步调查与详细调查,到施工中的自检与监测,到竣工后的长期监测,有多达7家单位参与,具体如表5.1所示。

在前期阶段、设计阶段与竣工验收后的长期监测过程中,检测单位与监测单位的进场顺序与界面非常清晰,各家检测单位与监测单位的配合主要在施工阶段与竣工验收阶段。首先要和各检测与监测单位明确,采样必须各自独立完成,施工过程中应紧密配合设计方案的要求进行采样,根据采样分析的数据与监测数据分析调整投药量与设备运行参数。在修复过程中若发现局部土壤性质发

表 5.1 检测单位与监测单位

修复阶段	检测单位与监测单位	委托单位	目的
前期阶段	检测单位 A	场地初步调查单位	判定土地是否污染
	检测单位 B	场地详细调查单位	大致明确污染范围与污染物种类
设计阶段	检测单位 C	设计单位	进一步精确范围,明确修复目标
施工阶段	检测单位 D	施工单位	边修复边自检,调整修复参数
	监测单位 E	环境监理单位	二次污染监测,减少环境污染与新产生的污染物
竣工阶段	监测单位 F	建设单位	竣工验收监测,达标则修复合格
竣工后阶段	监测单位 G	建设单位	修复的土壤回填或异地堆置后,进行长期监测

生异变,要及时进行补充采样,从而及时调整修复操作的各项参数。要定期、不定期地加强监测和检测频率,重点对修复施工过程中容易造成二次污染的阶段进行监测和检测,比如土方开挖、热处理施工、清运堆置等。

检测与监测单位管理与配合的核心就在于数据的采集与分析,在保证数据真实有效的前提下,根据数据来调整修复参数与控制二次污染,通过不断地迭代与调整,从而完成修复施工。

5.1.3 土木工程与环境工程的配合

新建项目中基坑支护与钢结构厂房是常规的工程,但运用于污染场地修复项目,更是需要通过系统地管理,将常规的土木工程与新兴的环境工程紧密配合。在钢结构大棚立柱桩与基坑围护桩完成后,钢结构密闭大棚开始搭建,随后进行污染土壤开挖与热处理。在施工单位的投标方案中,将原设计方案的基坑内的钢支撑优化成了基坑外围护桩顶的拉锚体系,在开挖过程中仅需避开钢结构大棚的立柱桩。

针对深层土壤,场地开挖范围根据污染深度分区分为 2.5 米、4 米、5.5 米、13 米区域。本节总结了在污染场地热处理工艺下,土木工程与环境工程区别于常规土方开挖的配合要点。

第一,施工工人必须佩戴个人防护装备,如安全帽和防止接触污染土壤的口罩、手套、工作服等。

第二，开挖过程中做好土壤气体逸散控制，防止有机气体扩散影响周边居民。

第三，开挖土壤应根据污染情况分类堆放，深层土壤开挖过程中无污染，污染土壤、油泥需分类堆放。

第四，开挖过程中应根据相应修复工艺的进度来确定开挖深度和开挖工程量。

第五，开挖深度达到设计要求深度后，停止开挖，进行基坑验收，若未达标则继续清挖至达标深度。

5.2 污染场地修复项目进度管理

自 2015 年启动场地初步环境调查、详细调查及风险评估、修复方案编制、施工组织设计编制，已历时 3 年多，每一个环节均经过专家评审，均符合当时的环保要求。在前期阶段因为股权变更、土地变性等重重阻力，整体项目进度推进缓慢，而在设计阶段又因为建设单位无相关经验，在和设计单位、专家团队边试错边推进的过程中，把整体污染场地修复项目进度的压力都转移到了施工中，本节将分析污染场地修复项目进度管理，包括总体部署、修复难点与重点、进度保障措施等。

5.2.1 总体部署与组织管理

作为进度管理 PDCA 小循环的 P 阶段，污染场地修复项目主要分为三个阶段：施工准备、修复工程施工和修复工程验收，根据作业内容分为 19 个工作节点、5 个时间控制节点，如图 5.1 所示，结合前述的施工内容、施工要求和施工时间安排，各阶段主要内容如下：

第 1 个月完成场地平整、临时道路、临时设施建设等施工准备工作；

第 2 个月完成基坑围护、钻孔灌注桩、降水工程施工；

第 3 个月完成负压大棚建设，同时完成废气收集处理系统和热脱附处理系统安装调试，开始挖土；

第 3 至 10 个月完成全部修复工程并通过验收；

第 11 个月拆除临时工程，恢复现场，移交退场。

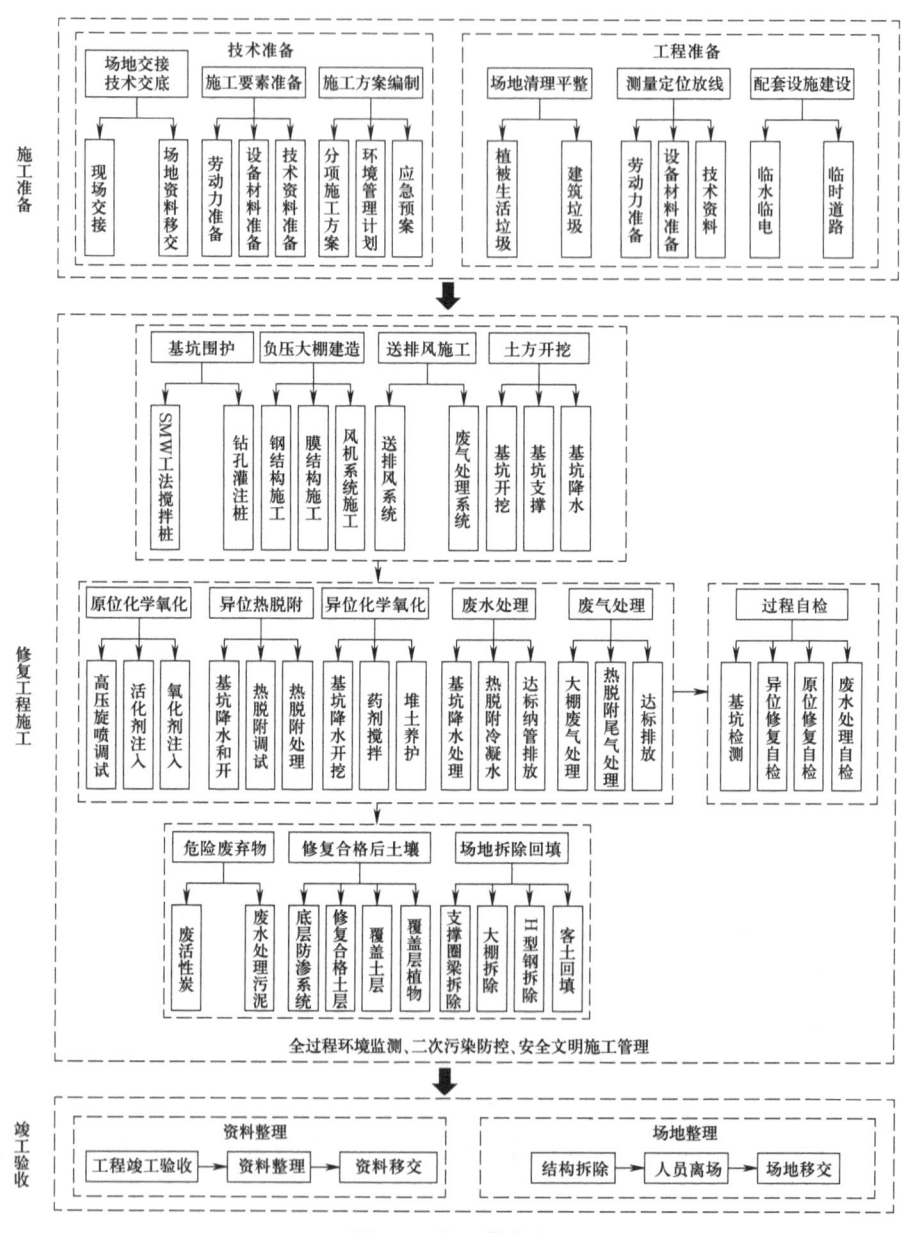

图 5.1 施工节点图

5.2.2 修复难点与重点

在 PDCA 进度管理小循环的 D 阶段,污染场地修复项目施工牵扯多方面因素,项目实施进度、项目实施质量和项目成本是建设单位关注的重点。本项目总工期为 14 个月,相对于修复工程量,工期紧张、工期滞后可能导致区块开发拖延,造成巨大经济损失。修复难点与重点主要是多工序交叉施工、异味控制、安全控制。

多工序交叉施工不可避免,现场施工设备类型多、大棚内施工高度有限、热脱附设备运行时间长、各工序之间相互交叉影响、施工过程中不确定因素多,可能影响项目整体进度。应对措施包括制定合理的施工进度计划以及进度保证措施。施工中应严密控制每道工序,统筹布置各个工序衔接。对于交叉施工的施工工段,制定重点工段,优先重点工段施工。加强项目管理力度,在施工管理过程中,建立强有力的管理机构、过硬的技术团队以及与相关单位保持有效沟通和配合,提前识别出关键路径,更好地掌控工期。对工程污染土壤施工难点、修复技术难点,提前做好实施准备工作。按照工程总目标和阶段目标进行项目控制与管理,深化设计对工期的影响。

异味气体控制也是影响进度的难点,本场地涉及多种类型的有机污染物,包括挥发性有机污染物和半挥发性有机污染物。项目周边环境敏感人群多,在修复过程中,异味气体的挥发会对施工人员及周边居民造成伤害,异味气体的控制是本项目实施时必须重点关注的内容。应对措施包括分层、分区开挖,使用钢结构大棚罩住清挖区,用于高浓度、高风险区域土壤清挖过程的异味气体的收集控制。要配备负压真空机和尾气处理系统,避免高浓度挥发性气体扩散。结合钢结构大棚密闭控制与排风引导收集处理,将污染土壤释放出的有害气体有组织地处理排放,提高除臭效率。

安全施工是最难控制的,本工程工艺复杂,多工艺交叉施工,大型机械多,危险源多,容易造成安全隐患。安全目标必须设定在实施过程中死亡率为零、重伤率为零。应对措施包括主要技术岗位配备具备专业能力的人员、各工段施工进行技术交底、定期组织培训、进行安全生产教育、严格的安全管理、明确责任人等。

5.2.3 进度保障措施

污染场地修复项目的进度保障包括了组织措施、管理措施、经济措施、技术措施等,通过分析,介入了进度管理 PDCA 小循环的 C 阶段。

1)组织措施

管理架构完整,责任明确清晰,在管理架构上专设进度控制小组,小组成员配备经验丰富的施工管理、技术人员,组织有经验的施工作业班组并进行培训。明确各岗位责任人,制定进度控制措施和纠偏措施。以组织流水施工为基本方法,确认污染场地修复的关键线路,可以快速组织影响工期的分部分项工程施工,为各个修复施工环节创造有利的条件。同时,组织优化修复施工方案,采用先进的场地修复、钢结构、基坑工程技术,加快修复进度。

2)管理措施

为确保修复施工进度计划合理有效,制定详细的修复施工进度计划,对热处理、设备、劳动力等计划制订专项施工进度计划。对污染场地修复处理区进行了详细的划分,分节点控制施工进度,充分响应进度要求。施工过程中,一旦发现个别项目实际进度滞后,将组织各参建单位采取多项有效措施,对该项目实施重点抢工,以弥补拖延的工期,保证后序的关键线路施工不受影响。

3)经济措施

修复专项资金要专款专用,在付款、审价等节点,合理运用经济杠杆,调动各参与单位的积极性,确保修复工期目标的实现。加强与行政主管部门,如管委会、环保局、住建局、派出所的联系,为修复施工创造良好的外部环境。明确、落实岗位责任,切实抓好各工序间的衔接,提高工效。在污染场地修复各个参见单位招标文件中增加一定的重大节点奖励金额,明确修复施工过程中的奖罚制度。

4)技术措施

在设计单位同意的前提下优化设计、改进施工方法和改变施工机具等。首先,技术设备与工艺满足要求,采用异位间接热脱附设备,处理速度能够 24 小时连续运行,能够满足处理量的要求。落实机械设备的日常维保工作,配备充足的维保人员与常用配件,确保机械正常运转,对关键线路、主要工序及时调度备用机械,做到其生产能力为施工强度的 1.3 至 1.5 倍,确保机械化施工的顺利推进。在一系列反馈执行后,进度管理 PDCA 小循环闭环,融合进施工管理 PDCA 的大环中。

5.3 污染场地修复项目质量管理

污染场地修复的质量关系到修复的成败,质量达标、通过验收是最重要的目标,从质量条线启动了 PDCA 小循环。项目管理将采用先进的管理机制、科学的技术手段、严格的质保体系,组建包括设计单位、环境监理、工程监理、内部专家等有关人员的质量管理责任小组,共同沟通与协调项目质量管理,共同推进本工程质量目标,确定和落实管理机构责任,质量保证体系组织机构如图 5.2 所示。在污染场地修复施工时,严格执行工序逐道验收,第一道工序不合格及时整改,并且采取一定的措施,不能耽误第二道工序的实施。做好原始数据记录,无论施工内容是否包干,为避免后期工程量、加药量的纠纷,修复数据需要真实有效,多方会签确认。

5.3.1 负压大棚质量保证措施

负压大棚为常规的钢结构厂房,施工单位已经有相当成熟的深化设计、材料加工、现场施工的能力,故负压大棚质量控制除了钢结构安全可靠外,配合环境工程的密闭性成了质量控制的重点。

第一,必须依照施工图设计的要求及相关工程技术规范进行施工,并达到土建和结构施工要求,确保质量验收一次性通过。

第二,常规的钢结构质量控制,包括施工人员技术交底,施工工具与焊条合格,钢结构堆放控制,钢结构吊装控制,防火防腐、焊接、螺栓连接等质量管理重点。

第三,充分优化钢结构立柱桩与基坑支护的关系,尽量减少在钢结构立柱桩施工时对于污染土壤的扰动。

第四,钢结构大棚除了防火涂装外,因大棚内部接触污染大量污染气体,需要保证有效的防腐涂装。

第五,在钢结构大棚搭设完成后,除了常规的结构安全可靠日常巡视外,对于钢结构大棚的密闭性需要做到及时有效的巡视,检查是否有污染气体外泄。

5.3.2 基坑开挖质量保证措施

首先,基坑开挖前充分考虑污染土壤的分布情况,制定开挖专项方案,除了常规的控制支护结构安全可靠外,还要结合污染区域的边界点,严格按专项方案设计的挖土程序和速度进行挖土,并且准备好基坑稳定性与环境安全的应急措施。

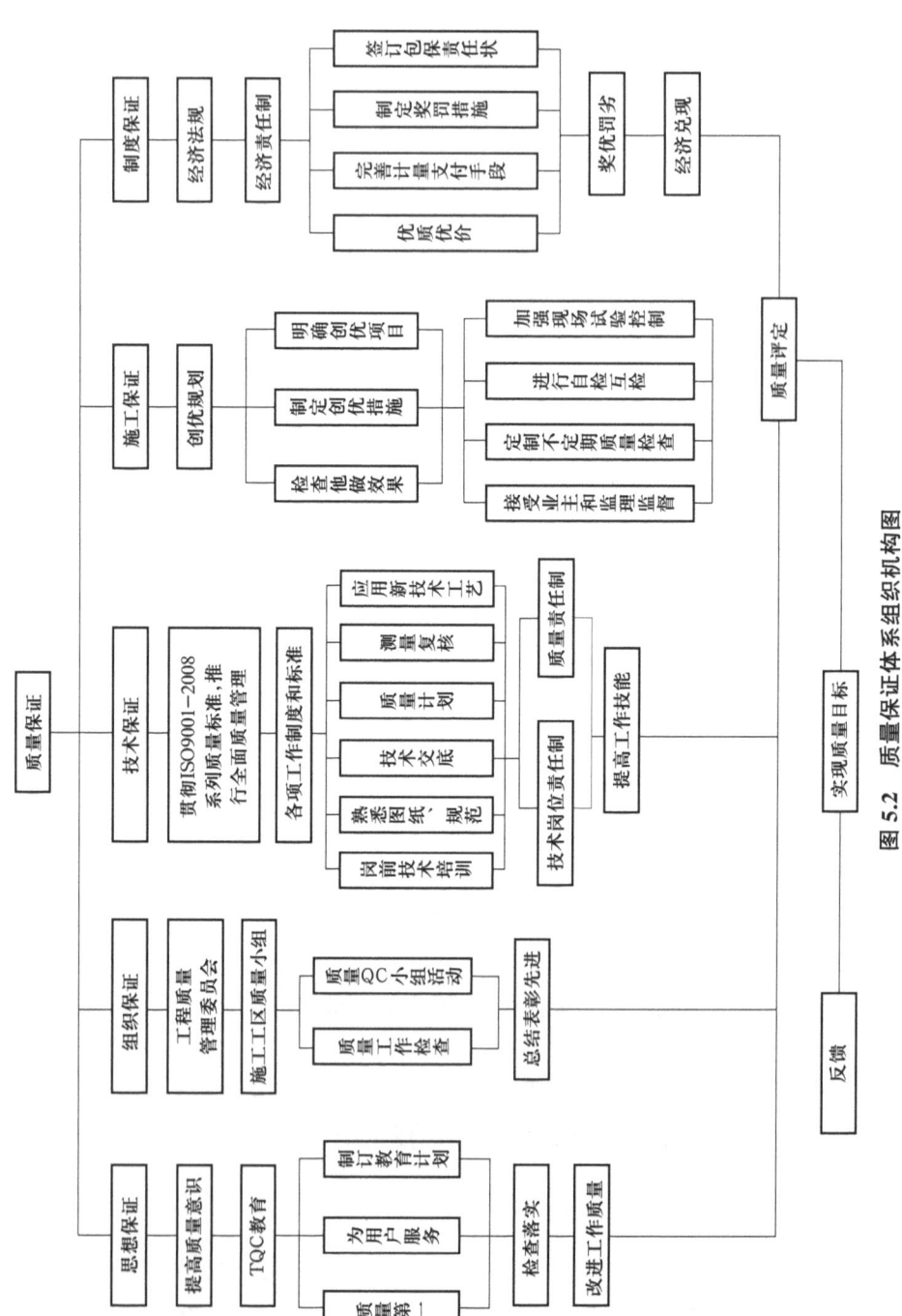

图 5.2 质量保证体系组织机构图

其次，开挖前做好基坑内、外的降排水施工，降水系统与污染水处理系统进行试运转正常后，方可开挖土方。

再次，在基坑开挖过程中，做好对基坑开挖的监测和控制，及时将基坑支护轴力、挖土深度、污染土方量、非污染土方量等关键信息反馈给各参建单位。同时，经常对控制桩、标高、基坑尺寸、污染物浓度等复测检查。

最后，污染场地土方开挖与常规的土方开挖类似，关键在于污染土方开挖过程中挥发出的有害气体的控制，开挖一点，修复一点，不能大面积开挖，造成污染土壤过多扰动与暴露。污染土壤开挖与支撑要及时配合到位，从而控制修复施工的进度与质量。污染水头必须降到开挖面标高以下才能开挖，抽出的污水也要及时做好回收处理。

5.3.3 热处理施工质量保证措施

热处理修复过程包括以下七大处理系统：预处理系统、热处理系统、出料处理系统、不凝气处理系统、喷淋冷却水处理系统、固液分离系统和中央控制系统。流程见图5.3所示，设备的调试及安装关系到热处理施工质量的保障。

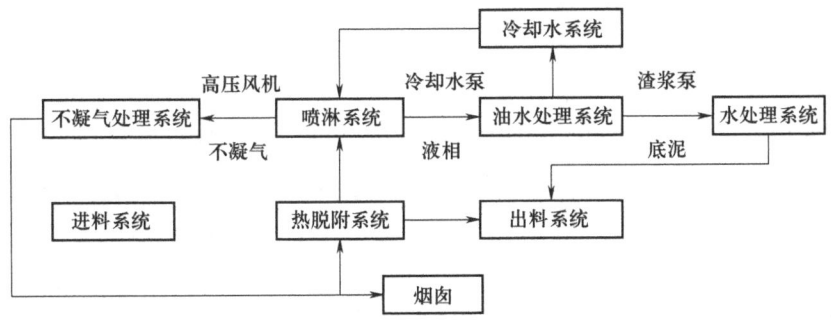

图 5.3　热处理流程简图

①根据前期的小试和中试结果，严格根据设计工艺进行修复，确保场地处理中不会造成污染水体废气的二次污染；

②施工中需对油泥土壤进行预处理，达到设备处理所需的粒径和含水率；

③每次的开挖量要根据修复设备的处理能力进行评定，不可大范围地开挖。

5.3.4 修复自检与验收监测

在修复自检与验收中包含着一个PDCA小循环，不断迭代与尝试，调整投药量，接近目标，继续反馈尝试。质量目标为工程一次性100%验收合格，符合当地环境监测验收标准,确保施工过程中各个环节的质量,同时采取质量保障措施,依托项目各个参建单位的质量控制方面的硬件实力和质量管理体系,圆满实现验收合格目标,在施工过程中及时发现问题并采取补救措施,制订场地修复自检计划即跟踪监测制度,主要有3点。

1）快速检测实验室的构建

为达到工程质量目标及尽量减少由于返工导致的工期拖延,在处理现场建设快速检测实验室,随时检测污染物的处置质量。

2）基坑自检

基坑边界监测:现场污染土挖掘完毕,即在基坑形成后,使用便携式采样器针对基坑边界进行采样,由于现场快速检测实验室具有快速、简便的特点,因此可以及时发现问题,并做出相应调整,确保现场不遗留污染,保证第三方基坑验收一次通过。

基坑挖掘以后,在侧面上每1米深为一个采样层,在每个采样层上每隔3米采集一个土壤样品。在底面上,通过在网格中心位置采样的方法采集土壤样品,网格的宽度为3米。采集得到的土壤样品尽快送至现场快速检测实验室,测试其中污染物含量,对于不达标的点位继续进行开挖修复,直到达标为止。

3）污染土壤修复自检

针对不同的污染程度和污染深度,采用热处理技术,污染土壤在处理区域集中处理,修复后土壤采样单元为500立方米(本场地异位修复土壤方量为67 000立方米),根据不同土壤深度,在修复土壤的堆体采集土壤样品制成混合样品,采样个数共为134个。用采集后的土壤样品对污染物浓度进行实验室检测分析,该检测将完全按照国家检测标准进行检测,旨在准确快速反馈施工质量,并根据结果采取必要措施,确保第三方环保验收一次通过。

5.4　污染场地修复项目成本管理

污染场地修复项目在保证进度、质量的前提下,尽可能进行成本优化。本节将分析如何通过事前与事中控制进行污染场地修复项目的成本管理,包括采用总价包干合同、确保充分竞争、合理的风险分摊、加强资源配置等控制方法。污染土壤开挖土方量约为67 000立方米,通过招投标后包干总价约9 600万元,平均每立方米修复成本1 432元,参考其他采用热处理的项目,该单方成本相对合理。

5.4.1 尽量采用总价包干合同

污染场地修复项目中污染土方量、污染水排放量都是一个估算参考值,而且污染会随着时间推移进行羽化扩散,污染总工程量一直在变化。而且修复开挖过程中的二次污染可能造成污染土方量增加,从而不能以常规的工程项目根据图纸、规范等进行单价包干后重新度量,由此从成本管理条线启动了PDCA小循环。

事前控制计量计价模式,为了规避建设单位的成本风险,对于拥有较少污染场地修复经验的传统开发商,污染场地修复项目施工合同必须采用总价包干合同,完成合同文件要求的污染场地修复内容的所有金额已经包含在投标报价内,该总价除建设单位要求的设计变更外,合同金额不予变更,针对几种情况,如表 5.2 所示。

表 5.2 总价包干合同计价方式

计价方式	举例	是否调价调量
招标清单中有明确的工程量	钢结构大棚、基坑支护工程量	否
招标清单中有暂定工程量	污染土方量	否
招标清单中无工程量,仅有项	危废处理	否
投标单位自报项	钢材回收	否

在招标文件中会要求投标单位自报合同总价,招标清单中没有详细工程量的部分,比如污染土方量只有暂定工程量,比如危废处理在招标清单中只有项、无法预估工程量,还有比如钢材回收在招标清单中没有单项,投标单位也可以自报,合同总价维持不变,不调整工程量与单价。建设单位认为邀请招投标的污染场地修复施工单位是有丰富经验的,一般不会在报价中造成清单漏项,如果合同文件要求的项在投标清单中遗漏,建设单位认为遗漏项的费用投标单位已经在别的项中考虑。污染场地修复单价不会因人工、物价、费率或汇率的变动及其他因素而有所调整。

5.4.2 确保招投标商务充分竞争

在污染场地修复项目前期管理中,就有参建单位的考察与筛选,作为一家地产开发企业,污染场地修复项目很少遇到,那么参与苏钢地块的各家参建单位有可能只有一次合作机会，比如修复设计单位、环境监理、修复施工单位、监测单位等。在前期管理阶段，摸清这个行业的规则，边推进边学习，在考察施工单位与招投标时充分了解这个行业与传统的工程项目的区别。

事前控制竞争机制，确保投标单位充分打开竞争，比如对已成熟的钢结构或者基坑围护工程，利用投标单位互相竞争的心理和施工单位丰富的施工经验，对原方案优化，达到建设单位想要的成本节约目的。对于国内仍然处于起步阶段的热处理修复，如果采用常规的单价包干，由于具体污染土方量无法准确计量，而且污染区域是动态的，边界一直在缓慢羽化扩散，在基坑支护及开挖过程中，又加大了对于污染土壤的扰动，污染区域的边界无法精准确定，所以采用总价包干合同来规避风险，充分考虑在修复前与修复中，污染物羽化扩散的风险。综合考虑，采用暂定总价的招投标原则筛选施工单位，在满足技术标准合格的情况下，合理低价中标。

5.4.3 合理的风险分摊

为了顺利推进污染场地的治理，建设单位与施工单位需进行合理的风险分摊，对于施工单位能够判断和预控的措施进行总价包干，比如基坑工程与常规临时设施；对风险系数不大、施工难度不高的，比如降水工程及污水治理的总价包干；对施工单位不可控、风险较大的，如环保治理政策的改变及超出污染场地调查方案外的治理范围，进行重新计量，由建设单位承担相应风险。

针对污染场地修复计量的特殊性，有些项是包干不了的，实时记录是为了防止后期纠纷和不可预见的判断。比如治理完的土方的堆放，是否会产生新的二次短驳费用？现场试验后药剂的用量没有达到设计方案的要求，但是经过检测合格，药剂用量的差距，合同理解一般上是不能扣除的。但是后面如果要是双方合作不愉快了，可能造成清单漏项的纠纷，如果投标单位在提交投标清单时漏项，那么漏项的费用被视作已经包含在其他项的单价里面。做好实时记录是最大建设单位在修复过程中能进行的最有效项目控制方法。

在污染场地修复施工合同中还要约定投标单位的合同金额，包括所有人工费、材料费、机械费、企业管理费、利润、规费、增值税及完成本工程不可或缺的工作及责任的所有费用，不论是否在图纸或工料规范内具体说明，不会因人工、物价、费率或汇率的变动及其他因素而对总价或单价有所调整。按招标文件所需执行的工程项目若未在工程量清单内填上相应价款，有关费用被视作已包括在合同总价内。投标单位投标清单自报的清单视为施工单位需要承担的风险，该总价除设计变更或本合同所容许的调整外，一概不予调整。

5.5 污染场地修复项目环境管理

环境管理贯穿了污染场地修复项目的始末,主要的环境影响在修复施工过程中,约340天,对修复过程中的废气、废水均采取了较为可靠的污染防治措施,并在热处理废气、废水处理设施的进出口、典型环境敏感点定期进行自主检测,同时进行环境监理,全过程控制本项目的污染物排放情况。废水、废气在正常排放情况下对周围环境造成的影响在可接受范围内,但由于场地中土壤地下水中污染物存在不均质性,需要加强风险控制管理、维持设备正常工况,制定应急预案并进行培训和演练,环境管理PDCA小循环是几个小循环中最难控制、需要滚动与迭代最多的。

5.5.1 二次污染监测与控制措施

本场地污染物主要为挥发性有机物和半挥发性有机物,具有一定的挥发性。随着施工进度的推进,存在大量的土方搬运,容易造成土壤、大气和水体二次污染。除了按照布置监测点,定期展开监测外,还要做好相应控制措施。

1)土壤二次污染防治措施

及时扫除、收集散落在场区路面的污染土壤。土方开挖尽量一次清到制定深度,避免土壤中污染物扩散。处理后的干净土和污染土分区堆放,避免交叉污染。污染水体、废气处理产生的固废、危险废物,以及使用过的活性炭等,交有资质的单位外运处理。

结合修复方案,对场地内污染区域进行隔离操作,对污染源进行控制,防止其进行扩散,进而导致二次污染。对需要进行隔离控制的区域采取钻孔灌注桩和高压旋喷桩相结合的方式,阻断污染区域与外界的物质交换,确保修复过程的准确性。加强现场管理,安排定期巡视监测修复区域外的污染物指标,确保一旦发现有指标超标情况,立刻采取措施进行处理。

2)大气污染防治措施

对于钢结构大棚,使用活性炭对抽出的气体进行吸附。异位间接热脱附系统尾气采用陶瓷除尘器、冷凝雾、除雾器、二次加热器、活性炭装置、相分离装置废气处理系统。如现场有部分区域产生异味,则在修复施工区域配置异味控制药剂和喷洒设备,一旦修复过程中出现异味,立刻使用喷洒设备(可使用雾炮等)喷洒药剂,控制异味的扩散。在现场进行原位修复时,若发现有异味扩散,立刻喷洒异味控制药剂,防止异味扩散,并及时对产生异味的污染土壤采取工程措施,防止修复过程中产生异味,对环境造成影响。加强现场管理,安排定期巡视,同时利用便携式仪器测定场地环境空气中的有机污染物,确保一旦发现有异味扩散,立刻采取措施进行处理。

3)水体二次污染防治措施

集中收集基坑污染水体、渗滤液、生产污染水体等污水,通过污水处理系统进行处理。

5.5.2 修复场地三废处理

1)固废

对本项目施工过程中产生的危险废物、生活垃圾进行分类收集,分别贮存。所产生危险固废均委托有资质单位处理,生活垃圾由环卫部门处理,实现固废零排放。

2)废水

污染地下水原位修复完成后,监测井应依据地下水的流向及污染区域地理位置进行设置,在修复范围内上游、中游和下游分别设置1个地下水采样点,根据场地地下水污染深度,监测井深度设为13米。用采集后的地下水样品对苯和多环芳烃污染物浓度进行实验室检测分析,该检测将完全按照国家检测标准进行检测,旨在准确快速反馈施工质量,并根据结果采取必要措施,确保第三方环保验收一次通过。污染水体经过处理后,在每个储水池进行水样采集,检测分析污染水体中的各类污染指标是否达到标准。

3)废气

本项目废气主要为密闭大棚产生废气和异位热脱附废气。异位热脱附废气经喷淋、冷凝、除雾、燃烧后排放,废气均经妥善的处理,对有机污染气体的去除率高达99%,有机废气排放浓度较低,均达到排放标准,根据监测指标,废气中污染物质对周围环境敏感点浓度贡献较低,敏感点处环境空气质量均达标。

另外,针对开挖时产生的无组织废气,开挖后立即用防渗膜覆盖开挖面,下一层土壤开挖前先用移动式活性炭吸附装置收集处理防渗膜下方的土壤气体,在开挖过程中通过洒水、强雾化水汽喷射装置、及时用防渗膜等毡盖开挖面、建围挡、合理组织施工等措施能有效降低扬尘、有机废气等污染物对环境空气的影响,场界及周边环境敏感点处环境空气质量在可接受范围内。

5.5.3 健康安全与应急管理

在污染场地修复过程中,会产生大量危险化学品,必须做好安全防护措施,重点加强对项目经理部及全体参与施工人员对各类化学品的性质、危害、使用、防护、储存等事项的教育与安全交底。由各个参建单位专职安全员具体负责危险品安全管理工作,统筹各施工组,做好化学品的存储、使用、废液处理等各个环节的工作。

如果修复过程中产生了污染物泄漏,需要立即启动应急处理预案,将泄漏污染区隔离,应急处理人员需要准备防毒服和防毒面具。泄漏分为小量和大量,采用不同处理方法。针对小量泄漏,需要在地面上撒上熟石灰,将反应后的熟石灰收集于专用容器中,也可以用大量清水冲洗,洗水稀释后放入废水系统。针对大量泄漏,则采用塑料布和帆布覆盖,然后收集回收或运至专业危废处理场所处置。本项目应急程序分为拉响警报、信息及时传递、现场及时控制、抢险与应急救援、安全保卫、人员疏散安置、恢复生产与总结几个步骤,具体流程如图 5.4 所示。

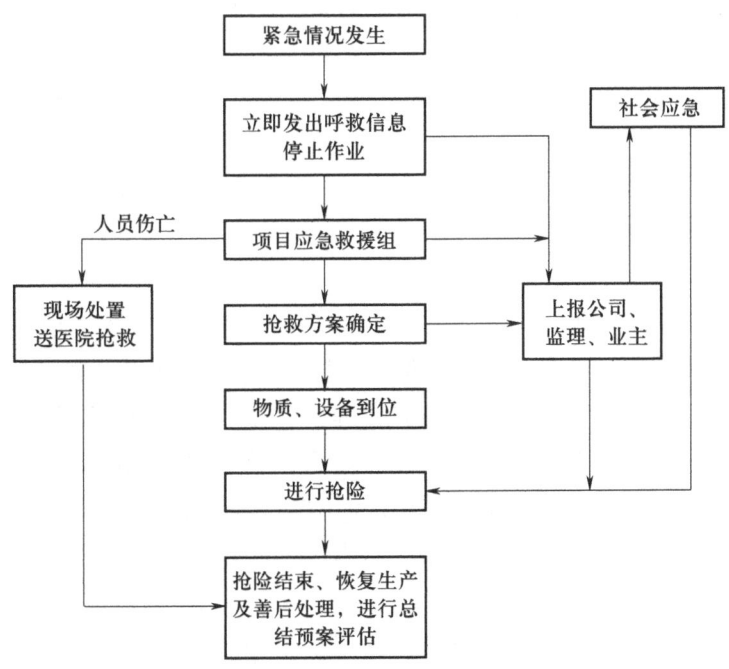

图 5.4 应急处理流程图

5.5.4 验收合格土壤处置方案

异位热脱附和异位化学氧化修复后的土壤约 67 000 立方米,完成验收监测并确认达到修复目标后,与本场地开挖出的未污染土约 50 000 立方米,一起外运并集中堆放于白芧山区域,运送至白芧山的总土方量为 117 000 立方米。在后续利用过程中,在修复后的土堆上方,覆盖外来新土后种植景观作物。堆土底层做防渗处理,选用土工膜防渗方案,以压实的干净黏土作为膜下保护层,并在光面土工膜上铺设无纺布作为膜上保护层,最后在膜上保护层上铺设粗颗粒层及土工织布。

5.5.5 竣工验收后长期监测

在完成修复工程或阶段后,应通知符合国家与地方资质要求的检测单位到修复工程施工现场进行污染场地修复工程验收监测。第三方监测单位应根据《场地环境监测技术导则》的要求制定合理的验收监测方案并及时进行现场采样分析。第三方监测单位应当具备土壤及地下水采样和监测能力,并具有国家计量认证合格资质(CMA)和中国实验室国家认可委员会认可资质(CNAS)。针对清挖基坑与修复后的土壤,采取分阶段、分批次的验收原则进行验收监测工作,一旦发现监测数据超标,及时反馈建设单位,启动污染源排查与再修复方案。

5.6 本章小结

本章主要分析了如下内容:在施工管理中,以地产开发角度比较详细地分析了污染场地修复项目协调管理、进度管理、质量管理、成本管理、环境管理的难点与重点,施工管理中心和常规新建工程项目的区别,以及采用适当的应对措施。环境管理在施工阶段是管理的重中之重,常规的钢结构工程、基坑支护工程、土方开挖工程,在污染场地修复项目中,需要与环境工程紧密结合。通过详尽的施工部署,控制整体修复项目进度与质量。采用适当的风险分摊与总价包干合同,规避成本风险。制定一系列的环境管理体系与应急预案,保障修复项目的顺利展开与二次污染的可控,最后进入 PDCA 循环的 A 阶段,总结污染场地修复项目的经验教训,形成适用的标准化流程。

第 6 章　结论与展望

6.1　结论

本文对苏钢地块污染场地修复项目进行研究,主要运用了理论与实践相结合的方式进行,利用了项目管理理论以及 PDCA 循环原理为本文的污染场地修复进行具体案例分析,较为完整地运行了项目管理的所有程序和步骤,形成了系统、完整的项目管理分析。在对苏钢地块污染场地项目进行项目管理分析的基础上,分别分析了前期管理、设计管理、施工管理的重点、难点以及遇到的问题。从工业用地土地变性、场地详细调查、修复方案编制与评审、修复工程深化设计、环境监理、修复工程施工、二次污染监测等,对污染场地修复项目管理要点与风险管控做了相应分析,并且采用了 PDCA 循环原理。前期管理、设计管理、施工管理是三个大循环,在施工管理中,进度、质量、成本、环境管理又各自成四个小循环,在施工管理的大循环中不断反馈与迭代,解决问题,整体呈阶梯式提升。以国有企业作为污染场地修复主体,为股权收购工业用地并完成土地变性的开发模式提供现实和理论依据,为我国污染场地修复的项目具体操作寻求启示。本文的研究结论主要有 3 个方面。

首先,随着污染场地修复产业的进一步发展,对于污染场地修复项目的精细化管理要求程度越来越高,前期管理是整个污染场地修复项目的管理的开头,前期的统筹策划为后期设计与施工的顺利推进打下了坚实的基础。

其次,设计管理作为项目管理的重要环节之一,污染场地修复项目更是涉及多专业的协调,需要提高设计管理的精细化程度,不断加强设计方案的比选,在设计阶段就充分考虑优化成本,这样才能综合提高设计产品质量。

最后,在污染场地修复项目中,常规的钢结构工程、基坑支护工程、土方开挖工程,需要和环境工程紧密配合,通过详尽的施工部署,控制整体修复项目进度与质量。采用总价包干合同和适当的风险分摊来控制成本,制定一系列的环境管理体系与应急预案,从而确保污染场地修复项目的顺利落实与完成。

随着我国大量老旧工厂的迁移,地产公司在拿地时将会遇到越来越多的污染地块,必须面对污染场地修复项目管理的问题。本文对苏钢地块污染场地修复项目进行分析后,归纳出前期、设计、施工三大重要管理阶段。大部分的污染场地修复都有规律可循,首先明确污染物的组成与范围,接下来确定修复目标,进行修复方案比选,随后进入深化设计与实施阶段,在具体操作时可以参考本文的管理要点与PDCA循环原理。

6.2 展望

由于笔者知识积累、研究资源以及研究时间的限制,本文在研究苏钢地块污染场地修复项目管理上还不是很全面,对分析污染场地修复项目管理与PDCA的更多细节分析还有不到位的地方,后续将进一步研究尝试将污染场地修复与房地产开发流程相结合,在污染场地二次开发项目上做出可以参考的管理经验。

首先,对涉及苏钢地块污染场地修复项目的一些数据资料收集得不是很全面,导致在有些方面分析得不是很到位,对数据没有充分量化,例如方案比选时热处理方案的修复金额。

其次,在运用项目管理理论分析时,对于项目管理理论没有非常紧密地结合,导致文章理论支撑不足。

再次,在运用PDCA循环原理时,有些方面对苏钢地块污染场地修复项目管理分析没有足够的针对性,尤其是在污染场地修复设计管理分析时。

最后,苏钢地块污染场地修复项目废水、废气在正常排放情况下对周围环境造成的影响在可接受范围内,但由于场地中土壤地下水中污染物存在不均质性,需要加强风险控制管理。

参考文献

[1] ANDERSON R, NORRMAN J, BACK P E, et al. What's the point? The contribution of a sustainability view in contaminated site remediation[J]. Science of the Total Environment, 2018(630): 103-116.

[2] BARDOS R P, BONE B D, BOYLE R, et al. The rationale for simple approaches for sustainability assessment and management in contaminated land practice[J]. Science of the Total Environment, 2016(563-564): 755-768.

[3] ESPANA V A A, PINILLA A R R, BARDOS P, et al,. Contaminated land in Colombia: A critical review of current status and future approach for the management of contaminated sites[J]. Science of the Total Environment, 2018(618): 199-209.

[4] HARCLERODE M A, MACBETH T W, MILLER M E, et al. Early decision framework for integrating sustainable risk management for complex remediation sites: Drivers, barriers, and performance metrics[J]. Journal of Environmental Management, 2016(184): 57-66.

[5] HUYSEGOMS L, CAPPUYNS V. Critical review of decision support tools for sustainability assessment of site remediation options[J]. Journal of Environmental Management, 2017(196): 278-296.

[6] KHALID S, SHAHID M, NIAZI N K, et al. A comparison of technologies for remediation of heavy metal contaminated soils[J]. Journal of Geochemical Exploration, 2017(182): 247-268.

[7] KUPPUSAMY S, THAVAMANI P, VENKATESWARLU K, et al. Remediation approaches for polycyclic aromatic hydrocarbons(PAHs) contaminated soils: Technological constraints, emerging trends and future directions[J]. Chemosphere, 2017(168): 944-968.

[8] LI X G, LI J, SUI H, et al.. Evaluation and determination of soil remediation schemes using a modified AHP model and its application in a contaminated coking plant[J]. Journal of Hazardous Materials, 2018(4): 1-35.

[9] LI X N, JIAO W T, XIAO R B, et al. Contaminated sites in China: Countermeasures of provincial governments[J]. Journal of Cleaner Production, 2017(147): 485-496.

[10] LI XIAO NUO, CHEN WEI PING, ANDREW B C, et al. Analysis of influencing factors on public perception in contaminated site management: Simulation by structural equation modeling at four sites in China[J]. Journal of Environmental Management, 2018(210): 299-306.

[11] LIM M W, LAU E V, POH P E. A comprehensive guide of remediation technologies for oil contaminated soil-Present works and future directions[J]. Marine Pollution

Bulletin, 2016(109): 14-45.

[12] LIU L W, LI W, SONG W P, et al. Remediation techniques for heavy metal-contaminated soils: Principles and applicability[J]. Science of the Total Environment, 2018(633): 206-219.

[13] PRICE J, SPRENG C, HAWLEY, E L, et al. Remediation management of complex sites using an adaptive site management approach[J]. Journal of Environmental Management, 2017(204): 738-747.

[14] SAM K, COULON F, PRPICH G. Management of petroleum hydrocarbon contaminated sites in Nigeria: Current challenges and future direction[J]. Land Use Policy, 2017(64): 133-144.

[15] SONG Y N, HOU D Y, ZHANG J L, et al. Environmental and socio-economic sustainability appraisal of contaminated land remediation strategies: A case study at a mega-site in China[J]. Science of the Total Environment, 2018(610-611): 391-401.

[16] WANG M M, ZHU Y, CHENG L R, et al. Review on utilization of biochar for metal-contaminated soil and sediment remediation[J]. Journal of Environmental Science, 2017(63): 156-173.

[17] ZABBEY N, SAM K, ONYEBUCHI A T. Remediation of contaminated lands in the Niger Delta, Nigeria: Prospects and challenges[J]. Science of the Total Environment, 2017(586): 952-965.

[18] 曾福城. 刍议我国土壤修复基金来源途径——以美国超级基金制度为借鉴[J]. 南京航空航天大学学报(社会科学版), 2016(9): 32-36.

[19] 程玉, 马越. 美国超级基金法的产生与发展及借鉴意义——《美国超级基金法研究》书评[J]. 环境与可持续发展, 2015(6): 179-184.

[20] 单艳红, 王国庆, 张孝飞, 等. 中国污染场地分类管理程序与方法研究[J]. 中国人口资源与环境, 2011(12): 75-80.

[21] 杜志会, 黄正玉, 李戎杰. 工矿企业污染场地修复工程案例分析[J]. 绿色科技, 2017(20): 48-54.

[22] 高骏. 岩土施工技术在污染场地治理中的应用研究[J]. 探矿工程(岩土钻掘工程), 2016(3): 75-79.

[23] 龚宇阳, 王静. 美国超级基金法对我国污染场地修复的启示[J]. 世界环境, 2016(4): 21-24.

[24] 谷庆宝, 郭观林, 周友亚, 等. 污染场地修复技术的分类、应用与筛选方法探讨[J]. 环境科学研究, 2008(2): 197-202.

[25] 李建权, 杨志强, 闪宁. 污染场地治理项目建设与监理工作中环保设备的应用[J]. 设备监理, 2014(2): 26-28.

[26] 李奇伟, 秦鹏. 城市污染场地风险的公共治理与制度因应[J]. 中国软科学, 2017(3): 56-65.

［27］李述贤.污染场地治理修复经济政策研究［J］.科技创新导报,2017（3）:71-73.
［28］李云祯,董荐,刘姝媛,等.基于风险管控思路的土壤污染防治研究与展望［J］.生态环境学报,2017,26（6）:1075-1084.
［29］梁佳斌,董晶.浅议大型污染场地治理工程管理的问题研究［J］.科学观察,2011（4）:73-74.
［30］廖兴良.广州某地块污染场地土壤调查评价及修复方案探析［J］.城市地质,2017（12）:30-34.
［31］骆永明.中国污染场地修复的研究进展、问题与展望［J］.环境监测管理与技术,2011（6）:1-6.
［32］孙磊.浅谈地下水污染及修复［J］.科技创新导报,2015（19）:125-127.
［33］田素军.石油类污染建筑场地的环境调查与治理［J］.上海国土资源,2011（32）:36-39.
［34］王国庆.荷兰土壤/场地污染治理经验［J］.世界环境,2016（4）:25-26.
［35］王瑞波,陈昇晖,和丽萍,等.污染场地修复治理项目环境监理工作要点解析［J］.环境科学导刊,2017（2）:27-32.
［36］王亚凤,黄勇,张丽娜,等.生态修复技术在工业遗产公园化改造中的应用与实践［J］.空间艺术,2016（9）:46-49.
［37］项二玲.污染场地治理修复技术探讨［J］.污染防治技术,2016（4）:46-48.
［38］谢云峰,曹云者,张大定,等.污染场地环境风险的工程控制技术及其应用［J］.环境工程技术学报,2012（1）:51-59.
［39］幸红,林鹏程.论广东省土壤污染修复法律机制的完善——基于美国超级基金制度之启示［J］.江西理工大学学报,2016（12）:15-22.
［40］赵宇明,谷小兵,李俊儒.污染场地修复技术分类研究与案例分析［J］.能源环境保护,2016（12）:31-34.
［41］周聪惠,成玉宁.城市重度污染场地修复与改造的景观策略——以美国超级基金项目为例［J］.城市发展研究22卷,2015（9）:1-8.